本书受四川大学2011计划——中国多民族文化凝聚与国家认同协同创新中心资助。

中国多民族文化研究文库

主编 徐新建

成都形象

表述与变迁

邱硕 ⊙ 著

中国社会科学出版社

图书在版编目（CIP）数据

成都形象：表述与变迁/邱硕著.—北京：中国社会科学出版社，2019.3

（中国多民族文化研究文库）

ISBN 978-7-5203-4059-5

Ⅰ.①成… Ⅱ.①邱… Ⅲ.①文化史—研究—成都 Ⅳ.①K297.11

中国版本图书馆 CIP 数据核字（2019）第 027309 号

出 版 人	赵剑英
责任编辑	郭晓鸿
特约编辑	邱孝萍
责任校对	季　静
责任印制	戴　宽

出　　版	中国社会科学出版社
社　　址	北京鼓楼西大街甲 158 号
邮　　编	100720
网　　址	http://www.csspw.cn
发 行 部	010-84083685
门 市 部	010-84029450
经　　销	新华书店及其他书店
印　　刷	北京明恒达印务有限公司
装　　订	廊坊市广阳区广增装订厂
版　　次	2019 年 3 月第 1 版
印　　次	2019 年 3 月第 1 次印刷
开　　本	710×1000　1/16
印　　张	24.25
插　　页	2
字　　数	282 千字
定　　价	88.00 元

凡购买中国社会科学出版社图书，如有质量问题请与本社营销中心联系调换

电话：010-84083683

版权所有　侵权必究

前　言

　　成都历史悠久，是中国西南地区一个重要的文化名城，是人类城市文明的一个代表。清末以前，成都一直处于农业经济社会形态中，近百年来成都经历了向现代工业城市、再向综合型现代化大中心城市的快速转化。随着历史变迁，成都形象的表述也在发生变化，特别是在全球化高速发展的21世纪，城市形象成为资本，成都展开了蓬勃的城市形象实践。对古今成都形象的表述变迁进行考察，可以探知成都的生活方式、道德价值、心理结构、精神气质是如何形成的，又是如何被外部、内部人群感知和认同的，在全球化时代又是怎样利用形象资本应对和加入全球化浪潮、进行城市现代化转型的。这可以为我们提供一个文明国家内陆城市发展史的完整标本。

　　本书以文学人类学的表述理论为理论背景，将成都形象看作不断演变的文本，采用文本田野、问卷调查、访谈、参与式观察等方法，围绕几个具有代表性的成都形象来进行考察，探寻表述中的知识、权力、地方、认同等因素的相互关系，以此接近成都本相，还原成都形象的意义生产过程、成都城市认同的形成过程以及在当下城市形象重构中的内在矛盾冲突。

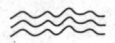

本书绪论部分主要交代本书的学科背景、理论基础、研究缘起和意义、研究现状、研究方法等相关问题。第一章从成都的原生形象"天府之国"谈起，讨论"天府""天府之国"名号如何赋予成都，人们如何接受这一称号，这一名号在流传中意义如何变化、在当代又如何凝聚成都人的城市认同。第二章探讨成都自古至今在文化、政治、经济等方面的边缘形象，透视成都在中央与地方的国家管理格局中的发展脉络。第三章展示国家、精英和民众眼中的成都休闲形象的变迁，探寻三者在地方风俗治理过程中的博弈和合谋关系。第四章着眼于个人对城市最直接的经验和表述，从空间、性别、饮食三方面来展现成都最具特色的生活文化是如何形成的。第五章聚焦当代成都在城市转型中如何利用各种遗产来再造形象，对城市形象塑造活动中的遗产化实践进行了批判性反思。

　　通过研究本书认为，成都形象由内外部各种人群或集团的表述交叉影响而形成，成都社会本相与形象表述之间的互动构建了成都的地方文化。环境形貌、自然资源、经济生业和人群组织形态，这些超稳定的本相核心要素使得成都形象的表述具有很强的延续性。由于社会本相的作用，形象与事实之间往往横亘着想象和虚构。成都形象表述的权力主要掌握在国家手中，其次掌握在拥有一定文化权力的知识精英团体手中，普通民众受前两者的影响和控制。而在形象表述的国家权力中，在古代起主导作用的是中央政权，在当代起主导作用的是地方政权。

　　成都形象表述在不同的历史时期有不同的特点。在古代，成都形象的表述基本上是顺应社会的发展而自然产生的，靠口耳相传和文字传播，每一种形象的兴起和发展都漫长且持久。城市现代化使成都形象表述发生改变，政府和精英致力于批判和革新成都形象，

前言

表述媒介更加多元化，城市认同增强。从 20 世纪末期开始，成都形象表述发生了迅猛的变化：城市形象被当作生产资料、消费对象、政治工具，城市形象的资本意义凸显，成都主动利用以前的旧形象来进行新形象的生产和再生产；成都市政府的主导力量空前强大，是成都形象资本最大的拥有者和操纵者；表述工具急速增多，话题制造、活动举办、体验营销等方法层出不穷，成都形象在压缩了的时空中快速传播。

成都的城市认同随着现代性城市的发展而逐渐加强。在古代，蜀地、益州、四川等区域认同强于成都自身的城市认同。城市获得独立发展以后，关于成都单独的表述渐多，成都的城市认同较以前增强。从 20 世纪末期开始，成都城市形象的塑造活动一方面利用成都传统的文化资源，另一方面更换负面形象的意义符码，激发了强烈的城市认同。成都市政府又借助认同趋势来进行城市建设、融入全球化。但这在一定程度上降低了四川其他地区人民对省会成都的认同感。

目 录

绪 论 ··· 1

第一节 学科背景、理论与课题阐述 ························· 1

第二节 研究缘起和意义 ·· 14

第三节 研究综述 ·· 19

第四节 研究方法 ·· 36

第一章 "天府之国":成都原生形象的表述演变 ······ 48

第一节 正史言说益州天府 ·· 51

第二节 益州天府的形象演变 ····································· 59

第三节 "四川(成都)天府"名号的传播与内化 ········ 71

第四节 当代"成都天府"符号资本的积累、保卫和争夺 ···· 87

小 结 ··· 98

第二章 中央—地方体系中的"中心—边缘"表述 ······ 101

第一节 中原中心主义下的蛮夷古蜀 ······ 103

第二节 "边陲荒裔"与"世为侯伯"：地域歧视与
　　　　文化反抗 ······ 113

第三节 危险与安全：边地的悖论 ······ 127

第四节 告别"落后"：传统城市的现代变革 ······ 135

小　结 ······ 154

第三章 多元"休闲"：国家、精英与民众视野中的
　　　　地方风俗 ······ 155

第一节 历史表述：风教王道观下的成都风俗 ······ 156

第二节 20 世纪成都休闲形象的多元表述 ······ 184

第三节 21 世纪成都休闲形象的建构与批判 ······ 200

小　结 ······ 218

第四章 "一座来了就不想离开的城市"：空间、性别、
　　　　饮食的表述与经验 ······ 220

第一节 宽窄巷子："最成都"的空间变迁 ······ 222

第二节 成都美女：城市气质与文学想象 ······ 239

第三节 美食：城市身份的书写实践 ······ 258

小　结 ······ 275

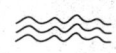

第五章 遗产化：当代城市转型与形象再造 …… 277

第一节 "东方伊甸园"：西方文化遗产的误用 …… 278
第二节 "熊猫之乡"：自然遗产的全球性符号打造 …… 286
第三节 "太阳神鸟"：从文化遗产到城市形象标识 …… 304
第四节 "非遗之都"：当地方遭遇全球化 …… 313
小　结 …… 337

结　论 …… 339

第一节 成都本相与形象表述的关系 …… 339
第二节 成都形象表述变迁与城市认同建构 …… 344
第三节 成都形象表述变迁的人类意义 …… 349

附录1　关于成都形象认知的调查问卷（纸质版） …… 352
附录2　关于成都内部人群对成都形象认知的访谈提纲 …… 357
参考文献 …… 359
后　记 …… 375

绪　论

第一节　学科背景、理论与课题阐述

新时期中国大陆比较文学复兴，在全球跨文化研究的背景下，受西方比较文学的总体文学观影响，展开了自己新的理论追求：超越国别文学，达到全球关怀的总体文学（文化）或世界文学（文化）。① 这一诉求自然地与研究异文化、人类文化为主旨的人类学相通。这样一方面，比较文学将总体文学的观念落实到包括文字、口传、仪式等在内的文学人类学的整合研究中去，衍生出了文学人类学；另一方面，以科学性、客观性自诩的人类学在20世纪后半叶遭遇后学浪潮的冲击，开始认识到民族志的诗学意义、政治学意义和文化批评功能，在某种程度上出现了文学的转向，即以文学的方法

---

① 参见威莱克等《总体文学、比较文学和国别文学》，《文艺理论研究》1982年第3期；赤尔《全球化语境与总体文学——对比较文学学科发展趋向的思考》，《当代文坛》2000年第2期。

进行民族志写作和用民族志进行文化批评,① 这种转向也影响到了中国的人类学研究。②

在这样的背景下,新兴交叉学科文学人类学秉持总体文学观、口传文学观、活态文学观、多元族群互动的文学观,以人类学的理论和方法对书面文学作品、神话、传说、民歌、仪式、少数民族文学和文化进行了阐释和批评。③ 经过二十余年的不断发展,该学科在解读文学作品、文学文本(包括文字和口传)和文化文本(包括文字和非文字)方面取得了一定成绩,如萧兵对《楚辞》、叶舒宪对《诗经》的文化阐释,④ 徐新建对民歌、侗族大歌的研究,⑤ 彭兆荣对文学与仪式关系的论述。⑥

本书将在文学人类学的框架下,以古今成都形象的表述为研究对象,主要考察成都形象如何在不同时代的社会本相之下被不同的人群表述出来,如何转换到各种各样的文化文本之中,在社会语境中生产出文化意义和价值观念,并转化为对成都的内外感知、认同和生活实践,影响成都的城市存在和发展方向。简言之,就是通过探讨成都社会情境本相与形象表述之间的生成关系,来考察成都的

---

① 《写文化》和《作为文化批评的人类学》集中揭露和批评了传统的科学民族志,进行了民族志写作的实验和文化批评。参见[美]詹姆斯·克利福德、乔治·E. 马库斯编《写文化——民族志的诗学与政治学》,高丙中等译,商务印书馆 2008 年版;[美]乔治·E. 马库斯、米开尔·M. J. 费彻尔《作为文化批评的人类学——一个人文学科的实验时代》,王铭铭等译,生活·读书·新知三联书店 1998 年版。
② 参见周泓、黄剑波《人类学视野下的文学人类学(上)》,《广西民族学院学报》2003 年第 5 期。
③ 参见叶舒宪《文学人类学教程》,中国社会科学出版社 2010 年版;李菲《新时期文学人类学研究的范式转换与理论推进》,《文艺理论研究》2009 年第 3 期。
④ 萧兵:《楚辞的文化破译》,湖北人民出版社 1991 年版;叶舒宪:《诗经的文化阐释》,湖北人民出版社 1994 年版。
⑤ 徐新建:《民歌与国学》,巴蜀书社 2008 年版;徐新建:《侗歌民俗研究》,民族出版社 2011 年版。
⑥ 彭兆荣:《文学与仪式:文学人类学的一个文化视野——酒神及其祭祀仪式的发生原理》,北京大学出版社 2004 年版。

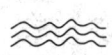

城市文化和认同的发生发展。

形象

"形象"是文学学科的一个传统范畴。广义的形象是指文学作品中对现实生活的形式化反映，涉及形象性表现、形象体系、生活图景等，有人把专门以文学作品形象为对象的研究称为"形象诗学"。① 比较文学学科将探讨文学作品中的异国异族形象的研究称为"形象学"，主要关注外国文学中的中国形象和中国文学中的异国异族形象。②

形象诗学对文学作品中某一地域（国家、地方、城市）的形象有所关注，通过考察地域形象在审美和文化方面的特质和意义，来认识创作者的主体特征，发现该地域发展的轨迹以及某个时期的文化特点。如王一川、徐放鸣、吴秀明、李朝全等研究中国文学中的中国形象塑造；③ 李欧梵、陈惠芬、王晓明等对上海，赵稀方、赵坤等对香港，陈平原、王德威等对北京的"文学中的城市"进行了研究。④

作为对形象诗学"自我"视角的补充，比较文学形象学则大量提供"他者"视角和文化分析。形象学研究异国异族形象是什么样

---

① 赵炎秋：《形象诗学》，中国社会科学出版社2004年版。
② 孟华主编：《比较文学形象学》，北京大学出版社2001年版。
③ 王一川：《中国形象诗学——1985至1995年文学新潮阐释》，上海三联书店1998年版；徐放鸣、张玉勤：《我们的文艺如何面对中国的形象焦虑》，《文艺报》2007年3月6日；吴秀明主编：《文化转型与百年文学"中国形象"塑造》，浙江工商大学出版社2011年版；李朝全：《文艺创作与国家形象》，华艺出版社2007年版。
④ ［美］李欧梵：《上海摩登——一种新都市文化在中国，1930—1945》，毛尖译，北京大学出版社2001年版；陈惠芬：《文学上海与城市文化身份建构》，《文学评论》2003年第3期；王晓明：《从"淮海路"到"梅家桥"——从王安忆小说创作的转变谈起》，《文学评论》2002年第3期；赵稀方：《小说香港》，生活·读书·新知三联书店2003年版；赵坤：《香港小说中的城市想象与想象中的香港城市》，《华文文学》2009年第1期；陈平原、王德威编：《北京：都市想象与文化记忆》，北京大学出版社2005年版。

的，怎样形成、制作和发展的，进而认识形象的创造者和被描述者双方的社会和文化，如孟华、周宁、姜智芹等对法、英、美等国文学中的中国形象的关注，孟华、张哲俊等对中国文学中的西方、日本形象的关注。① 形象学除了大量关注国家形象之外，也有一部分研究外国文学中的中国城市形象。②

形象是对一个社会或一种文化的感知，要考察形象，必须跨越出传统文学学科只对文学作品作分析的狭窄对象范围，并将研究内容从文本的审美阐释向文化分析转化，这是形象诗学和形象学的发展趋势，和文学人类学的旨趣相契合。这确立了本书谈论成都形象的合理性和合法性，在"形象"概念上也给本书以启发：形象是现实生活的客体对象在人的主体认知上的反映，是在自我与他者的双向观察中积累的。

城市规划学的"城市形象"（city image）概念由美国学者凯文·林奇（Kevin Lynch）提出，他注重城市视觉形象对城市发展的驱动，认为城市形象是"许多人意象复合而成的公众意象"③。

结合上述研究，我们可以给成都形象下一个定义。"成都形象"就是：内外公众关于成都的自然、环境、政治、经济、文化、人群等的视觉特征和感觉认知。

---

① 参见孟华《伏尔泰的乌托邦想象与中国》《1740年前法国对儒家思想的译介和接受》《十八世纪法国的中国热》《中国文学中的西方人形象》等著作和文章；周宁《天朝遥远——西方的中国形象》《2000年西方看中国》《中国形象：西方的学说和传说》系列丛书；姜智芹《镜像后的文化冲突与文化认同——英美文学中的中国形象》《文化想象与文化利用——英国文学中的中国形象》等作品；张哲俊《中国古代文学中的日本形象研究》等。

② 相关研究如熊晓霜《西方的广州城市形象》、陈辉《俄侨的中国城市书写》。薛玉楠、陈辉、熊晓霜：《形象学视域下的城市个案研究》，四川大学出版社2012年版，第64—123页。

③ [美]凯文·林奇：《城市意象》，方益萍等译，华夏出版社2001年版，第35页。

绪　论

本相与表述

"本相"（reality）是随着人们对"表述"（representation）认识的不断丰富而产生的概念。① 20世纪六七十年代，以反传统、怀疑论、超越现代为特征的后现代主义思潮席卷各学科领域，哲学、语言学、历史学、符号学、叙述学等相关领域的研究者们通过对"表述""叙述""书写""再现"的探讨，对语言、文字工具进行了反思，重新认识了客观与主观、真实与文本、知识与权力之间的关系。

例如，受后现代主义影响的新文化史学认为，不存在所谓客观的历史，只存在对历史的叙述；只要是叙述，就必然有主观性和虚构性；历史由胜利者所书写，知识具有意识形态特征。代表人物海登·怀特（Hayden White）认为，历史事件通过书写者的"个性塑造、主题重复、声音和观点的变化、可供选择的描写策略"等才变成了故事。② 文化研究者斯图尔特·霍尔（Stuart Hall）提出了"表征理论"，认为世界是人类表征的，在表征过程中，通过符号来构建世界的意义，其中掺杂了意义争夺、权力控制以及霸权建构。③

人类学在后学浪潮冲击下经历了一场"表述危机"，人类学家纷纷对民族志写作中的文学修辞和政治立场进行反思，保罗·拉比诺

---

① 表述对应英文词汇"representation"，文学人类学没有采用常用的译词"表征"，是因为在汉语语义中，"述"字兼有语言与行为两个层面的意义，这与文学人类学研究人的言行之理想是相符合的。参见徐新建《表述问题：文学人类学的起点和核心》，《西南民族大学学报》2011年第1期。
② ［美］海登·怀特：《作为文学虚构的历史文本》，张京媛编《新历史主义与文学批评》，北京大学出版社1993年版，第163页。
③ ［英］斯图尔特·霍尔：《表征：文化表象与意指实践》，徐亮、陆兴华译，商务印书馆2003年版。

· 5 ·

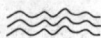

（Paul Rabinow）通过探讨人类学家自身实践和话语中的权力关系，揭示了"表征就是社会事实"①。皮埃尔·布尔迪厄（Pierre Bourdieu）的《区分：判断力的社会批判》探寻了本相与表征的关系：社会现实本相产生表征（the representation of reality），表征又强化社会现实本相（the reality of representation），这种社会本相的再生产机制，是一种社会价值或制度的延续。②历史人类学学者王明珂根据布尔迪厄的理论提出了"本相"与"表征"的关系模式，他将"本相"（reality）定义为"人们难以察觉的社会真实面貌"，他的研究意义在于找出历史中人物言行、事件、文本中蕴含的个人情感、意图与认同，以及相关的社会本相。③

中国文学人类学的表述理论是以上认识论的发展，最早来自"本文/文本"研究范式。人类学学者发现文化本身的自然存在与写作文本之间是有差距的，将其称为"本文"与"文本"的差异，"本文"指"当事人自己不受外界干扰的特定的一次性过程"，"文本"则是"考察、截取、录音、录像""提问和交谈"之后获得的"本文之变体"。④"本文/文本"研究从一开始就有通过"文本"努力逼近"本文"的倾向。⑤之后，该学科渐渐将"本文"

---

① ［美］保罗·拉比诺：《表征就是社会事实：人类学中的现代性与后现代性》，［美］詹姆斯·克利福德、乔治·E. 马库斯编《写文化——民族志的诗学与政治学》，高丙中等译，商务印书馆2008年版，第285—314页。

② 该书中译本将"the representation of reality"译为"现实的表象"，"the reality of representation"译为"表象的现实"。参见［法］皮埃尔·布尔迪厄《区分：判断力的社会批判》，刘晖译，商务印书馆2015年版，第762页。

③ 王明珂：《反思史学与史学反思》，上海人民出版社2016年版，第77页。在他看来，"本相"（reality）与"事实"（fact）不同。

④ 徐新建：《寻找"本文"》，《文艺研究》1997年第1期。

⑤ 参见徐新建的系列论文《苗疆考察记——在田野中寻找本文》《罗吏实录——黔中布依族村寨个案研究》《20世纪中国民族家庭实录·布依族：三公的故事》《民歌与国学》《无字传承"歌"与"唱"：关于侗歌的音乐人类学研究》《"墨尔多"之歌：多样化的文本和实践》。

绪 论

到"文本"的转化过程明确为"书写"或"表述"的过程,将"表述"问题作为现实关注和理论思考的一个切入点。① 经过多年的讨论,2010 年中国文学人类学研究会第五届年会明确提出"表述"一词,以"表述'中国文化':多元族群与多重视角"为主题,探讨了中原王朝视野中的"蛮夷"形象表述,多元(边缘)族群视野中的中原帝国形象表述,呼吁以多元族群的"中国文化"表述视角摆正人们对中国文学和文化的认识。② 徐新建将"表述"定义为"生命的呈现和展开,也就是存在及其意义的言说",提倡将"表述"作为文学人类学的起点和核心。③ 在他看来,表述有两层含义,一层是自在呈现,一层是言说表现;表述又有两种类型,即主体性表述和非主体性表述。因此在特定的语境中,他又用"表述与被表述""自表述与他表述"来指称不同的表述形态。④

随后,研究者们更加明确地去探寻表述行为本身,表述问题成了文学人类学学科的讨论热点。例如徐新建、彭兆荣、李菲、安琪等人的诸多文章和专著着眼于多民族文学、旅游活动、仪式舞蹈、民族博物馆等对象,试图揭示表述中的"主体/客体""我者/他者"

---

① 中国文学人类学研究会第一届年会议题"文化与文本"、第三届年会圆桌会议"文学人类学文本研究"、第四届年会主题"人类学写作的多重含义"都不同程度地关注了表述问题。《"表述"问题:文学人类学的理论核心》一文梳理了该学科对"表述"一词的关注轨迹,参见徐新建等《"表述"问题:文学人类学的理论核心——上海交通大学人文学院徐新建教授访谈》,《社会科学家》2012 年第 2 期。
② 龙仙艳:《表述"中国文化":多元族群与多重视角——中国文学人类学第五届年会简述》,《重庆文理学院学报》(社会科学版)2010 年第 6 期。
③ 徐新建:《表述问题:文学人类学的起点和核心》,《西南民族大学学报》2011 年第 1 期。
④ 徐新建等:《"表述"问题:文学人类学的理论核心——上海交通大学人文学院徐新建教授访谈》,《社会科学家》2012 年第 2 期。

"知识/权力""记忆/认同"等概念关系。①

文学人类学最常关注的是个人表述、族群表述、国家表述,对城市(地方区域)为单位的表述类型关注相对较少。徐新建在西南民族地区的研究中将视角投向了西南地区的城市,关注过丽江、香格里拉、贵阳、成都等城市,试图通过梳理城市历史文化的发展脉络来把握古城保护与开发、文化再生产、全球化下城市发展等议题。②他在《成都记忆:千年天府形、象、神》一文中运用"形""象""神"三个范畴分析了成都城市形象的表述问题,他将成都城市的视觉形貌称为"形",城市表征和相关认知、评述称为"象",城市的内在理念和文化视作"神",通过三者的关系变化来描述成都的古今演变和当代无限扩张的忧患得失。③

本书是表述问题在城市(地方区域)领域的延伸探讨。在"表述"的理论建设方面,本书放弃使用"被表述""自表述""他表述"等术语,因为自古以来成都基本上是一个地理空间概念,人口一直处于流动变化中,没有同族群那样具有相对清晰的我群、他群的边界,无法完整地对应基于主体性和非主体性的"表述"与"被表述","自表述"与"他表述"。加之,成都是一个复杂的社会,其文化是由社会情境与表述交错互动而成的庞杂机体,很难说有一

---

① 参见徐新建《表述与被表述——多民族文学的视野与目标》,《民族文学研究》2011年第2期;彭兆荣《"失落的主题":旅行文化作为民族志的表述范式》,《世界民族》2012年第1期;李菲《嘉绒跳锅庄:墨尔多神山下的舞蹈、仪式与族群表述》,北京大学出版社2014年版;安琪《博物馆民族志:中国西南地区的物象叙事与族群历史》,民族出版社2014年版,等等。

② 参见徐新建的系列文章和专著:《成都:一座城市的形和神》,《清华美术(卷5):中国城市文化及其视觉表征》,清华大学出版社2007年版;《古城的生命在于文化与传承》,《贵州社会科学》2009年2期;《图说贵阳:一座城市的新与旧》,四川大学出版社2010年版;《"香格里拉"再生产——一个希望世界的现世化》,《民族艺术》2015年第1期。

③ 徐新建:《成都记忆:千年天府形、象、神》,《文化遗产研究》2016年第1期。

绪 论

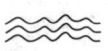

个文化原本的、自在的样子，即所谓"自表述"。对于"表述"对应的"本相"，以前的文学人类学研究虽然提出过"本文"，也讨论过各种文化事项自在的状态，并未明确对"本相"一词进行深入的阐释。

因此，本书将更细致地分梳、厘清"本相"与"表述"的概念和关系。本书所指的"表述"是关于成都形象的书写、言谈、行为举止，"本相"是这些表述所产生的特定的、真实的社会情境，包括缠绕在表述行为上的生态环境、历史语境、权力关系以及表述主体的境遇、情感和认识等。"表述"与"本相"是不可分割的，某个人或社会群体的表述一定是由现实的社会情境本相而产生的，而社会情境本相一定会产生相应的表述。因此，谈成都形象，不应该只满足于分析表面的表述文本和表述行为是什么样的，还应该深究其背后的动因，即社会情境本相。我们要通过考察文字、口传、物象与行为实践等的表述文本①，去尽量追寻被遮掩的、已流逝的成都本相。还应该指出的是，"本相"并非"事实"（fact），事实只是真实存在（过）的事物或者真实发生（过）的事件，而"本相"是基于事实的本质性存在。

比如成都"第四城"的名号，是 2000 年由广东省新闻出版集团的《新周刊》杂志为成都取的名号，并在其后若干年里与成都市政

---

① "物象"主要有图像、视频、器物、纹饰、服装、建筑等，"行为实践"可以包括舞蹈、仪式、节庆等。参见叶舒宪、彭兆荣、徐新建《"人类学写作"的多重含义——三种"转向"与四个议题》，中国文学人类学第五届年会会议手册，南宁，2008 年，第 3 页；安琪《博物馆民族志：中国西南地区的物象叙事与族群历史》，民族出版社 2014 年版。

· 9 ·

府、媒体和商家一起，对此名号进行推广，影响很大。① 在这里，"第四城"是成都的一种形象，表示成都是居于北上广之后的中国第四城；涉及该形象的文章、书籍、言说、广告、城市论坛、颁奖典礼等都是表述。而被称作"第四城"的成都到底是不是中国的第四城，由于判断标准不同、所用证据各异，是很难用事实去证明的，但通过"第四城"的各种表述文本可以发现，这个名号是在西方现代城市理念下，中国媒体、地方政府、商业资本合谋进行城市商业营销的结果。在全球化时代，各集团群体为了各自的利益，将城市作为商品来进行营销和消费，这就是"第四城"形象表述背后的成都社会情境本相。

此例说明，本书对成都形象的研究目的，不是去辨析某个形象的真伪，也不在于就某个形象做文献考据，或对某个形象的现状进行田野考察，而在于尽量还原缠绕在形象表述之上的社会情境本相。只有这样，才能理解成都为何被展现为某种形态，成都城市文化流变和社会变迁的关系，以及成都何以成为现在人们意识中的模样。

成都有着悠久的历史和多元的形象。仅在城市名号方面，就有"蜀都""龟化城""锦城""蓉城""天府之国""熊猫故乡""第四城""东方伊甸园""历史文化之都""休闲之都"等名号。成都在不同的人群里有不同的形象，它是中原人眼中的僻远之地、藏彝走廊民族眼中的中心汉地、中央政权在危机时刻的避难所、诗人们的

---

① 2004年，《华西都市报》与《新周刊》、新浪网、成都卷烟厂等联合举行"娇子·再看第四城"活动，包括"成都24小时快拍"、"成都十大名片评选"、"再说第四城"论坛、"第四城"颁奖典礼等活动。"再说第四城"论坛邀请外地和成都本地几十位学者和文化人以成都的"休闲文化"为核心话题展开了讨论，评选出了"成都十大名片"，其中"第四城"位居第一。2012年9月1日，《新周刊》又推出增刊《谁是中国幸福第一城？》，报道认为在生活幸福度的城市发展标准下，成都的休闲升华为幸福感，从"第四城"跃升为"第一城"。

绪 论

诗歌圣地、外地人心目中的悠游乐土、本土居民依恋的温柔富贵乡……每一种形象都涉及成都自然、环境、政治、经济、文化等方方面面的内容，一本书无法承载这些内容。本书只能选取古今成都的原生形象"天府之国"，中央与地方管理体系中的边缘形象，国家、精英和民众眼中的休闲风俗形象，空间、性别、饮食方面的经验形象，以及当代成都在城市转型中利用各种遗产再造出的形象来进行考察。至于著名的移民城市、多民族聚居地、当代诗歌的首都、当代艺术的高地等较为知名的成都形象，都没有能够单独论述，有些只作为时代背景给予了交代。

最后还必须对作为城市或地方区域的"成都"做一个界定。成都在历史上是一个流动性概念，含义始终处于变化中。

第一，作为地域的成都。从自然生态上可以划分出一个成都的范围界限。人类学家施坚雅（G. William Skinner）引菲利普·布茨的"独特的学说"来划分自然生态的地域：山脉分割的江河流域构成了地表，山脉是地域天然的分界线。① 从这样的地域要素来看，成都的范围界限一目了然：众山环抱，东为龙泉山，西为龙门山与邛崃山，北有山地丘陵，南有高台地，中由岷江、沱江、青衣江、大渡河冲积而成平原。② 历代行政区划上，成都的地理区域基本在成都平原的范围内伸缩。

第二，作为城市的成都。从约 4500 年前开始，成都就诞生了城

---

① [美]施坚雅：《中国封建社会晚期的城市研究——施坚雅模式》，王旭等译，吉林教育出版社1991年版，第152页。
② 广义的成都平原，介于龙泉山和龙门山、邛崃山之间，北起江油，南到乐山五通桥；包括北部的绵阳、江油、安县间的涪江冲积平原，中部的岷江、沱江冲积平原，南部的青衣江、大渡河冲积平原等。三平原之间有丘陵台地分布，总面积2.3万平方公里。狭义的成都平原，仅指灌县、绵竹、罗江、金堂、新津、邛崃6地为边界的岷江、沱江冲积平原，面积8000平方公里，是构成盆西平原的主体部分。

成都形象：表述与变迁

市文明，最古老的成都古城就是现今发现的八座宝墩文化古城遗址。约3000年前，成都城市在今金沙遗址。自公元前311年张仪、张若修筑成都城后，中心市区变化甚微，成为中国少有的两千多年来城名未改、城址未变的城市。这一局面直到近代才开始打破，随着政治、经济、文化的发展，清末民初城市建成区突破城墙向郊区发展。20世纪50年代以后，成都城市建成区更是迅速扩大。20世纪八九十年代，一二环路修建完成，城市再向外扩。如今正在建设"一轴双核六走廊"多中心、组团式、网络化城市格局。

第三，城乡关系上的成都。传统中国的城乡差别不明显，成都的城市与周围的乡村在政治、经济、文化等方面连成一体。"成都"可指中心的城墙之内的成都城，也可指城乡一体的，包括数以百计的城镇、乡村的成都。1928年成都正式建市，之后，城乡管理分割，但成都市与管辖广大乡镇的成都县、华阳县仍然可合称成都。至今，成都这个地名也可指两个不同层次的地域：一是指成都中心城区，包括锦江、青羊、金牛、武侯、成华、高新、成都天府新区共7个城区；二是指"大成都"，即成都市所管辖的10区、5县、5县级市（代管）。[①]

第四，作为行政区划治所的成都。在漫长的古代历史中，成都不仅作为一座城市而存在，还作为郡、州、府、路、道、省等区域的政治、军事、经济、文化中心而存在。秦并蜀之前的很长时间内，成都是古蜀国的都城；秦汉时期，成都是蜀郡的郡治；东汉末年，益州的州治迁到成都；三国时期，成都是蜀汉的都城，也是益州和

---

① 参见成都市人民政府官网，行政区划与人口网页（http://www.chengdu.gov.cn/servicelist/cdgk02/）；杨武能、邱沛篁主编《成都大词典》，四川辞书出版社1995年版，第7页。

绪 论

蜀郡的治所；晋代至唐代的绝大部分时间中，成都仍是益州和蜀郡的治所；唐代，成都先后被设为剑南道、剑南西道、剑南西川道、总管府、大都督府的治所；五代十国时期，成都为前、后蜀的首都，府、州治所；宋代，成都是成都府路（益州路）、成都府的治所；元代，成都乃四川行省治地和成都路首府；明代，成都是省、府治所；清代，成都为省、道、府、县四级行政机构共治之所；民国时期，成都先后为四川军政府、西川道、四川省首府；中华人民共和国成立至今，成都为四川省省会。①

随着时间的推移，治所在成都的各级行政区划的管辖范围有所增减，但是成都作为区域中心的地位基本没有发生改变。因此，当人们谈论这些行政区划的时候，在一定程度上也是在谈论成都。本书行文中，将适当地通过巴蜀、蜀、蜀郡、益州、剑南道、成都府、四川路等形象来探讨成都形象。

城市地理学中"区域"概念认为区域不囿于行政区划，"是一个基于自然地理单元而在长期历史发展过程中形成的经济单元与文化单元，是一个具有一定稳定性的人文地理空间整体"②。因此，"成都"可视为在历史中形成的，在地理、政治、经济、文化、心理认同等综合概念上具有相似性的地理单元。本书所指的"成都"就是起始于宝墩文化时期，位于成都平原，长期为蜀地政治中心，涵盖城乡而又以城市为核心的蜀文化的中心，被人长期称为"成都""蜀郡""益州""成都府"的地域空间。

---

① 参见谭其骧主编《简明中国历史地图集》，中国地图出版社1991年版；《成都通史》，四川人民出版社2011年版。
② 李孝聪：《中国区域历史地理》，北京大学出版社2004年版，第3—4页。

成都形象：表述与变迁

第二节 研究缘起和意义

长久以来，西方人类学的研究单位是多样化的。在达尔文、泰勒、弗雷泽时代，人类学的对象是具有普遍性本质意义的人，达尔文关注作为生物的人的起源与进化，泰勒研究人类整体的文化，弗雷泽关注全人类的精神信仰。殖民时代，人类学主要以原始人群为研究对象，建立了人类学的异文化谱系，塑造了白人/黑人、文明/野蛮、西方/非西方的分野。后殖民时代的人类学；研究单位多元化，有仍然坚持关注全人类思维结构的列维－斯特劳斯，有以文明为研究单位的赛义德、安德森，有以文化模式、民族—国家为研究单位的本尼迪克特，也有众多的以小社区为观察对象的研究。随着城市的高速发展，关注都市这一人类聚居形态的"都市人类学"（Urban Anthropology）也在20世纪70年代兴起了。[1]

然而，长期以来，中国被大多中外学者认为是"乡土社会"，因此中国人类学也长期以乡土为研究单位。中国人类学的开创时代，李济开启了体质的、考古的人类学，凌纯声、芮逸夫、林耀华、李方桂等人考察赫哲族、苗族、彝族、壮族等，开启了研究非汉民族的人类学，但这两大研究传统日后逐渐归属生物学、考古学、民族学、语言学的学科范畴。费孝通、林耀华开启了中国人类学的乡土研究传统。费孝通将村落视作理解中国社会的一个"完整的切片"，

---

[1] ［英］朱里安娜·普拉托文：《从地方到全球——都市人类学的重要性》，杨春宇译，《中国民族报》2009年8月14日第6版。

绪 论

认为通过村落研究可以描述该地方的社会结构。① 用功能主义理论解剖微观社会，以微观社会反映宏观社会，借乡村来认识整个中国的研究传统传承至今，是中国人类学的主流。然而，乡村研究范式受到了费孝通的同门、英国人类学家埃德蒙·利奇（Edmund Leach）的尖锐批评，他认为乡村的个案研究无法代表中国乡村总体，也无法代表中国。个案与总体、小乡村与大中国是一对二元矛盾。费孝通的江村在某种程度上也被描述为没有历史的孤立村庄，这样的研究方法是否能洞察具有悠久历史的中国也饱受质疑。②

一些西方学者超越乡村研究单位，从较为宏观的单位和类型来研究中国。比如，拉铁摩尔提出了"农耕—游牧"内亚整体观的区域研究；费正清的研究中贯穿了西方—中国的"冲击—回应"模式；施坚雅以经济的集镇市场为核心，建立了另一种社会空间模型；英国人类学家弗里德曼以宗族为核心建立了地域关系体系。中国人类学内部也有所变化。费孝通晚年突破乡土研究模式，提出民族走廊、区域经济等概念，将研究单位扩展到跨行省的区域，并投入大量精力研究中国城镇化。20世纪90年代起，城市也开始纳入中国人类学研究的范畴。③ 21世纪初期，以乔健为首席专家的"黄土文明与介休道路"课题组把中国人类学的研究单位扩大到"文明"。④ 这些都可视为人类学中国道路的转型。

人类学需要对城市进行研究，因为城市究其本质来说，是人类

---

① 费孝通：《江村经济》，江苏人民出版社1986年版，第91、92页。
② 参见孙静《人类学家帕金：超级城市的政治文化影响力或超越民族国家》，澎湃新闻网（http://www.thepaper.cn/www/v3/jsp/newsDetail_forward_1473961）。
③ 阮西湖：《都市人类学学科的建立与中国都市人类学的发展》，《民族研究》1996年第3期。
④ 乔健、王怀民主编：《"黄土文明·介休范例"丛书》，中国社会科学出版社2016年版。

· 15 ·

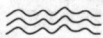

的一种生活方式，是人类社会的一种形式，也是人类文明史上文化最集中的地方，①而且当今世界已经进入城市时代，如何发展城市成为当下全人类的重要议题。人类学也需要研究中国的城市，因为中国拥有世界上罕见的、连续的、博大精深的城市传统，又正在经历全球化下剧烈的城市转型，中国城市既体现城市发展的普遍性，又具有特殊性，成都就是这样一个典型。如果用人类学的类型学分类，成都在生态类型上，是大江上游流域较为封闭的平原区；在经济类型上，古代是农业、手工业、商业结合的小农经济社会形态的典范，到当代又迅速过渡为现代工业形态；在政治类型上，成都是大一统封建国家的边地中心；在文化类型上，是农业文明向游牧文明的过渡区域，拥有约4500年从未间断的城市文明史；从聚落类型上看，成都在古代、近代都是"城乡一体"的分布形态，现代进入城乡分治时代，当代城乡差距拉大之后又开始进行"城乡一体化"。从多个方面来看，成都是不可复制的人类学类型范本。

中国都市人类学主要关注农民工、城镇化、少数民族社区等社会问题，研究中国城市化进程中出现的问题及成因。但是，这些研究局限于解决问题式的思路，"常常缺乏历史的视角，对究竟是一种怎样的中国社会在经历都市化转型的基本问题缺乏必要的关注和探讨"②。近年来，以周大鸣为代表的一些学者开始关注都市化中的文化转型，试图从文化根基上探讨中国的城市化问题。

---

① 美国著名城市学家芒福德的《城市发展史》广受推崇，原因之一就是该书首次把人类进化与城市发展密切联系起来。参见宋俊岭《城市完整概念和理论模型：从芒福德著作提炼出的城市学（初草）》，中国刘易斯·芒福德研究中心成立大会暨第一届国际学术研讨会论文，上海、杭州，2013年。

② 周大鸣：《都市化中的文化转型》，《中山大学学报》2013年第3期。

绪 论

本书试图弥补当下都市人类学缺乏历史视角和忽视都市化中的文化转型这些薄弱之处,以贯通古今的历史视角来考察成都社会,希望通过成都形象的表述变迁来说明人类普遍性的城市认同的形成。

当今城市正在经历利用城市形象塑造来进行资本生产和城市竞争的重大转型,中国都市人类学缺乏对这一现象的关注。在当代,中国众多的区域和城市发展规划密集出台,区域和城市的竞争格局形成,而城市形象日益产生资本价值,成为城市竞争力来源。[①]城市形象作为一个城市的市容面貌、口碑名号、精神气质等具体的感观表现,可以转化为经济利益。[②] 城市形象资本可以通过城市面貌改造、制作城市景观雕塑、制定和实施城市定位、设计城市形象标识、营销城市名片或品牌、争取城市荣誉称号、举办各类活动、摄制城市形象宣传片、申遗、改名等城市形象实践来积累。通过这些形象实践,流动的财富引入城市,创造出越来越多的经济资本。比如中国众多城市围绕"历史文化名城"之类的名号进行逐名运动,以保护和规划"历史文化名城"之名,行大规模政治和商业重组之实,该名号就成了城市的象征资本。[③] 轰轰烈烈的城市形象实践有成有败,一些城市获得了资本的良性循环和城市的健康发展,一些城市在急躁的实践活动中变得没有个性和特色。

十余年来,成都花费大量精力建构城市形象,形象实践几乎成

[①] "资本"早已突破最早的生产资料和货币价值的经济学概念,成为某种事物或人所拥有的借以获取利益的条件。皮埃尔·布尔迪厄就将资本划分为经济资本、文化资本和社会资本三种形态。城市形象资本正是基于这种资本概念下的理论。

[②] 参见张鸿雁《城市形象与城市文化资本论——中外城市形象比较的社会学研究》,东南大学出版社2002年版,第27页。

[③] 胡大平:《逐名运动与城市的历史文化书写》,《中国图书评论》2011年第7期。

为全市动员的社会运动。20世纪90年代起,成都陆续进行了河道整治、道路扩张、城市副中心及CBD建设等物质层面的城市形象塑造活动。从2003年起,成都市开始将理念层面的城市形象塑造作为政府的工作内容,包括城市形象定位和包装、拍摄城市形象宣传片、营销城市名片或品牌、设计城市形象标识、举办各类活动、争取城市荣誉称号……比如,在参与各级各类评奖活动方面,据成都市人民政府官方网站统计,十余年来就获得了"全国文明城市""国际形象最佳城市""中国最佳休闲城市""中国最具幸福感城市第一名"等一百多个荣誉称号。① 然而,在此过程中却出现了非常多的问题,比如形象定位频频变换,显得杂乱无序,有的城市形象建设没有遵循成都历史文化的脉络,破坏了成都人的城市认同,有时对经济利益的单向度追求忽略了弱势群体的利益与城市的整体环境。

既有的成都城市形象研究来自城市规划学、城市管理学、市场营销学、新闻传播学、文化产业学、景观美学等学科,基本上都是从实际操作上论述城市形象实践的方法、途径,这些学科没有深入挖掘成都的历史文化脉络,无法进行实践之前的理论探讨和批评。究竟什么样的形象定位最接近成都本相?历史上成都多元形象的形成能为今天的形象实践提供什么样的经验?成都城市形象实践怎样才能走上良性发展的道路?对此,本书可以为关于成都形象的应用性研究提供理论和样本,为地方政府的城市形象政策提供参考。

---

① 成都市人民政府官网(http://www.chengdu.gov.cn/servicelist/cdgk08/)。

绪 论

第三节　研究综述

　　本书需要依托成都城市史研究、文学中的成都形象研究、当代成都形象实践研究、人类学的城市形象研究等，本节对诸领域进行述评。

一　成都城市史研究

　　城市史学是专门研究城市历史的历史学的分支学科之一。施坚雅是研究近现代中国城市史的著名人类学家。他在民国时期对成都城乡的考察构成了"集市体系理论"和"区域体系理论"的基础。施坚雅依照地貌和市场级序对中国做了宏观区域划分，并根据六角形地点联线布局理论将区域再分为中心—边缘区。他以A、B、C、D四类中心来划分城市经济空间，从A到D由下级到上级逐层聚拢的方式来提供更专门的货物，上一级中心比下一级中心拥有更多的资源和更广的腹地，"中心与腹地所构成的地理空间在理论上是六边形区域体系，以此形式逐级向四周辐射"[①]。施坚雅的理论为"使西方学界对中国古代城市史的研究进入了一个崭新的阶段"[②]。

　　施坚雅的六角理论带有浓重的成都印迹，因为只有在平原地区才可能出现如此理想化的城乡布局，这恰巧为本书的研究提供了城市和乡村有机结合的观念以及合适的城乡互动模式。但他的理论本

[①] ［美］施坚雅：《中国封建社会晚期城市研究》，王旭等译，吉林教育出版社1991年版，第148页。
[②] 陈君静：《施坚雅中国城市发展区域理论及其意义》，《宁波大学学报》（人文科学版）1999年第3期。

· 19 ·

身很少涉及成都社会的文化活动和文化观念，在分析城市和集镇时过分强调自然地理与交通技术，忽视了地域共同体的文化认同因素和国家整体文化的影响因素，而这恰恰是城市聚落存在的重要原因，也是本书要探讨的核心所在。

当代美国的中国城市史学者司昆仑（Kristin Stapleton）的《将成都文明化：中国的都市改革，1895—1937》一书以清末和民国时期（至1937年）成都的都市改革为主要内容，研究近代的市政概念和管理如何在中国形成。① 人们多认为抗战之前的成都是个离现代化远之又远的中世纪农业文明城市，司昆仑则从城市市政建设方面展示了近现代成都具有现代性的一面。该研究之于本书的重要性在于，它一方面揭示了那个时期的真实的成都，另一方面提供了近代成都形象的另类表述。

王笛是成都近代城市史研究者。他自己将其三部著作称为"一个中国城市微观史和成都叙事的'三部曲'"②。《跨出封闭的世界：长江上游区域社会研究，1644—1911》对长江上游地区进行了初步的全面的整体考察，来探索中国社会由传统转向近代化的历史进程。③《街头文化：成都公共空间、下层民众与地方政治，1870—1930》以成都街头为观察点，展示了呈现于街头公共空间中的成都文化的发展、变迁和转化，反映了国家、精英、下层民众三者之间

---

① Kristin Stapleton, *Civilizing Chengdu: Chinese Urban Reform, 1895 - 1937*, Cambridge (Massachusetts) and London: Hardcover: Harvard University Asia Center, 2000.

② 王笛：《茶馆：成都的公共生活和微观世界，1900—1950》，社会科学文献出版社2010年版，"中文版序"第2页。

③ 王笛：《跨出封闭的世界：长江上游区域社会研究，1644—1911》，中华书局2001年版。

绪 论

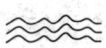

在大众文化问题上的合作、斗争和反抗的互动关系。① 该书使城市史研究的视角从精英转向民众,资料选用从文字文本转向官方文本、大众传媒、调查统计和私人记录。《茶馆:成都的公共生活和微观世界,1900—1950》以成都的茶馆为观察点,研究茶馆的日常休闲、经济实体、政治角色等功能,考察国家是怎样逐步深入和干涉人们的日常生活的。该研究从微观角度了解成都,进而认识20世纪中国城市、城市社会以及与中国政治之关系。② 王笛的"三部曲"研究对象由大而小,视野从宏观到微观、从上层到下层、从宏大到日常,资料选用途径极其丰富,值得学习和借鉴。

在国内,随着近年来成都考古的诸多发现,成都城市史研究已为世人勾勒出一幅较为完整的成都城市发展史,为成都的城市研究提供了大量的史料信息。毛曦的《中国早期城市研究——以古代巴蜀为例》对先秦时期古代成都城市的起源、形成、早期发展以及发展特征做了分析。③ 张学君、张莉红的《成都城市史》将成都城市的发展视为区域的发展,阐述了从古到今成都的发展历史,对成都的重要古迹遗址的来龙去脉做了分类研究。④ 何一民《变革与发展:中国内陆城市成都现代化的轨迹》讨论了近代以来百年间成都城市现代化的进程,探寻与其他城市不同的城市发展类型。⑤ 《成都通

---

① 王笛:《街头文化:成都公共空间、下层民众与地方政治,1870—1930》,中国人民大学出版社2006年版。
② 王笛:《茶馆:成都的公共生活和微观世界,1900—1950》,社会科学文献出版社2010年版,"中文版序"第7页。
③ 毛曦:《中国早期城市研究——以古代巴蜀为例》,博士后论文,四川大学,2004年。
④ 张学君、张莉红:《成都城市史》,成都出版社1993年版。
⑤ 何一民:《变革与发展:中国内陆城市成都现代化的轨迹》,四川大学出版社2001年版。

· 21 ·

史》研究了从宝墩文化至1949年间的成都城市文明演进历程，① 丛书体量巨大，材料严谨，是一部成都城市史力作。

还有一些具有强烈现实关怀的成都城市史研究，它们参与了成都城市建设，具有影响成都形象的力量。何一民在诸多作品中探讨成都城市文化的成因、特点以及保护建议。② 有的历史学者联系历史，关注成都当下田园城市发展模式、宽窄巷子的保护与改造。③

成都城市史研究呈现了政治、经济、社会、文化等方面比较完整的成都历史面貌，为本书的研究提供了丰富的史料线索。关于近现代、当代成都的城市史研究还为本书提供了一种类型的成都形象表述，即成都的现代化由来已久，深处内陆腹地的成都绝不是自我封闭的、现代文明影响甚少的中世纪城市。因为历史研究用史料说话、相对客观、较少想象性等特征，这种表述在成都形象的多元表述中，可能最接近成都的本相。

二　文学中的成都形象研究

自20世纪80年代以来，中国城市文学研究兴盛，它一般将城市文学看作一种独立的文学形态，采用"文学表现城市形态"的"反映论"研究模式来研究城市文学。近20年来，"文学中的城市"（也称"文学城市""城市表述"）成为文学研究的新热点，它注重城市文学与公共社会领域的关联，关注"城市所造成于人的城市知

---

① 《成都通史》编纂委员会主编：《成都通史》，四川人民出版社2011年版。
② 参见何一民相关著作与文章：《成都历史文化名城现状及保护的指导思想》，《四川文物》1997年第6期；《长江上游城市文明的兴起——论成都早期城市的形成》，《中国古都研究》，2002年，第33—39页；《当今世界特大城市中历史最悠久的文化古城——成都》，《四川省情》2003年第6期；《休闲之都：成都游乐文化的历史成因与特点》《中华文化论坛》2012年第2期；《成都学概论》，巴蜀书社2010年版。
③ 艾智科等：《现代田园城市：统筹城乡发展的一种新模式——以成都为例》，《城市发展研究》2010年第17期；李映涛等：《整体历史原真性保护与城市历史地段更新——以成都宽窄巷子改造为例》，《城市发展研究》2009年第16期。

绪 论

识，带来的对城市的不同叙述，以印证于某一阶段、某一地域的精神诉求。从方法论的角度来说，它更接近文化研究"①。两方面的研究构成了以城市为研究对象的"形象诗学"。

对成都文学的研究以"反映论"的"成都文学"研究居多，这类研究认为文学作品中的成都就是现实成都的反映，将文学作品中比较突出的成都风物和文化进行描述和梳理，展示了成都形象的表象。

比如古代文学研究中，有人展示杜甫诗中的成都形象；② 有人呈现范成大笔下的成都景象；③ 有人展现《马可波罗行纪》中元代成都的繁荣形象；④ 有人由成都竹枝词看成都印象⑤……《唐宋文学中的成都》这篇硕士学位论文是这种研究思路的典型代表。该文主要以唐宋文学中诗、词、笔记小说中所涉及的成都形象为主要研究对象，通过对文学作品中的成都木实、花卉、园林、池囿、民俗、游乐、酒文化的梳理，归纳唐宋时期具有文学气息和人文气息的成都形象。⑥

很多关注李劼人与成都的研究也属于该类研究。这些研究整理了李劼人笔下的成都形象，不管是从政治、经济、文化等要素，还是从时间变化角度或城市气质方面归纳李劼人笔下的成都形象，都还没有跳出文学反映论这一分析框架。例如，有人全面梳理了李劼人笔下的成都形象：乡土气息浓郁的古典城市，现代文明冲击下的

---

① 张鸿声：《"文学中的城市"与"城市想象"研究》，《文学评论》2007 年第 1 期。
② 李毅、张华清：《杜甫笔下巴、蜀形象的对比》，《社科纵横》2012 年 6 月。
③ 花志红：《范成大笔下的成都景象》，《文教资料》2008 年第 29 期。
④ 萧易、叶牧天：《马可·波罗眼中的成都风情》，《成都日报》2006 年 11 月 13 日。
⑤ 黄平：《从清代成都竹枝词看成都满城》，《文史杂志》2005 年第 6 期；肖福林：《新成都系列谈之九：竹枝词中的成都印象》，《建筑与文化》2013 年第 9 期。
⑥ 刘霭萍：《唐宋文学中的成都》，硕士学位论文，四川师范大学，2010 年。

· 23 ·

成都形象：表述与变迁

骚动与缓慢变化的城市，泼辣叛逆的成都女人形象，多元的成都男人形象，现实主义、市侩气、爱热闹、保守的成都人形象。① 有人把李劼人笔下的成都形象提炼为：懒散享乐、阴柔美丽、躁动强悍、乡村化。② 还有文章以李劼人小说中的茶馆为切入点，描绘李劼人笔下所呈现的成都形象：传统的闲适的成都、新旧交替的商业的成都、和谐而冲突的政治的成都。③ 也有研究者把李劼人这个个体纳入成都形象塑造系统中，认为李劼人这一个体就是成都形象的组成部分，④这要比以前的李劼人研究向文化分析推进了一步。

在当代文学研究中，汪坚强试图建构具有特色的"成都文学"。他称当代成都作家为"大生活"作家，认为他们在文学形象、叙事内容、表达方式等方面都有明显的地域性，打造了文学的"成都方式"。⑤ 虽然材料丰富，分析全面，这种研究缺乏比较研究的视角，很大程度上陷入自说自话的境地。

而"文学中的城市"研究大多聚焦"成都形象"，通过文学中成都形象的流变来勾勒成都城市文明发展的轨迹，揭示文化内部的嬗变。这些研究跨越进了城市思想文化研究领域。

在现当代文学的范围内，何永芳专文研究现代"文学成都"，从吴虞、巴金、李劼人等现代作家的成都书写中归纳出"黑暗之城"和"悠闲的后花园"两种矛盾的成都形象，作者认为文学中的成都

---

① 杨海涛：《论李劼人笔下的成都》，硕士学位论文，四川师范大学，2012年。
② 李先宇：《李劼人小说与"城市"书写》，硕士学位论文，重庆师范大学，2011年。
③ 贾胜楠：《"茶馆"中的成都——浅析李劼人笔下的成都形象》，《青年作家》2014年第16期。
④ 李思屈：《城市意象和一个城市的生命：论李劼人笔下的成都及其当代价值》，载成都市文学艺术界联合会、李劼人研究学会编《李劼人研究：2007》，巴蜀书社2008年版，第270页。
⑤ 汪坚强：《再论成都"大生活"作家的地方文化意识》，《四川师范大学学报》2011年第2期。

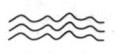

从一个悠闲的自足城市变成一个与现代化冲突的城市，是"现代化"东传之后新旧价值观交替时产生的身份认同焦虑，以及上层精英和普通民众的不同取向造成的。① 李永东研究抗日战争时期外省作家笔下的成都形象，认为成都所具有的旧中国城市风度和氛围，让这些作家从成都发现了北平情调或江南风味，使其民族情感和民族意识在成都书写中得到了合理的释放。②

胡静雪通过分析《死水微澜》《成都，让我把你摇醒》《成都，今夜请将我遗忘》《成都粉子》这四个文学文本，发现了姿态各异的成都形象，认为当代巴蜀文化中的休闲、消遣负面因素被无限放大和膨胀，腐蚀着成都独特的精神个性和成都人的心灵。③ 陈丹分析包括网络小说在内的书写成都的当代文学作品，指出作品中成都意象呈现出的特点：阴郁美丽、懒散暧昧、独特却面目模糊。她认为这样的形象没有真正触及成都的精神，主要是因为这些作品普遍忽略了历史文化的大背景，对城市的文化精神体系认识不够，限于"物化"描绘。④ 陈太怡认为《成都，今夜请将我遗忘》《成都粉子》《成都，爱情只有八个月》三部流行网络小说中的成都缺乏地域生活特性，是外地人对成都的想象和需要，体现了"全球化的一种负面效果，一种陷入消费主义的集体无意识"⑤。

这些研究都不同程度地运用了"想象"这一"文学中的城市"

---

① 何永芳：《现代作家的成都书写》，硕士学位论文，西南大学，2011年。
② 李永东：《论外省作家笔下的成都形象》，《天府新论》2011年第1期。
③ 胡静雪：《中国现当代文学中的成都形象》，硕士学位论文，西南师范大学，2004年。
④ 陈丹：《寻找城市的精神——以成都为例探讨中国当代文学中城市书写的得与失》，《当代文坛》2010年第3期。
⑤ 陈太怡：《想象、城市与城市小说——三部小说对于成都的想象》，《成都大学学报》2006年第1期。

研究的共同概念与方法，将文学的、虚构的成都与真实成都来区别对待，它们发现了文学作品对"悠闲""休闲"或"安逸"的成都的想象。同时，它们都注意到传统的悠闲安逸形象自近代以来的变化，以及成都形象背后的城市精神文化，开掘出值得探讨的意义空间。

比较文学形象学主要关注中国国家形象，也有一部分研究城市形象的作品，其中包括成都形象研究。薛玉楠从近代日本人的四川游记中关于成都的描写来分析成都形象，成都具有与重庆相比落后的经济形象，风雅、安于现状、善于交际、悠闲的气质形象，好坏俱有的民俗形象，这些形象"既与近代中国乃至四川的封闭、落后有关，又与日本人的扩张意识有关"。[①]

文学中的成都形象研究有一些不足。形象学的成都研究刚刚起步，研究成果很少。"反映论"式的成都文学研究只是对文学作品中的成都风物和文化进行提炼梳理，展示的只是成都形象的表象。"文学城市"式的成都文学研究仅限于现当代文学范围内蜻蜓点水式的分析，既没有从"文学中的成都"的历史源头开始进行考察，也缺少对现当代的成都文学全面的覆盖。实际上，文学城市还与城市实存、民众认知、政策设计等领域互相渗透和影响，因此，必须以一种更宽广的视野来看待这种立体文化中的城市。

三 当代成都形象实践研究

研究当代成都形象实践的作品大致涉及三个方面：

（一）从实用主义角度探讨成都形象定位与塑造的方法和策略，

[①] 薛玉楠：《近代日本人四川游记中的成都形象——以〈巴蜀〉〈横跨中国大陆——游蜀杂俎〉为史料的考察》，《剑南文学》2011年第8期；薛玉楠、陈辉、熊晓霜：《形象学视域下的城市个案研究》，四川大学出版社2012年版。

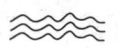

目的是通过打造成都形象来促进城市发展。这方面的作品有的是政府官员执笔，有的是学者从各学科角度提出的意见和建议。

政府官员们从来没有放松对成都城市形象定位的思考和实践。2002年，时任成都市建设委员会主任的刘玉成撰文《论成都城市形象的塑造》，从开放城市规划、设计市场，打造"古代东方世界音乐之都"、古蜀文化，建设优秀建筑、构筑物及住宅小区，提高城市园林绿化水平，搞好城市环境综合整治等多方面对成都城市形象塑造的着力点和措施等方面进行设计布局。[①] 2009年成都市人民政府外事办主任、党组书记邱海明提出成都国际化城市功能定位，即"国际休闲居住之都、国际会展旅游名城、中国美食之都、中国西部的国际物流集散地"[②]。为了更好地建设城市形象，成都市政府将成都学术界也纳入建设城市形象的活动中。在近年来成都市哲学社会科学规划办公室连续公布的《年度成都市哲学社会科学规划项目课题指南》中均有涉及成都形象的项目研究参考方向。[③]

各领域的学者对成都形象提出了各种定位建言。中国地域建筑与文化研究院助理研究员肖福林认为成都对外传播的城市形象，

[①] 刘玉成：《论成都城市形象的塑造》，《城乡建设》2002年第10期。

[②] 康晓蓉、杨宇：《"在全球城市体系中定位成都"——专访成都市人民政府外事办主任、党组书记邱海明》，《西部广播电视》2009年第2期。

[③] 如2010年的"成都城市发展定位研究""互联网与成都城市形象传播力研究"，2011年的"大众传媒与成都形象塑造研究"，2012年的"世界生态田园城市建设""具有成都特色的文化、民俗、自然景观"，2013年的"城市国际化视域中的成都城市形象定位研究""成都城市地标设计的'特色危机'研究"，2014年的"城市文化地标营造与'成都形象'的国际传播研究""成都城市文化特质与城市文化形象关系研究"，2015年的"成都城市文化资源与文化品牌资源建设研究""成都打造国际化城市文化标志研究"，2016年的"城市文化地标营造与'成都形象'的国际传播研究""成都城市文化特质与城市文化形象关系研究"与2014年课题名称相同，可见成都市对城市形象的重视程度等。参见成都市哲学社会科学规划办公室《成都市哲学社会科学规划项目课题指南》，2010—2016年。

会从"慢节奏的生活方式和本土文化"转向"国际化与经济活力"[①];中国社会科学院旅游研究中心研究员张广瑞建议成都的形象定位为"天府之国,安逸之都";[②] 成都大学教师朱英贵提出"生态天府,人文蜀都"的定位,[③] 邓经武提出塑造"文化、历史之都"形象的策略;[④] 成都市经济发展研究院科研部的经济师眭海霞、陈俊江建议将成都形象定位为"幸福天府·世界宜人之都";[⑤] 成都理工大学银元、李晓琴提出"古蜀天府,悠闲成都"的旅游形象定位[⑥]……

因为城市形象与媒体越来越密切的关系,从传播学角度研究成都城市形象比较热门,有多篇硕士学位论文和一本专著都是从该角度切入的。2011年吴榕的硕士论文将成都城市宣传片作为研究的重点,发现成都形象传播过程中出现的问题,并提出相应策略。[⑦] 该文将研究目的指向"探讨建设'世界现代田园城市'的最佳路径",可以明显看到该研究受到了政府政策的影响。张嘉麒以《成都日报》为例探讨传统纸媒对成都城市形象的塑造。[⑧] 2013年,牟意的硕士论文研究成都城市形象的网络传播,分析各类网络媒体在城市形象

[①] 肖福林:《新成都系列谈之八:成都印象的多元变迁》,《建筑与文化》2013年第8期。

[②] 张广瑞:《也谈成都的形象定位》,《中国旅游报》2006年8月11日第5版。

[③] 朱英贵:《生态天府 人文蜀都(上)——试论中国成都的城市形象定位》,《成都大学学报》2008年第4期。

[④] 邓经武:《成都市文化形象建设的思考》,《中华文化论坛》2012年第2期。

[⑤] 眭海霞、陈俊江:《城市国际化视域中的成都城市形象定位研究》,《成都行政学院学报》2014年第5期。

[⑥] 银元、李晓琴:《基于城市文脉现实载体的城市旅游形象定位——以成都为例》,《现代城市研究》2009年第12期。

[⑦] 吴榕:《影像文本中的成都城市形象的建构与传播策略研究》,硕士学位论文,电子科技大学,2011年。

[⑧] 张嘉麒:《媒体城市形象塑造研究——以〈成都日报〉为例》,硕士学位论文,四川省社会科学院,2011年。

传播过程中的角色、作用与特征。[①] 四川大学朱天等人重点考察电视媒体中的成都城市品牌的塑造，对媒体在城市品牌建设过程中的态度和行为有比较全面的描述，评价了诸如"第四城""东方伊甸园""熊猫故乡""休闲之都""世界现代田园城市"等多种品牌的优劣。[②] 实际上，宣传片、报纸、网络、电视等应该作为成都形象传达的一个媒介整体来看待，任何对媒体的分割观察都不能全面反映当代成都形象的媒体表述。

以上研究基本上属于政府规定型、对策建议型的研究，有的研究甚至直接为政府提出的城市形象概念做论证和宣传。

（二）对于成都在二十余年来不断进行城市形象定位与塑造的现象，进行批判性反思。

2005 年陈颖的《城市定位：成都的焦虑症》对成都十多年来不断进行城市形象定位的历史进行了简单回溯，并记录了 2005 年 4 月 21 日"城市地理气质论坛"上众多文化人、学者和商界人士对成都形象定位的观点和建议，其中有不少犀利的见解。对于成都城市定位多而不当的原因，四川大学教授阎嘉认为是受政府官员政绩观、市民看热闹的心态、商业目标等因素影响；四川师范大学教授谢元鲁认为是因成都处于中间地位而产生的身份焦虑感和赶超心态所致；中国社会科学院博士后倪鹏飞则认为是由于缺乏深入地调查研究和科学论证、领导主观意志化、领导更替等原因而导致。针对成都该如何定位，阎嘉认为成都是一座典型的后现代化城市，城市定位要抓住消费、休闲、时尚的城市特质，不可能用简短的语句来表述；

[①] 牟意：《论网络媒体在城市形象传播中的角色与功能——以成都城市形象传播为例》，硕士学位论文，四川省社会科学院，2013 年。

[②] 朱天、王炎龙等：《城市电视媒体与城市品牌塑造：成都城市形象的电视传播研究》，四川大学出版社 2012 年版。

谢元鲁也认为没有一个形象定位能概括成都的特点，成都可多元化定位或不定位；倪鹏飞则反对成都定位多元化，倡导在深入调查和研究的基础上进行城市定位。[1]

唐黎明的《成都，城市定位何其多》一文针对2010年成都提出要建设"世界现代田园城市"的新形象定位进行了批评。该文梳理了田园城市的概念来源，用霍华德的"田园城市"要素与成都提出的"世界级、现代化、超大型和田园城市"几个基本要素相比较，得出结论：成都的规划和霍华德的田园城市存在很大的差异，花样翻新的城市定位沦为招商引资的营销手段，换来的只是昙花一现的经济繁荣。[2] 成都市经济发展研究院的经济师眭海霞、陈俊江指出了成都城市形象定位的三大不足：定位模糊、缺乏专属性、缺乏完善性。[3] 朱天等人在对成都城市品牌做描述的同时，也认为成都城市品牌的"短板"在于定位游离、元素简单串联。[4]

这些批判反思指出了当代成都进行频繁形象塑造活动的原因，以及以政府为主体导向的成都城市形象实践的缺陷：在政策压力、经济需要、仕途理想的促使下，政府官员急于给成都找形象定位，由于缺乏一以贯之的文化支撑以及目光短浅或权力轮替，靠政治力量倡导的成都形象往往不能持久。

（三）梳理成都形象的历史传统和探寻成都形象的文化根基，这类探讨比较少，多是在应用性作品中占少量篇幅。

在为成都城市形象献计献策的作品中，一般会追溯成都形象的

---

[1] 陈颖：《城市定位：成都的焦虑症》，《中国文化报》2005年7月5日第3版。
[2] 唐黎明：《成都，城市定位何其多》，《西部论丛》2010年第7期。
[3] 眭海霞、陈俊江：《城市国际化视域中的成都城市形象定位研究》，《成都行政学院学报》2014年第5期。
[4] 朱天、王炎龙等：《城市电视媒体与城市品牌塑造：成都城市形象的电视传播研究》，四川大学出版社2012年版，第54—55页。

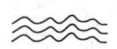

历史文化，但这部分内容一般比较简要。如邓经武在谈城市文化形象建设之前，简单叙述了成都地名文化，巴蜀先民在服饰、纹饰、器形方面的审美倾向。① 在分析当代城市形象定位之前，朱英贵先探寻"蜀都""成都""天府之国""锦官城（锦城）""芙蓉城（蓉城）"几个古代成都称谓的含义、来历和意义。②

朱天等人将成都城市品牌塑造的历史分为三个阶段：历史记忆阶段、现代化城市发展进程中的萌芽阶段、信息化发展中趋于成熟的阶段。该书虽然重点研究的是后两个阶段，但对第一阶段的分析颇有特色。它将历史记忆阶段的成都分为建筑文本中的成都、文学文本中的成都来考察，把金沙文本的"文明蜀国"、都江堰文本的"天府之国"、《蜀都赋》等文学作品中的"经济文化繁荣之城""休闲城"等看作是古代成都的城市品牌。③ 这里的"城市品牌"实际上也是成都总体形象的表述，这种将建筑与文学作为"文本"纳入观察视野中的做法值得重视。

以上关于成都形象的研究大多偏重应用性，在城市形象定位和塑造的问题和策略方面着力较多，而较少注意到城市本体的历史文化过程，以及形象的形成脉络与背后积累的民众认同，也缺乏将城市形象的表述作为城市形象内涵进行考察的视角，而对城市形象表述的研究恰恰可以为城市形象设计提供最根本的文化资源。

---

① 邓经武：《成都市文化形象建设的思考》，《中华文化论坛》2012年第2期。
② 朱英贵：《生态天府 人文蜀都（上）——试论中国成都的城市形象定位》，《成都大学学报》2008年第4期。
③ 朱天、王炎龙等：《城市电视媒体与城市品牌塑造：成都城市形象的电视传播研究》，四川大学出版社2012年版，第46—50页。

四 人类学的城市形象研究、成都研究

从 20 世纪 90 年代起,西方都市人类学开始关注城市形象。国际人类学与民族学联合会都市人类学委员会于 1992 年举行"都市形象:城市与象征,象征与城市"研讨会,出版了《都市象征》(*Urban Symbolism*)一书。作为都市形象这一主题的比较性拓展,该委员会于 1997 年与斯洛文尼亚共和国科技部共同发起了"都市象征与仪式"研讨会,出版了《都市象征与仪式》(*Urban Symbolism and Rituals*)一书。[①] 这些研究把象征人类学擅长的象征符号研究引入了都市形象领域,将城市看作一个文化文本,强调符号象征在城市文化中的意义系统与角色,但一如人类学研究长久以来的缺陷,它们缺乏对城市历史维度的考察。

美国人类学家塞萨·洛(Setha M. Low)《理论城市:新都市人类学读本》(*Theorizing the City: The New Urban Anthropology Reader*)总结了都市人类学的三个主要研究趋势:城市中种族、阶层和性别歧视的后结构研究,跨国文化的政治经济学研究,城市空间、城市规划中的符号学、社会学产品研究。她主张从城市的形象和其所隐喻的意义来研究城市,从社会关系、经济、城市规划与建筑、宗教与文化四个方面,将城市形象划分为 12 个类型:种族城市、被分割的城市、性别城市、抗争的城市、后工业城市、全球城市、信息城市、现代主义城市、后现代城市、堡垒式城市、神圣城市、传统城市。[②]

[①] [英] Giuliana B. Prato:《国际人类学与民族学联合会都市人类学委员会简介》,刘志军译,《广西民族大学学报》(哲学社会科学版) 2006 年第 5 期。

[②] Setha M. Low, "The Anthropology of Cities: Imagining and Theorizing the City", *Annual Review of Anthropology*, Vol. 25 (1996), pp. 383–399.

绪 论

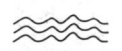

在她看来，城市空间是城市形象的一种类型，她在用空间研究方法研究城市形象方面独树一帜。她的《空间与场所的人类学》(*The Anthropology of Space and Place*) 认为人类学家应该介入城市空间研究，把空间视为社会历史文化的基本组成部分，而不只是把空间作为一个背景。其中有的文章关注西班牙裔美国人社区权力关系的历史过程；有的文章关注真实的边界和社会关系的边界，空间的和象征性的边界；有的文章考察空间的社会生产与社会建设如何创造了意义，历史和建筑形式的进化如何表征了权力。[1]

2001年《美国人类学家》(*American Anthropologist*, March 2001, Volume 103, Issue 1, Pages 5–273) 杂志2001年第103卷第1期，出版了都市人类学专辑，有的学者对城市空间形象及其文化的政治经济背景进行了分析，相关内容如下：

罗伯特·罗滕伯格（Robert Rotenberg）《大都会主义与19世纪殖民地大城市中的城市空间转型》探索了怎样的城市表述能够引起一场更新人们城市观念的运动。他批判西方大都市的富裕阶层企图按照资产阶级形象，并通过资本主义投资过程来重塑城市形象，认为只有了解了资本家大都会主义扭曲城市概念的程度，才能开始区别城市经验的多样化。[2]

塞萨·洛在《边缘和中心：关上大门的社区与关于城市恐惧的话语》批判性地描绘了横贯整个美国的居住空间隔离现象：中产阶层、中上阶层由于安全感问题，住在封闭的社区，这种新的居住分

---

[1] Setha M. Low, Denise Lawrence–Zunigais, *The Anthropology of Space and Place: Locating Culture*, Malden, Oxford, Carlton, Berlin: Wiley–Blackwell, 2003.

[2] Robert Rotenberg, "Metropolitanism and the Transformation of Urban Space in Nineteenth–Century colonial metropolis", *American Anthropologist*, Vol. 103, No. 1 (Mar., 2001), pp. 7–15.

隔被合法化和合理化，不利于社会互动、社会网络建造，不利于文化、种族、社会多样性容忍度。①

布雷特·威廉姆斯（Brett Williams）《一条穿过我们的河流》研究了华盛顿特区的安纳科斯蒂亚河的形象变迁以及与其相关的政治变迁。为了批判当下破坏环境公平的河流开发计划，威廉姆斯回顾了过去一万年里安纳科斯蒂亚河沿岸的定居者对待该河的不同经验和视角。在历史上的四个关键时刻：首都的确定、中央政府的建立、首都核心区的改造、当代滨水区的开发，沿岸定居者的使用价值与主宰城市历史的交换价值不断发生冲突。② 这篇文章将某一城市物象置于整个城市的纵向历史中的考察方法值得借鉴。

中国的都市人类学起步于20世纪90年代，主要秉持解决城市问题的价值取向，关注农民工、少数民族社区、底层居民、城镇化、城市组织和制度等中国城市化进程中的现象，对于城市形象的关注很少，而且以微观研究为主，很少对一个城市从整体上进行观照。

以成都为对象的人类学研究历史较长，但数量不多。

民国时期在中国西南地区从事人类学研究的学者们虽然主要着力于西南民族研究，但对成都本土的研究也做出了一定贡献。在考古人类学方面，人类学家葛维汉（David Crockett Graham）于1933年主持了四川广汉三星堆遗址的首次考古发掘，为古蜀史、成都城市史研究揭开序幕；郑德坤先后组织和参与了成都前蜀永陵、文庙旧址的发掘，并出版丛刊，还写成了历史文献、民族志、考古学资料相结合的《四川古代文化史》；冯汉骥主持了永陵的发掘，并与郑

---

① Setha M. Low, "The Edge and the Center: Gated Communities and the Discourse of Urban Fear", *American Anthropologist*, Vol. 103, No. 1 (Mar., 2001), pp. 45–58.
② Brett Williams, "A river runs through us", *American Anthropologist*, Vol. 103, No. 2 (Jun., 2001), pp. 409–431.

德坤合作写成《成都平原之大石文化遗迹》。在体质人类学方面，1935—1936年，杨振华参加了由莫尔思主持的三次体质人类学考察，先后收集了1000个成都人的血型样本以及数百个少数民族的血型样本，写出《四川人的血型研究》。总体来说，这些人类学家普遍擅长对成都文史、考古、民族志资料的综合研究。人类学的研究方式影响了四川历史学界，徐中舒、蒙文通等学者贯通人类学的研究成果，使四川历史研究成为历史人类学的研究典范。[①]

当下以成都为对象的人类学研究不多，且多是针对古琴、桃花节、藏文化用品街等某一成都文化事象进行的微观观察和描述。美国人类学学者庄思博（John Osburg）对成都新富阶层的考察较有特点。在题为《焦虑的财富：中国新富阶层的金钱与道德》的博士论文中，他以成都为例，"讨论性别关系、商业实践和在改革时期中国发生的变化总方针等"[②]。他的研究展示了当代成都在全球以及全国的经济地位与部分成都人的生存状态，为成都形象的当代表述做了很好的注脚。

总体来说，人类学的城市形象研究把城市形象分解为象征符号、空间形态、具体的物象等多种形式，围绕权力、阶级、阶层、社会运动、城市建设等视角来讨论。本书对于当代成都形象的探讨可以说是这类研究在中国城市方面的延伸。然而，这类研究中只有少数研究引入了城市史的视角，这是本书的研究所要尽量弥补的。而且，都市人类学对城市形象的分类主要基于视觉特征，缺少了软性感知的城市形象这一类，即城市的名号、内外人群对城市的整体认知等，

---

① 本段综述参考了李绍明对中国人类学华西学派的论述。参见李绍明《略论中国人类学的华西学派》，《广西民族研究》2007年第3期。
② John Osburg, *Anxious Wealth: Money and Morality Among China's New Rich*, Stanford University Press, 2013, pp. 19–22.

而这恰恰是本书的创新之处。当代都市人类学主要采用微观分析维度，本书试图既从城市历史文化的整体上，又选取具体的形象点来把握成都形象，是宏观与微观视角的结合。

而以成都为对象的文化人类学研究比较薄弱，本书有较大的发挥空间。而以往人类学对成都的研究在资料的积累和选用、多学科交叉的方法、将成都置于世界、国家、区域整体网络中的眼光，仍为本书做了良好的示范。

第四节　研究方法

一　文本田野

田野调查是人类学的基本方法，要求人类学学者去到异民族、异文化地区的人群中进行观察。因为本书所涉及长时段的成都形象考察，所以不能只做社会人群的"田野"，还要做文献资料的"田野"[1]。而人类学田野调查所得的民族志文本，以及文献的文字文本，都还不是"文本"的全部。很多从事文化研究的学者，把任何能被观察和解读的社会文化表征都视为"文本"[2]。

基于表述理论，本书认为成都本相与成都形象表述是不同的，现在可以寻得的所有文本都应视作表述，而非本相记录。本书将引

---

[1] 历史人类学学者王明珂将"透过文本、文类、历史心性、社会表征（表相）、社会现实（本相）等概念"而"揭露隐藏在文献中的另一些历史景象"称为"在文献中作田野"。参见王明珂《为什么赤脚惯了踩在锐石上不知痛?》，《反思史学与史学反思》，上海人民出版社2016年版。

[2] 如斯图尔特·霍尔在《表征：文化表象与意指实践》中就将广告、图像、影视剧、宗教仪式、事件和运动都视为"文本"。

用的文字（如文学作品、史志、政府文件、网络文章）、口传（如成都民间故事、传说）、物象（如刻有"成都"二字的"成都矛"和"吕不韦戈"、成都地铁站中绘有大熊猫的广告）与行为实践（如"东方伊甸园"城市营销、"太阳神鸟"城市形象标识选取、"非遗节"举办）等都视为"文本"。通过这些文本的表象，去认识表象下面的本相的方法，笔者称之为"文本田野"。这种方法将贯穿于对古代文本和现代文本的分析中。

二 问卷调查

对成都形象表述的研究出发点应是现实社会中人们对成都形象的认知。认知由过去和当下的表述所塑造，并进一步转化为表述。目前可以找到的文献文本可以呈现出不同时期不同人群对成都形象的认知和表述，但未必能完全如实地反映当下普通人对成都形象的认知。鉴于尚未有人进行过关于成都形象认知的社会调查，为印证、补充或纠正资料文本的信息，笔者进行了关于成都形象认知的问卷调查（问卷见附录）。

预调查

针对当下成都本地人和外地人对成都形象的大致认知，笔者设计了关于成都形象认知的调查问卷。本问卷于 2016 年 1 月 24 日至 28 日以纸质版和电子版两种形式进行了预调查，预调查选取的调查对象为笔者的同专业同学和具有一定社会调查经验的友人，其中涵盖了土生土长的成都人、在成都长期居住的外地人、对成都不熟悉的外省人，共 10 人。调查形式是当面填写纸质版问卷和远程填写 word 版问卷，当场或在线进行回收，并与调查对象就问题和答案进行讨论。在此过程中，笔者检验了一些选项的互斥性和完备性，对部分问题和答案进行了调整，并采纳调查对象的建议，在正式调查时使用在线电子问卷。

正式调查

笔者选取由上海循环信息科技有限公司开发的免费问卷调查平台"问卷星"（http://www.sojump.com）进行电子问卷的设计、发放、回收和统计。笔者的电子问卷《关于成都形象认知的调查问卷》ID为7098030，网页为http://www.sojump.com/jq/7098030.aspx，于2016年1月29日上线发放，于2016年2月29日回收完毕，三十天时间共回收问卷1028份。

抽样

本调查采用了主观抽样、滚雪球抽样和随机抽样三种抽样方法。"成都形象认知"的调查对象是成都内外人群，基本限定在中国一国范围内。由于笔者能力与财力的限制，只能采取抽样的方式获得样本。针对成都本地人群，本书还采用了访谈法进行调查，因此在问卷调查中，成都本地人群所占调查总体比例可以比成都外部人群所占调查总体比例低一些，设定比例为1:4。

鉴于笔者的人生经历，首先采取主观判断抽样。笔者籍贯在四川某县（非成都县市），在当地完成小学、中学教育，之后分别在中国北部、东南部、西部的三所面向全国招生的综合性大学进行本科至博士的学习，其间在成都工作过若干年。因此笔者以自己的亲戚，从中学至博士期间的师友，工作时的同事朋友为第一层样本范围。该步抽样，可以保证涵盖土生土长的成都人群、长年定居成都的人群、在成都短暂停留过的人群、从未到过成都的人群等多元的成都内外人群样本。

接下来为滚雪球抽样，通过第一步抽样的调查对象进一步推开到其亲友，构成第二层样本。该层样本中，有部分人会继续推广调

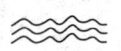

查，依此类推，将得到接下去的样本层次。这样一步步扩大样本范围，尽管越往后样本数会越少，但样本涉及的地域、年龄、职业、文化程度等各项指标的范围已被扩展开去。

为了增加样本数以及增强抽样的随机性，笔者在"问卷星"上进行了"互填问卷"和"问卷推荐"，该方法为随机抽样。"互填问卷"是将自己的问卷发布在页面中，通过填写该页面中的众多调查问卷赚取点数，以使自己的问卷排在页面靠前的位置，吸引其他"问卷星"用户来填答。"问卷推荐"则需付费给"问卷星"，由"问卷星"系统随机将问卷推荐给访问者填写。"问卷星"是全球最大的中文在线问卷调查平台，因此可以保证抽样的随机性。

问卷发放与回收

主要通过微信和 QQ 发送电子问卷链接，由调查对象通过手机或电脑进行在线填答，填答完毕即提交"问卷星"。问卷发放期间，正值农历春节，大多数中国人回原籍老家过年，笔者借机鼓励第一层调查对象多在亲友中推广该电子问卷，收到较好效果。通过微信与 QQ 的传播与滚雪球式的再传播，共回收问卷 891 份。在"问卷星"上通过"互填问卷"回收问卷 30 份，通过"申请推荐"回收问卷 101 份。另外，笔者还针对六位没有能力和条件进行手机和电脑填答电子问卷的调查对象发放纸质问卷，其中自填 5 份，由自己口答、他人读题代填 1 份，共回收 6 份，回收后由笔者通过电脑链接将答案输入"问卷星"，以便统一分析。最后共计回收 1028 份问卷。

调查对象分布

本调查的调查对象在地域、性别、职业方面分布平衡，具有较高的随机性，基本能够反映成都内外普通人群对成都形象的认知。

问卷的填写地点分散，总共有分散在包括台湾和香港在内的31个省级行政区的调查对象填写了本问卷，还有身在国外的27位调查对象填写了本问卷。其中，四川的填写人数最多，达到总数的38.69%。如图0-1所示。

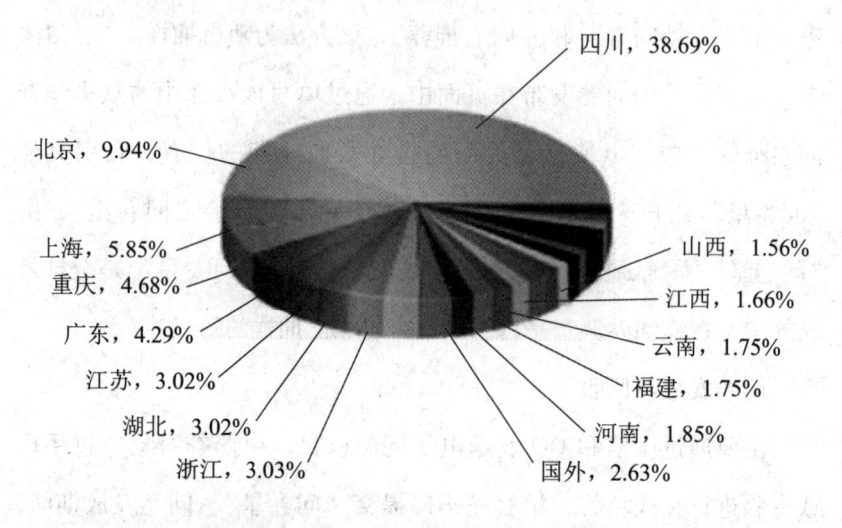

四川，38.69%
北京，9.94%
上海，5.85%
重庆，4.68%
广东，4.29%
江苏，3.02%
湖北，3.02%
浙江，3.03%
国外，2.63%
河南，1.85%
福建，1.75%
云南，1.75%
江西，1.66%
山西，1.56%

图 0-1 调查对象填写地点分布

调查对象的籍贯也分布广阔，分布于除香港、澳门之外的中国32个省级行政区，另外还有一位韩国人、两位泰国人填写了本问卷。其中土生土长的成都人208位，占调查总人数的20.27%，符合笔者在抽样前的设定。不是土生土长的成都人、但后来定居在成都的人178人，占调查总人数的17.35%。以上两类是对成都非常了解的人群，可以被认为是广义的成都人。非成都人共640人，占调查总人数的62.38%。各人群比例如图0-2所示。

在非成都人中，现在或曾经在成都长期生活（累计半年以上）的有201人，到成都短暂旅行、出差或走亲访友的有318人，从未到过成都的有136人。三类人所占非成都人总人数比例如图0-3所示。

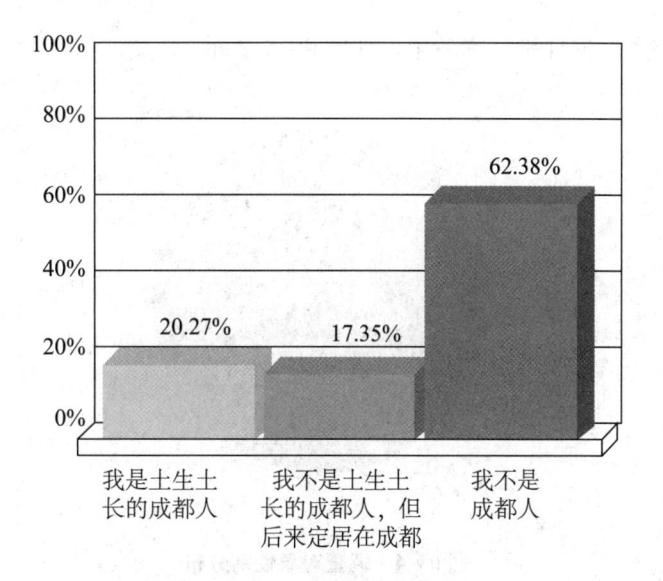

图 0-2 调查对象籍贯分布

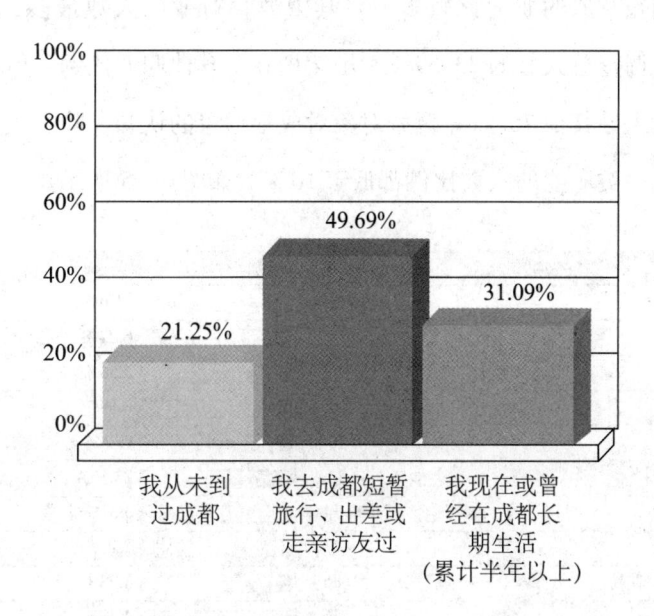

图 0-3 非成都人与成都的亲疏关系

这样，本书可以涉及成都由内而外、由近及远的地域人群，也避免了特定地域对成都的地域偏见。

成都形象：表述与变迁

调查对象性别基本各半。如图 0-4 所示。

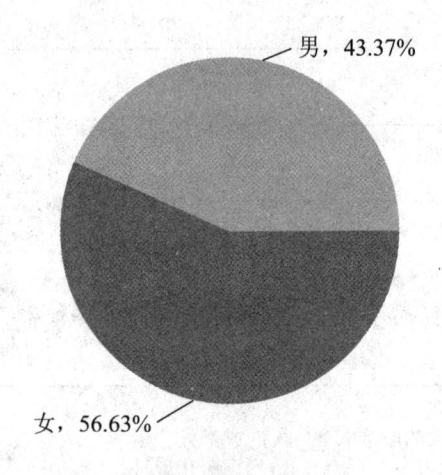

男，43.37%

女，56.63%

图 0-4 调查对象性别分布

调查对象的职业比较多元。其中教育行业的人数最多，共 242 人，占调查总人数的 23.59%，虽然稍高于其他职业比例，但不足以掩盖或主导其他 76.41% 调查对象对成都形象的认知。除了教育行业外，每一类职业的人数比例都低于 10%。如图 0-5 所示。

选项	小计	比例
农业	15	1.46%
制造	71	6.92%
建筑	57	5.56%
公务	84	8.19%
文化	100	9.75%
教育	242	23.59%
医疗	34	3.31%
信息	73	7.12%
金融	86	8.38%
商务	46	4.48%
零售	25	2.44%
其他(请写明)[详细]	193	18.81%
本题有效填写人次	1026	

图 0-5 调查对象职业分布

绪 论

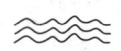

问卷设置

调查问卷包含13个问题，其中封闭式问题12个，开放式问题1个，包括一份含有16条陈述的语义差异量表，同时还包含了5个相倚问题。13个题中必答题9个。

问卷涉及的主要变量有：成都名号、成都元素、成都的城市特征、成都人的精神性格、成都现阶段社会发展状况、成都市城市形象标识、感知成都的来源、对成都的感受。

其中，对成都人精神性格的不同意识和感受是通过语义差异量表来进行考察的。通过16条陈述，其中正面陈述8个，负面陈述8个，正反陈述交替排列。这些陈述是从古今文献对成都人精神性格的表述中选取的出现频率高、有代表性的词语。赋分分别为3、2、1、0、-1、-2、-3，分数越高说明调查对象认为成都人越倾向于位于量表左边的精神性格，分数越低说明调查对象认为成都人越倾向于位于量表右边的精神性格。

样本质量控制

通过主观抽样和滚雪球抽样得到的样本质量比较高，因为问卷传播基本依靠熟人关系，胡乱作答或敷衍作答的可能性较小。通过"互填问卷"和"问卷推荐"得到的样本也基本能保证填写质量。"互填问卷"的规则是必须认真填写他人的问卷，若不认真，填写的问卷被对方删除，则所获得的点数将被扣除，如果发现作弊，会被取消回填资格。而进行"互填问卷"操作的，基本上都是需要别人帮忙填写自己问卷的人，因此冒险乱填的可能性较小。"问卷推荐"则由"问卷星"提供严格的质量控制机制及全程跟踪服务，比如同一用户、同一IP只能填写一次问卷，设置答题时间，随机调整题目或选项的顺序等。

电子问卷的特殊设置可以保证单选或多选按照设计完成，也可以杜绝漏做必答题的现象，有效地避免了废卷。

经过笔者查验，在所回收的问卷中，有效问卷为1026份，有效率为99.8%。有2份问卷，在第一部分第5题的语义差异量表中，对16条陈述选项全部选取的是同样位置的评价，有敷衍填答的嫌疑，因而被视为无效。在后期分析中，这两份问卷被剔除。

数据分析工具和方法

大部分数据分析是在"问卷星"官网的"统计&分析"板块下进行的。该板块下有"默认报告""分类统计""交叉分析""自定义查询"四大分析模块。在"默认报告"中，针对每一题，使用者可以选择表格、饼状图、柱状图、折线图、条形图等多种图表类型来进行统计分析。对于系统生成的统计结果，如excel表格、jpg.文件都可以下载使用；"分类统计"可以以问卷中任何一道或多道选择题的选项、填写者IP所在的省份或城市、答卷来源渠道为依据进行分类从而得到每一类答卷的统计报告；"交叉分析"可以设定一个或多个自变量和因变量来进行统计和呈现。"自定义查询"可以灵活设置一个或多个筛选条件从而查询到使用者所需要的答卷数据，还可以合并多个选项数据。笔者使用的大部分统计数据和图表都来源于以上"统计&分析"在线分析软件的处理。

对于一些"问卷星"系统无法统计的数据，"问卷星"提供了完整的问卷答案汇总信息，由笔者进行人工分析。

局限性

由于电子问卷依赖手机和电脑，要求填写电子问卷的调查对象具有一定的使用电子产品的能力和习惯，加之第一步主观抽样主要依靠笔者本人学习工作的交友范围，因此会使调查对象的年龄与文

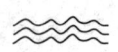

化程度有一定的局限。据统计结果显示,调查对象中50岁以上的有57位,仅占调查对象总数的5.5%,调查对象总体年龄偏低,绝大部分是中青年;而调查对象的受教育程度普遍偏高,如图0-6所示。这样,总体样本将在一定程度上缺失当下老年群体和文化程度较低的群体对成都形象的认知。

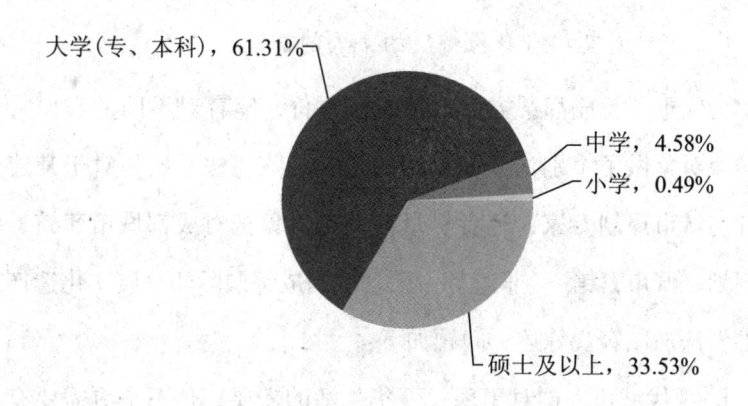

图0-6 调查对象受教育程度分布

笔者将在行文中,随时采用不同因变量和自变量结果来呈现调查结果、讨论相关问题。

三 访谈

(一)针对成都内部群体对成都形象认知的访谈

由于问卷调查只能从大体上了解成都内外群体对成都形象的认知,而很多非常熟悉成都的人的深刻观点和感受是问卷调查所无法获知的,只能通过访谈和参与观察来了解。故笔者对这部分人进行了访谈。(访谈提纲见附录)

访谈对象(20人):土生土长的成都人;非土生成都人,但定居于成都的人群(外省人、四川省外县市人各半);现在或曾经在成都长期居住过(累计半年以上)的人群。

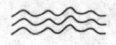

访谈方式：直接访谈、个别访谈、半结构式访谈。

访谈内容：成都特征、成都人的特点、成都城市形象打造、成都新时期的发展、在成都的生活内容及感受，等等。

按照民族志学术规则，对 20 位访谈对象按访谈先后顺序用英文字母 A 到 T 进行排列和称呼，文中将引用部分访谈对象的原话。

（二）针对某些有身份特质的个人的访谈

为侧重了解成都某方面的情况及评价，笔者对不同的身份特质的访谈对象做了个别访谈，采用的是客观陈述法。比如对于某建筑设计与城市规划专家，笔者尽量使调查对象把对成都城市建筑、城市规划、城市营销、"非遗节"活动中国成都国际非物质文化遗产节等的看法加以客观陈述。问题如下：

1. 现代城市人群对于现代奢华生活的需要，是不是更需要有现代建筑与之相适应？成都环球中心是不是更符合现代都市人群的欲望？

2. 成都为了向国际化大都市发展，去模仿、学习国际大都市的建筑和规划，去营销城市。您怎么看待这种定位和营销取向？

3. 您觉得成都的内在气质精神是怎么样的，现在的城市形象塑造、城市景观建设符合它的精神气质吗？

4. 您觉得成都现在"一轴双核六走廊"多中心、组团式、网络化发展的城市规划布局与国内其他城市比较起来，是好的规划吗？

5. 节会、会展经济对成都形象是有帮助的吗？这次"非遗"国际论坛您觉得办得怎么样？

笔者还使用上述方法对成都的一些政府官员、文化人、某些公司的管理人员、旅游景点商铺经营者、某些活动的组织者、参与活动的市民等进行了访谈，限于篇幅，不再赘述过程。出于保护访谈

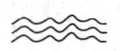

对象个人隐私的学术原则，本书不会出现任何访谈对象的真实姓名，将用某先生/女士来指代。

四 参与式观察

笔者不是土生土长的成都人，于2009年获得成都户籍，定居成都。笔者将自己既看成局内人，也看作局外人，对成都兼具局内人的"我者"视角和局外人的"他者"眼光，这种定位是"熟悉与陌生之间""同时生活在两个世界中，即参与的世界和研究的世界"。[1] 笔者平日"浸入""成都式"的生活，同时用参与式观察的方法体悟成都人、外地人对当代成都形象的感知、表述、实践。

在具体考察成都形象塑造系列活动的"非遗节"、成都宽窄巷子的当代空间变迁时，参与式观察的方法使用最为突出。

---

[1] M. Hammersley and P. Atkinson, *Ethnography: Principles in practice*, London: Routledge. 1996. p. 112.

第一章 "天府之国"：成都原生形象的表述演变

"成都自古以来被誉为'天府之国'"，类似的表述可见于不同领域、不同类型的文字文本中。如成都市人民政府官方网站中对成都的介绍："成都水旱从人，土地肥沃，气候温和，物产丰富，故世称'天府'。"[①] "天府"表述常见于文人墨客的笔端，易中天《读城记》流传甚广，它一开篇就说："成都是府，是富饶丰足的天府。"[②] 关于成都的旅游类书籍在介绍词中几乎都会提到"天府""天府之国"，有的书名径直用"天府"来指代成都，如《天府古镇寻梦》《天府成都》《成都导游精解——天府涅槃》《天府的记忆：走进中国第四城》等。[③]

在笔者的问卷调查中，"您认为成都最响亮的名号"一题，有731人选择"天府之国"，占调查总人数的71.25%。成都的其他名号"休闲之都""熊猫故乡""蜀都""（芙）蓉城""锦（官）城"等，每一项选择的人数比例均未达到10%，远远不如"天府之国"

---

① 《成都概况》，成都市人民政府官方网站（http://www.chengdu.gov.cn/servicelist/cdgk01/）。
② 易中天：《读城记》，上海文艺出版社2006年版，第236页。
③ 邓平模：《天府古镇寻梦》，成都地图出版社2004年版；《天府成都》，五洲传播出版社2007年版；邓工力：《成都导游精解——天府涅槃》，四川科学技术出版社2009年版；袁庭栋：《天府的记忆：走进中国第四城》，成都时代出版社2007年版。

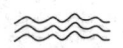

这一名号，如图1-1所示。可见，"天府之国"对于成都内外的人来说，是认同度最高的成都名号。

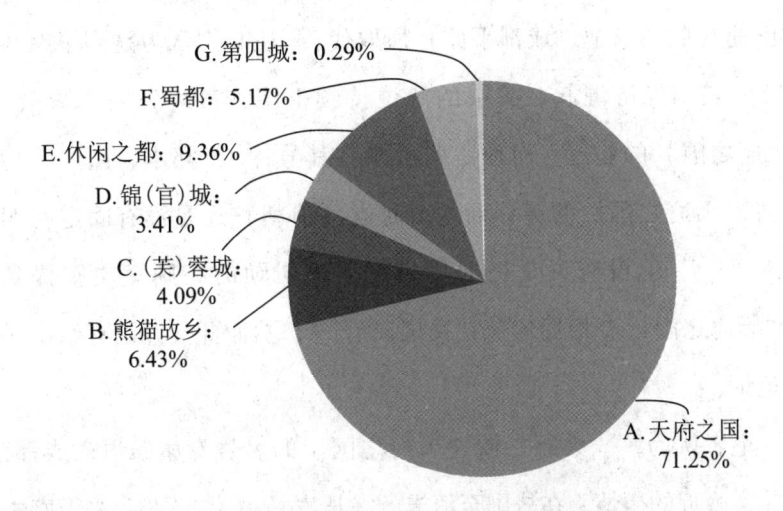

G. 第四城：0.29%
F. 蜀都：5.17%
E. 休闲之都：9.36%
D. 锦（官）城：3.41%
C. （芙）蓉城：4.09%
B. 熊猫故乡：6.43%
A. 天府之国：71.25%

图1-1 成都最响亮名号的认同度饼图

"天府""天府之国"是成都最著名、最响亮、最基础的名号，可称为成都的原生形象。那么，"天府""天府之国"的名号是如何赋予成都的，人们是如何接受这一称号的，这一称号在流传过程中意义是如何变化的，本章将予以考察。

"天府"称号在东汉末年就开始指称以成都为核心的巴蜀地区，学界对此无异议，但对于"天府""天府之国"的名号何时专属四川或成都，学界看法并不一致。多数研究者认为，四川（巴蜀、西蜀）地区自汉代取代关中"天府""天府之国"的称号后，就一直专有其号；[①] 也有人说"以'天府'专属四川，始于陈寿的《三国

[①] 袁庭栋：《"天府之国"由来的历史考察》，《社会科学研究》1985年第1期；滕新才：《"天府之国"溯源》，《文史杂志》1997年第6期；徐学书：《"天府四川"：神话、历史、现实叠加的区域文化形象——对四川"天府"文化形象的新解读》，《西华大学学报》2011年第3期；罗开玉：《论都江堰与"天府之国"的关系——古代"天府之国"专题研究之二》，《成都大学学报》2011年第6期。

志》和常璩的《华阳国志》"①；还有研究者认为，五代以后，关中地区失去了政治、经济中心的地位，"天府""天府之国"的称号被巴蜀（四川盆地、成都平原）所取代；②还有人认为是到了明清时期，江南经济崛起，关中的地位持续下降，最终失去"天府""天府之国"的桂冠，而独留四川享有其号；③彭邦本、谭广涛指出"'天府之国'的美称到这个时候（清朝）还是没有固定在四川地区"④，但没有说是何时固定的；朱明勋的一则短文则提到"'天府之国'专指蜀地盖在民国以后"⑤，然而此文并没有给出任何论证。

笔者认为，"天府"或"天府之国"的名号专属四川或成都，是非常晚近的事情。在战国至清末的漫长岁月中，"天府""天府之国"虽然指代过若干个地区，⑥但大多都是偶然性、暂时性的表述，只有关中和四川是并行近两千年的"天府"双星。明清时期，三国历史通过文本和口头途径广泛传播，使得"四川天府"的名声压倒了"关中天府"。然而，直到抗日战争时期，"天府""天府之国"才专指四川，成为人所共知的文化常识。20世纪90年代以后，作为四川首邑之区的成都，通过种种措施才强化了"天府""天府之国"特指成都的印象。

"天府""天府之国"最初的原始含义包括两大要素：地形四

---

① 陈子谦：《"天府"新解》，《天府新论》2006年第5期。
② 刘兴诗：《成都"天府论"考》，《成都理工大学学报》2008年第1期；熊梅：《论"天府之国"的兴替》，《成都大学学报》2006年第1期。
③ 王双怀：《"天府之国"的演变》，《中国经济史研究》2009年第1期。
④ 彭邦本、谭广涛：《"天府"意义浅探》，《2005年巴蜀文化研究新趋势国际研讨会论文集》，2005年，第284页。
⑤ 朱明勋：《"天府之国"在古代并非仅指蜀地考》，《江海学刊》2009年第2期。
⑥ 王双怀曾梳理过历史上九个"天府之国"的演变。参见王双怀《"天府之国"的演变》，《中国经济史研究》2009年第1期。

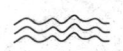

塞、易守难攻；土地肥沃、物丰人富。在长期的流传中，"四川天府"的前一意义要素"地形四塞、易守难攻"渐渐被忽略，只剩下"土地肥沃、物丰人富"后一意义要素。主要原因是四川作为打天下之大后方的军政价值下降，"地形四塞、易守难攻"的效用局限于局部，于中央王朝而言暗含威胁；而"土地广沃、物丰人富"却直接泽被外地，贡献国家，因而后一含义更受国家政权、军事战略家们的重视，又因其直观可感，受到一般的文人士大夫和民众的关注。四川天府偏重于地理、经济形象，因此能一直保持"天府""天府之国"的称号。"天府"表述在当代还成了成都的形象资本，助力成都加入国内国际的市场链条，不断创造出经济利益。

第一节 正史言说益州天府

中国古代，"天府"一词有多个义项，可指西周官名、天宫星官名称、人体穴位、人的"灵府"、国家图书室或档案馆、朝廷或天廷、国库或天子府库、自然条件很好的地方、适宜人类生活的富庶之地，等等。① 这些义项来源于"天"与"府"的原始义。《说文解字》释"天"："颠也。至高无上"，凡是原始的、至高的、至大的都可以称为"天"，比如自然、本性、万物之主、上天等。《说文解字》释"府"："文书藏也"；高诱注《战国策》"此所谓天府"云："府，聚也"；颜师古注《汉书·张良传》"天府之国"曰："财物所聚谓之'府'"。可见"府"是物之聚藏的意思。作为地理概念使用

---

① 王双怀：《"天府之国"的演变》，《中国经济史研究》2009年第1期。

的"天府"的意思是：天赐的物产的聚藏之处。

"天府之国"的"国"与《诗经·魏风·硕鼠》"逝将去女，适彼乐国"之"国"同义，意为地方、地域。"天府之国"意义仍为：天赐天然的物产聚藏的地方。那么，"天府之国"与地理概念的"天府"没有差别，在文献中应同等对待。

一　天府起源

作为地理概念的"天府"最早出现于《战国策·秦策》。这个最早被赋予"天府"之称的地区是秦国，最早的提出人是纵横家苏秦。苏秦对秦惠王说：

> 大王之国，西有巴蜀、汉中之利；北有胡貉、代马之用；南有巫山、黔中之限；东有肴、函之固。田肥美，民殷富，战车万乘，奋击百万。沃野千里，蓄积饶多，地势形便，此所谓天府，天下之雄国也。①

这里"天府"的范围是以关中平原为核心的整个秦国疆域。苏秦劝说秦惠王利用秦国的"天府"之利来吞并天下、称帝而治。秦惠王并未采纳苏秦的建议，这一打击使苏秦发奋读书，后来又到燕国进行合纵。

苏秦在游说燕文侯时，同样将燕国称为"天府"，《战国策·燕策》记载：

> 燕东有朝鲜、辽东，北有林胡、楼烦，西有云中、九原，南有滹沱、易水。地方二千余里，带甲数十万，车七百乘，骑

---

① 《战国策注释》卷3《秦策一》，中华书局1990年版，第74页。

第一章 "天府之国": 成都原生形象的表述演变

六千匹,粟支十年。南有碣石、雁门之饶,北有枣粟之利,民虽不由田作,枣粟之实,足食于民矣。此所谓天府也。①

此处的"天府",大致是以北京小平原为核心的燕国疆域。苏秦指出,天府享有安宁,是因为有赵国作燕国的地理屏障,劝燕文侯与赵国合纵抗秦。

苏秦先后两次的表述都是"此所谓天府",意即这就是所说的天赐物产的聚藏之处,可见战国时期只有天府的说法,而无天府具体所指的地方。并且,在同一文献中,由同一个人前后两次使用"天府"指代不同的地方,也可知"天府"不管指代秦地还是燕地,都带有随意性,并不是定指。苏秦后来还说韩、说魏、说齐、说楚,他的游说模式都是一开始就分析这些诸侯国的地理条件、物资情况等,但都没有把这些地区说成"天府",可见秦、燕确实具有天然优势。综合来看,苏秦是为了政治的目的,从地理、经济、军事方面着眼来表述"天府"的,"天府"有地形险要、物产富饶、军备充足的含义。

苏秦的两种天府说也被《史记·苏秦列传》记录下来。其中,关中"天府"的说辞稍有简化,并缩小了地域范围:"秦四塞之国,被山带渭,东有关河,西有汉中,南有巴蜀,北有代马,此天府也。"而对于燕地的说法几乎与《战国策》中相同。

"天府之国"这一固定短语则是由秦汉之际的张良创造的。汉初刘邦为定都何处征求大臣们的意见,大部分臣属是关东人,建议定都洛阳,但刘敬却劝说定都关中:

---

① 《战国策注释》卷29《燕策一》,中华书局1990年版,第1081页。

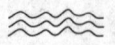

> 且夫秦地被山带河，四塞以为固，卒然有急，百万之众可具也。因秦之故，资甚美膏腴之地，此所谓天府者也。①

刘敬是齐人，却能从现实利害出发进谏，证明关中各方面条件确实不错。但直到留侯张良附议刘敬意见后，刘邦才下决心定都关中。《史记·留侯世家》记载张良的话：

> 夫关中左崤函，右陇蜀，沃野千里，南有巴蜀之饶，北有胡苑之利，阻三面而守，独以一面东制诸侯。诸侯安定，河渭漕挽天下，西给京师；诸侯有变，顺流而下，足以委输。此所谓金城千里，天府之国也，刘敬说是也。②

张良此番表述，与《战国策》中苏秦的表述很相似，指出关中在地形、物资方面的优势，而他更明确地指出该地域范围为"关中"，并突出漕运的军事优势。

张良的"关中天府说"被引用的数次多、时间长，影响甚广。《汉书·张良传》照搬《史记·留侯世家》张良的原话。后世的史书、文学作品在提到关中时，多转录、注引《史记》或《汉书》中张良的"关中天府"表述，如西汉刘向《新序·善谋下》、③ 唐代李善等注萧统《文选》、④ 宋代史容《山谷外集》、⑤ 李昉等编《太平

---

① 《史记》卷99《刘敬传》，中华书局2000年简体横排本，第2098页。
② 《史记》卷55《留侯世家》，中华书局2000年简体横排本，第1632页。
③ （汉）刘向：《新序》卷10，《四部丛刊》影江南图书馆藏明覆宋刊本。
④ 注贾谊《过秦论》引《史记·留侯世家》，（梁）萧统编，（唐）李善等注：《六臣注文选》卷51，《四部丛刊》影印上海涵芬楼藏宋刊本。
⑤ 注黄庭坚《别蒋颖叔》"金城千里要人豪"引《汉书·张良传》。（宋）史容：《山谷外集》卷17，《四部丛刊》据仿宋刊本排印。

御览》、① 司马光《资治通鉴》②、清代吴乘权《纲鉴易知录》、③ 冯集梧注杜牧《樊川诗集》、④ 阙名《嘉庆重修一统志》⑤……

"关中天府"从《战国策·秦策》苏秦对秦惠王的游说之词偶然发端,经过《史记·留侯世家》中张良的确定和发扬,在后世形成了蔚为壮观的表述传统。

二 益州天府

就如"关中天府说"由《史记·留侯世家》发扬光大一样,"益州天府说"也有一个范本,即《三国志·蜀书·诸葛亮传》所记诸葛亮"隆中对"⑥。

《史记》中记载了苏秦的"秦地天府说"和"燕地天府说"、刘敬和张良的"关中天府说",但是《史记》在提到巴蜀时,却从无"天府"或"天府之国"的说法。比如《史记·货殖列传》记载巴蜀时的叙述模式很像苏秦、刘敬和张良对关中的叙述,既描绘肥沃的土地、丰富的物产,又提到四塞险要的地形,但并无"此所谓天府"之类的话语。在成书于东汉前期的《汉书》中,关于巴蜀或成都的记载很多,也没有一处称其为天府。可见,东汉前期及以前,巴蜀地区还没有被任何人冠以"天府""天府之国"的称号。

---

① (宋)李昉等撰:《太平御览》卷107、156,《四部丛刊》中华学艺社借照日本帝室图书寮京都东福寺东京静嘉堂文库藏宋刊本。
② 《资治通鉴》卷11,中华书局1956年标点本,第362页。
③ (清)吴乘权:《纲鉴易知录(第一册)》卷9,红旗出版社1998年版,第473页。
④ 注杜牧《题青云馆》"天府由来百二强"引《史记·留侯世家》,(唐)杜牧撰,(清)冯集梧注:《樊川诗集注》卷7,《四部丛刊》据冯氏集注本排印。
⑤ 西安府"形势"注"金城千里,天府之国"引《汉书·张良传》,(清)阙名撰:《嘉庆重修一统志》卷226,《四部丛刊》影印清史馆藏进呈钞本。
⑥ 诸葛亮的草庐对策,最初没有标题,到了清代才出现了《草庐对》和《隆中对》两个标题,后来人们一直习惯用《隆中对》作为标题。为了便于叙述,本章在涉及这段对策时,用"隆中对"来指代。参见冯振广等《〈草庐对〉刍议》,《河南社会科学》2002年第5期。

成都形象：表述与变迁

巴蜀地区同样地形四塞、易守难攻、土壤肥腴、物产丰富。从古巴蜀开始，经过不断筑坝修堰、河道整治、农田开发，该地宜农宜居、经济发达，中心城市成都在西汉时期成了全国第二大都市，巴蜀的"天府"条件已然具备。然而，巴蜀被纳入华夏不过两三百年，无法匹敌关中地位。并且，"天府""天府之国"这样的使用比喻修辞的称号还只在文献中流布，除了政治文化精英外，少有人知。"天府"名号赋予巴蜀是必然会发生的事情，只是看遇上什么时机。

东汉末年，巴蜀终于得到了"天府"名号。文献记载中最早的表述者是徐州琅琊人诸葛亮。公元208年春，刘备第三次到隆中拜访隐居高士诸葛亮，诸葛亮为他分析了天下形势，提出先取荆州，再取益州，继而图取中原的战略构想，这番言辞就是后世著名的"隆中对"。诸葛亮说：

> 益州险塞，沃野千里，天府之土，高祖因之以成帝业。刘璋暗弱，张鲁在北，民殷国富而不知存恤，智能之士思得明君。将军既帝室之胄，信义著于四海，总揽英雄，思贤如渴，若跨有荆、益，保其岩阻，西和诸戎，南抚夷越，外结好孙权，内修政理；天下有变，则命一上将将荆州之军以向宛、洛，将军身率益州之众出于秦川，百姓孰敢不箪食壶浆以迎将军者乎？诚如是，则霸业可成，汉室可兴矣。①

益州是汉武帝设的十三州之一，到东汉末年，其地域范围包括巴、蜀、汉中三大地区，相当于今天的重庆大部、四川中东部、云南东北部、贵州西北部、陕西西南部，即四川盆地和汉中盆地。② 诸

---

① 《三国志》卷35《诸葛亮传》，中华书局2000年简体横排本，第678页。
② 参见谭其骧主编《简明中国历史地图集》，中国地图出版社1991年版。

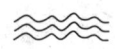

第一章 "天府之国":成都原生形象的表述演变

葛亮说此番话时,益州的州治已被刘焉迁到成都。

在隆中对之后的第三年,公元211年,法正被刘璋派遣为使者出使荆州时,暗中向刘备献策说:

> 以明将军之英才,乘刘牧之懦弱。张松,州之股肱,以响应于内;然后资益州之殷富,冯天府之险阻,以此成业,犹反掌也。①

法正是扶风郿人(今陕西眉县),建安初年入蜀,他说这番话时已经在蜀地做官十余年了,非常了解益州既富又险的情况,他对从未到过蜀地的刘备,不加解释地直接将"益州"和"天府"作互文复指,说明当时益州为天府的说法,可能已为众人所悉知。

益州天府说借诸葛亮之名发扬光大。"隆中对"发生于公元208年,大约在公元263年蜀汉灭亡之后不久后被陈寿所撰《诸葛亮集》收录为卷一第一篇。《诸葛亮集》撰成后上报朝廷,陈寿借此被西晋朝廷授著作郎,兼任巴西郡中正。到公元280年,晋灭吴一统天下后,陈寿又撰写完成《三国志》,广受赞誉。《三国志·蜀书·诸葛亮传》所载"隆中对"与《诸葛亮集》中的文字相同。《三国志》作为二十四史的"前四史"之一,被历朝历代奉为正统史书,流传甚广,"益州天府说"也就跟随《三国志》"隆中对"而流布天下。

《三国志》以后,众多史书在写到"隆中对"这一事件时,基本上都直接照搬陈寿所辑诸葛亮原文,出入很小。如《资治通鉴》卷65②、元代曾先之《历代十八史略》卷4③、清代吴乘权《纲鉴易

---

① 《三国志》卷37《法正传》,中华书局2000年简体横排本,第710页。
② 《资治通鉴》卷65《汉纪五十七》,中华书局1956年标点本,第2075页。
③ (元)曾先之:《历代十八史略》卷4,四明郡刻本。

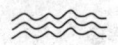

知录》卷23①……

蜀地的地方史志涉及"隆中对"时，也基本沿用《三国志》原话。如《华阳国志·刘先主志》是这样表述的："益州险塞沃野，天府之土"，②仅差二字；宋代郭允蹈《蜀鉴》卷3与《三国志》原话相同；③明代四川官方纂修的《四川总志》和清代四川官方编撰的《四川通志》介绍成都府时都引用了"沃野千里，天府之土"几字。④

越来越多的人了解并使用诸葛亮的"益州天府说"。西晋时袁乔劝桓温伐蜀，说蜀人自恃地势险要，不修攻战之具，只需要以轻军速进，就可以成功。他称"蜀土富实，号称天府，昔诸葛武侯欲以抗衡中国"⑤，这种蜀地天府观受了诸葛亮"益州天府说"很大影响。《南齐书·州郡下》介绍益州时也引用了诸葛亮的话："蜀侯恽杜以来，四为偏据，故诸葛亮云'益州险塞，沃野天府'。"⑥清代王夫之在《读通鉴论》中两次提到诸葛亮的"益州天府说"："诸葛劝先主据益州天府之国亦恃险矣，……然则诸葛公曰益州天府之国其言非乎彼一时也。"⑦

另外，明清时期，三国戏曲、三国故事传说、三国小说等文艺作品是"益州天府说"最主要的传播载体，这点将在后文予以详

---

① （清）吴乘权：《纲鉴易知录》（第三册），红旗出版社1998年版，第1430页。
② （晋）常璩著，任乃强校注：《华阳国志校补图注》，上海古籍出版社1987年版，第362页。
③ （宋）郭允蹈：《蜀鉴》，巴蜀书社1985年版，第25页。
④ （明）《嘉靖四川总志》，《北京图书馆古籍珍本丛刊·史部地理类影印本》卷3《郡县志》，书目文献出版社1997年版，第57页。（清）常明、杨芳灿等纂修：《四川通志》卷9《舆地志》，巴蜀书社1984年影印本，第688页。
⑤ 《晋书》卷83《袁乔传》，中华书局2000年简体横排本，第1444页。
⑥ 《南齐书》卷15《志第七·州郡下》，清乾隆武英殿刻本。
⑦ （清）王夫之：《读通鉴论》卷31，《四部备要》据船山遗书本排印。

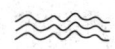

细说明。

张良、诸葛亮分别是后世"关中天府说""益州天府说"的"箭垛式人物"。在中国的文化传统中,诸葛亮是集智慧、忠诚、实干于一身的传奇人物,在不同领域、各个阶层都享有比张良更高的声誉,他的"隆中对"以各种文艺形式在中国各地甚至国外广泛流传,因此由他表述的"益州天府说"也得到了更为广泛的传播,尤其在民间具有巨大的影响力。而张良"关中天府说"基本只在文献中流传,尽管历时久远,但比较局限于社会精英阶层。

第二节 益州天府的形象演变

从东汉末开始,"关中天府说"与"益州天府说"(或谓"巴蜀天府说""蜀地天府说""四川天府说""西蜀天府说""川西天府说""成都天府说"等)就在各个历史时期并行发展,直至清末。总体来说,"益州天府说"在官方与民间、文字与口头上都越来越具有鲜活的生命力,"益州天府"从军政地理形象逐渐转向经济地理形象。"关中天府说"基本上只在文献中流传,逐渐式微。另外,文献中还出现过另外多种天府表述,除了"北京天府说"持续时间稍长外,都只是偶然且短暂的表述。

一 益州天府内涵的经济地理转向

四川盆地是一个完整的地理单元,北面是秦巴山脉,东面是湘鄂西山地,南面是云贵高原,西面是青藏高原和横断山脉,乃典型的"四塞"地形。盆地土壤肥沃,气温适宜,霜雪少见,河流众多,降水丰沛,因此农业发达,物产丰富。四川盆地具有"天府"的一切特点。

但在长期的流传中,四川天府"地形四塞、易守难攻"的含义被有意无意地忽略,"土地广沃、物丰人富"的含义却非常受重视,这是和四川在全国政治、军事格局中的位置相一致的,也是与四川自然环境、农业经济的持续发展相契合的,并且还受到内外精英知识分子表述的影响。

诸葛亮、法正称益州为"天府之土""天府"时,是以军事、政治战略眼光来进行表述的,因此,"天府"具备"地形四塞、易守难攻""土地广沃、物丰人富"两大基本要素。四川(成都)天府开始被强化为"土地广沃、物丰人富"的经济地理形象,淡化"地形四塞、易守难攻"的军政地理形象,是从东晋早期常璩的《华阳国志》开始的。《华阳国志·蜀志》对蜀地天府的表述,在知名度与影响力上,仅次于诸葛亮的"益州天府说"。《华阳国志·蜀志》开篇介绍蜀之疆域时说:

> 其地东接于巴,南接于越,北与秦分,西奄峨嶓。地称天府,原曰华阳。[①]

这里的"天府"仅指蜀地,不包括巴地。"地称天府,原曰华阳"意为蜀地被称为天府,旧称华阳,也就是说,以前被叫作"华阳"的地方,现在被叫作"天府"了。这说明在东晋早期,蜀地内部对天府称号的认同度已经很高了。

《华阳国志·蜀志》随后又记载了李冰修建都江堰、灌溉三郡、开稻田的事迹,他说:

---

① (晋)常璩著,任乃强校注:《华阳国志校补图注》,上海古籍出版社1987年版,第113页。

第一章 "天府之国"：成都原生形象的表述演变

于是蜀沃野千里，号为陆海。旱则引水浸润，雨则杜塞水门，故记曰："水旱从人，不知饥馑。""时无荒年，天下谓之天府也。"①

"天下谓之天府"，并不是常璩自己说的，而是常璩根据"故记"转述的。"故记"是什么？《吕氏春秋·至忠》说："臣之兄尝读'故记'。"高诱注："故记，古书也。"② 任乃强认为"故记""皆引谯周《蜀记》文"。③ "故记"也可以理解为以前的记录、记述。不管是哪种解释，常璩根据的都是前人记录下来的说法。因此，天下都将蜀称为"天府"的情况应该在东晋以前比较远的年代了。根据《华阳国志·蜀志》里的这两处记载，我们可以知道，蜀地的"天府"名号在东晋以前就被内外人群所广泛共知。

这两段话对于天府内涵的理解值得注意。前一段虽然讲了蜀地东南西北的界限，但巴、越、秦、峨嶓只是对接壤地名一般性质的介绍，并无突出地形险要之意，其后说"地称天府"，也只是对其地名号的一般说明。后一段的天府表述，则完全是对蜀地良好自然环境、水利条件、农业经济的直接反映，完全无涉地形。

为何常璩会"顾此失彼"呢？常璩是蜀郡江原（今成都崇州）人，出生于西晋末年，曾在成汉政权中任散骑常侍。东晋桓温伐蜀，常璩劝成汉皇帝李势投降有功，桓温以常璩为参军，迁居建康，因东晋王朝重视中原与江左士大夫而轻蜀人，常璩遂不复仕进而著《华阳国志》。那时的常璩已经年老，常怀亢愤，《华阳国志》的主

---

① （晋）常璩著，任乃强校注：《华阳国志校补图注》，上海古籍出版社 1987 年版，第 133 页。
② 转引自袁庭栋《"天府之国"由来的历史考察》，《社会科学研究》1985 年第 1 期。
③ （晋）常璩著，任乃强校注：《华阳国志校补图注》，上海古籍出版社 1987 年版，第 133 页。

旨就是要夸诩巴蜀文化悠远，记述其历史人物，以颉颃中原。① 因此，《华阳国志》满含深情地矜夸蜀地天府之富庶。而以常璩的自身经历来看，自尊的他很可能把蜀地的形胜视作耻辱。成汉政权正是因自恃地势险要不修战具，被东晋轻军长驱直入，火烧成都城门，最后遭遇灭国之祸的。虽然常璩早就不满成汉李势的昏聩，并在兵临城下时劝李势投降，但身为朝臣却不能救国，屈辱和自责应是秉持儒家正统观念的常璩所深深体会到的，做降臣之后被歧视的经历也会加深这些负面情感。所以，在常璩心目中，蜀地险塞的地形丝毫没有起到保护国家和人民的作用，因此在《华阳国志》中也不会去书写蜀地天府形胜的一面。

常璩自尊的个性和屈辱的心理影响了他的表述，而后来移用和转引《华阳国志》中天府表述的文献很多，他开启了一个重"富"轻"险"的天府表述传统。北魏郦道元《水经注》中介绍都江堰时将常璩的话重新整理为："水旱从人，不知饥馑，沃野千里，世号陆海，谓之天府之国也。"② 明代曹学佺的《蜀中名胜记》介绍灌县，《蜀中广记》记载蜀中风俗时，都引用了《华阳国志·蜀志》中的两段蜀地天府表述。③ 清代嘉庆年间地方官修《四川通志》中也引用为："西奄岷峨，而称天府，原曰华阳。"④ ……

四川（成都）在将其称为"天府"的文字篇章里，呈现出一片富饶、繁华、美丽的景象，不断加深着人们对富饶天府的印象。北

---

① 任乃强：《华阳国志校补图注·前言（一）常璩身世与其撰述动机》，（晋）常璩著，任乃强校注：《华阳国志校补图注》，上海古籍出版社1987年版，第2页。
② （北魏）郦道元注：《水经注》卷33，四部丛刊史部，上海涵芬楼影印武英殿聚珍版。
③ 参见（明）曹学佺《蜀中名胜记》卷6、《蜀中广记》卷55。
④ （清）常明、杨芳灿等纂修：《四川通志》卷1《天文志》，巴蜀书社1984年影印本，第481页。

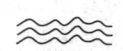

齐卢思道《蜀国弦》说："西蜀称天府，由来擅沃饶。云浮玉垒夕，日映锦城朝。"①隋代辛德源《至真观记》赞颂蜀王、益州刺史杨秀具有非常全面的美德和能力，"实称天府"②，实在是配得上"天府"这块土地的美名。盛唐梓州射洪人陈子昂是巴蜀天府热情的讴歌者和推荐者，曾多次盛赞巴蜀的富足。他对武则天说："蜀为西南一都会，国家之宝库，天下珍货聚出其中。又人富粟多，顺江而下，可以兼济中国。"③又在《上蜀川军事》里把国家西北部军资、邮驿、商旅的供给以及京城国库的岁贡都归结于巴蜀的贡献，"伏以国家富有巴蜀，是天府之藏"④。北宋成都华阳人范百禄在《〈成都古今集记〉序》中将天府范围缩小到成都这一城市，认为其内涵就是地富人多，他说："成都，蜀之都会。厥土沃腴，厥民阜繁，百姓浩丽，见谓天府。"⑤元末诗人陈基想象朋友王季野在天府成都的情状："策马远游天府胜，食鱼偏爱锦江肥。"（陈基《次韵郑有道喜王季野府判南归》）

到了明代，更多的人将"天府"名号赋予成都，从他们的表述可以看出，正是基于将"天府"的广阔富裕与陡峻险要分离，认为"天府"仅有富裕之意，才会将天府聚焦于成都。明代学者蔡清明确地将天府的陡峻险塞与广阔富裕分割，"天府之国"特指沃野千里的成都平原："自古说蜀道难，然其险处亦只在蜀门。若到其地，则所

---

① （隋）卢思道：《蜀国弦》，（宋）袁说友等编，赵晓兰整理：《成都文类》（全2册），中华书局2011年版，第201页。
② （隋）辛德源：《至真观记》，《成都文类》，第689页。
③ 《旧唐书》卷190《陈子昂传》；陈子昂：《谏雅州讨生羌书》，《全唐文》卷212。
④ 陈子昂：《上蜀川军事》，《全唐文》卷211。
⑤ （宋）范百禄：《〈成都古今集记〉序》，（明）杨慎编：《全蜀艺文志》，刘琳、王晓波点校，线装书局2003年版，第791页。

谓沃野千里，天府之国，似乎果平易矣。"① 军事家、学者王樵也说："岷山江源，嶓冢汉源。岷山之下，沃野千里，与汉中俱号天府之国。"② 王樵也是因沃野千里，才把成都平原与汉中合称为天府之国的。地理学家王士性在实地考察后评价四川地貌，川中郡邑都是"地无夷旷，城皆倾跌"，"惟成都三十余州县一片真土，号称沃野，既坐平壤，又占水利，盖岷、峨发脉，山才离祖，满眼石垅，抱此土块于中，实天作之，故称天府之国云"。③ 王士性称赞的是"天府之国"既有平壤又有水利的沃野，说到成都四周的石垅山脉，也意在强调其怀抱沃土的天然造化，而非其陡峻险要。嘉庆年间《四川通志》的"凡例"中也说："蜀旧称沃野千里，专指成都而言。此外崇山峻阪，耕凿维艰者十居八九。"④

明代大文学家王世贞对四川"天府之国"的称号非常质疑，他认为蜀地的财富只能自足，不能够输出粮食以接济他处，因此"益州古称沃野千里，天府之国，非耶"⑤。这是直接将"天府之国"理解为富裕的天下粮仓了。类似的理解在明清两代已经非常普遍，如"四川天府之国也，其民数十兆，既庶且富"⑥。《嘉庆重修大清一统志》在"成都府"之"形势"一节中引用了很多古籍文献，在介绍成都是"沃野千里，天府之土"时，注明引用的是《蜀志·诸葛亮传》，而该句原文的"益州险塞"没有被引，对"险塞"这一点则引用的是其他文献的文字，"其地四塞，山川重阻，水陆所凑，货殖

---

① （明）朱柏庐辑：《易经蒙引》卷6，民国抄本。
② （清）余宏淦：《读尚书日记》卷5，光绪刻本。
③ （明）王士性：《广志绎》卷5，中华书局2006年版，第303页。
④ （清）常明、杨芳灿等纂修：《四川通志》，巴蜀书社1984年影印本，第27页。
⑤ （明）王世贞：《送按察王君督四川屯政序》卷56，弇州山人四部稿，齐鲁书社1997年版。
⑥ 陈忠倚辑：《皇朝经世文三编》卷49，文海出版社1972年版。

第一章 "天府之国"：成都原生形象的表述演变

所萃"引《隋书·地理志》，"西控吐蕃，南抚蛮獠"引《元和志》，"左阻剑门，右负夷蕃"引宋祁《益部方物略记》。① 这说明修《一统志》的清朝官员也认为"天府"对应的是"沃野千里"，而非"地形险塞"。

当然，蜀地天府的陡峻险要、易守难攻没有被遗忘，但其表述确实比单说天府之肥沃富裕的要少得多，且多是在谈论或评估蜀地军事情况时才提及。陈子昂在给临邛县令封氏的颂德碑中叙述天府之国蜀都的"俗以财雄，弋猎田池，而士多豪侈"时，顺便也提了一句"金城铁冶"。② 后蜀田淳《谏用兵疏》曰："全况我天府之邦，用武之地，一夫守隘，万旅无前。"③ 元末，刘桢建议明玉珍在四川称帝，特别强调天府的形胜："蜀形胜之地，东有瞿塘，北有剑门，沃野千里，所谓天府之国。"④ 待明玉珍在重庆建立大夏政权后，派使者向朱元璋夸耀"天府之国"的险要与富庶："其国东有瞿塘三峡之险，北有剑阁栈道之阻，古人谓'一夫守之，百人莫过'。而西控成都，沃壤千里，财富利饶，实天府之国。"⑤ 明代彭韶在《山川形胜述》中专门描绘蜀地"天府之国"的形胜。⑥ 清代时，成都北门外有得胜庵，是乾隆年间金川之战凯旋时为士民所建，其门联写道："缠井络以界坤维，天府奥区，皇极会归雄带砺；控荆蛮而引秦陇，岩疆重任，臣心寅畏凛冰渊。"⑦ 该"天府"同样是强调蜀地形

---

① （清）《嘉庆重修大清一统志》卷383，影印四部丛刊续编史部。
② （唐）陈子昂：《临邛县令封君遗爱碑》，《四部丛刊·陈伯玉文集》卷5，景秀水王氏二十八宿研斋藏明弘治杨澄刊本。
③ （后蜀）田淳：《谏用兵疏》，《成都文类》，中华书局2011年版，第386页。
④ （明）杨学可撰：《明氏实录》，清光绪中会稽赵氏刊本。
⑤ 《明史纪事本末》卷11，清光绪五年定州王氏谦德堂刊本。
⑥ （明）彭韶：《山川形胜述》，《全蜀艺文志》，线装书局2003年版，第1503页。
⑦ （清）梁章钜、梁恭辰编著：《楹联丛话全编·楹联续话卷一·庙祀》，北京出版社1996年版。

胜的军事意义,以赞美将领的忠勇。

四川(成都)天府"地形四塞、易守难攻"的意义要素远不如"土地广沃、物丰人富"的意义要素受人重视,这是与四川(成都)在全国政治、军事格局中的位置相对应的。"地形四塞、易守难攻"作为国都的地形特点,自然是最好不过的,但是作为一个地方割据政权或地方首府的地形特点,对中央王朝而言则是威胁。《隋书·地理志》就说:

> (蜀之旧域)其地四塞,山川重阻,水陆所凑,货殖所萃,盖一都之会也。昔刘备资之,以成三分之业。自金行丧乱,四海沸腾。李氏据之于前,谯氏依之于后。当梁氏将亡,武陵凭险而取败,后周之末,王谦负固而速祸。①

"天府"是一个褒义词,如果站在国家一统的立场上,一般不会称这种偏于国家一隅、具有反叛割据潜力的地区为"天府"。

而在东汉末年,刘备需要借益州的险要和富庶形成鼎足之势,以图天下,所以诸葛亮才会同时强调益州天府的两个特点。同样,元末,明玉珍要在四川割据称帝,刘桢才特别强调天府的形胜优势,明玉珍也才会向朱元璋炫耀天府之国的险要与富庶。一旦四川(成都)被割据或叛乱占领,中央政权或敌方政权收拾起来就非常棘手。而四川(成都)被割据或叛乱占领的时间比其被中央王朝统治的时间要短得多,被割据或叛乱占领时所记录下来的天府表述,也要比被中央王朝统治时所记录下来的天府表述少得多。

在政治军事史上,四川(成都)天府更为国家所看重的是它土

---

① 《隋书》卷29《地理志》,中华书局1973年标点本,第830页。

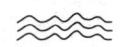

第一章 "天府之国"：成都原生形象的表述演变

地的广沃，物产的丰富，人口的繁多，总而言之，是看重其富裕。四川（成都）天府作为粮食军需基地相较于四塞攻防之地具有更大的意义。因其富裕，它是秦统一六国、汉统一全国的战略基地，常璩就曾说："巴蜀……而秦资其富，用兼天下；汉祖阶之，奄有四海"；① 汉代，它是开发西南夷军饷粮食的供给地；三国时，它"足食足兵"，是蜀汉南征北伐的根据地；② 唐代，它是国家的战略后方和避难所，"经济的发达，使蜀地能够支持唐朝廷退守成都时的供给和战略反攻所需"；③ 宋时，它为朝廷提供巨额赋税收入、丰富的军需钱粮储积、巨大的调拨钱物数量；④ 到元明清时期，它几经战火摧残，经济虽不复当时，但在元代仍是中国西南粮食产量最高的地区，明代生产力恢复后，仍是为国家纳粮交税、赡军赈民的重要地区，⑤ 清代"成都平原的稻作农业达到有史以来最好的状态"，时有大量商品粮赈济外地灾区或缺粮地区。⑥

"地形四塞、易守难攻"的效用是限于地方局部的，对于中央王朝而言有潜在危险，而"土地广沃、物丰人富"却直接泽被外地，贡献国家，因而四川（成都）天府的后一含义更受到国家政权、军事战略家们的重视，在表述中自然偏向经济地理形象。

再者，对于军国大事、战略谋划，还是国家上层精英们关注和

---

① （晋）常璩：《〈华阳国志〉序志》，《华阳国志校补图注》，上海古籍出版社1987年版，第723页。
② 参见罗开玉、谢辉《成都通史·秦汉三国（蜀汉）时期》，四川人民出版社2011年版，第18、19、52、53页。
③ 谢元鲁：《成都通史·两晋南北朝隋唐时期》，四川人民出版社2011年版，第14、15页。
④ 粟品孝等：《成都通史·五代（前后蜀）两宋时期》，四川人民出版社2011年版，第47页。
⑤ 陈世松、李映发：《成都通史·元明时期》，四川人民出版社2011年版，第214—223页。
⑥ 张莉红、张学君：《成都通史·清时期》，四川人民出版社2011年版，第42页。

表述较多，一般的文人士大夫和民众，直接感受和注意的相关其利益的还是一地的经济地理状况。四川地区尤其是成都平原，在中国古代已自成格局，是经济强区。自然地理条件的适宜、水利工程的修建和维护、人们的适度开发，使得这片区域稳定发展，即使遇到灾祸，也能迅速恢复。因此，"天府""天府之国"的基础异常深厚且稳定。不管是本地人还是外地人，感受最深的就是该区域的沃野广袤、物产丰富、人口密集、市廛繁华，这些感受自然就反映到他们对天府的表述中了。

像大史学家常璩，大地理学家郦道元、王士性，大文学家王世贞等在各个领域颇具影响力的精英知识分子，出于各种各样的原因，在表述四川（成都）天府时，都只选择"土地广沃、物丰人富"这一方面的含义。他们作为天府的重要表述者，会广泛而持续地影响他人对四川成都的理解和表述。

二 关中天府与其他天府的流变

和四川地区的天府表述一直呈扩大趋势不同，"关中天府说"总体呈式微状况，这与其天府含义偏指"地形四塞、易守难攻"的要素密切相关。一旦外部大形势发生变化，"天府"称号就很难保持了。

关中因在函谷关（即潼关）和大散关之间（另一说在函谷关、大散关、武关和萧关之间）而称"关中"，北面为渭北山系和黄河天堑，东面有崤山及黄河，南面有秦岭，西面有陇山。只要坚守四面山岭上的关隘，敌人就难以攻入关中的核心长安城。关中平原属于温带季风性气候，有大量黄土和泥沙堆积，土地肥沃，有渭河、泾河等河流，又有郑国渠、白渠、漕渠等水利工程，农业发达。因此，在"关中天府说"最初流传的时候，存在着"地形四塞、易守

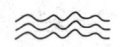

第一章 "天府之国"：成都原生形象的表述演变

难攻""土地肥沃、地富物丰"的两大天府要素，使得周、秦、汉、隋、唐等十三个王朝在此建都。

因为长安长期是国家的政治中心，后世文献提到"关中天府"时，大多与建都、夺权、战争等国家政治大事密切相关，天府的军政意义显然大于经济意义。安史之乱中有人劝唐肃宗迁都洛阳，郭子仪上奏力保长安国都地位，他的唯一理由就是关中的险要地形："臣闻雍州之地，古称天府，右控陇蜀，左扼崤函，前有终南太华之险，后有清渭浊河之固……有利则出攻，无利则入守。"[①] 以后，在南宋高宗、明太祖、清光绪帝时期，都有大臣因关中的天府之固建议定都或迁都长安。[②]

文人们论及"关中天府"时，往往也是指出其形胜的优点。晚唐杜牧的诗《题青云馆》咏秦岭山地中商洛县的青云馆"虬蟠千仞剧羊肠，天府由来百二强"[③]。"百二"是提到关中时常常出现的词组，是说诸侯有持戟的武士百万，而秦国凭借地形之险就等于拥有百万的两倍。明初学者王祎说关中："阻河山之险，左殽右蜀，太华泾渭，表里襟带，金城千里，隐然天府之国矣。"[④] 于慎行《谷山笔麈》中将长安和蜀地的关系比喻为"室"与"奥"的关系，认为正是关中"天府四塞"的地形佑护了蜀地的"膏沃之土"，[⑤] 这些表述

---

① 《旧唐书》卷150，中华书局1975年标点本，第3457页。
② 南宋初年，宋高宗谋划在金陵、南阳、长安之间选都，郑骧建议定都长安，他说："南阳、金陵偏方，非兴王地；长安四塞，天府之国，可以驻跸。"明初，朱元璋与众臣讨论建都地点，也有人建议关中，理由仍是关中乃"险固金城，天府之国"。清末甲午战争中国战败，《马关条约》签订之时，鉴于北京几乎暴露在列强的威力下，康有为在《上清帝第二书》中建议迁都，他认为沈阳离强敌更近，开封没有天险凭借，四川太远，山西又太近，只有西安适合，因为"天府之腴，崤函之固，莫如秦中"。参见《宋史》卷448、《明太祖实录》卷45、《康有为全集》卷2。
③ （唐）杜牧撰，（清）冯集梧注：《樊川诗集注》，《四部丛刊》据冯氏集注本排印。
④ （明）王祎：《王忠公文集》卷11，书目文献出版社1998年版。
⑤ （明）于慎行：《谷山笔麈》卷12，中华书局1984年版。

全然只将关中天府的意义局限于地形了。当然，关中天府的地饶物丰还是有人记得的，只不过在文献中比较少见了。①

由以上表述也可以看到，人们所看重的关中天府的形胜之势，在唐以后越来越成为一种口头表述中对关中历史的追溯。定都关中，在唐以后越来越缺乏现实的操作性，建议者往往是以关中自古以来的形胜优势为论据，但忽略了大形势的变化。唐末战乱后，关中人口巨降，水利设施毁坏，自然环境恶化，经济地位急剧下降，支撑国家政治中心的经济基础被极大地破坏了。而此时中国的军事格局也发生了变化，关中以前之所以具有重要的军事地位，是因为中央政权主要面对的是华夏内部来自中原的敌对势力，关中地形恰好可以起到很好的抵抗作用；而唐中晚期以后，中央政权面对的却是来自辽阔北方的游牧民族的威胁，关中的北面和西面天险的阻挡力量已经变得很弱。②

因此，在现实中尽管有呼声，但西安再也没有成为过中国的国都。既然人们看重的形胜优势不存在了，那么偏指形胜的天府名号也就渐渐被淡忘，只依靠其影响力的惯性在后世文献中得以残存。如今，关中"天府""天府之国"的名号在民间早已没有活力，只是偶尔出现于地方志的历史追忆和精英阶层的引经据典中了。

除了关中与四川，北京是享有"天府"称号相对较久的地区，主要集中于明清时期，其中上层统治者和文人是主要的表述群体。北京被称"天府"，原因与关中相似，主要缘于北京地形险要，作为

---

① 少有的记载如《元史》卷 158《姚枢传》，记述蒙古大汗蒙哥大封亲族，让忽必烈在南京和关中之间选择封地，姚枢劝忽必烈选择关中，说南京黄河改道无常，土薄水浅，土质贫瘠，而关中"关中厥田上上，古名天府陆海"。

② 参见侯仁之《北平历史地理》，邓辉等译，外语教学与研究出版社 2014 年版，第 13 页注释 16。

首都易守难攻，可镇抚四方。北京位于华北大平原的北京小平原部分，北有燕山山脉，西有太行山脉，东有渤海（沧海），南有黄河、济水，地形虽不四塞，但也属天险。民国时期，北京失去首都地位，国都天险、镇抚四方的地位也失去了，"天府""天府之国"名号消失。尽管1949年之后，首都再次定于北京，但对于现代战争来说，北京的地形已经起不到多少抵御作用，北京彻底失去了被称作"天府"的资格。

除了益州、关中、北京，古代历史上还有多个地区曾被称作"天府"，如沈阳、江南、闽中南、东三省、台东等，都是偶然出现的一家之词，没有得到广泛认同。但正是由于这些天府表述的存在，可知在清末以前，凡是地形险峻或土肥物丰的地方，都是可以被称为"天府"的，并不局限一地，"天府""天府之国"还未专指四川。也可以看到，关中、北京在失去了支撑天府称号的政治、军事条件后，天府表述也日渐消失，只有四川（成都）地区一直保持了天府所要求的自然条件、经济发展态势以及文化传统，天府表述将继续发展下去。

第三节 "四川（成都）天府"名号的传播与内化

明、清、民国时期是"四川（成都）天府说"的全面发展时期，四川（成都）天府、天府之国的形象深入中国社会各个区域的各个阶层。"四川（成都）天府说"的流传与接受，与整个国家和地方的政治、经济、文化、教育的发展密切相关。

三国故事、小说、戏剧等文艺形式的发展对"益州天府说"的传扬起到了极大的作用。清代记载有"益州天府"的历史书籍成为教材，民国、中华人民共和国时期介绍四川历史、都江堰、隆中对的教材，进一步加深了"益州天府说"的普及度。抗日战争时期政治、经济、文化中心移至四川，使得"四川天府"的表述呈爆发式增长，"天府""天府之国"的名号开始专属于四川地区。四川内部人群的天府表述，大大丰富了"天府"的内涵，"天府"一词成了四川人凝聚认同、激发自豪感的工具。

一 "三国"文艺播化

三国历史很早起就转化为故事、传说、小说、戏曲、说唱等众多的文艺形式，在中国各地域各阶层的人群中长期流传，"益州天府"借各种文艺形式深入人心。

《三国演义》是益州天府最为重要的载体之一。元末明初，罗贯中以陈寿的《三国志》为蓝本，结合裴松之的注解和民间的三国故事传说、戏曲、话本等，经过艺术加工，完成了小说《三国志通俗演义》。[1] 该小说不仅在成书时就被"争相誊录，以便观览"，而且在问世以后被极其快速广泛地传播。

该书承继宋元以来拥刘反曹的思想，以蜀汉政权为正统，将蜀汉集团的历史作为全书的主线，特别是清初至今天流行的毛宗岗修订版《三国演义》，更强调"汉室皇朝正统"。毛宗岗在《读〈三国志〉法》中将《三国演义》整部书的叙述总结为"六起六结"，其中一起一结专属诸葛亮，"以三顾草庐为一起，而以六出祁山为一结"。[2] 对于人物形象，他认为诸葛亮、关羽、曹操为三国的"三

---

[1] 鲁迅:《中国小说史略》,《鲁迅全集》(九),人民文学出版社2005年版,第135页。
[2] （明）罗贯中著，（清）毛宗岗评改:《三国演义》,上海古籍出版社2011年版,第5页。

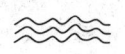

奇""三绝",其中诸葛亮最出彩的部分在于三顾草庐和六出祁山。①可见,蜀汉是《三国演义》的正面主线,诸葛亮又是蜀汉政权的中心人物,而"隆中对"又是诸葛亮最精彩的亮相和最能体现其智慧谋略的一段战略陈述。并且,"隆中对"还是推动全书情节发展的重要节点,正是诸葛亮三分天下的建议,才使刘备真正走上独立发展的道路,才有了后来的三足鼎立。因此,"隆中对"是《三国演义》小说中关注度非常高的一段叙述。

《三国演义》第三十八回《定三分隆中决策 战长江孙氏报仇》径直使用《三国志》中诸葛亮"隆中对"原话,仅将"天府之土"替换为更常用的"天府之国"。以"隆中对"之受重视,可想见"益州天府"之受关注。

据研究,由于清代帝王对《三国演义》的推崇、王学和乾嘉风气等文化思潮的影响、印刷业和教育的发展,使得《三国演义》在明清时期广为传播。②当时的统治者、商人、书坊主、士大夫等通过刊刻、传抄、戏曲、平话、评点等几种渠道来传播该小说,"使其成为明清时期最流行最畅销的通俗小说之一"③。《三国演义》从上层统治精英到下层贩夫走卒,在中国社会各阶层中都具有巨大的影响,"益州天府说"随着该书的传播而家喻户晓。

《三国演义》还衍生出大量的三国戏曲、说唱等文艺形式的作品,它们进一步扩大了益州天府的声名。涉及"隆中对"故事的戏曲名称有《草庐记》《茅庐记》《三顾茅庐》《卧龙岗》《三请贤》

---

① (明)罗贯中著,(清)毛宗岗评改:《三国演义》,上海古籍出版社2011年版,第2、3页。
② 邹彬:《〈三国演义〉在明清时期的传播研究》,硕士学位论文,扬州大学,2010年。
③ 黄晋:《〈三国演义〉在明清时期的传播与影响研究》,博士学位论文,东北师范大学,2012年。

《三请师》《三请诸葛》《隆中对》等，它们中有很多都保留了《三国演义》中关于益州乃天府之国的表述。

明初无名氏作传奇戏《草庐记》，就是以三顾茅庐为核心创作的，"隆中对"故事在一卷第十一折，保留了《三国演义》中益州天府的表述。① 清代传奇三国戏《鼎峙春秋》的故事与《三国演义》《草庐记》基本相同，第二十三出《隆中振袂起耕夫》与《草庐记》一卷第十一折一模一样。②《草庐记》是南戏，明初时主要在东南沿海地区流行，能深刻影响清乾隆年间编写的《鼎峙春秋》，可见其流传之长久且广泛。而《鼎峙春秋》是清代宫廷大戏，从乾隆年间一直演出至道光年间，为上层统治者所熟知和喜爱。③ "益州天府说"必定会随着这些戏曲的演出，从南方到北方、从底层到上层播散开去。

《三请贤》是青阳腔的传统剧目，其中诸葛亮的唱词将原"隆中对"的语言进行了简化，但保留了"益州险塞，沃野千里，此天府之国"之语。④ 在川剧的传统弹戏《三顾茅庐》（又名《三请师》）中，诸葛亮的唱词与《三国演义》"隆中对"无差别。⑤ 粤剧《隆中对》诸葛亮的唱词也写道："益州险塞任驱纵，天府之国尽可控。"⑥ 青阳腔流传于皖、闽、粤、湘、赣、鄂等省，川剧流传于川、滇、黔、渝等省，粤剧流行于岭南地区。这些戏曲形式皆是

---

① 《新刻出像音注刘玄德三顾草庐记》，《古本戏曲丛刊初集》第三函据富春堂刊本影印。
② 李小红：《〈鼎峙春秋〉与〈草庐记〉》，《中国戏曲学院学报》2013年第4期。
③ 李小红：《〈鼎峙春秋〉演出研究》，《戏曲研究》（第七十六辑），第227页。
④ 江西省都昌县高腔剧团戏曲研究组整理：《三请贤》，北京宝文堂书店1959年版，第23页。
⑤ 重庆市戏曲工作委员会编：《三顾茅庐》，《川剧》第37集，重庆出版社1956年版，第40页。
⑥ 粤剧《隆中对》，中国曲谱网（http://www.qupu123.com/xiqu/qita/p104789.html）。

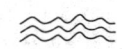

雅俗共赏，深入地方社会的各个角落，极其深刻地影响着民众的生活。此处以一斑而窥全豹，可见"益州天府说"传播之广，影响之深。

除此之外，该剧目还存在于京剧、徽剧、汉剧、滇剧、秦腔、豫剧、河北梆子、同州梆子中，① 虽不能一一考察，但据以上分析，这些剧种中很可能保留益州天府的表述。

除了戏曲，"三国"还以评话的形式流布中国东西南北中各个区域，包括蒙古族、锡伯族等少数民族地区。各地的专用书场、堂会书场、茶肆书场、露天书场、书馆、书棚子、空地、田间地头等都是说三国的地点。② 每一个演出的地点，就有可能是"益州天府说"流传的地点。

由于"三国"小说、戏曲、评话等艺术形式具有打破时间、地域、阶层、职业、性别、年龄的传播特点，"益州天府说"也有了同样的传播特点，借此超过其他任何一种天府表述，成为元明清时期虽不唯一，但却流传最广的、最知名的天府表述。清朝灭亡后，"益州天府说"随"三国"文艺继续传播。

二 教材默化

国家总是以教育、教材来传播典范的知识与价值观，以此来形塑国民，某个知识如果进入教材，必定会对学习者本人和民族文化产生重大的影响。"益州（四川、成都）天府说"进入教材，就对广大地域的人群产生了潜移默化的影响。"益州（四川、成都）天府"的表述通过涉及"隆中对"和都江堰工程的历史、语

---

① 陶君起编著：《京剧剧目初探》，中国戏剧出版社1963年版，第82页。
② 关四平：《三国演义源流研究》，黑龙江教育出版社2001年版，第464—473页。

文、地理教材，使人们得到广泛化育，渐成一种地理常识、文化常识。

清代科举考试除了承袭明代的经义之外，还考试策论，策论特别重视对历史知识的考察。① 因此，清代的教材中也纳入了历史书籍。比如国子监的教材除了《四书》《五经》等儒家经典外，还有《二十一史》；清代的书院教育也纳入了科举考试体系，其教材中也包括历史书，如钟山学院的教材中就有《通鉴》《纲目》《通典》《通志》《文献通考》《汉纪》《旧唐书》等。② 如前所述，《二十一史》中的《三国志》以及《通鉴》《纲目》等史书中有诸葛亮"益州天府"的表述，"益州天府"自然随着天下士子的苦读而深入记忆。

还有一些作为私塾历史教材的书籍，也载有诸葛亮的"益州天府说"，如元代曾先之《历代十八史略》、清初吴乘权《纲鉴易知录》。《历代十八史略》问世以来作为书塾中的启蒙性历史读本而流传于世，不断有人作注、修订，至明代大为畅行，东传日本后更跻身名望史籍，并被宫廷、幕府、各藩官学作为教科书，影响非常大。《纲鉴易知录》也是一本简明通俗的中国通史读本，于康熙五十年（1711）问世后久刻不衰，传播量非常大，并译成外文，流传海外。因其通俗明快，很多书塾也将其作为历史教材。解弢《小说话》曾记少年时学堂中有一学生作文，误引用了《三国演义》，教习戏谑地批注道："放着《纲鉴》你不看，便把《三国演义》来眴。"③《纲鉴》多指《纲鉴易知录》，也可指明代《袁

---

① 郭海洋：《清代科举与历史教育研究》，硕士学位论文，河北师范大学，2014年，第17页。
② 同上文，第7、12页。
③ 转引自关四平《三国演义源流研究》，黑龙江教育出版社2001年版，第409页。

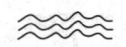

了凡纲鉴》。这些史略类、纲鉴类的历史教材,对"益州天府说"起到了很大的普及作用。

民国时期,由西方传入的分科体系普遍施行,出现众多版本的历史、地理、语文教科书,但讲到"天府"的很少。查阅民国时期的众多教材,仅有1940年的乡土教材《四川历史》的序言说道:"四川一省,幅员广阔,物产富饶,古称天府。"[①] 1949年以后的很长时间内,历史、地理、语文学科的教材讲求政治挂帅,几乎涉及不到诸葛亮、常璩等人的天府表述。

21世纪以来,都江堰等古代水利工程的经济、环境作用越来越受到人们的重视,常璩"水旱从人,不知饥馑,时无荒年,天下谓之天府也"的表述进入中学教科书中,在讲到都江堰的建成使成都平原成为天府之国时,都引用常璩的这段话予以说明。如2002年人教版历史教材七年级上册第7课《大变革的时代》、人教版历史必修2中第一课《发达的古代农业》、2003年和2012年川教版历史教材七年级上册第18课《卓越的工程》、2004年岳麓版历史教材必修2《经济史》第1课《精耕细作农业生产模式的形成》、2006年沪教版历史教材七年级上册第6课《生产技术的进步》等。陈寿《三国志》的"隆中对"部分,以《隆中对》为题也入选2013年人教版语文九年级上册教科书。

这些教科书中的天府表述将持续固化民众对四川、成都乃天府之国的印象。

三 抗战时期极速传播

"九一八"事变后,日本侵略中国的步伐加快,中国政府开始

---

① 柳定生编:《四川历史·序》,国立浙江大学1940年版。

为抵抗日本做准备。1935年，随着川政统一，中央势力开始深入四川，四川成为"剿匪"前线和"抗日"后备基地，开始受到全国各界的关注。因此，本节中的"抗战"，时间从1935年算起。抗日战争全面爆发，国民政府迁往四川重庆，中国的政治、经济、文化中心全面西移，四川成为战时中国的大后方和抗战基地，地位陡升，各界表述使"四川天府"的知名度大大提升。

第二次世界大战同盟国中国战区最高统帅蒋介石，曾两次公开表述四川为"天府之国"，影响很大。一次是四川军政刚刚统一，蒋介石第一次抵重庆督军，表面上是视察"剿共"前线，暗中也在考察四川作为抗日战争战略总后方的可能性。1935年3月4日，蒋介石做了到川后的首次公开演讲《四川应作复兴民族之根据地》。他在演讲中从人口、土地、特产、文化等方面阐述了四川的重要地位和有利条件，指出"（四川）自古即称'天府之国'，处处得天独厚"[1]，号召各界人士凭借四川的优越条件，本着亲爱精诚的精神，将四川建设为新的模范省，进而以四川为新基础来建设新中国。1935年10月6日，蒋介石又在成都演讲《建设新四川之要道》，盛赞四川山河、气温、物产、水利、文化，又一次提到四川为"天府之国"，"实在不愧为中国的首省，天然是复兴民族的最好根据地"[2]。

抗战期间，军政要员聚集四川，他们对四川的历史文化、抗战地位多有表述，"天府"是其表述中常提到的词语。《新四川月刊》第二期就刊登若干中央和地方军政要员对该刊的题词，多处提到四

---

[1] 张其昀：《先总统蒋公全集》（第一册），中国文化大学出版部1984年版，第958页。
[2] 同上。

第一章 "天府之国"：成都原生形象的表述演变

川的"天府"称号。①

1940年9月6日，国民政府颁布"明定重庆为陪都"的命令，定重庆市为中华民国法定陪都。在命令中明确指出：

> 四川古称天府，山川雄伟，民物丰殷，而重庆绾毂西南，扼控江汉，尤为国家重镇。……②

在中央政府颁布的最高命令中，肯定四川的"天府"地位，这种权威的官方表述不啻为"四川天府说"做了最好的宣传。1947年创刊的《新重庆》杂志，创刊号封面上就用红字印刷该《国民政府令》。③

抗战时期，政治、经济、文化中心移至四川，各界倚赖四川、关注四川，这使得四川的方方面面都成为舆论的焦点。民国以来，报纸、杂志等纸媒长足发展，到抗战时期，出版业已经非常繁荣，使得"四川天府"的表述能够在全国范围、各个领域密集而广泛地传播。

四川天府的意义偏重于发达的农业经济、丰富的物产资源、富裕的民众生活，然而民国时期四川政局长期动荡，自然灾害发生频繁，抗战时期背负沉重的经济负担，四川状况与"天府"称号是尖锐对立的，因此许多文章以昔日天府反衬今日四川，形成语带讽刺的"昔日的天府四川现在如何如何"的表述模式。以这种模式开篇

---

① 如居正"巍巍天府，日异月新"；许世英"浩浩蜀中，古称天府。地广物丰，复国之础"；陈其采"蜀都雄胜，天府所称，况在抗战，实力加增"；潘文华："唯兹巴蜀，屹立后防，……古称天府，为国之光"；严啸虎"民族复兴，视兹险阻，共命维新，宏我天府"；陈法驾"伊维蜀川，夙称天府，石室肇基，并齐邹鲁"；袁昌畯"粤若蜀都，古称天府，赖有名贤，川政是主"。参见《新四川月刊》1939年第1卷第2期。
② 《国民政府公报》，渝字第270号，1940年9月7日。
③ 《新重庆》，1947年创刊号。

的文章如：

> 我们四川，从前是被称为天府之国的，可视而今，连年天灾人祸，已变成地狱之国了。①
>
> 以天府见称的四川，今年又闹天灾了。②
>
> 蜀为天府，财赋称雄……财纲失堕，因缘为奸。③

还有一些文章标题一望而知其对比反衬之意，如《赤匪蹂躏下天府之国殆已变成地府之狱矣》④《天府之国乎？饥饿之国呼？》⑤等。

抗战期间，各行各业的人才齐聚四川，自然也要挖掘四川的资源，加强大后方的建设。这方面的文章通常也以"四川自古是'天府之国'"开篇，接下来顺势引出某方面的话题，限于篇幅，各领域仅举一例。如农业方面一篇文章谈到，"四川古称天府之国，沃野千里，民殷物阜，今又为复兴民族之根据地，其地位日趋重要，自不待言"，接着论述要重视农业、农产品、农产品中的大宗——牲畜；⑥科学实业方面，《化学工业在"天府"》开篇说："四川号称'天府'，是任何人都晓得的，物产丰富，总算全国之冠"，接下来谈四川盐业、糖业、纸业等的生产，得出四川有利于中国化学工业建设的结论；⑦文化方面，《说文月刊·冠词》以"巴蜀古称天府"

---

① 《这一周的四川》，《生百世》1937年第1卷第2期。
② 席征庸：《天府与天灾》，《民间（北平）》1937年第4卷第4期。
③ 高显锦：《题词》，《四川财政季刊》1938年创刊号。
④ 《赤匪蹂躏下天府之国殆已变成地府之狱矣》，《赈务旬刊》1936年第25期。
⑤ 《天府之国乎？饥饿之国呼？》，《新中华》1937年第5卷第10期。
⑥ 汪国舆：《介绍成华两县畜牧兽疫调查报告书序》，《畜牧兽医月刊（成都1936）》1936年第3、4期。
⑦ 张镇方：《化学工业在"天府"》，《化工学生》1936年创刊号。

开头，引经据典盛赞巴蜀的历史文化，又溯自抗战时期，人文精英群集渝蓉，认为"中华崭然新文化当亦将于此处孕育胚胎，植其始基"，该刊要为中华新文化筚路蓝缕。①

抗战时期，大量外地人涌入四川，他们亲身感受到四川的山水景色、风土人情，其表述大大丰满了四川天府的形象。茅盾《"天府之国"的意义》旨在写自耕农的贫困，但大半篇幅都在描绘成都平原的优美风景、肥沃土地、丰富出产。他一开篇就描写从空中俯瞰四川与周围诸省的颜色和形态：

> 四川好像一块五色的地毯；黔、桂、滇、陕等邻省，都没有四川那么多色而鲜亮。黔滇两省的色彩是两种：绿和褐。至于陕省呢，绿已经不多，黄色占了压倒的优势……②

这说明，关中平原与成都平原相比，确实已经失去称作天府的资格了。1943年，陕西西安夏声戏剧学校到四川巡演两年，一名学生在离川时写下《天府惜别》，表达了一个关中人对四川天府的无限留念。他记叙道：

> 成都有两特点，一方面悠闲，一方面闹热，看似相反，实在相承，合起来说没有战时紧张，住在那里直可以忘记时代。……眼看三杯酒，天府你呀：就要把我送出川了，叫我如何不想你！③

熊吉《天府别景》写四川山城的风光、民俗、物产，他感叹道：

---

① 金祖同：《冠词》，《说文月刊》1941年第3卷第4期。
② 茅盾：《"天府之国"的意义》，《青年生活（桂林）》1943年第3卷第6期。
③ 于镇江：《天府惜别》，《夏声戏剧学校公演特刊》1946年9月。

成都形象：表述与变迁

"天公对这里特别仁厚，年来雨量很富足。真不枉号称'天府'。""他们的行动活泼，心情悠闲，劳作少，收获多，真享尽了天府的富庶。"① 有一位老者到四川旅行后，返乡向其孙辈讲述其旅行所见和四川的历史知识，并以《天府之国——四川》为题发表了文章。② 当时的报纸和杂志上还刊登关于四川风光、生产、生活的照片，直接命名为《天府边陲》《天府风光》《天府揽胜》。③

民族危亡给四川天府带来了空前的传播机遇，在政府、社会精英、民众的共同表述中，"四川天府说"完全压过了"关中天府说"等其他天府表述。在《全国报刊索引数据库》里以"天府""天府之国"为题，搜索1911年到1949年的期刊、报纸，除了20世纪20年代至30年代初期有少数文章将安徽、西北、陕西、青海、浙江、云南称为"天府"外，抗日战争以后，基本不见四川之外的天府表述了。④ 而1945年以后，关于四川天府的表述仍不胜枚举。据此可推断，抗日战争时期，"天府""天府之国"的名号开始专属于四川地区，其他险而富的地区不再以"天府""天府之国"称之。

---

① 熊吉：《天府别景》，《大风（香港）》1941年第93期。
② 郑金殿：《天府之国——四川》，《新道理》1944年第7卷第4期。
③ 庄学本：《天府边陲》，《现代画报》1935年创刊号；郎静山：《天府风光》，《健康家庭》1939年第4期；李世健等：《天府揽胜》，《健康家庭》1941年第11期。
④ 相关表述有："（安徽）水陆辐辏，斯固天府之雄也"，高亚宾：《安徽水利问题之研究》，《实业杂志》1921年第1卷第11期；"中夏建国于世最古西北奥区实为天府"，过之翰：《创刊号祝词》，《新西北》1929年第1期；"陆海奥区，素称天府，触目疮痍，苛法久苦"，井岳秀等：《祝词》，《新陕西月刊》1931年第1卷第2期；"西北为我国之天府，陕甘青宁新"，徐企圣：《最近陕西之建设：本省民国二十年建设计画》，《新陕西月刊》1931年第1卷第1期；"天府宝藏，美函方夏。有海宜渔，有土宜稼"，王陆一：《新青海月刊题词》，《新青海》1932年第1卷第1期；"维江之南，浙称天府，屏障邦圻，如车有辅"，王伯群《题词》，《时事新报建设特刊 新浙江号》，1933年；"云南号称天府之国"，《大众画报》1935年第15期。抗战时期唯一可见的四川之外的天府表述为："（西北）她们是绿洲中的花朵，她们有混血的东方美"，张怀元：《天府北国》，《江西公路》1945年第19卷第5期。

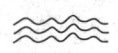

四　天府表述凝聚四川人认同

从常璩开始,"天府"表述就是四川内部人群凝聚认同的工具,他们为本地被称"天府"而自豪,也常常将四川冠以"天府"的称号。

四川的地方史志中常提到"天府"之语,表述者是地方官员或文人,他们将古代文献中关于蜀的记载与"天府"拼贴到一起,大大丰富了"天府"的文化内涵,形成了一定的表述模式。"天府"成了四川人对空间与时间的"定位仪"。

明代万历年间四川提学郭棐在《四川总志序》中说:"蜀居坤维,号称天府"[1],《易·坤》有"西南得朋"之语,所以坤指西南,"蜀居坤维"是说蜀地正在中国大地的西南方,这里将蜀地地理位置与"天府"关联起来,暗示正是由于蜀地处于坤位,所以乃是天之府库。郭棐又说:"峩峩蜀都,岷萌允殖,皇哉唐哉,天府之域。"[2] 赞颂高峻群山中的蜀都,民众繁殖,盛大雄伟,真是天府之区!

万历年间四川巡抚王廷瞻的《四川总志序》里也说:"昔人称为天府奥区,自神禹发祥,丛帝辟国,诗书所述详矣。"[3]"奥区"乃深奥之区域,该词经常用来形容地势险固之处,"天府奥区"的搭配后来也时常出现于文献中。大禹是古代四川人广泛崇拜的上古人物、神灵,汉代及以后《蜀王本纪》《三国志》《蜀本纪》《华阳国志》等地方文献对于大禹出生地四川石纽多有

---

[1] (清)常明、杨芳灿等纂修:《四川通志·旧志序》,巴蜀书社1984年影印本,第5页。
[2] 同上书,第6页。
[3] 同上书,第8页。

记载。① 丛帝是古蜀国开明王朝的开国者，也是《蜀王本纪》《华阳国志》里的记载。王廷瞻的表述关联了"天府"与古蜀国的历史源头，赋予"天府"历史的深度和文化的厚度。

嘉庆年间四川地方官方重新纂修的《四川通志》继续将"天府"的历史内涵加大。其卷2中说："蜀居坤维，号称天府，梁州列于禹贡，彭蜀见于周书。"② 沿用"坤维"搭配"天府"的表述模式，还加上了古代权威文献的记载。《尚书·禹贡》将大禹治水以后的天下划分为九州，"华阳黑水惟梁州"，华阳为华山之南，黑水说法不一，多认为在四川境内，因此梁州的地界就是古蜀的区域。《尚书·周书·牧誓》是周武王誓师伐纣的文告，周人阵营的八个异族中蜀和彭都是蜀地的民族。

《四川通志》卷9将蜀地天府神化："蜀国为天府奥区，直坤维而躔井络，帝以会昌，神以建福。"③《河图括地象》说："岷山之地，上为井络，帝以会昌，神以建福。"三国时蜀汉的秦宓也说："蜀有汶阜之山，江出其腹，帝以会昌，神以建福，故能沃野千里。"蜀地古为梁州，地面上的分野对应天上的分星为井宿，"躔井络"就是说蜀地对应着井宿。古人将岷山对应井宿，长江源出汶阜山，这两种天文、地理现象与上天神灵联系起来，认为是天帝使其得到昌达，神灵使其取得福祉。《四川通志》将几种说法糅合起来，将蜀地神化，认为正因为蜀地位于大地的西南角，处于星空的井宿之下，

---

① 扬雄《蜀王本纪》记载："禹本汶山郡广柔县人，生于石纽，其地名痢儿坪。禹母吞珠孕禹，坼副而生。"《三国志·秦宓传》记秦宓云："禹生于石纽，今至汶山郡是也。"谯周《蜀本纪》："禹本汶山广柔县人也，生于石纽。"《华阳国志》："石纽，古汶山郡也。崇伯得有莘氏女，治水行天下，而生禹于石纽之刳儿坪。"

② （清）常明、杨芳灿等纂修：《四川通志》卷2《舆地志》，巴蜀书社1984年影印本，第500页。

③ 同上书，第688页。

是天帝神灵特别关照赐福的地方，才成为天府。

民国时期，四川人的天府表述的记载更多，像四川军阀刘文辉、刘湘就多次在为当地报刊的题词中提到"蜀称天府""古称天府""天府之邦"。① 四川当地的报纸、杂志也习惯用"天府""天府之国"来指代四川，诸如《天府之国生产低落了》《天府之国》《建设"天府之国"的新四川》之类的新闻标题很多。②

民国时期，四川地区成立了一些以"天府"为名的公司、学校、银行、学会等机构，这是四川内部人群用"天府"一词来标示自我、宣扬自我的新方式。天府煤矿公司是四川实业家卢作孚于1933年创建的大型煤矿企业，因四川"天府之国"之称而命名，在抗战期间因兼并和重组多次易名，但"天府"二字始终没有变动过。③ 该企业是战时陪都最大的动力源泉，支撑重庆的工业生产和都市用电，享有极高知名度，"天府"之名也随着该企业而声名远播。四川军阀杨森于1924年在成都创办"天府中学"，1937年还在泸州设立了天府中学泸县分校。成都电影明星黄侯还在成都成立过"天府影片公司"。此外，四川省内还有天府银行、天府医药学会、私立天府会计高级训练班等机构。

抗战时期，四川人的天府表述表现出更强烈的地域自豪感与复兴民族的责任感。1940年的乡土教材《四川历史》的序言表达了通

---

① 刘文辉：《祝词》，《川南马路月刊》1929年第1期；刘文辉：《发刊词》，《屯殖》1931年第1期；刘湘：《题辞》，《四川善后督办公署土产改进委员会月刊》1934年第1卷第1期。

② 如仁瑞：《天府之国生产低落了》，《新出路》1932年创刊号；咏梅：《天府之国》，《华年》1933年第2卷第47期；杜筱蓉：《建设"天府之国"的新四川》，《时事公论》1934年第1卷第3期。

③ 参见《天府矿业公司简介》，重庆天府矿业有限责任公司网站，http://www.tfky.cn/Item/64.aspx。

过学习四川乡土历史而增强自信心，激发民族精神之意："四川一省，幅员广阔，物产富饶，古称天府。自抗战以来，更成为民族复兴之根据地。……四川省之人文，尤足令人奋勉破砺，以发扬我中华民族之国魂。"[1] 成都天府中学的高中学生赖国瑞《杂俎：蜀称天府为当今复兴民族之基试论之》一文，回顾中国自鸦片战争以来割地赔款的屈辱历史，叙述四川天府的肥沃险固以及窃据负固和创业立统的历史，指出四川又是相援西藏、云南的西南要区，是复兴民族之基。[2]

抗战期间一位溯长江入川的下江人，记录了他在江上所见的一个跑码头的四川江湖人。他们的对话如下：

"你是四川人吗？"

"哪里！我是天府人！"

"你先生回四川吗？"

"要回天府！"

"我们都想进川，贵省山水奇拔。一定很好玩吧？"

"天府之国吗！山顶上都可种谷子；丰都土质最好，鸦片称全省第一，平常人家每年可得千多块钱。川军最善于爬山，打国战，哼，打得真好，广德不是川军早失了！日本鬼子只怕川军！政府迁到重庆，机关统统迁到川省，现在一切都靠天府，不是天府，那日本鬼早……，中国……真糟了。鬼子打到这里，川军冲出来准可把他打回去，川军还有好多期待这最后胜利！"[3]

---

[1] 柳定生编：《四川历史乡土教材·序》，史地教育研究室编辑，南京钟山书局1943年版。
[2] 赖国瑞：《杂俎：蜀称天府为当今复兴民族之基试论之》，《天府中学校刊》1935年第4期。
[3] 江动：《天府子民（一）黑头巾的江湖人》，《国魂》1938年第17期。

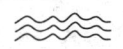

这反映出"天府"称号已经深入四川民众的内心,"天府""天府之国"已经成为四川人区别内外、凝聚认同、激发自豪感的符号。人类一般以共同祖先、图腾符号、宗教信仰、历史事件等来凝聚和区分群体,用地域的代表性称号作为地方认同工具这样的现象较为少见。

第四节 当代"成都天府"符号资本的积累、保卫和争夺

由于巴蜀地区地形的复杂性和行政区划的频繁变动,"天府""天府之国"具体指代哪一处,一直游移不定,所以有"益州天府""巴蜀天府""蜀地天府""四川天府""西蜀天府""川西天府""成都天府"等不同的表述。虽然表述多元,但范围基本限定于四川盆地内部。四川盆地的范围大致与古代巴蜀、益州范围相当,故而巴蜀天府、益州天府的表述十分常见。四川盆地底部因地貌的不同又可分为川东平行岭谷、川中丘陵和川西成都平原三部分,越往西地势越平坦,自然条件越好,农业越发达。其中川中丘陵与川西成都平原自然条件相对更好,在行政区划上又属于蜀地,即后来的四川,因此"天府""天府之国"的名号也可指该地区。而川西平原(俗称"川西坝子")是四川盆地中自然条件最优越、农业最发达的地区,在行政上主要为成都下辖的区市县,故称成都平原,它实际上是"天府""天府之国"最常指称的区域。"益州天府说"的益州虽然涵盖了巴、蜀、汉中,但因东汉末刘焉做"益州牧"时,将州治迁往成都,所以自此之后益州兼含成都别名之意,[1] 因此"益州

---

[1] 顾祖禹:《读史方舆纪要》,上海书店出版社1998年版。

天府说"也可被视为"成都天府说"。如前所述，到了明清时期，"天府"名号被一些学者明确地赋予成都。然而，"天府"更多地特指成都一地，不过是最近二十年来的事情。

作为四川省政治、经济、文化中心的成都，拥有比四川其他地区更大的表述权力和动力，从20世纪90年代起开始密集地利用天府表述资源：天府广场、天府大道、天府立交桥、天府软件园、天府新城、天府新区、天府机场、"天府古镇"宣传战役、宽窄巷子注册"天府""天府少城"商标……成都市将"天府"之名赋予不同的空间和事件，既扩大了天府成都的知名度，也使"天府"符号在当代成为成都的资本。"天府成都"符号可以长期长效地吸引资本，助力成都加入国内国际的市场链条，也深深扎入了成都乃至国家的历史与记忆。

一 "成都天府"符号资本的积累

天府广场是典型的"记忆所系之处"[1]，从战国末年秦筑成都城开始，该广场所处位置就是城市中心。公元前316年，秦灭蜀，秦大夫张仪筑大城、少城，如今的天府广场，就处于大城中心偏西处。秦汉三国时期，该处为蜀郡郡府衙门所在地。[2] 唐朝时，靠西是摩诃池，靠东是节度使府。唐末五代时，前蜀和后蜀的宫室园囿也在此处。明初，第一代蜀王朱椿首次确立成都正南正北的中轴线，在中轴线上建蜀王府（俗称"皇城"），其位置就在天府广场北端和展览馆一带。清代，蜀王府改建为"贡院"，为全川乡试考场。[3] 民国时

---

[1] [法] 皮耶·诺哈主编：《记忆所系之处》，戴丽娟译，行人文化实验室，2012年版。
[2] 罗开玉：《成都天府广场出土石犀、汉碑为秦汉三国蜀郡府衙遗珍说》，《四川文物》2013年第3期。
[3] 广场古代历史变迁参见李劼人的《皇城　皇城坝　明远楼》，曾智中、尤德彦：《李劼人说成都》，四川文艺出版社2007年版，第45—48页。

期，贡院改建为新式学堂，成为四川文脉所在，通省优级师范学堂、法政学堂、四川大学等都曾在此办学。此处作为重大政治集会活动的历史是从民国初年开始的，1911年四川大汉军政府成立典礼、四川总督赵尔丰的公审大会都在此举行。20世纪50年代，在"老皇城"城门加筑观礼台，便于开展集会和庆典活动；五六十年代，修建人民南路中心广场；六七十年代"老皇城"古建筑悉数被拆，护城河被填，原址上修建"毛泽东思想万岁展览馆"和毛主席塑像。[①] 至此，中心广场的基本格局形成，此处被视为成都乃至四川的心脏，具有浓重的政治象征意味。

1997年年初，成都市政府改建人民南路中心广场，新广场被正式命名为"天府广场"。"天府"之名被赋予成都城市地理上、历史文化上的中心区域，将深刻地进入民众的记忆。如果说天府广场除了标志成都城市中心外，还有象征四川全省中心的意味外，那天府大道、天府立交桥、天府软件园、天府新城、天府新区、天府古镇等成都某些区域的命名则将"天府"紧紧地定位于成都这个城市。

"天府大道"是成都城市中轴线——人民南路的南延伸线，北起人民南路四段，向南穿越武侯区、高新区、双流县，一直延伸至眉山市仁寿县，它是成都南北交通的大动脉，也是具有形象景观意义的城市主干道。2004年，成都市政府通过天府大道命名方案。天府大道上的跨火车南站立交桥也被命名为"天府立交桥"，该立交桥是成都市政府确定的城市标志性建筑，其斜拉桥主塔上悬挂着金沙太阳神鸟徽记图案。与此同时，成都市还将位于天府大道南段的软件

---

① 广场现当代变迁参见徐望川《从"皇城"到"天府广场"：一部建设的历史还是破坏的历史？》，《时代建筑》2002年第1期；赵斌《成都城市中心区演变与优化研究》，硕士学位论文，西南交通大学，2007年，第37页；杨宇《天府广场中轴之心的五大元素之二历史原点：从皇城到三馆一堂》，《西部广播电视》2008年第9期。

开发区命名为"天府软件园",该园是成都"高端软件及新兴信息服务产业发展和创新的核心聚集区"。①2008年,成都市又将天府软件园扩大,规划了一座以软件及服务外包产业为主导的科技商务新城,并将其命名为"天府新城"。根据规划,天府新城城市建设的定位为"科技城南""商务城南""国际城南""时尚城南""宜居城南"。②2010年,包括天府新城在内的成都南部、东南部区域,眉山市、资阳市部分县市再一次被规划为"天府新区"。"新区"是承担重大发展和改革开放战略任务的综合功能区,在辖区内会实行更加开放和优惠的特殊政策。在"天府新区"成为国家级新区之前,全国的国家级新区仅有10个,西部地区4个,四川省没有。建立新区对四川省来说,是关系四川和成都能否站在中国改革开放前列的重大事件。该新区的总体规划(2010—2030)于2011年被四川省省政府批准,2014年10月被国务院批准为国家级新区。③

随着成都现代化步伐的加快,人流、物流量越来越大,成都建设新机场被提上日程。2015年2月13日,成都新机场正式定名为"成都天府国际机场"。从全国各地的机场名称来看,一般以"当地城市名+机场所在地小地名"为命名模式,比如北京南苑机场、上海浦东国际机场、重庆江北国际机场、广州白云国际机场等,或者直接以机场所在城市名称命名,如佛山机场、衡阳机场、井冈山机场、义乌机场等。以当地的别称作为机场名称的,除了北京首都国际机场,就只有成都天府国际机场了。可见"天府"之于成都的重

---

① 《天府软件园概况》,天府软件园官网(http://www.tianfusoftwarepark.com/zh/our-park/introduction.html)。

② 《天府新城介绍》,天府软件园官网,(http://www.tianfusoftwarepark.com/zh/thi-tech-zone/new-tianfu-city.html)。

③ 《四川省省长魏宏谈天府新区建设:再造一个"新成都"》,新华网(http://news.xinhuanet.com/city/2015-03/16/c_127585766.htm)。

要性，以及在全国的知名度之高。

除了赋予空间"天府"的名称，成都市还将事件打上"天府"烙印。2010年成都市市委、市政府部署了"天府古镇"对外宣传战役，策划了"穿越千年天府古镇，坐享成都慢生活"大型自驾活动，通过航空、涉外杂志及网络，传播"天府古镇"的形象。[1] 2011年9月，名为"成都天府古镇文化旅游推广活动"由成都市人民政府主办，成都市旅游局、成都文旅集团、携程旅行网共同承办。在该活动期间，"天府古镇旅游联盟"成立，成都的安仁、平乐、黄龙溪、西来等八个古镇加盟。[2] 显然，成都市的政府官员把握了"天府"这个品牌的巨大价值，比起每个古镇的各自为营，将散落的旅游资源统合在"天府"的名号下进行整体营销，会取得更大的经济效益。自此，成都的所有历史文化名镇都被统称为"天府古镇"。"2014年，这些古镇接待游客总数达到五千万，在全省的年度游客总数中，占到了不小比例。"[3] "天府"为成都创造了不可估计的价值。为了继续整合成都市内的古镇资源，2015年10月，成都又成立了"天府古镇联盟"，在成都第二届天府古镇艺术节开幕式上，发布了《天府古镇联盟宣言》，宣言称，联盟将"通过集结古镇之力，探索品牌共建的有效途径和方法，促进成都天府古镇品牌竞争力的整体提升"[4]。

由上述可见，"天府"符号的资本价值被成都慢慢地积累起来，

---

[1] 《用车轮丈量古蜀文明——穿越千年天府古镇 坐享成都慢生活》，马蜂窝网（http://www.mafengwo.cn/travel-news/170964.html）。

[2] 郭薇：《"天府古镇"亮出来 "四川方言"喊出来》，2011年9月27日，四川新闻网-成都日报（http://cdrb.newssc.org/html/2011-09/27/content_1386853.htm）。

[3] 杜江茜：《成都集结27个古镇拟成立"天府古镇品牌联盟"》，2015年10月13日，四川在线（http://sichuan.scol.com.cn/cddt/201510/54023419.html）。

[4] 杜江茜：《成都27个古镇成立天府古镇联盟》，2015年10月23日，华西新闻网（http://news.huaxi100.com/show-227-687447-1.html）。

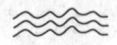

又源源不断地为成都创造出资本价值。四川省成都市通过一系列的命名，将"天府"这一名称赋予成都的不同区域，这些区域均与现代化、高科技相关，"天府"既被注入现代的、科技的新内涵，又成为越来越成都化、城市化的符号。一个企业落户"天府"，预示着它获得了政策优惠、服务保障、资质认可等多项资源，也意味着"天府"借助该企业的税收、地位、声誉、人脉等提高了自身的资本价值。"天府古镇联盟"这一品牌，象征着货真价实的川西历史建筑群、青山绿水、民俗古风等，它吸引外来者，创造财富，也是一笔丰厚的社会资本。"天府"这个历史上自然形成的四川地区的别称名号，在经济全球化的时代，成为该区域核心城市的社会资本。

二 "新天府"评选

"天府"既是成都人的认同符号，又是全球化时代的资本资源。当它面临被外地争抢的局面时，成都人将奋力保卫。2007年年底至2008年年初，《中国国家地理》杂志开展了评选"新天府"的活动，在全国造成了不小地轰动，引发了所谓的"捍卫天府成都保卫战"。

《中国国家地理》是中国科学院下属的一本以介绍中国自然、人文地理为主的期刊，在国内有很高的权威性和知名度。该期刊创办于1950年，1998年全面改版，"专辑策划"逐渐成为期刊编辑部的核心工作，"颠覆常识来吸引公众目光"成为它的"常规战术"。[1]"天府"本来是在历史发展过程中由文化层层累积、自然产生的概念，并不需要由某个机构来下定义或评选，"新天府"评选活动确实是该刊以颠覆公众"成都天府"常识为吸睛点的专辑策划。

---

[1] 朱至刚：《重构公众常识：专业媒体内容策划的可行路径》，《青年记者》2009年第1期。

《中国国家地理》声称该次评选遵从的"天府"理念是:"人类与自然、农业文明与工业文明要和谐相处,发展适度与可持续,拥有健康的生活方式。"① 评选活动设置了网络手机投票,以及专家评审团投票。

在评选结果尚未揭晓之时,成都各界就表达了不满和抨击,媒体称之为"捍卫天府成都保卫战"。2008年1月2日,网络投票正在进行,成都得票位居第二,省级媒体喉舌《四川日报》发文称:

> 围绕"天府之国"产生的争议,在互联网上形成了汹汹民意……在本土众多媒体的带领下,一场"捍卫天府成都"的保卫战就此打响……评选活动自开展以来,各种质疑和抵制的声音就不断涌现,而且把矛头直接对准了主办方。"作为一个成都人,我们接受不了!"许多成都网友坚决要求成都"退出新天府评选"。②

四川日报报业集团主管主办的《天府早报》从"新天府"评选活动初始,就一直跟进报道,采用网络直播、调查采访等方式推出了"捍卫蜀魂"系列报道,"捍卫成都的天府美誉"。在评选活动即将结束时,该报总结其收集到的市民意见:"一是觉得该杂志纯属自身炒作,评选没有什么意义;二是觉得没必要理会,成都可以'大度'借这个机会反省自己,自我完善。"③ 在持续报道中,《天府早报》还陆续刊登了本地政府官员、专家学者的意见,总体来说,他们的意见与市民意见大致相同。一些本地学者也亲自撰文,表达对

---

① 《10大"新天府"揭榜 编者按》,《中国国家地理》2008年第2期。
② 刘佳:《"新天府评选"风波 反思成都屈居第二》,《四川日报》2008年1月2日。
③ 赵聪:《争议太大 "圈点新天府"颁奖黄了》,2008年1月24日,四川在线-天府早报(http://news.sina.com.cn/c/2008-01-24/072713317060s.shtml)。

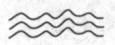

评选活动的不满。①

与该评选没有切身关系的人们，认为评选使人们关注人地关系，呼吁健康的生活方式，是很好的活动，他们对成都是否能保有天府名号，持无所谓甚至否定的态度。2008年1月9日，《中国国家地理》执行总编单之蔷做客新浪嘉宾聊天室，与网友交流"圈点新天府"评选活动。交流中，主持人提出：很多成都人觉得天府就是成都，不大同意这次评选，评选会把天府的帽子拿走。单之蔷回应说：

> 我是觉得成都不要把这个东西看成是自己一个垄断的专利，这个真是没有必要，我觉得它应该成为天府的一个带头人或者老大哥……我觉得天府越多越好。②

而另一篇报道说："中国只有这么一个地方可以被称为天府吗？不一定吧，只要具备条件的地方应该都可以成为天府。"③ 这种观点没有重视成都人对"天府"的情感，对成都人的认同存在潜在的破坏力。

成都的"天府"称号以及隐形的社会资本确实遇到了巨大的威胁。在百度贴吧上，福建人发起了为闽南"天府"投票的帖子。该帖说：

> 福建人一定要懂得宣传福建！这个世上的很多事物都需要包装炒作，越炒越火就越有钱途！……我们一定要自己宣传自

---

① 如刘兴诗：《成都"天府论"考》，《成都理工大学学报》2008年第1期；徐学书：《"天府四川"：神话、历史、现实叠加的区域文化形象——对四川"天府"文化形象的新解读》，《西华大学学报》2011年第3期。
② 《圈点新天府的意义在于更关注生存环境》，景观中国网（http://www.landscape.cn/news/events/events/other/2008/0128/30615.html）。
③ 《圈点"新天府"引发的思考》，景观中国网（http://www.landscape.cn/news/comment/public/2%208/0129/30624.html）。

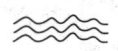

己,让全世界知道福建就是传说中的世外桃源!作为福建网民遇到任何和福建有关的投票都应该积极去投票。福建人团结起来快去投票!①

帖子中链接了四个投票地址,并提醒可以重复投票。该发帖人敏锐地察觉到"新天府评选"活动的炒作性和"天府"名号的经济价值,他的表述代表了"新天府"候选地人群的心声。

从此次"新天府"评选来看,"成都天府"确实是中国普通民众内涵于心的观念,对于成都内部人群来说,"天府"名号具有巨大的认同感和凝聚力。地方政府与民众站在同一阵线上,用"捍卫""保卫战"这样的字眼来表达对"天府"称号的爱惜保护,不管是批评、抨击的表述,还是自省、反思的表述,都是在保卫成都的认同,保护成都无形的形象资本。在这个意义上,"捍卫天府成都保卫战"是一场文化的、经济的、政治的战役。

三 "天府银行"命名

因为银行的高风险性,中国一直对民间资本办银行加以严格的限制。但是,为了打破国有商业银行垄断,实现金融机构多元化,促进金融市场的公平竞争,2013年中国银监会频频释放开放民营银行的信号。② 有志于银行金融业的一些民营企业应声而动。

2013年年底,四川大型民营企业富临集团联合省内十家民营企业,共同发起筹建"天府银行股份有限公司"。富临集团总部位于四

---

① 百度贴吧(http://tieba.baidu.com/p/310694214)。
② 《民营银行相关办法已上报国务院》,腾讯网财经频道(http://finance.qq.com/a/20131125/001214.htm)。

川省绵阳市，主要经营工业、房地产、现代服务业、能源、金融等。[1] 富临集团在资本市场上动作频频，是绵阳市商业银行的第二大股东，华西证券的第三大股东，因此它能动员四川省内的企业家、金融家来共同筹备"天府银行"。[2] 也许股东涉及四川各地市的众多企业，这家四川省民企筹建的第一家民营银行选择了四川的著名称号"天府"作为名称。该名称于2014年1月就顺利获得国家工商总局企业名称预核准。[3] 另外获得预核准的另外三家四川民营银行是蜀商银行、川商银行、科技城银行，足见"天府"是能与"蜀""川"并列的四川别称，也只有这几个名号才能得到四川各地利益单位的认可。

然而，民营"天府银行"尚未被国家银监会批准，2015年9月，又有两家四川地方银行几乎同时拟改名为"天府"。德阳银行被中国长城资产管理公司控股后，为了继续引入股东和筹备上市，拟改名为"长城天府银行";[4] 而南充市商业银行拟改名为"四川天府银行"。

2015年9月15日在百度贴吧"四川吧"里出现了一则名为"对于南充市商业银行改名为《四川天府银行》大家有什么看法"的帖子，帖子贴出了南充市商业银行股份有限公司董事会给股东的临时股东大会通知，通知上写明大会将审议的第一个议案为"《南充市商业银行股份有限公司关于拟申请更名为'四川天府银行股份有限公司'的议案》"。回帖反对更名的占多数，这些反对帖的内容颇

---

[1] 《富临集团简介》，富临集团网站（http://www.fulingroup.cn/channel.asp?channelID=10）。

[2] 《民营银行申办潮起 四川"天府银行"蓄势待发》，《四川经济日报》2013年11月22日;《四川富临集团再牵头设立民营银行》，《成都商报》2014年3月7日。

[3] 《天府银行获国家工商总局企业名称预核准》，《四川日报》2014年1月10日。

[4] 《德阳银行拟更名长城天府银行》，中国经济网（http://finance.ce.cn/rolling/201509/15/t20150915_6481828.shtml）。

具意味,恰好反映了"天府"之名已经被成都独占的事实,以及四川其他地方与省府成都的矛盾关系。这些回帖说道:

> 天府不是成都的专利商标吗?
>
> 成都说了:天府机场、天府新区、天府立交桥、天府大道、天府广场都在我这。
>
> 先超过成都银行和成都农商银行再说。
>
> 好像总部也要搬到省城去,这不是要被吸血的节奏吗?①

同一天,在另一个论坛上,有人发表了名为"南充商行拟改名天府银行,你怎么看?"的帖子,并发起了投票。投票结果显示,反对率达到了89.74%。

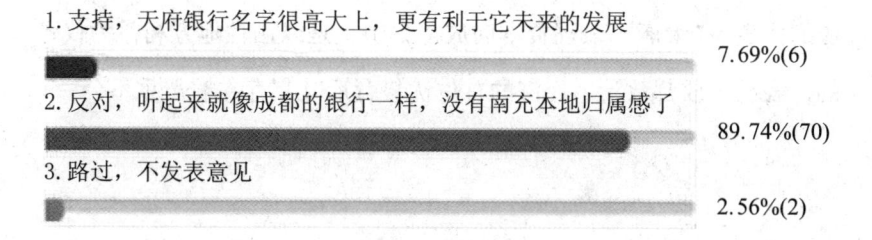

1. 支持,天府银行名字很高大上,更有利于它未来的发展　　7.69%(6)
2. 反对,听起来就像成都的银行一样,没有南充本地归属感了　　89.74%(70)
3. 路过,不发表意见　　2.56%(2)

图1-2 "高度论坛"上关于南充商行改名天府银行的投票结果

在回帖中,很多人谈到反对的理由:

> "我不赞成,坚决反对!'天府'不代表南充。"
>
> "反对,成都不要脸,四川本来二级城市就穷,还使劲搬个不停,在全国看看哪个省份像你。"
>
> "然后,慢慢就会往成都迁徙!和明宇一样~成都的吸血能

---

① 百度贴吧(http://tieba.baidu.com/p/4043463903)。

力太强了!"①

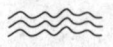

民营天府银行的命名与德阳银行、南充商业银行的改名,都显示出"天府"品牌的巨大价值以及对四川内部的凝聚力。而南充网友的激烈言辞却反映出,在一些民众的眼中,"天府"已经专属成都,四川内部对"天府"名号的认同发生了撕裂。

回帖中提到的"明宇",全名为"四川明宇实业集团有限公司",是在南充市创业起家的涉及酒店、房地产、金融行业的企业,为南充商业银行最大股东之一。明宇集团业务发展壮大后,总部迁往成都,"立足成都、根植西部、布局全国、迈向海外"成为其企业定位。② 网友把明宇集团迁移总部以及南充商业银行更名都迁怒于成都,反映出在他们的眼中,"天府"称号是被省城成都夺走的各种资源的代表。"天府"表述资本向成都集中,是以牺牲地方利益为代价的,表明了成都政治、经济的首位优势背后其实存在着严重不公。

小 结

总体而言,所有关于"天府""天府之国"的个人与群体的语言、文字、行为、事件、活动都是表述,而我们通过表述看到的"成都天府"的本相就是成都的社会情境,它包括:其一,千百年来变化不大的优越的自然环境、繁荣的经济生业;其二,封建社会的汉家血缘正统论,民众对集忠诚、智慧、能干于一身的政治

---

① 高度论坛(http://www.0817top.com/thread-12417-2-1.html)。
② 《四川明宇实业集团有限公司简介》,四川明宇实业集团有限公司官网(http://www.minyoun.com/About/index.shtml)。

良吏的喜爱和渴望；其三，大一统国家所需要的地方的政治服从和经济贡献；其四，国家危亡之际对临时中心在政治、经济、军事、社会、心理等方面的全面倚重；其五，"天府"称号所逐渐凝聚的内部人群的地方认同，当代"天府"名号所拥有的资本价值。

成都天府的本相（社会情境）诞生了诸多成都天府的表述。优越的自然环境、繁荣的经济生业给成都天府提供了最基本的生态情境，使得成都天府称号保持两千年而不致衰落。封建社会的汉家血缘正统论，民众对集忠诚、智慧、能干于一身的政治良吏的喜爱和渴望，使得"益州天府说"能借助"三国"正史和文学，通过科举教育和娱乐休闲途径在中国广泛流传，并使得益州（四川、成都）天府名气渐增。大一统国家所需要的地方的政治服从和经济贡献，使得益州天府丢弃"险"的军政地理形象，转变为仅保留"富"的经济地理形象，塑造了后世对天府富饶丰沃的认知。国家危亡之际对临时中心在政治、经济、军事、社会、心理等方面的全面倚重，使得天府从指代多地集中到四川一地。"天府"称号所逐渐凝聚的内部人群的地方认同，当代"天府"名号所拥有的资本价值，又把天府从四川大范围缩小到成都这个较小的地域。

而成都天府的表述又反过来深化了成都天府的本相。成都天府的表述使得外部人群向往、内部人群安居，他们共同建设成都，从而使成都的自然环境和经济生业更加优越繁荣。"三国"正史和文学中"益州天府"名气攀升，更加强了汉家血缘正统论和人们对诸葛亮式政治良吏的崇拜和渴望。益州（四川、成都）天府富饶丰沃的经济地理形象削弱了该地区叛乱与独立对大一统国家政权的威胁感，加强了国家政权对其经济的依赖感和重视度。四川

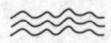

的天府称号抚慰和鼓励人心，支撑民族国家走出亡国亡种的困境。天府称号在当代集中于成都，为成都人凝聚了城市认同，获取了资本利益。

从成都"天府""天府之国"原生形象的表述流变中，可以看到国家与地方、地方与地方的权力角力，政治与经济、史学与文学、教育与文化的交错互动。所有的这些构成了成都天府的真相。

第二章 中央—地方体系中的"中心—边缘"表述

每个社会都有自己的中心与边缘,"中心"不只是指地理位置,更是指"一个社会核心的象征、价值与信仰",是社会集体认同感的焦点。[①] 对于华夏中原王朝来说,蜀地偏居国土西南,作为蜀地中心城市的成都是偏居帝国边缘,因山川阻隔很难抵达的城市,向来给人留下"险远"的印象。其信仰价值观、文化民俗也与中原腹地有所不同,因此历史上也有许多关于成都偏远、落后的表述。尤其是近现代以后,成都现代化进程缓慢,关于成都偏远、闭塞、落后的评价大量涌现。总体来说,这些表述都可以称作对成都的边缘表述。细考历史,在不同的时段,人们对于成都的边缘表述是不同的,涉及复杂的时代背景和原因。

秦并蜀以前,相对于中原而言,成都是偏远、蛮荒的,这主要是因为中原与蜀是族群与族群、国家与国家、文化与文化之间的差

[①] Shils E., Center and Periphery, in Center and Periphery: *Essays in Macrosociology*, Chicago: The University of Chicago Press, 1975, p.3. 转引自丁建新、沈文静《边缘话语分析:一些基本的理论问题》,《外语与外语教学》2013年第4期。

异关系，以成都为中心的蜀在中原眼中只能是夷狄蛮戎之类。

秦并蜀后，蜀迅速华夏化，蜀文化成为华夏文化的一个次级区域文化，异族的野蛮形象消失，但文化边地的形象仍然持续到晋代，到唐代成都文化进入鼎盛时期，文化边地的形象才彻底扭转。三国两晋时期有魏、蜀、吴的皇统之争，成都在地理和文化上的边地形象带来了政治上的非正统形象，随着晋代的结束，王权正统性的大讨论结束，成都的政治非正统形象才消失。也正是从三国两晋时期开始，由于蜀道险阻、离中央路途遥远，成都在自然地理上和政治地理上长期被视作险远之地和好乱之所，"世乱先违，道治后服""天下未乱蜀先乱，天下已治蜀后治"的说法广为流传。另外，也正因为成都的险远，当中原王朝面临外来入侵的时候，成都又被当作避难所与复兴基地。

在农业社会中，边地与中心的空间远近还较少具备价值判断上落后与先进的意义，然而近代以来，外国资本主义侵入中国，沿海沿江城市被迫打开门户，被动现代化，衡量远近的空间坐标从国家内部扩大到全球范围，离海远近、离江远近成为落后和先进的标尺。深居内陆的成都因蜀道艰险和离海遥远、离长江既远且险，在偏远之外，又增加落后、闭塞的形象特点，这种形象既是城市形象，又是城市人群思想气质的形象。尽管成都的城市现代化在不断推进，但由于与重庆经常性的对比，以及现代文学中的成都表述，人们加深了对成都封闭、保守、落后的看法。

中华人民共和国成立以后，成都在交通、经济上获得了长足进步，尤其是20世纪80年代末开始迅猛发展，融入全球化的时代潮流中。成都不断克服空间上的客观困难，一步步转变偏远、落后、闭塞的形象，走向开放与先进。反而是这一时期，成都为争取更好

第二章 中央—地方体系中的"中心—边缘"表述

的发展，对自我封闭的反思和批判达到了前所未有的深度和广度。

成都在中央与地方体系中的地位及其变化，一直影响着成都内外人群对成都形象的表述。从成都边缘形象表述中，可以透视成都在国家和区域管理格局中的发展脉络。

第一节 中原中心主义下的蛮夷古蜀

战国末年之前，在成都这片区域尚未被称为"成都"之时，就有一支被称为"蜀"的族群在此繁衍生息，建立城市和国家。"成都"是地理空间概念，涵盖不了族群、国家，而且蜀族的活动范围也远远超出了现今成都行政区划范围，因此，要讨论"前成都时代"的成都，就必须也只能讨论古蜀族、古蜀国。

图 2-1 成都矛

注：成都市蒲江县飞虎村战国时期船棺葬墓群出土，铜矛上錾刻有"成都"二字铭文。这是"成都矛"首次在成都区域内被发现。邱硕摄于成都金沙博物馆。

成都形象：表述与变迁

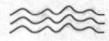

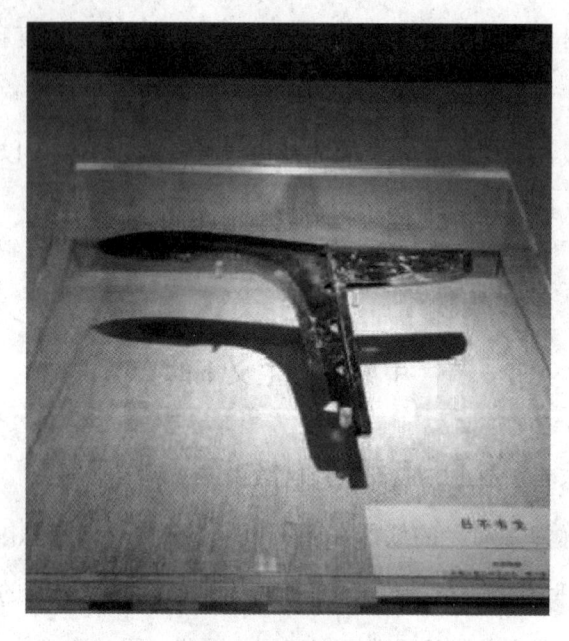

图2-2 吕不韦戈

注：青川县沙洲白河村征集，上有"九年相邦吕不韦造……成都"铭文。邱硕摄于成都博物馆。成都矛和吕不韦戈是迄今为止发现的最早刻有"成都"二字的器具。

　　成都在古蜀文明中的地位非常重要。公元前2500—1700年，成都平原形成了以宝墩文化为代表的古城群，迄今发现的八座新石器时代的城址都在今成都市范围内。其后，在经历了三星堆文化之后，古蜀文明进入十二桥文化时期，古蜀文化中心从成都平原的广汉地区转移到了成都平原更为腹心的地带——成都地区。大约在公元前1300年，也就是商中晚期，成都城市正式形成，核心部分在今成都市区金沙村和十二桥。到春秋战国时代，以成都为核心的古蜀城市网络覆盖成都平原，并辐射到周围山区，成都作为古蜀的政治经济文化中心的地位确立。① 因此，我们谈论先秦时代的成都与谈论古蜀

---

① 以上古蜀历史参见段渝《成都通史·古蜀时期》，四川人民出版社2011年版，第7—9页。

族、古蜀国几乎是混同的。

　　成都的城市史与中原平行，灿烂伟大，但在华夏族眼中，蜀族是蛮夷，成都则是蛮荒之地。这是中原中心主义以及秦汉大一统话语权力垄断的结果。中原的话语霸权将蜀与成都定型化为一种落后的边蛮形象。"定型化就是福柯所谓的一种'权力/知识'游戏""它也是葛兰西所称的霸权争夺的一个方面""它（权力）包括了通过表征实践实施符号的权力，定型化在这一符号暴行的实施中是一个关键要素。"① 中原对蜀的蔑称、蜀为方国说、文翁化蜀说等都是中原对古蜀定型化为边蛮的体现。古蜀的边蛮形象贯穿古今，直到当代三星堆、金沙、十二桥等成都平原古蜀遗址重见天日，该形象才渐渐得以改变。②

一 "蜀"之蔑称

　　《说文·十三上·虫部》释"蜀"："蜀，葵中蚕也。从虫，上目象蜀头形，中象其身蜎蜎。"《尔雅》释文将"葵"引作"桑"。《诗经·东山》曰："蜎蜎者蜀，烝在桑野。"《毛传》曰："蜎蜎，蠋皃。蠋，桑虫也。"这种解释认为"蜀"是"蠋"，是桑树上的一种昆虫。《韩非子·说林下》又说："鳣似蛇，蚕似蠋。人见蛇则惊骇，见蠋则毛起。"《淮南子·说林训》说："今鳣之与蛇，蚕之与蠋，状相类而爱憎异。"高诱注："人爱鳣与蚕，畏蛇与蠋。"这说明虽然蜀（蠋）和蚕同是桑中之虫，但却不是一种动物，蚕是对人有利的、人所爱的虫，而蜀（蠋）是一种像蚕的毒虫，人见之憎恶且惊恐。

---

① ［英］斯图尔特·霍尔：《"他者"的景观》，《表征：文化表象与意指实践》，徐亮、陆兴华译，商务印书馆2013年版，第382、384页。
② 考古学家段渝感叹："近年由于三星堆青铜文明的重大考古新发现，才使人们从根本上改变了从前对古蜀所谓蛮荒无礼乐的陈旧看法。"段渝：《略论古蜀与商文明的关系》，段渝主编：《巴蜀文化研究集刊5》，巴蜀书社2009年版，第25页。

成都形象：表述与变迁

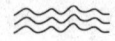

蜀 蜀 蜀 蜀 蜀

图 2-3 "蜀"字演变（自右向左：骨刻文—甲骨文—金文—小篆—隶书）[①]

华夏族的人将蜀地的人群视为一种令人厌恶的毒虫，命名为"蜀"，反映了中原统治者对蜀人的一种蔑视的心态。历史学家童恩正就认为："商代的统治者用一种代表毒虫的字来称呼古代的蜀人，则可能是一种贱称。"[②]

人类学研究发现，一个族群的自称族名，经常表示"人类"，以此划定能分享群组利益的"人"的范围。当他们以"他称族名"称呼其他人群时，这些族名常有"非人类"或卑贱的含义。[③] 在华夏族文字中，对非华夏族的族群名称，往往以虫字旁、犬字旁等动物偏旁来表意，如"闽""蛮""狄""獠""猃狁""貉"等都是如此。

这些贱称还因为这些族群的风俗文化与华夏族相异，所以被认为是同动物一样野蛮的人群。蜀族就与华夏族在风俗文化上有极大的不同。严可均辑扬雄《蜀王本纪》说道："蜀之先称王者有蚕丛、柏濩、鱼凫、蒲泽开明。是时人萌椎髻左衽，不晓文字，未有礼乐。"[④] 从考古发现来看，先秦华夏族人一般是蓄发梳辫，穿衣右衽，与古蜀人的"椎髻左衽"不同。而身体发肤的装饰被华夏族人视为文明的一

[①] 丁再献、丁蕾：《东夷文化与山东：骨刻文释读》，中国文史出版社 2012 年版。
[②] 童恩正：《古代的巴蜀》，四川人民出版社 1979 年版，第 55 页。
[③] Wolfram Eberhard, *The Local Cultures of South and East China*, trans. By Alide Eberhard, Leiden: E. J. Brill, 1968, p. 2. 转引自王明珂《华夏边缘：历史记忆与族群认同》，社会科学文献出版社 2006 年版，第 41 页。
[④] （汉）扬雄：《蜀王本纪》，王文才、王炎编著《蜀志类钞》，巴蜀书社 2010 年版，第 1、2 页。

部分，如果有人与自己不同，那就是蛮夷。《礼记·王制》就说："东曰夷、西曰戎、南曰蛮、北曰狄。……东方曰夷，被发文身，有不火食者矣。南方曰蛮，雕题交趾，有不火食者矣。西方曰戎，被发衣皮，有不粒食者矣。北方曰狄，衣羽毛穴居，有不粒食者矣。"而"椎髻左衽"的古蜀人自然就是蛮夷了。

在华夏族看来，"不晓文字，未有礼乐"更是野蛮落后民族与拥有文字礼乐的华夏民族的最根本差异。华夏中心主义的核心就在于以文字礼乐而自豪自大。实际上，古蜀本就有自己独立的语言系统和文字系统，《太平御览》引扬雄《蜀王本纪》中就说蜀人"左言"，而现代考古已证明蜀人有完整的表意文字系统——"巴蜀图语"。据初步统计，"巴蜀图语"的单符已发现100余种，成组的复合符号现已发现200余种。[①] 然而，尽管巴蜀有自己的文字，但"莫同书轨"（《华阳国志·蜀志》），文字、制度不同于中原，也被认为是野蛮的。至于礼乐，其实考古发现古蜀文物中的礼器已有很多。如彭县竹瓦街出土的礼器中有若干件都是殷器，[②]而且文献也证明周代时的蜀国"在礼制上也较多地接受了周王朝的礼制规则和特点"[③]。但是，毕竟蜀国还保留了自己的宗教信仰和仪轨制度，所以在华夏族看来，古蜀仍然"未有礼乐"。

直到战国末年，蜀国仍被华夏视作夷狄之邦。秦惠王时，秦将司马错和客卿魏国人张仪讨论打天下是否应该先伐蜀，虽然二人观点针锋相对，但有一点看法相同，那就是："夫蜀，西辟之国也，而戎狄之长也。"（《战国策·秦策一》）蜀国地理位置非常偏僻遥远，

[①] 李复华、王家祐：《关于"巴蜀图语"的几个问题》，《贵州民族研究》1984年第4期。
[②] 段渝：《成都通史·古蜀时期》，四川人民出版社2011年版，第333页。
[③] 同上书，第263页。

是野蛮民族的头领。不仅中原国家，连被中原诸夏等国"夷狄遇之"的秦国也都将蜀国视为戎狄。

"蜀"是华夏族对于蜀人的称呼，不是蜀人的自称。有独立语言和文字系统、与外界多有交往的蜀人，必然有自我称谓。然而，秦并蜀后，华夏族用华夏文化全面改造蜀文化，蜀人的语言和文字被迫被抛弃，这种贱称反而转化为蜀人的自称了。

二 边远方国之说

中国古代文献向来将古蜀国视为中原王朝的一个附属方国，且在方国中地处偏远，力量较弱，地位较低。

《华阳国志·巴志》记载蜀曾参加禹的会稽之会：

禹会诸侯于会稽，执玉帛者万国，巴蜀往焉。[1]

常璩的这则材料似是之前文献中禹涂山之会和会稽之会的拼接。《左传·哀公七年》记载："禹合诸侯于涂山，执玉帛者万国。"禹在涂山大会诸侯，来进献玉帛珍宝的首领上万。涂山之会发生的背景是，从舜到禹的历史过渡中，夏后氏形成了一支强大势力，这使得禹能够在涂山召集夏、夷的众多邦国和部落首领会盟。

而禹的会稽之会则是另一次诸侯会盟。《国语·鲁语下》记载："昔禹致群神于会稽之山，防风氏后至，禹杀而戮之。"《韩非子·饰邪篇》也说："禹朝诸侯之君会稽之上，防风之君后至，而禹斩之。"两则材料都说，禹在会稽会盟各部落首领时，防风部落的首领晚到一步，禹就杀了他。

---

[1] （晋）常璩著，任乃强校注：《华阳国志校补图注》，上海古籍出版社 1987 年版，第 4 页。

第二章 中央—地方体系中的"中心—边缘"表述

各文献都大大拔高了夏的地位，禹俨然是个君王，能够让万国来朝，并可以任意处置迟到的部落首领。蜀就是远道去王朝中心朝见君王的一员臣下。然而，史学界一般认为夏的建立约在新石器时代晚期，是多个部落联盟或复杂酋邦形式的国家。文献中的"诸侯"其实是部落集团，夏与各部落集团之间是联盟关系，夏为部落联盟首领而非君主。①

现代考古材料证明，在周之前，古蜀与中原是族群与族群、国家与国家之间的关系。考古学家段渝比较了三星堆文化与二里头文化，认为蜀、夏在"文化上源具有相关性，但既已别为支系，发展地域有异"，"古蜀在政治上与夏分别为王国"。②他还分析了所能见到的载有商、蜀关系的殷卜辞以及三星堆遗址面积与商王朝都城遗址面积，推断"蜀与商王朝和战不定，是国际关系，而不是方国与共主的关系"③。可见，夏、商时期，蜀国都不是夏、商的方国。

考古材料支持蜀国为周王朝的方国。④文献中呈现出的蜀国是一个地处偏远、力量弱小的方国。

《尚书·牧誓》是周武王在牧野誓师伐纣的文告，根据它的记录，蜀是周人阵营的八个友邦异族之一，其余七个是庸、羌、髳、微、卢、彭、濮。这八个异族都是中原之外的西方族群，所以周武王说："逖矣，西土之人！"，意思就是"多么遥远啊，这些从西方来伐纣的人"。跟随武王伐纣是蜀第一次参加中原王室的征伐活动，在王室眼中，这些勇武之士来自边远的土地。

---

① 参见田兆元《盟誓制度演进及其引申》，《重庆社会科学》2012 年第 1 期。
② 段渝：《成都通史·古蜀时期》，四川人民出版社 2011 年版，第 320 页。
③ 段渝：《略论古蜀与商文明的关系》，《巴蜀文化研究集刊 5》，巴蜀书社 2009 年版，第 27 页。
④ 参见段渝《成都通史·古蜀时期》，四川人民出版社 2011 年版，第 332—335 页。

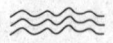

《逸周书·王会篇》专门记录周成王的"成周之会",描绘了盟会的盛大场面以及来自东南西北各地的方国的进贡情况。其中,"蜀人以文翰。文翰者,若皋鸡"。蜀人进献了一种有纹彩的锦鸡。在该篇中,蜀是与义渠、央林、北唐、渠叟、楼烦、卜庐、区阳、规规、西申、氐羌、巴等并立的远方方国。

古本《竹书纪年》又载:"夷王二年,蜀人、吕人来献琼玉,宾于河,用介圭。"周夷王是西周第九代君王,在位时周王室已经非常衰微,"诸侯或不朝,相伐"(《史记·楚世家》),周夷王都不得不"下堂而见诸侯"(《礼记·郊特牲》)。在这样的情况下,蜀人仍然前来进贡琼玉,因此周夷王在黄河边上用隆重的宾客之礼接待。这反映出蜀的势力离中原很远,不是华夏政治舞台上的主角。

中原文献中关于蜀与周会盟、进贡的记载较少,对此常璩解释道:

> 巴蜀厥初开国,载在书籍。或因文纬,或见史记。久远隐没,实多疏略。及周之世,侯伯擅威,虽与牧野之师,希同盟要之会。①

> 有周之世,限以秦巴,虽奉王职,不得与春秋盟会,君长莫同书轨。②

常璩认为,周代时因为诸侯越权作威,所以巴、蜀虽然参加了周武王伐商的牧野之战,但很少参加诸侯会盟;蜀国又局限于与秦国、巴国交往,虽然供奉周王朝的王职,却不能与春秋诸侯国盟会,

---

① (晋)常璩:《〈华阳国志〉序志》,《华阳国志校补图注》,上海古籍出版社1987年版,第723页。
② 同上书,第118页。

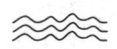

文字、制度也与其他国家不同。该表述反映出蜀国在王朝邦国体系中的边缘位置，无论是在政治、军事上，还是在文化方面，蜀国都远离中原核心区。

实际上，古蜀王国是一个"拥有大型城市、灿烂青铜文化和文字（符号）的高度发展的文明古国"，这也已为当代考古发现所证明。[1] 然而，先秦文献的书写者们都是站在中原王朝的立场上，以中原为中心来表述历史，所以误把蜀当作夏、商中原政权的方国，又只将蜀视作周的边远方国，绝口不提其文明的先进繁荣，这就造成了古史中的古蜀只是一个面目模糊的边远方国形象，这种形象深刻地影响了后世对古蜀的看法。

三 "文翁化蜀"说

西汉的"文翁化蜀"是中原王朝用教育手段、文化手段改变蜀地的大事。而"文翁化蜀"之说将古蜀呈现为辟陋蛮荒的文化沙漠，是将古蜀文明彻底抹杀，将蜀人对古蜀的记忆和认同彻底改变的一种中原正统表述。

其说起自《汉书·文翁传》：

> 文翁，庐江舒人也……景帝末为蜀郡守。仁爱好教化，见蜀地辟陋，有蛮夷风。文翁欲诱进之，乃选郡县小史开敏有材者张叔等十余人，亲自饬厉，遣诣京师，受业博士，……又修起学官于成都市中，招下县子弟以为学官弟子。……武帝时，乃令天下郡国皆立学校官，自文翁为之始云。……至今巴蜀好文雅，文翁之化也。[2]

---

[1] 段渝：《略论古蜀与商文明的关系》，《史学月刊》2008年第5期。
[2] 《汉书》卷89《文翁传》，中华书局1962年标点本，第3625页。

"蜀地辟陋,有蛮夷风",所以来自中原的文翁要移风易俗。在秦并蜀以后,大批秦人、楚人以及中原人入蜀,改变了蜀地的人口构成,也带来了中原文化,但是蜀地仍留下了大量的古蜀人后裔,"辟陋""蛮夷风"说的就是遗留下来的古蜀风俗文化,大概就是前文所说"椎髻左衽,不晓文字,未有礼乐"之类的遗存。文翁的举措主要是派有潜力的低级官员到京城学校,并用行政开支来资助其学费;在成都办地方官学,选拔所属各县子弟来学习。文翁的这些举措确实极大地改变了成都乃至巴蜀地区的文化面貌,古蜀的文化传统基本丧失殆尽。班固完成《汉书》时,上距文翁在成都兴办学校,约200年,已经达到"至今巴蜀好文雅"的效果。

"化"乃教化,意思是把本来没有文化的地方变得有文化,是一种居高临下的态度。但"文翁化蜀"实际上应该是"文翁变蜀",古蜀文明与中原文明并行发展、同样灿烂,本没有高低之分,只不过战争的胜利者成为掌握权力的统治者,将被统治者的文化矮化并铲除了。华夏族成为蜀地的统治阶级,在蜀地强力推行华夏文明的教化。而蜀人在文化压迫、歧视和同化下改变了自己的记忆和认同,将本地辉煌的古文明"蛮荒化",使蜀人产生了"结构性失忆"。[①]就这样,古蜀的信仰体系、教育系统、文化系统都被置换了,比如蚕丛、鱼凫等古蜀人祖先被僵化为古史上与秦汉后的蜀地不太有关联的存在,大石崇拜被置换为华夏礼仪……最后,"我乃蜀人"的认同变为"我乃华夏边地之蜀人",由"自我中心"变为"中心的边缘"。与此同时,外部人也认为蜀是由蛮荒之地被文翁

---

① 对"结构性失忆"的解释,参见王明珂《华夏边缘:历史记忆与族群认同》,社会科学文献出版社2006年版,第53页。

"化"为礼仪之邦的。

《汉书》的"文翁化蜀"之说辐射力非常强劲。班固将文翁作为循吏之首,通过人物列传等阶序排列来强化其价值观,《汉书》等史籍又通过官方认证,广为传播,贯穿古今。

在人们看来,后世蜀地的一切文化成就都与文翁密不可分,文翁俨然是蜀地的"文化教父"。例如,不少文人把司马相如成名与"文翁化蜀"联系起来,认为司马相如成名是"文翁化蜀"最大的成果之一。但历史学者房锐已考证,司马相如的成就与文翁并无关系。[①] 后世歌咏文翁化蜀的文学作品非常多,例如"诸葛蜀人爱,文翁儒化成"(唐代杜甫《赠左仆射郑国公严公武》),"圣化如时雨,吾门自教风。文翁来蜀郡,常衮在闽中"(宋代李石《黎州鹿鸣宴》),"一代诗名传杜曲,百年儒化起文翁"(清代盖方泌《郡斋秋兴》),等等。直至今日,成都石室中学大门上还悬挂着"文翁石室"的大字匾额。

人们对文翁的评价越高,赞扬越盛,古蜀的辟陋蛮荒形象也就越突出、越深刻。

第二节 "边陲荒裔"与"世为侯伯":
地域歧视与文化反抗

在秦汉时期统治者推行华夏化以后,蜀地人群认同发生了巨大改变。在被华夏化的同时,为了自己被更好地视作华夏,蜀人通过

---

① 房锐:《对司马相如成名与文翁化蜀关系的再认识》,段渝主编《巴蜀文化研究集刊5》,巴蜀书社2009年版,第198页。

攀附华夏共同祖先来强调族群情感、认同凝聚。① 蜀人尤其喜欢通过写地方史来寻找华夏的共祖，从而加深地方的文化底蕴，提升地方自豪感。按照《华阳国志·序志》所说，汉晋时期，撰写过《蜀本纪》的就有司马相如、严君平、扬雄、阳城衡、郑廑、尹贡、谯周、任熙等八家。现在这些《蜀本纪》大都散佚了，仅存后世各种辑本中所辑扬雄《蜀王本纪》、谯周《蜀本纪》等的一些片段。这些片段所呈现的本土情感非常强烈，充满了对蜀地历史文化的自豪感。比如在《蜀王本纪》中，夏禹被认定为蜀人，"禹本汶山郡广柔县人，生于石纽，其地名痢儿畔"（严可均辑）；蜀地同样有禅让这样的政治文明，望帝禅鳖灵，"如尧之禅舜"（《太平御览》辑）；老子著完《道德经》之后，就到了成都青羊肆，"今为青羊观是也"（严可均辑）……②谯周《蜀本纪》同样也记载了夏禹为蜀人之说。③

通过内外共同的华夏化，秦汉三国时期的成都，"在宗教、伦理、姓氏、文学艺术、神话传说、教育、史学等领域都较以前有了质的变化"④，并且涌现出了一大批顶尖的政治思想家、哲学家、文学家，成都在古蜀时期的文化荒漠形象已经消失，然而文化的实际巨变并没有完全改变这一时期及此后一段时间外部人群对其地理、文化、政治上的边地印象。加上三国时期魏、蜀、吴的皇统之争，使得成都地理和文化上的边地形象成为成都政治上非正统形象的缘

---

① 这种自我华夏化的做法在华夏民族发展史上还有很多，如秦、楚、越、匈奴、西羌，等等。参见王明珂《华夏边缘：历史记忆与族群认同》，社会科学文献出版社 2006 年版，第 180、181 页。
② 扬雄：《蜀王本纪》，王文才、王炎编著：《蜀志类钞》，巴蜀书社 2010 年版，第 1—13 页。
③ "禹本汶山郡广柔县人也，生于石纽，其地名刳儿坪"，《三国志》卷 38《秦宓传》裴注引谯周《蜀本纪》，中华书局 2000 年简体横排版，第 724 页。
④ 罗开玉、谢辉：《成都通史·秦汉三国（蜀汉）时期》，四川人民出版社 2011 年版，第 44 页。

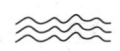

第二章 中央—地方体系中的"中心—边缘"表述

由。包括成都人在内的蜀人对地域歧视做了长期的反抗。

一 秦宓机辩

三国时期，魏一直以中原正统王朝自居。魏臣王朗与蜀臣许靖有旧，写信试图策反他，信中称蜀地为"荒裔"，流露出文化和政治上的优越感：

> 足下周游江湖，以暨南海，历观夷俗，可谓遍矣；想子之心，结思华夏，可谓深矣。为身择居，犹愿中土；为主择安，岂可以不系意于京师，而持疑于荒裔乎？①

魏国多位大臣也写信给诸葛亮，陈述天命人事，想让蜀汉举国称藩。诸葛亮写《正议》一文用项羽和光武帝的例子说明皇权正统并不在于地理位置上是否"处华夏"，而在于在道义上是否"据正道"。②

而三国时益州广汉郡秦宓的遭际，最能体现外部人群歧视益州以及益州人士以文采机辩树立益州文化胜地、政治正统形象的状况。

刘备攻下益州以后，任命夏侯纂为广汉太守。关于夏侯纂，史书上没有籍贯记载，只是说他早在刘备担任豫州牧时就投奔了刘备，后随刘备入蜀。据此，他应该是中原人士。夏侯纂很礼贤下士，一上任就请广汉当地的名士秦宓出仕，并称其为"仲父"，但秦宓称病不上任。夏侯纂就亲自带着郡功曹古朴、主簿王普，携美食去秦宓

---

① 《三国志》卷38《许靖传》裴松之注引《魏略》，中华书局2000年简体横排本，第719页。
② 《三国志》卷35《诸葛亮传》裴松之注引《诸葛亮集》，中华书局2000年简体横排本，第683页。

家中宴谈。在睡卧的秦宓跟前，夏侯纂问古朴：

> 至于贵州养生之具，实绝余州矣，不知士人何如余州也？①

夏侯纂话中有话，试图用贬低益州文化的激将法来刺激秦宓。这固然是夏侯纂故意为之，但一定程度上也代表了当时外地人对益州的看法。

功曹（官职名）古朴是本地人，答语强调益州人士著书立说为世人师法，绝不比其他地方的人差，以严君平、扬雄、司马相如儿个成都人为例：

> 严君平见黄、老作指归，扬雄见易作太玄，见论语作法言，司马相如为武帝制封禅之文，于今天下所共闻也。②

夏侯纂话锋指向秦宓，说："仲父如何？"接下来秦宓的一番话极力夸耀益州的天文地理、历史文化：

> 蜀有汶阜之山，江出其腹，帝以会昌，神以建福，故能沃野千里。淮、济四渎，江为其首，此其一也。禹生石纽，今之汶山郡是也。昔尧遭洪水，鲧所不治，禹疏江决河，东注于海，为民除害，生民已来功莫先者，此其二也。天帝布治房心，决政参伐，参伐则益州分野，三皇乘祇车出谷口，今之斜谷是也。此便鄙州之阡陌，明府以雅意论之，何若于天下乎？③

四大河流之首长江源出于蜀，蜀地是天帝神灵赐福之地；人类

---

① 《三国志》卷38《秦宓传》，中华书局2000年简体横排版，第723页。
② 同上。
③ 同上。

第二章 中央—地方体系中的"中心—边缘"表述

历史上建立最伟大的治水功勋的大禹也出生在蜀地;天帝靠房、心、参、伐的星象来决断推行政令,益州的分野参、伐二宿是天帝决断推行政令的星宿,三皇乘祇车从蜀地的斜谷而出。秦宓以天文、地理、人文互相捆绑的三点事实回击夏侯纂对益州文化的轻视,最后反问他:"请您平心而论,它比天下其他地方如何?"果然,夏侯纂"逡巡无以复答"。

诸葛亮兼任益州牧后,请秦宓做益州别驾,之后又多有升迁。蜀吴联盟后,东吴派张温到成都修好,在张温返吴的饯行会上,经过诸葛亮几番催促秦宓才姗姗来迟。张温问:"他到底是什么人?"诸葛亮说:"益州学士也。"

张温以"天"为话题,向秦宓连问了五个问题:天有头吗?头在何方?天有耳朵吗?天有脚吗?天有姓吗?对于前四个问题,秦宓援引《诗经》从容不迫地一一回答。对于第五个问题,秦宓的回答尤为精彩:

> 温曰:天有姓乎?宓曰:有。温曰:何姓?宓曰:姓刘。温曰:何以知之?答曰:天子姓刘,故以此知之。温曰:日生于东乎?宓曰:虽生于东而没于西。①

回答既强调了刘家天下的正统性,也强调了蜀汉政权继承皇统的合法性。秦宓"答问如响,应声而出",令张温"大敬服"。

张温是吴郡吴县人,虽然不是来自中原腹地,但是因为吴地有"泰伯奔吴"的历史,吴人最早进行自我华夏化,以华夏族自居,有相当强烈的文化优越感。张温出身吴郡名士之家,父亲张允因轻钱

---

① 《三国志》卷38《秦宓传》裴注引谯周《蜀本纪》,中华书局2000年简体横排版,第724页。

财重贤士而声名显扬。张温"少修节操，容貌奇伟"，深受孙权敬重，被数次升迁为太子太傅。正是因为他卓越的才干学识，孙权才派他到蜀国通好。

张温在蜀汉宫廷上表赞扬蜀汉政治，用商高宗守丧兴国和周成王幼善治国来比附刘禅治蜀，又称赞蜀汉满朝精英犹如群星璀璨。这一番言辞使得"蜀甚贵其才"。然而，这种对蜀汉政治的吹捧只是吴蜀急需联盟的外交形势逼迫使然，实际上，他对蜀汉文化是持怀疑态度的。因此，在外交使者饯别的重要场合，蜀汉竟然有所谓的"益州学士"如此狂傲，张温自然产生不满和兴趣：这区区益州学士能有多大能耐。他的连环五问，暴露出他在文化上的优越感和对蜀汉文士的轻视。没想到的是，本来想让秦宓出丑的张温，却为秦宓博学机智的回答所倾倒。

不管是在与外地人的交流中，还是在与本地人的对话中，秦宓皆以蜀地文化为天下之先进，蜀汉政权为天下正统，有力地回击了外部人群对蜀地文化边地和政治边缘的看法。他的学生谯周所著《蜀本纪》《成都异物志》《益州志》《三巴记》等著作，也继承了以蜀地历史文化为天下正统的观念，为树立蜀地的先进形象做出了贡献。

二 左思作赋

到了晋代，成都和蜀地在地理、文化上的边缘性，仍然被视作政治上非正统性的主要原因，这在著名的《三都赋》中有深刻体现。

《三都赋》的作者左思是西晋齐国临淄人，家世儒学，父亲和他本人都在晋朝做过官。晋继承的是魏的政统，所以左思贬抑吴都建业和蜀都成都，而彰显魏都邺城。《三都赋》中对三都描绘的轻重拿捏、东吴王孙和魏国先生对西蜀公子的反驳以及左思的一些特殊精微的笔法，都体现了左思华夏中原的正统优越感以及对蜀的地域歧视。

如果不看《吴都赋》和《魏都赋》而单看《蜀都赋》，那位虚拟的西蜀公子对"蜀都之事"的夸耀是很全面和在理的。他先描绘蜀地各方的山川物产，再说成都的富庶与繁华，最后称赞成都的杰出人物。西蜀公子在文中还发出了"焉独三川，为世朝市"的诘问，言下之意是如此富庶繁华的成都也可以与三川周室一样为国之正统。

而《吴都赋》的东吴王孙除了像西蜀公子一样夸耀吴都的形胜山川、丰富物产和繁华都市之外，还叙述了吴国悠久的历史文化：周太伯与延陵季子克让、吴王阖闾与夫差称霸、舜禹南巡忘归、泰伯经营都邑。这些与中原王室密切相关的辉煌历史，是蜀都只能用"盖兆基于上世，开国于中古"一笔带过的历史无法比拟的。左思让虚拟人物表述的这种言论，是对当时吴地人历史文化正统观的真实写照。

到了《魏都赋》，魏国先生描绘魏都的角度有很大的不同，主要是突出魏都的政治正统地位。他谈到建都邺城的理念、对前代建都经验的参考、主要建筑场所的布置等，花了大量篇幅谈汉末动乱摧毁名城时，曹操建都邺城的文治武功、王者气象、嘉瑞相符，还歌颂了曹丕应天禅汉以及曹奂禅让司马氏的美德。

从三都的铺陈描绘来看，蜀都成都既缺乏吴都正统的历史文化，又没有魏都正统的政治传统，仅仅凭借山川形胜、物产丰富和都市繁华来做国都，显然力度不足。三都相较，成都实在是文化和政治的边地。

而东吴王孙和魏国先生对西蜀公子的批评和诘难，则更全面地

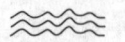

阐发了外部人群在地理、文化、政治上歧视成都和蜀地的缘由。《吴都赋》一开篇，东吴王孙以批驳西蜀公子之言来奠定全篇夸吴的基础：

> 土壤不足以摄生，山川不足以周卫。公孙国之而破，诸葛家之而灭。兹乃丧乱之丘墟，颠覆之轨辙。安可以俪王公而著风烈也？玩其碛砾而不窥玉渊者，未知骊龙之所蟠也。习其樊邑而不睹上邦者，未知英雄之所躔也。

在东吴王孙看来，蜀地肥沃的土地和险要的山川，并没有避免公孙述和刘备国破，蜀实在是丧乱颠覆之地。他讥笑西蜀公子是井底之蛙，长期在成都"樊邑"，而没有见识过南京"上邦"。而此处，他将西蜀公子夸耀的"刘宗"用"诸葛"来代替，可见其不承认刘备所谓正宗的汉家血统。

在《魏都赋》中，魏国先生则以居高临下的口吻来教训西蜀公子与东吴王孙，其批评的总纲透露出强烈的中原中心主义，魏都是天子之都，而成都和建业（南京的古称）在地理上是"峻危之窍"，文化上是"蛮陬夷落"：

> 正位居体者，以中夏为喉，不以边垂为襟也。长世字甿者，以道德为藩，不以袭险为屏也。……故将语子以神州之略，赤县之畿。魏都之卓荦，六合之枢机。
>
> 岩冈潭渊，限蛮隔夷，峻危之窍也。蛮陬夷落，译导而通，鸟兽之氓也。

国都在地理上应以中原之地而非边陲之地为喉舌，在治国理念上应以道德而非险要地形为屏障。成都和建业因为地理位置的偏远

· 120 ·

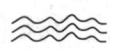

和文化道德的缺乏，不具备政治的正统性。魏国先生以高傲的口气说：让我来给你们讲讲什么才是神州、赤县、六合枢机！

在夸赞完魏都之后，魏国先生又贬低蜀、吴的地理风俗，讥讽西蜀公子与东吴王孙口中的山川之胜是秦汉时期流放犯人的烟瘴之地，山穷水恶、潮湿污秽、日月无光、暑气瘴疠、毒虫出没；而两地的风俗也鄙陋无比，相貌丑陋，体弱短命，装扮畸形，语言奇怪，以裸体为美丽，以戕杀为技艺，不讲威仪，缺少法度。魏国先生宣判道："成都迄已倾覆，建业则亦颠沛。"

赋的最后，作者还设计了西蜀公子与东吴王孙对魏国先生言论的拜服。至此，左思站在中原中心主义立场对成都与蜀地、建业与吴地在地理、政治、文化、风俗上的污名化才结束。

然而，舆论中的污名化远未结束。《三都赋》在完成之后被司空张华极力推崇，大学者皇甫谧作序，造成"洛阳纸贵"的盛况，一定程度上体现了时人对左思观念的认同。皇甫谧在《三都赋序》强烈地赞同左思的地域歧视，他说：

> 盖蜀包梁岷之资，吴割荆南之富，魏跨中区之衍，考分次之多少，计殖物之众寡，比风俗之清浊，课士人之优劣，亦不可同年而语矣。二国之士，各沐浴所闻，家自以为我土乐，人自以为我民良，皆非通方之论也。

皇甫谧认为，不管从哪方面来看，蜀吴与魏都不可相提并论。而蜀吴两国的士人认为自家的土地与人民优秀，都不是正确的看法。该赋"正之以魏都，折之以王道"，才是不诬之论。

北宋前期，蜀中叛乱数起，朝廷和许多北方朝臣对蜀地、蜀人的看法颇为负面，这勾起了蜀人被歧视的遥远记忆。崇宁年间蜀人王腾作《辨蜀都赋》致辨：

> 及读左思赋，见其薄蜀、陋吴、诮魏，以诮晋之君臣，苟售一时之声价，而灭天下之忠义。晋之公卿，一口称誉，风俗颓矣。士无特操，以陷西朝于五胡，卒贻万世之愧。①

由此可见《三都赋》对成都、蜀地的贬抑之严重，在文化界留下的影响之深远。

三 常璩治史

到了东晋，中原和江左士人仍然轻视蜀地和蜀人，给人仕朝廷的蜀人带来羞愤感，通过常璩在东晋朝堂的经历便可见一斑。常璩为"颉颃中原，压倒扬越，以反抗江左士流之诮藐"②，完全以中原王朝的正统史学标准来撰写《华阳国志》。

常璩之前的蜀地史学家扬雄、谯周等在蜀与华夏的关系上做了一些梳理，中原的史学家秉持"大一统"的精神，也留下了一些蜀、夏共祖的文献。常璩《华阳国志》则通过更多蜀族与华夏族共祖的表述，来肯定蜀的血缘正统性。

《史记·三代世表》正义引《谱记》：

> 蜀之先肇于人皇之际。黄帝与子昌意娶蜀山氏女，生帝喾，立，封其支庶于蜀，历虞夏商。周衰，先称王者蚕丛……③

《华阳国志·蜀志》则记载：

---

① （宋）王腾：《辨蜀都赋》，《成都文类》，中华书局2011年版，第8页。
② （晋）常璩著，任乃强校注：《华阳国志校补图注·前言（一）常璩身世与其撰述动机》，《华阳国志校补图注》，上海古籍出版社1987年版，第2页。
③ 《史记》卷13《三代世表》，中华书局2000年简体横排本，第362页。

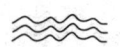

第二章 中央—地方体系中的"中心—边缘"表述

> 蜀之为国，肇于人皇，与巴同囿。至黄帝，为其子昌意娶蜀山氏之女，生子高阳，是为帝喾。封其支庶于蜀，世为侯伯。历夏、商、周。武王伐纣，蜀与焉。①

常璩将"蜀之先"替换为"蜀之为国"，一个族群建国当然要远远晚于这个族群的祖先诞生之日，这样就使古蜀历史大大提前了。比起《谱记》，《华阳国志》多了"世为侯伯"一句。要知道，同是黄帝后裔，离中原更近的秦都经历了由奴隶到附庸、到大夫、再到诸侯的等级变化，楚也仅仅到周王朝才被封为子爵，而常璩说蜀从帝喾开始就世代都是侯爵、伯爵，这无疑大大抬高了蜀的地位。

《华阳国志·巴志》又说：

> 《洛书》曰："人皇始出，继地皇之后，兄弟九人，分理九州，为九囿。人皇居中州，制八辅。"华阳之壤，梁岷之域，是其一囿；囿中之国，则巴蜀矣。……其君，上世未闻。五帝以来，黄帝、高阳之支庶，世为侯伯。②

常璩又借《洛书》将蜀地和中原等地的关系平等化。在远古的人皇世代，治理华夏九州的就是兄弟九人，各人分治一块，其中一块就是梁州，梁州中的国家就是巴国和蜀国。既然治理中州和蜀地的是兄弟关系，当然中州和蜀地就是比君臣关系更为平等的关系了。

常璩还在《华阳国志·序志》里驳斥了世上流传的关于古蜀国

---

① （晋）常璩著，任乃强校注：《华阳国志校补图注》，上海古籍出版社1987年版，第113页。
② 同上书，第4页。

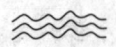

的多种说法，尽量改变古蜀鄙陋蛮荒的形象。

针对"蜀王因石牛始通"的说法，常璩用蜀参与武王伐纣的史实和引《史记》"周贞王之十六年，秦厉公城南郑"两个例子来说明斜谷道已经通了很久了，并不是因为秦惠王送蜀王石牛美女才与中原相通。

针对民间传说的"蜀王、蚕丛之间周回三千岁"，他引《蜀纪》"帝居房心，决事参伐"加以阐释说："帝不议政，则王气流于西，故周失纪纲，而蜀先王；七国皆王，蜀又称帝。"[①] 蜀地分野的参、伐星是天帝决断政事的地方，蚕丛当王、杜宇称帝是因为帝王之气往西方流散，蜀王称王、丛帝称帝皆早于中原诸国，他们之间也没有三千年。常璩的解释颠覆了有史以来的中原政治正统性，义正词严地指出蜀地的政治文明是天命所致，且先于中原。

对于鳖灵尸化西上、苌弘化碧、杜宇化鹃等几则神话，是外人以为蜀人怪异无稽的证据，因此常璩用理性逻辑推演出它们的荒谬。他说自古都没有听说过死人复活，怪异之事是孔子不谈的，怎么可能有人死而复生还成为帝王？碧玉出现不止一处，且隔了好几千里，一个人的血哪里能够这样？天下的杜鹃鸟多了，为什么一定就在蜀地？

他还重点批评了蜀"未知书，文翁始知书学"的说法。他说：

> 昔唐帝万国时雍，虞舜光宅八表，大禹功济九州，后稷封殖天下，井田之制，序庠之教，由来远矣。孔子曰："述而不作，信而好古，窃比于我老彭。"则彭祖本生蜀，为殷太史。夫

[①]（晋）常璩著，任乃强校注：《华阳国志校补图注》，上海古籍出版社 1987 年版，第 727 页。

第二章 中央—地方体系中的"中心—边缘"表述

人为国史,作为圣则,仙自上世,见称在昔;及周之末,服事于秦,首为郡县;虽滨戎夷,亦有冠冕,故《蜀纪》曰"大人之乡,方大之国"也;至于汉兴,反当荒服而无书学乎?《汉书》曰:"郡国之有文学,因文翁始。"若然,翁以前,齐鲁当无文学哉?①

这里有着严密的逻辑驳论。首先正面论述,经过长时间以来尧舜禹周的圣人教化,全天下的文化教育已经普及了,不存在仅蜀一地在化外。其次引用论证,借用孔子称赞彭祖的话,说明商朝太史、蜀人彭祖,是孔子都当作圣人法则,过去常被称引的人。言下之意是彭祖文化成就如此之高,蜀人怎么会不知书。再次是史实论证,蜀地是秦的第一个郡县,虽然与戎夷相邻,但也有儒士,马上又用《蜀纪》"圣人的地方,辽阔的国家"的记述来证明。有了以上铺垫,他质问道:"到了汉代兴起,难道反而把蜀地当成蛮荒僻远之地,认为这里没有文化学问吗?"他接着以子之矛攻子之盾,指出《汉书》的谬误:《汉书》说天下郡国之所以有学校是因为文翁的创始,难道文翁之前文化大邦齐鲁就没有学校吗?

最后,常璩还对这些说法的来源做了推测,认为一定是汉末汉中人祝元灵的缘故。他说,祝生性滑稽,把与刘焉调笑谈话的细枝末节,以及和蜀人茶余饭后的谈资都写进书中。他感叹道:"惟智者辨其不然,幸也。"实际上,我们很难想象民间广泛流传的苌弘化碧、杜宇化鹃、文翁化蜀的说法竟然都来自一个滑稽文士对饭后谈资的轻率记录。这应该是常璩故意举重若轻,他真正想表达的是:

---

① (晋)常璩著,任乃强校注:《华阳国志校补图注》,上海古籍出版社1987年版,第727页。

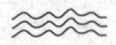

所有这些关于蜀地落后、蛮荒、怪异的言论都是子虚乌有的无稽之谈。

除此之外,《华阳国志》还详细记叙和热情表彰了华阳地区自两汉以来的贤人、梁益宁三州士女的德行。他以此表明,华阳地区在德行良俗上也一直位于全国前列。

至此,常璩从历史、文化、教育、道德、风俗上全方面地展现了蜀地在全国的先进性,可谓是用写史的方式一一击破《三都赋》对蜀地的歧视。《华阳国志》不仅大大扭转了蜀地的落后形象,还促进了蜀与中原的融合,民族史学家任乃强说:"常璩此书,纯用中原文化之精神,驰骛于地方一隅之掌故,通其痞隔,畅其流灌,使中土不复以蜀士见轻,而蜀人亦不复以中土为远;唐宋以降,蜀与中原融为一体,此书盖有力焉。"①

晋以后,关于成都和蜀地文化边地的表述就越来越少了。经过唐宋时期"自古文宗出西蜀""天下诗人例到蜀"的内外人群的文化建设,成都已然成为中国的文化名城,彻底地改变了以前文化荒漠、文化边地的形象。

同时,晋朝完结后,三国分裂的政治影响也越来越弱,关于成都政治非正统性的话语也越来越少。反而,从东晋开始,魏继汉统、晋承魏统的正统观在习凿齿《汉晋春秋》的否定下开始发生改变,"帝蜀寇曹"之说日益流行。② 后来蜀汉反倒因刘备的正宗血统被认为是三国时期的正统政权了。

---

① (晋)常璩著,任乃强校注:《华阳国志校补图注·前言(三)原著之优缺点》,《华阳国志校补图注》,上海古籍出版社1987年版,第6、7页。
② 参见王德华《左思〈三都赋〉邺都的选择与描写——兼论"洛阳纸贵"的历史与政治背景》,《浙江大学学报》2013年第4期。

第三节 危险与安全：边地的悖论

在清代的史中，府、州、厅、县按照"冲、繁、疲、难"的考语分为不同等次，"冲"，"地当孔道者为冲"；"繁"，"政务纷纭者为繁"；"疲"，"赋多逋欠者为疲"；"难"，"民刁俗悍，命盗案多者为难"。一般考语字数越多，地位就越重要。《清史稿》将成都府定位为"冲，繁，难"，表示其地位重要、政务纷繁、民风难理。成都在中央眼中的这些印象，由来已久，是由成都及蜀地的自然地理、政治地理状况所决定的。

历史地理学学者葛剑雄说："从秦朝至清朝这两千余年间，虽然中原王朝的疆域时有盈缩，但它们的主体部分——北起阴山、燕山、辽河下游，南至两广，西起陇东、四川盆地，东至于海——是相当稳定的。"[1] 以成都为中心的蜀地就一直处于这个国家区域的西南边缘。

蜀地形四塞，只能通过北面秦巴山道陆路与南面川峡水路出入，非常艰险，加上中国幅员辽阔，国都长时间位于北方中原和东南地区，因此在中国的政治地理中蜀地、成都常被视为险远的边地。在秦、西汉、北周、隋、唐的七百余年时间中，都城位于长安，中央与成都相对距离不远，但绝对距离也有约七百公里，因此也算是险远之地。山川险远，又自给自足，中央控制力弱的时候，蜀地就容易被野心家割据，中央势力对蜀地压制过重的时候，往往又易生叛

---

[1] 葛剑雄：《历史上的中国》，上海锦绣文章出版社2007年版，第222—223页。

乱，这是蜀地历史上割据、叛乱、起义的主要原因。

在中央王朝眼中，蜀地便为"好乱之地"，蜀人为"乐祸贪乱"之徒，成都则是祸乱中心。蜀地存在过的八个主要割据政权中，除了明玉珍的大夏国首府在重庆之外，公孙述的成家、刘备父子的蜀汉、李特等的成汉、谯纵的西蜀、王建父子的前蜀、孟知祥父子的后蜀、张献忠的大西七个政权的首府都在成都。另外，正因为成都的险远，当中原王朝面临外来入侵的时候，成都又被当作避难之所和复兴基地，拯救国家于危难之中。

一　好乱之地

清政府"难"的考语是针对"民刁俗悍"的民风。成都及蜀地民风刁悍难理的认识起源很早，《华阳国志·蜀志》当中有"与秦同分，故多悍勇"的记载，蜀民"刁悍"的作风体现在"恃险作乱"方面，后世有"乐祸贪乱""轻而喜乱""奸讹易动"等说法，对于蜀地又有"世浊则逆，道清斯顺"（张载）、"世乱先违，道治后服"（常璩）、"天下未乱蜀先乱，天下已治蜀后治"（欧阳直公）等评语。这些表述在两晋南北朝与北宋时期最为集中，给人留下的印象是，蜀人天生喜欢作乱，蜀地天然是动乱的温床，成都是叛乱的中心。实际上，历代蜀乱都有复杂而特殊的历史原因，站在中央政权立场上的统治者和士人通常不加分析、以偏概全地"扣帽子"，这也是长期以来中原对蜀地的地域歧视造成的。

东汉两晋南北朝时期是蜀地的乱世。东汉初年，汉吏公孙述割据益州，在成都建立"成家"政权。东汉末，张陵在蜀地创立"正一盟威之道"进行传教反叛活动，设立二十四治来管辖信众，张陵悟道的大邑鹤鸣山和二十四治的首治阳平治都在蜀郡。两晋南北朝时期，蜀地政局更加动荡。西晋时，由于晋朝政局不稳，益州先后

第二章 中央—地方体系中的"中心—边缘"表述

有刺史赵钦割据，氐族李寿等建立成汉政权。东晋政权偏安江左，轻视和打击蜀地人士，地方与中央矛盾尖锐，产生了范贲称帝、李弘李高聚众起事等事件。东晋末年，又有谯纵之乱、侯产德反晋。南北朝时期，频繁更换的政权在蜀地进行拉锯战，叛乱、民变也接连发生，先后有赵广之乱、反萧惠开起兵、刘季连之乱等。

乱世产生了许多蜀人好乱的表述。晋武帝太康年间蜀郡太守张收之子张载到成都探望父亲，经过剑阁所作的《剑阁铭》说道：

> 兴实由德，险亦难恃。自古迄今，天命匪易。凭阻作昏，鲜不败绩。公孙既灭，刘氏衔璧。覆车之轨，无或重迹。勒铭山阿，敢告梁益。①

一个中原士子站在中央王朝立场上郑重告诫公孙述、刘备这样的凭险割据者：天命在德不在险，恃险作乱没有好下场。铭中"世浊则逆，道清斯顺"的说法指出了蜀地顺逆与中原世道清浊的因果关系。此时，"好乱"的帽子尚扣在蜀地割据者头上。

常璩在《华阳国志·序志》中同样认为个人才能和山川险阻都是不足以凭借的，要有道德、依天命才能统治长久，② 剑锋仍指向"公孙""刘氏""诸李"等割据首领。

到南北朝时，"乐祸贪乱"的标签正式由蜀地叛乱割据者的身上贴到了蜀人身上。萧梁临汝侯萧猷任益州刺史时，江阳人齐苟儿反叛，被萧猷击败。萧猷嘲笑当时的益州别驾、广汉人罗研说："卿蜀人乐祸贪乱，一至于此。"罗研反驳说：

---

① 《晋书》卷55《张载传》，中华书局2000年简体横排本，第1004页。
② "夫恃险凭危，不阶历数，而能传国垂世，所未有也。故公孙、刘氏，以败于前，而诸李踵之，覆亡于后。"（晋）常璩著，任乃强校注：《华阳国志校补图注》，上海古籍出版社1987年版，第730页。

· 129 ·

> 蜀中积弊，实非一朝。百家为村，不过数家有食，穷迫之人，什有八九，束缚之使，旬有二三。贪乱乐祸，无足多怪。若令家畜五母之鸡，一母之豕，床上有百钱布被，甑中有数升麦饭，虽苏、张巧说于前，韩、白按剑于后，将不能使一夫为盗，况贪乱乎？①

他指出，蜀人乐祸贪乱并非出于天性，而是因长期遭受经济贫困和政治压迫所致，"乐祸贪乱"之说只看到了表面现象。

北周末年，外戚杨坚为了争夺益州的军政权，派心腹梁睿为益州总管，激起前总管王谦反叛，杨坚平叛后，以"巴蜀阻险，人好为乱"为由，"更开平道，毁剑阁之路，立铭垂诫焉"②。本来杨坚与王谦之争是北朝统治阶层内部的权力争斗，但统治者也要把原因归结为蜀人好乱，以此为借口去蜀之险。

等到唐初房玄龄等著《晋书》，转录张载的《剑阁铭》时，写按语说："载以蜀人恃险好乱，因著铭以作诫曰。"③ 本来张载是因蜀中割据者恃险好乱而作铭，但因为长期以来蜀人"好乱"的形象已被定型化，因此"恃险好乱"帽子被史家扣到了蜀人头上。

晚唐五代时，王建父子、孟知祥父子先后据蜀，在宋初几十年间，接连发生了后蜀降兵大起义，王小波、李顺起义，刘旴兵变，王均兵变等。这些动乱，有的是因为北宋的平蜀军队纪律涣散，破坏蜀人生产和生活，有的是因为北宋中央和地方政权掠夺蜀地财富，与民争利，有的是因为地方官员无道。但官员和士人们往往笼统地归因为蜀地"险远"，蜀人"好乱"。宋太宗时的宰相卢多逊说"西

---

① （唐）李延寿撰：《南史》卷55，中华书局1975年版，第1369页。
② 《隋书》卷1《帝纪第一 高祖上》，中华书局1973年标点本，第3页。
③ 《晋书》卷55《张载传》，中华书局2000年简体横排本，第1004页。

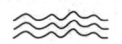

蜀远险多虞"①，重臣欧阳修多次说"蜀人喜乱而易摇""蜀人轻而喜乱"②，曾任绵、眉二州通判的梁周翰称蜀人"多犷敖骜而奸豪生，因庞杂而礼义蠹"，宰相王安石说"蜀自王均、李顺再乱，遂号为易动"③……如此一来，蜀地被中央王朝塑造为地形险要、人心险恶、喜乱易摇的边地，官员们不愿到蜀地做官，入蜀的官员通常也以高压统治蜀地，中央政府和官员也千方百计压制蜀人，但这些做法并未达到好的统治效果。④

蜀人好乱不仅是外部人的看法，内部人同样这样认为，但是他们会更多地分析动乱背后的原因，而不只单纯从天性上指责蜀人。比如郫县隐士张俞说益州"俗侈物众，奸讹易动""俗悍巧劲，机发文诋，窥变觇动，湍涌焱驰，岂其性哉"，但他认为益州人之所以这样，是因为"守之者非其道也""或政失其养，则缘隙乘险""蜀之顺逆系中国盛衰也"。⑤苏洵也说蜀人"多怨而易动"⑥，但他将动乱的根源指向蜀中的县令、郡守、刺史。⑦蜀州新津人张唐英也将"自古奸雄窃据成都"的原因归结于"中原多故"。⑧宋代还有很多蜀人驳斥蜀人好乱之说，试图改变蜀地在社会民风上的落

---

① 《续资治通鉴长编》卷20《太平兴国四年秋七月》。
② （宋）欧阳修：《欧阳修全集》，中华书局2001年版，第403、463页。
③ （宋）王安石：《临川先生文集》，中华书局1959年版，第942页。
④ 参见金生杨《试论地方治理的特殊性——宋人对"蜀乱"的认识与辨析》，《贵州文史丛刊》2014年第4期。
⑤ （宋）张俞：《颁诏厅记》《送益牧王密学朝觐序》《送张安道赴成都序》，《成都文类》，中华书局2011年版，第565、452、459页。
⑥ （宋）苏洵著，曾枣庄、金成礼笺注：《嘉祐集笺注》，上海古籍出版社1993年版，第100页。
⑦ 同上。
⑧ （宋）张唐英：《〈蜀梼杌〉序》，《全蜀艺文志》，线装书局2003年版，第787、788页。

后形象。①

经过宋代蜀地社会的繁荣发展，蜀士地位得以提高，宋王朝对蜀地也越加重视，并在多方面改变了统治政策。因此，关于蜀人好乱的声浪逐渐平复。在元、明、清、民国前期的割据、战乱、民变发生时，时有蜀人好乱的言论出现，但总体来说不及两晋南北朝和北宋如此突出和集中了。可见，蜀中动乱确实频繁，但并非蜀人天性喜乱，问题多在统治者身上，"乐祸贪乱"之类的表述没有找到问题关键。

二 避难之所

成都位于西南边地中心、四川盆地底部，在割据叛乱时是中央政府的难理之地，但在中央政局动荡时，却往往能庇护政权和官民的安全。它是南方丝绸之路的起点、国家粮食基地、经济要冲，可以为流亡王朝提供复兴的经济支持，为民众提供基本的生活保障。成都对于国家和人民有如此重要的拯救和保护作用，称为"冲"可谓宜也。

唐时，成都的避难所功能尤为明显。成都距国都长安距离较近，易守难攻，财力雄厚，是唐朝的"肘腋"之地。唐朝安史之乱和黄巢起义时期，成都成为皇室两次逃亡的避难地。因为唐玄宗的驻跸，益州升格为成都府，后再升为南京。"南京"是成都在大一统中央王朝下得到的最高行政级别。

李白的组诗《上皇西巡南京歌》里，成都作为王朝避难所的意味明显，它不再是割据者"恃险好乱"的中心，反而成了反割

---

① 更多蜀人驳斥之说参见金生杨《试论地方治理的特殊性——宋人对"蜀乱"的认识与辨析》，《贵州文史丛刊》2014年第4期。

第二章 中央—地方体系中的"中心—边缘"表述

据者的驻地,拱卫中原王朝的中流砥柱。组诗极力铺陈成都之美好,并处处与长安相比较,表明李白对故乡首府"安吾君"的欣慰之情。

该组诗的第二首写道:

> 九天开出一成都,万户千门入画图。
> 草树云山如锦绣,秦川得及此间无。

李白极度夸张成都之和平、美丽,这处避难所乃是上天在人间的安排,都城长安也远远比不上。

该组诗《其四》又写道:

> 谁道君王行路难,六龙西幸万人欢。
> 地转锦江成渭水,天回玉垒作长安。

诗中将玄宗的仓皇逃蜀说成是御驾西幸,一片欢欣庆幸的氛围。大地将锦江转成了渭水,上天将玉垒变回了长安——成都的自然地理完全可以作都城来拱卫天子。

除了给中央政权以庇护之外,成都还是外部战乱、饥荒时民众的避难所。西晋末年,秦州、雍州爆发战乱和天灾,二州六郡的十余万灾民入蜀逃难。蜀郡是流民入蜀后主要的避难地之一。隋末,农民大起义和群雄逐鹿使中原陷入战乱,而蜀中较安宁,因此不少中原人避乱入蜀,成都是安顿流寓之民的主要地区。[1]唐玄宗和唐僖宗入蜀时,大量平民也随之迁徙到成都。唐末五代时也如此,唐宋成都和附近州县氏族45姓,唐末五代迁入的占30%。两宋时期,当

---

[1] 谢元鲁:《成都通史·两晋南北朝隋唐时期》,四川人民出版社2011年版,第28页。

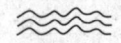

中原局势动荡之时，也有大量难民逃难入川，不少留居成都。① 元末战乱和天灾使得外省民众迁川，尤其以动乱重心湖广为多，沿川东到达川西，定居成都府的有许多。② 民国抗战时期，沦陷区的许多机关、工厂、学校、平民迁到成都。另外，外地遇灾荒饥馑入蜀就食的事例也不胜枚举。

在这些避难的移民潮中有大量文人学士艺术家，成都给他们的生活和创作提供了安定的环境，他们延续着艺术生命并乐而忘归。比如与唐玄宗一起避乱到蓉的杜甫，刚到成都时便写下《成都府》一诗：

> 信美无与适，侧身望川梁。
> 鸟雀夜各归，中原杳茫茫。
> 初月出不高，众星尚争光。
> 自古有羁旅，我何苦哀伤。

成都的美丽繁华竟然让历经离乱的杜甫不太适应，尽管心中仍有"中原杳茫茫"的落寞，但安稳舒适的成都还是让他放下心来，决定不再独自哀愁悲伤。

唐末诗人郑谷《蜀中三首》其二描述：

> 夜无多雨晓生尘，草色岚光日日新。
> 蒙顶茶畦千点露，浣花笺纸一溪春。
> 扬雄宅在唯乔木，杜甫台荒绝旧邻。
> 却共海棠花有约，数年留滞不归人。

---

① 粟品孝等：《成都通史·五代（前后蜀）两宋时期》，四川人民出版社2011年版，第494、501页。
② 陈世松、李映发：《成都通史·元明时期》，四川人民出版社2011年版，第180页。

诗人在成都欣赏风景、品茶鉴笺、游览古迹，与成都的海棠花许下誓约，滞留数年而不返乡。

抗战时期，大批文艺家涌入成都，他们的战争创伤同样得到了医治。成都延续中华民族文脉的作用也被他们歌颂。老舍将成都视为民族文化的保存和弘扬基地，赞赏成都"有手"——擅长民族工艺，"有口"——有着精湛的地方戏剧音乐。① 抗战时期很多人以"小北平"来称呼成都，老舍认为这种称呼实际上是贬低了历史悠久、贵为民族之宝的成都：

> 比北平老着好多辈的成都，却可笑地被称作小北平！/地形建筑民情的相似，怎能曲解了历史的实情？/武侯祠的松影，/薛涛井的竹声，/使人想象着汉唐的光景，要从历史的血脉里找到这不朽的名城。/知道历史的悠长，/才会深思民族的宝贵。②

成都因为险远的地理特点，兼有"好乱之地"与"避难之所"两个看似矛盾的形象。可见地域形象不是固有的，而是在国家与地方政治格局的变化中相对产生的。

第四节 告别"落后"：传统城市的现代变革

所谓的城市"近代化"或"现代化"是指城市在物质文明和精神文明方面都摆脱传统农业文明城市依靠小农经济的、以

---

① 老舍：《可爱的成都》，《中央日报》1942年9月23日。
② 老舍：《成渝路上》，《大公报》1939年2月13、14日。

行政为首位的城市形态，转向以资本主义文明为指向的城市。具体来说，就是在经济上由消费城市转向依靠机器大生产的资本主义工商业城市；将城市作为农村的一部分来管理的制度变为城乡分治制度，以专门的行政单位"市"来进行现代市政建设和管理；依靠人力、畜力的旧式交通变为依靠机械动力的现代交通；居民的伦理道德、价值观念、生活方式、审美情趣向西方靠近……①

近代以来，外国资本主义侵入中国，沿海沿江城市被迫打开门户，被动开始现代化进程。深居内陆的成都因离海洋、长江遥远，又地形四塞，与国际市场、国家新兴的经济中心难以直接发生关系，成都传统农业文明的优势减弱，向现代化的转换非常缓慢。偏远、乡土、落后、闭塞成为成都城市和人群的形象。以往对成都边地形象内外认识不尽一致，但近代以后的这种形象却是成都内外人群所共同认同和批判的，而且内部的批判声音更大。这说明，近代以来成都内部人群关于"成都人"的认同发展起来，城市本位意识抬头。

中华人民共和国成立以后，特别是 20 世纪 80 年代末以来，成都全方位高速发展，一步步走向开放与先进，但闭塞落后的形象表述仍然持续至今。

一方面，成都留给外地人的印象仍然是偏远、落后。访谈对象 H，一位 52 岁的老成都人谈道：

> 有一次，我和一个洛阳人摆龙门阵，他说啥子四川是落后

---

① 参见吴松弟《二十世纪之初的中国城市革命及其性质》，《南国学术》2014 年第 3 期。

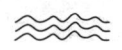

地区，成都是偏远城市。我说啥子嘛，河南又啥好么？成都再咋个说都是省会城市嘛，你洛阳连省会城市都不是的嘛。

另外，成都本地人在对全国城市做比较之后，也认为成都相对闭塞、落后。访谈对象R，成都人，36岁，在成都一家本地报纸从事记者工作十余年，她说：

> 成都挺落后的，不管从哪方面来看都是这样。比如经济方面，很少有像东南沿海那样的大企业、大老板。在历史古迹方面，可能是全国历史古迹保存最少的地方。你看，上海外滩的近代建筑基本上是保留的，一大片，广州也是这样，但是成都哪里还有成片的古迹群，全部拆掉了。成都的媒体做得也很不好，没有一家报纸杂志在全国排得上号，就像《华西都市报》《成都商报》这些做得稍微好些的，在全国根本没有名气，这也说明成都的观念不够先进，开放程度很不够。成都对个人的发展来说，也很限制，没有追求的人一般就喜欢成都，但有点追求的在成都没有发展前景，各行各业都做不大，只能去外地发展。

中国的快速城市化，是近几十年来国际学界关注的焦点，但成都几乎没有受到关注。有文章搜集了2000—2012年在社会科学引文索引数据库（SSCI）中《城市研究》《环境与规划》《国际城市与地区研究杂志》等国际顶级期刊上发表的200多篇有关中国城市的文章，大都关注"北、上、广"及东部沿海城市，竟没有一篇文章以成都市为研究对象的。作者在原因分析中提道："这些地区是中国城市化最为迅速和城市问题最为集中的地区，最能代表中国城市的形象（而西部地区的城市或许还是乡土中国的一部分）。"① 也正由于成都长期被认为是个离现代性远之又远的中世纪农业文明城市，所以才有司昆仑、王笛、何一民等当代历史学者通过考证史料来反驳这种观点。成都要彻底摆脱偏远、乡土、闭塞、落后的形象还需要继续深化城市现代化。

一 重庆与成都的双城对比

清末民初，四川人常受外省人歧视，被比喻为目光短浅、尖牙利嘴的老鼠。晚清著名经学家王闿运在成都主持尊经书院，回湘探亲时有两个湖南少年问他"往俄往蜀孰利"，王闿运"云蜀亦外国也"，他返蜀途中作诗就有"乘车入鼠穴"之句。② 清末端方入川镇压保路运动时，曾骄蛮地鄙视四川人说："那些川耗子连省门都没有出过！他们是一些势利眼，瞧不起别人，自己却还是边远蛮夷。你打他们几下，他们就会在地下爬。"③ 蜀人也深为这种歧视感到不满和焦虑，试图发奋改变。清末民初，川人自办的地方刊物《鹃声》的发刊词说到川人在外省人眼中的形象："为各省同胞所不耻，不骂我们是川老鼠，就骂四川人有奴隶性质，为中国民族中之最劣种。"④ 20 世纪 30 年代，一位成都大学的学生仍焦虑地认为："吾蜀僻处边陲，交通梗阻，文化落后，风气不先，教育衰颓，于今极斯。"⑤

四川省城成都是以上各种落后形象的典型。在漫长的农业社会

---

① 赵志荣：《国际学术期刊上的中国城市研究：2000—2012 年》，《公共行政评论》2013 年第 1 期。
② （清）王闿运：《湘绮楼日记》，岳麓书社 1997 年版，第 896、881 页。
③ ［英］韩素音：《韩素音自传：残树》，祝珏等译，中国华侨出版社 1991 年版，第 261、262 页。
④ 山河子弟：《说鹃声》，原刊《鹃声》第 1 期；张枏、王忍之编：《辛亥前十年间时论选集》第 2 卷上册，生活·读书·新知三联书店 1977 年版，第 563、564 页。
⑤ 惠伯：《吾人庆祝成大五周年纪念之重要》，《国立成都大学第五周年纪念会特刊》1930 年版。

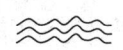

中，成都小农经济发达，即使宋代以后不再是全国名列前茅的经济发达区域，但仍然能自足并时时接济外地，为国家贡献大量赋税。然而近代以来，在从农业社会向工业社会转化的过程中，成都经济不仅落后于沿海、沿江开放城市，并且落后于川内的重庆。成都落后的经济形象，以及由此衍生的落后的社会形象、精神形象，很大程度上是在与重庆的不断对比中显现出来的。

我们通过谷歌图书中成都与重庆出现的词频，可以看到古代末期以及近现代以来，成都与重庆的地位及其变化趋势。Google books ngram viewer 由谷歌实验室 2010 年推出，以图示显示/对比输入查询词在 1800—2000 年间的 520 万本图书中的词频，包括英、法、德、俄、西、汉六种语言。输入"成都、重庆"得到图 2-4，从图中可以看出，在 1900 年以前，成都的被关注度和知名度都远远领先于重庆。1900 年以后，重庆的被关注度与成都相差不远，甚至有时超越成都。1940 年前夕，重庆超越成都，直至现在。

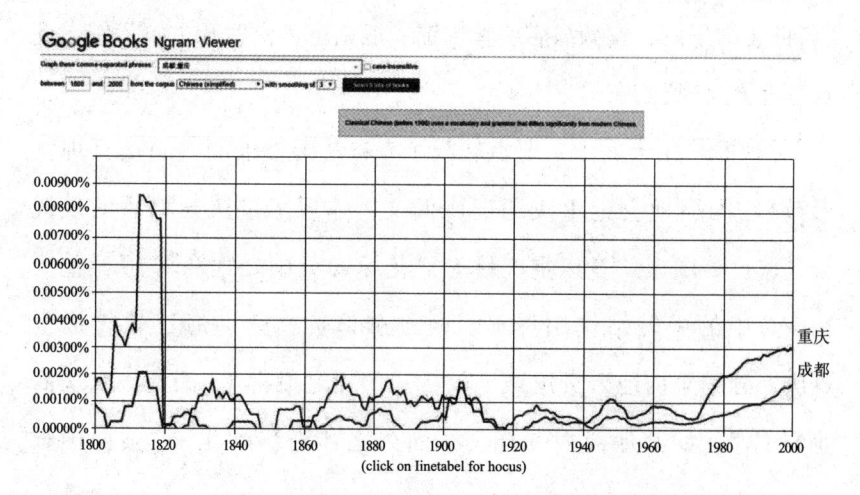

图 2-4 Google books ngram viewer 上显示的成都、重庆的图书词频①

---

① Google books ngram viewer 网址（https://books.google.com/ngrams）。

重庆位于嘉陵江与长江汇合处，交通便捷，1890 年中英《新订烟台条约续增专条》定重庆为通商口岸，1895 年中日《马关条约》又列"四川省重庆府"为通商口岸。重庆开埠后，外国资本渗入，四川的经济重心东移到重庆。[1] 重庆开始快速现代化，迅速成为近代长江上游商业、贸易和工业中心。民国时期，重庆拥有的近代工厂和手工工场的数目远超成都。在抗战期间，国民政府内迁重庆，重庆又成为战时全国政治、军事、经济、文化中心。在现代化的浪潮中，重庆领先于成都，由此带来了两个城市形象的区别。

四川第一张近代报纸《渝报》于 1897 年在重庆诞生。在这一份报纸上，成都与重庆的近代形象初具模型。《渝报》第九册转载法国报纸的文章《游历四川成都记》，该文描绘了成都古城的地理环境、街巷市廛，一派古代农商城市的悠然风貌：成都城如虎踞龙盘般"扼峙于旷土平原，而河道纵横，亦复绮交脉注"，城市街道"甚为宽阔，夹衖另筑两途以便行人，如沪上之大马路然"，市场繁华，"各铺装饰华丽，有绸缎店、首饰铺、汇兑庄、瓷器及古董等铺，此真意外之大观"。[2]

《渝报》第十、十一册也转载了来自法国报纸的《重庆开埠情形》《法国舆地会论重庆通商》两文，体现了重庆开埠后的现代新气象。英国人"竟以重庆目为梨花埠（英国之大商埠）"，重庆在商贸中的中转站作用尽显，西方进口货物从上海江轮转运至重庆，分销至内地云贵川藏，包括"四川之成都"。因此，重庆商业的现代化如其他商埠一样，久而久之"潜移默化""被西国教

---

[1] 参见张莉红、张学君《成都通史·清时期》，四川人民出版社 2011 年版，第 238、239 页。

[2]《渝报》第九册，转引自蔡尚伟《成都、重庆的城市文化与报业》，博士学位论文，四川大学，2003 年，第 213 页。

化"了。① 此时，传统工商业城市成都和现代商贸城市重庆的形象差异初见端倪。

过了几年，在20世纪初日本人山川早水的《巴蜀旧影》一书中，成都与重庆的外观差异愈加明显。山川早水1905年在成都和重庆等地旅行，他在成都看到外国商店只有四五家，而且都是外商借中国人的名义开的，"全都不值一提"，而重庆则是"四川头等商业盛地，又是扬子江沿岸屈指可数之大码头"，街上的"外国商店以及比较大规模之洋式建筑，这是成都所没有的"。②

到民国时期，重庆城市现代化程度已经很深，重庆人的生活习性和心态都发生了变化。1929年《新蜀报》的一篇文章写重庆街上的西式招牌和重庆人对洋风的追逐。文章说"如其你并不是个盲人，当你走在街上，你一定会发觉关于许多'西式'的招牌"，这些招牌都堂皇地悬挂在街道中央，重庆人不管是做生意、租房子，还是穿衣服、吃饭菜，都要看有没有西式招牌。③

而同年《商务日报》上的《成都平民生活》一文所反映出来的成都街景却全然不同。文章描写了旧历年末的街面状况："街面商业萧条，小贸易生意一时不能过活，如有一家大小数口者，处此时期尤难免不受饥寒，现在成都金融又生动摇，资产者大商号富绅军阀皆声言难过，何况一般平民。"④

20世纪20年代中后期，正是各路军阀在成都互相倾轧的时期，而重庆在刘湘的绝对权力治理下相对稳定，这给两个城市带来不同

---

① 《渝报》第十册、十一册，转引自蔡尚伟《成都、重庆的城市文化与报业》，博士学位论文，四川大学，2003年，第213页。
② [日]山川早水：《巴蜀旧影——一百年前一个日本人眼中的巴蜀风情》，李密等译，四川人民出版社2005年版，第72、240页。
③ 非我：《西式》，《新蜀报》1929年9月3日。
④ 《成都平民生活》，《商务日报》1929年1月29日。

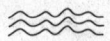

的发展态势。西方文化对重庆的现代化带动也就显得非常突出。

到抗日战争前后，大量外地人进入重庆和成都，用他们的眼光审视两个城市，现代与前现代、进步与落后的差异就更明显了。在1934年，重庆就有了非常现代的城市符号，如高楼大厦、咖啡屋、电影院、西餐馆、轿车、新式路灯等，被称为"四川最'摩登'的城市"①。黄炎培在1935年的文章中将成都与重庆作比较，觉得就像"把苏州与上海比"，"重庆是工商世界"，有"电力厂，自来水厂"，"比成都现代化得多"。②抗战期间来到重庆的黄九如也认为，重庆的繁华程度"差不多可比上海的洋场"③。成都被视为没有受资本主义经济入侵的城市，经济社会史学家陶希圣的看法很具代表性："看了成都，才认识了除去外国资本主义以外的中国社会。……（成都）没有受外国资本主义的摧毁和掩蔽。"成都的街景就是一大反映，"最大的街道不过是零碎的洋货推销场所。此外的街市，全是手工业家庭与店铺林立的区域"④。

重庆经常被用来作为中国最现代的城市上海的镜像，成都则常被拿来和故都北京相类比。四川最重要的两个城市易于被人比较，所以尽管成都也处在城市现代化的进程中，但因为速度远远慢于重庆，其现代化形象就被重庆的光辉掩盖了不少。至此，两个城市的基本形象大体定型，后来的表述只是有所微调、修正。

发展到现在，重庆与成都的形象也大致如此。余秋雨《五城记》就说成都比重庆的沉淀力强得多，显得稳健；而重庆"虎虎地朝向

---

① 葛绥成：《四川之行》，中华书局1934年版，第30页。
② 黄炎培：《蜀道》，开明书店1935年版，第38页。
③ 黄九如：《中国十大名城游记》，中华书局1941年版，第106页。
④ 转引自何一民主编《变革与发展：中国内陆城市成都现代化研究》，四川大学出版社2002年版，第443、444页。

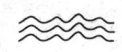

长江，遥指大海，通体活气便在这种指向中回荡"，而成都是"缺少这种指向的"，"成都面临的难题至今犹在：如何从深度向宽广"。①如果以人来作比，重庆更多的是一种开放的、蓬勃的青年形象，而成都更多的是一种厚重的、沉稳的老年形象。

二 现代文学中的传统城市

文学对一个城市或地域的想象和塑造往往对人们的感知起着巨大的作用。在中国的现代文学地图中，上海、北京、香港、湘西、成都等地都是重要的城市。如果说上海代表着世界主义背景下的现代摩登城市，北京代表着国家想象、乡土中国的精神故乡，香港代表着殖民地特质的多元化大都市，湘西代表着神秘诗意的乡村世界，那么成都就代表着封闭落后的、传统乡土社会的城市。②巴金的《激流三部曲》、李劼人的《大河三部曲》以及抗战中书写成都的一些文学作品，形成了现代文学史上反映成都的一系列表述文本，从总体上看，它们构建了一个现代痕迹很少的内陆传统城市。

巴金的《激流三部曲》以成都为背景，描写了民国前期封建大家庭高家的盛衰。尽管在作品中成都地域文化是弱化的，但其中的时代背景、文化面貌是与成都的真实状况相符的，作品体现出的种种情状也就被认为是成都社会的反映。由于《激流三部曲》巨大的影响力，"高公馆"及其所在地成都已然成了中国现代文学史上闭

---

① 余秋雨：《文化苦旅》，东方出版中心2001年版，第188页。
② 近二十年来，"文学中的城市"（也称"文学城市""城市表述"）成为文学研究的新热点。学者们对"文学上海""文学香港""文学北京"进行了广泛讨论。参见张鸿声《"文学中的城市"与"城市想象"研究》，《文学评论》2007年第1期；[美]李欧梵《上海摩登——一种新都市文化在中国，1930—1945》，毛尖译，北京大学出版社2001年版；陈惠芬《文学上海与城市文化身份建构》，《文学评论》2003年第3期；赵稀方《小说香港》，生活·读书·新知三联书店2003年版；陈平原、王德威编《北京：都市想象与文化记忆》，北京大学出版社2005年版。

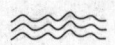

塞、落后、保守、黑暗的旧社会的符号象征。

　　在新文化、新思想已经荡涤中国的时代，高家仍然处在黑暗中，被称为"监牢""坟墓""狭的笼""沙漠""旧势力的根据地""敌人的大本营"。祖先、长辈、旧式观念、礼教是高家和成都社会的主宰，他们控制年轻人的思想、限制年轻人的自由，甚至吞噬年轻人的生命。例如琴被阻止上男女同校的外专，许倩如剪发后只能逃离成都到开通的地方卜学，梅、蕙、鸣凤、瑞珏死于家长包办的无爱婚姻和封建教条……

　　在《激流三部曲》里，上海是作为成都的对立面出现的，代表自由、民主、开放的新世界。在第一部《家》的结尾，觉慧离家出走，到上海开始崭新的生活。第二部作品取名《春》，是因为在觉民、琴等人的帮助下，被父亲逼婚的淑英逃到上海，重获新生，迎来了生命中自由、绚烂的春天。上海在中国的众多城市中最早开埠，是当时中国现代化最早、最深的城市；相比较而言，成都深处内陆，外来先进思想常常被评判、扼杀。作品中上海开放先进的形象构成了对成都闭塞落后形象的有力反衬。

　　据研究，《激流三部曲》中一些人物形象来自巴金成都的李氏大家庭，李家实际上并没有那么保守封建。高克明的原型是巴金的二叔，其实他是留学日本的大律师，常告诫巴金兄弟要有骨气、说真话，还放了女儿的缠脚。巴金的祖父李镛让儿子留学、让孙子进新式学堂、让大家读《红楼梦》和西方小说，也是一个相对开放的士绅。[1] 但巴金写作时正值年轻叛逆的年龄段，心中充满了对旧社会"恶毒的诅咒"，性格又火热激扬，"要向一个垂死的制度叫出我的'我控诉'"，[2]

---

[1] 谭兴国：《悠悠故乡情——巴金与成都》，《四川省情》2004年第1期。
[2] 巴金：《新版后记》，《家》（第3版），人民文学出版社1981年版，第395页。

因此笔端就注满了偏激。多年以后，他写了《怀念二叔》《愿化泥土》等一些回忆性文章，流露出对家庭和故乡的怀旧、眷恋的心情，这时的成都在他笔下是温暖的、安宁的家园。然而，近现代的成都已经被著名的《激流三部曲》定格在闭塞、落后、保守、黑暗的形象上了。

李劼人的《大河三部曲》尽管写的也是处在新旧交替、资本主义文明和封建专制夹击中的成都，但呈现出的还是传统处于上风的成都，所以有研究者称李劼人的小说是"一幅幅独特而亲切、热闹而古朴的成都地区乡土风俗画"[1]。

《死水微澜》的这段话，历来被人们认同为对清末封闭、落后、愚昧的成都形象的准确概括：

> 当义和团、红灯教、董福祥，攻打使馆的消息，潮到成都来时，这安定得有如死水般的古城，虽然也如清风拂过水面，微微起了一点涟漪，但是官场里首先不惊惶，做生意的仍是做生意，居家、行乐、吃鸦片烟的，仍是居他的家，行他的乐，吃他的鸦片烟，而消息传布，又不很快；所以各处人心依然是微澜以下的死水，没有一点动象。[2]

成都在李劼人笔下是一个乡土气息浓郁的城市，这是学界的基本共识。[3] 而在近现代的时代语境中，乡土就是落后。首先，李劼人

---

[1] 杨义：《文学中国的巴蜀地域因素》，《重庆广播电视大学学报》2013年第6期。
[2] 李劼人：《李劼人全集·第1卷，死水微澜》，四川文艺出版社2011年版，第171页。
[3] 参见成都市文学艺术界联合会、李劼人研究学会编《李劼人研究：2007》，巴蜀书社2008年版；李先宇《李劼人小说与"城市"书写》，硕士学位论文，重庆师范大学，2011年；杨海涛《论李劼人笔下的成都》，硕士学位论文，四川师范大学，2012年；贾胜楠《"茶馆"中的成都——浅析李劼人笔下的成都形象》，《青年作家》2014年第16期。

作品中的成都城市意象大体上是传统的：公馆、码头、茶馆、鸦片馆、美食、川戏、袍哥、土粮户、小市民……；其次，成都民众生活中的连续感、稳定感和传统感是乡土城市所特有的。成都人应着每年的时节到固定的地点观灯、赶花会、逛寺庙、祭祖扫墓、婚丧嫁娶……再次，在城里居住的官绅、平民，其伦理道德、生活习惯、思维方式等与农村人都是一致的。

清末四川劝业道周善培主持"新政"，试图推动成都迈入现代城市文明，从李劼人作品对运动的记载，可以看出当时成都人的保守。"新政"内容繁杂，被概括为"娼、场、厂、唱、察"，即改造红灯区、建商业场、建工厂、改良川剧、建立近代警察制度等。[①] 这些通向现代之路的城市革新活动，受到成都各界人士的批评和攻击。李劼人《暴风雨前》《大波》写到很多百姓将周善培称作"周秃子""总监视户"，并借《大波》中的黄澜生之口说明，周善培正是因为厉行新政得罪了守旧的老先生、市井小人、法政新人物等，于是"省城内外凡是一件新奇点的事，与人不甚方便的事，大家说起来，遂一齐归在他一个人的名下"[②]。

《暴风雨前》写几个市民对周善培整顿市容卫生的看法。王奶奶抱怨"自从周秃子办了警察……水也不准向街上乱泼，渣滓也不准乱倒，警察兵处处来管你。……随便啥子事他都要管，连屙屎屙尿他都管到了"[③]。

《大波》写几个乡下人、乡绅廖先生对周善培修建草堂寺公园

---

① 郑光路：《成都旧事》，四川人民出版社2007年版，第86页。
② 李劼人：《李劼人全集》第3卷《大波（上、下）》，四川文艺出版社2011年版，第61页。
③ 李劼人：《李劼人全集》第2卷《暴风雨前》，四川文艺出版社2011年版，第120页。

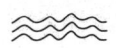

的批评:

> 八十几亩地,修毯一个花园子,少收他妈的一百七八十担租,这把草堂寺和尚鸠到注了。
> 说是周秃子出的主意喽!
> 不是他龟儿,还有哪个像他这样滥心肺的?前几年鸠昭觉寺和尚,硬把和尚的老婆娃娃搜了出来,罚毯他千多亩田!如今草堂寺和尚又悖他的时了!这龟儿秃子,有了他,我们四川人该遭殃!
> 你不晓得,田地是有用的,天之所生,地之所产,人之所养,土地上一年多出一百八十几担谷子,百姓就多得九十多担白米吃,这是何等好事!如今拿来改为公园,不唯一年里头少养活九十几个人,还要花些钱来修造,修起了,也不过等大家进来游玩一遍。这有啥子好处?难道看一下池塘花草,肚里就饱了吗?①

廖先生还算了一笔细账,逛公园要花轿钱、茶钱、烟钱、点心钱、饭钱,简直赔本。现代公园主要用来改善城市生态、满足城市人的休闲需求,也有一定的拉动经济的功用,但当时的成都城市人还没有被培育出都市休闲的需要,也不具备现代城市的理念,只能停留在土地是用来种粮活命的农业思维上。

到了抗战时期,民族救亡成为时代主题,而成都传统社会的悠闲之风被视为麻木堕落,成为成都在那个特定历史阶段的落后表现。这一点将在后面一章详细论述。另外,成都的乡土形象

---

① 李劼人:《李劼人全集》第3卷《大波(上、下)》,四川文艺出版社2011年版,第59、60页。

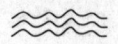

依然在外地作家的笔下延续。很多内迁避难的作家对成都的印象是稳定、安宁、舒缓的,而这是乡土城市而非现代城市才更容易给人的感受。

成都在当代文学家笔下呈现出多元化的形象,既有懒散堕落的、物欲横流的当代大都市形象,[①] 又有地域特色鲜明的市民社会形象,[②] 也有《锦城旧事》这样的旧时乡土形象。这些多元形象已经改变了现代文学给成都定型化的乡土、闭塞、落后的形象模式。

三 "盆地意识"与"农耕文化"的自我批判

中华人民共和国成立以后,成都进入了一个稳定的现代化发展阶段,在工业生产、交通运输、城市建设等方面获得了长足进步,一步步转变偏远、乡土、闭塞、落后的形象,走向开放与先进。但改革开放以后,相比于东部先行开放的城市,成都的发展仍然落后。在发展为时代主题的背景下,四川和成都开始从内部寻找落后原因,批判以封闭保守为思想核心的"盆地意识"和"农耕文化"。

在四川省省委和成都市市委的推动下,四川省和成都市各界在20世纪80年代后期、90年代末和21世纪初年,掀起过三次对"农耕文化"的反思、批评活动,三次活动基本都是以解放思想、加快改革、促进经济为主要目标。[③]

20世纪80年代后期,中国改革开放进入深化时期,东西部地区差距拉大。1987年下半年,四川省委宣传部门发起并组织了关于农

---

① 参见陈丹《寻找城市的精神——以成都为例探讨中国当代文学中城市书写的得与失》,《当代文坛》2010年第3期;陈太怡《想象、城市与城市小说——三部小说对于成都的想象》,《成都大学学报》2006年第1期。

② 参见汪坚强《再论成都"大生活"作家的地方文化意识》,《四川师范大学学报》2011年第2期。

③ 参见刘文杰《关于农耕文化大讨论与思想解放的回顾与思考》,《中共四川省委省级机关党校学报》2012年第5期。

耕文化的大讨论,提出用"盆地意识"这一短语来概括农耕文化的负面影响。1988年4月27日,省委书记杨汝岱在中共四川省第五次代表大会上号召四川人克服"盆地意识"。① 7月,《四川日报》刊登《为"盆地意识"画像》,文章将"盆地意识"全面概括为八点,② 主要指向思想意识上的封闭、狭隘、保守、自大。1987年至1989年,《四川日报》《成都晚报》以及其他媒体上涌现出大量的批判"盆地意识"的文章,如《成都晚报》开展的针对高校教师创业的"熊霞现象"的讨论,以及针对文学、传媒、音乐、科技等方面的保守狭隘意识的批判。

1999年3月,鉴于"我们的价值观、思维方式、行为方式及其生活方式的许多方面还很不适应社会主义市场经济的需要,尤其严重地制约着我们培育支柱产业,形成新高地"③,中共成都市委宣传部、《先锋》杂志社组织了"冲破'农耕文化'思想束缚,加快成都全面发展"的研讨会,由此掀起了批判"农耕文化"的大讨论。④ 这场讨论声势浩大,持续了两三年时间,中央、省、市的新闻单位联合采访报道,地方党报、党刊对讨论情况进行了集中宣传,省市理论界、社科界众多学者参与讨论,社会各界广泛关注。⑤

这些讨论主要围绕农耕文化是什么、如何形成、有何危害、如

---

① 杨汝岱:《进一步解放思想,加快改革开放,为建设富裕、民主、文明的四川奋勇前进——在中共四川省第五次代表大会上的报告(一九八八年四月二十五日)》,《四川日报》1988年5月1日。
② 《为"盆地意识"画像》,《四川日报》1988年7月。
③ 《冲破"农耕文化"思想束缚,加快成都全面发展 编者按》,《先锋》1999年第3期。
④ 参见刘文杰《关于农耕文化大讨论与思想解放的回顾与思考》,《中共四川省委省级机关党校学报》2012年第5期。
⑤ 李维中等:《世纪之交的深刻反思 加快发展的思想前导——成都市开展"农耕文化"讨论的思考》,《电子科技大学学报》1999年第1期。

何克服等问题进行，总体是要求人们用适应现代工业文明的新观念来取代农耕文化的落后思想。比如，2000年3月21日《成都商报》等成都报纸头版刊登署名"中共成都市委宣传部"的文章《超越农耕文化的负面影响，弘扬面向未来的时代精神》。文章将"农耕文化"的观念特征概括为"封闭性、狭隘性、粗放性、保守性"，认为优越的农业自然条件使农耕文化在成都积淀得更为深厚，带来了成都人"亲情重于理性，偏安而乏进取，实在而有狂语，灵气而少大气，既敢为天下先，又有从众趋势"的文化性格，号召人们冲破落后观念，改变惰性，确立"适应世界经济发展趋势的开放意识""开创进取的精神状态""改革创新的时代气魄""不负党和人民重托的责任感"以及"依法办事的现代法治意识"。[①]

第三次"思想解放运动"发生在2008年。当时，中国共产党第十七次全国代表大会刚结束，四川被中央定为"深入学习实践科学发展观"活动三个试点省份之一，又恰逢"改革开放"三十周年和建设西部经济发展高地的开局之年，省委省政府深感与沿海发达省份差距在拉大，经济总量在全国的比重在下降，四川省又掀起了以"科学发展观"为指导的"新一轮思想大解放"。[②] 2007年12月27日至29日，在中共四川省委九届四次全会上，四川省委书记刘奇葆号召全省各级党组织和广大党员干部"破除盆地观念，树立开放意识；破除内陆观念，树立前沿意识；破除自满观念，树立进取意识；

[①]《"农耕文化"的负面效应》，《成都商报》2000年4月3日。
[②]《以科学发展观为指导 推动新一轮思想大解放》，《华西都市报》2008年5月4日。

破除休闲观念，树立爬坡意识"。① 2008年4月24日，在四川省委领导班子"解放思想，科学发展"的专题讨论会上，刘奇葆再一次强调新一轮思想大解放的重大意义，并提出"突破盆地""立足西部""对照东部""国际国内"等"六个突破"。刘奇葆先后在《四川日报》发表《破除休闲观念 树立爬坡意识》，在《求是》上发表《不能让解放思想成口号标签》。刘奇葆的讲话和文章又一次引起人们对农耕文化、盆地意识的讨论。不过这次讨论因为"5·12"汶川大地震的突发而中断。

这三次大讨论与清末以来政府通过批判、抛弃旧传统旧文化来使成都不断"现代化""文明化"的目的和做法一脉相承，但其深度和广度远超从前，由地理而文化而观念而性格，是成都内部对自身落后状况进行得最深刻的大检讨。新时期成都的自我定位和发展目标决定了成都不得不主动对"落后"的思想观念予以清算。根据《成都市城市总体规划（1995—2020）》的发展目标，成都的城市定位为："成都是四川省省会，全省政治、经济、文化中心，我国西南地区重要的科技、金融、商贸中心和交通、通信枢纽，是重要的旅游中心城市和国家级历史文化名城。"② 之后，成都市又不断将目标提升为"现代特大中心城市""国际化城市""国际化大都市"。③近一二十年来，成都在经济商贸、对外开放、城市建设等方面突飞猛进，越来越摆脱偏远、乡土、闭塞、落后的形象。根据《2013年成都市国民经济和社会发展统计公报》，2009—2013年，

---

① 《中共四川省委九届四次全会举行》，四川在线（http://sichuan.scol.com.cn/dwzw/20071230/2007123035727.htm）。
② 《成都市城市总体规划（1995—2020）》。
③ "现代特大中心城市"是2005年成都市政府确定的"十一五"发展目标，"国际化城市"是2012年成都市第十二次党代会《国际化城市建设行动纲要（2012—2016年）》提出的目标，"国际化大都市"是2015年成都市政府确定的"十三五"发展目标。

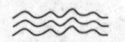

成都地区GDP稳步保持10.2%—15.2%的年增长速度；2013年全年实现地区GDP 9108.9亿元，与2009年相比实现翻番。[1] 成都是中西部地区世界500强落户最多的城市，有十多个国家在成都设立了领事机构，上万外国人选择在成都定居。[2] 成都快速现代化，在视觉上与国际大都市越来越接近，甚至让人产生了发展过速的忧虑。[3]

  以前当外部对四川或成都进行边缘表述时，内部总是激烈地回护，但近代以来自我批判越来越占上风。反省意识和革新心态可谓是成都现代化程度的一大指标。可以看到，对封闭落后的自我批判力度与成都城市现代化发展呈正相关关系，而成都城市现代化发展又与外部对成都封闭落后的认识呈负相关关系。

  在笔者的调查问卷中，"您认为成都最突出的特征"一题是多选题，限定最多选三项。从统计结果可以看出，不论是外地人还是本地人，在"偏远""闭塞"两个选项上选择是最少的，这说明偏远、闭塞如今已经不是成都的主要形象特征。内外相比，外地人在"偏远"选项上比本地人高出2.38个百分点，说明成都在地理上远离政权中心的现实影响仍在，而"闭塞"一项，本地人比外地人高出4.45个百分点，这说明本地人对于成都的地形和思想封闭的感受强于外地人，自我认知和反思的能力较强。

---

[1] 成都市统计局、国家统计局成都调查队：《2013年成都市国民经济和社会发展统计公报》，《成都日报》2014年4月26日。
[2] 段树军：《中国正在成为世界城市》，《中国经济时报》2014年7月9日。
[3] 参见高敏《成都城市空间形态扩展时空演化过程及其规律分析》，硕士学位论文，西南交通大学，2009年。

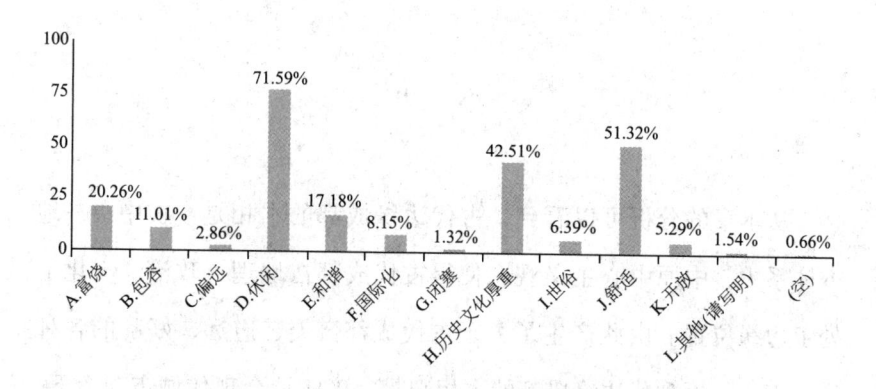

图 2-5 外地人对"成都最突出的特征"认知的百分比

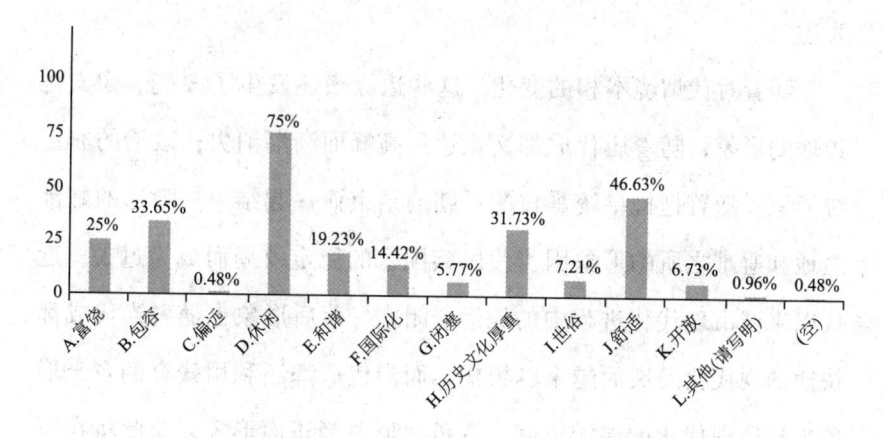

图 2-6 成都人对"成都最突出的特征"认知的百分比

"我觉得成都人是怎么样的"一题,"洋气""创新""通达"这几个形容词都处于明显的正分范围或负分范围,说明人们倾向于认为成都人具有这些特质,当代成都人已经在很大程度上摆脱了"盆地意识""农耕文化""小农心态"影响下的乡土、保守、顽固等典型的形象。

小　结

　　从本章的分析可以看到，古代边缘成都的本相是：在中央—地方体系中，中原中心主义观念使得古代成都在地理、政治、文化上处于边缘位置。由此产生了关于古代成都蛮夷、边远、好乱的各种形象表述。近现代边缘成都的本相则是：工业社会现代城市观念下，成都处于落后的境地。由此也产生了偏远、闭塞、落后的成都形象表述。

　　随着时代情境本相的变化，这些边缘表述发生了改变。像文化边地的形象，随着唐代成都文化达到高峰而渐渐消失；政治的非正统形象，随着把持皇统霸权的晋朝的结束而一起结束；险远的好乱之地和避难之所的形象因当代民族国家的稳定政局而成为过去；近代以来城市现代化进程中的偏远、闭塞、落后形象也随着当代成都快速的现代化发展而越来越模糊，而当代成都还利用残存的乡土形象来打造现代化的旅游空间，变负面形象为正面形象，对此将在第四章第一节中详述。

第三章 多元"休闲":国家、精英与民众视野中的地方风俗

关于成都风俗,古代文献中有很多表述,以"淫泆""奢侈""溺于逸乐""尚奢""尚侈""骄侈""骄奢""奢华"等为关键词,其内容包括喜好音乐、吃喝、吹嘘、观赏、聚会、赌博、遨游等。一言以蔽之,成都的风俗形象就是溺于感官享受。清末民初至20世纪八九十年代,成都风俗的关键词以"闲"为核心,包括"悠闲""闲适""闲逸""安逸""舒适"等词语,但其内容没有太大变化,仍是感官享受的一系列行为。20世纪80年代,西方的"休闲"概念在中国广泛传播,人们开始更多地用"休闲"来称呼成都的风俗特质。因为成都风俗讲求感官享受的内容和本质没有发生根本变化,所以本章姑且用"休闲"一词来概言成都的古今风俗。

对成都休闲风俗的正负面看法,从古到今,一直进行拉锯战。随着时代语境的变化,各种社会群体对休闲的态度也发生着变化。国家政权对成都的休闲基本上持批评的态度和改造的做法,直到21世纪才有所改变。地方官僚则通过控制打压、从俗而治等方式来正风励俗。自古至今的文化精英对成都的休闲风俗一直存在着警惕批

判与沉醉赞美两种针锋相对的态度。而外在的批判几乎从未能从根本上撼动成都民众享受休闲的生活乐趣。成都的风俗形象牵涉到成都城市发展史上有关地方治理，政府、精英与民众的关系，新文化与旧文化，现代化与全球化等重大议题。

第一节　历史表述：风教王道观下的成都风俗

当代被大多数人称道的成都休闲之风，在历史上却多被"淫泆""奢侈""溺于逸乐""尚奢""尚侈"等贬义词来形容。在反复的表述中，成都奢侈逸乐的形象被固化、丑化了。中国的风教政治意识形态以及儒家正统的勤俭价值观、家庭伦理观和乡党观念等，使得休闲成都长期被批判。

中国古代意识形态向来重视各地风俗，常将观风问俗和王道、王教关联起来。班固在《汉书·地理志》中写道：

> 凡民函五常之性，而其刚柔缓急，音声不同，系水土之风气，故谓之风；好恶取舍，动静亡常，随君上之情欲，故谓之俗。孔子曰："移风易俗，莫善于乐。"言圣王在上，统理人伦，必移其本，而易其末，此混同天下一之乎中和，然后王教成也。[①]

班固的意思是一个地方的民众的性格受到当地水土的影响，所以形成的风俗不同。有的地方风俗不好，需要统治者从根本上来改

---

① 班固：《汉书》卷28下《地理志》，中华书局1962年标点本，第1640页。

第三章 多元"休闲":国家、精英与民众视野中的地方风俗

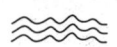

造,以达到"王教"。这揭示了政治与风俗的关系,以及国家对风俗进行管理的责任。

从《尚书》开始,中国古籍就强调圣人正风俗的社会责任,汉代应劭的《风俗通义》中说:

> 风者,天气有寒暖,地形有险易,水泉有美恶,草木有刚柔也。俗者,含血之类,像之而生,故言语歌讴异声,鼓舞动作殊形,或直或邪,或善或淫也。圣人作而均齐之,咸归于正;圣人废,则还其本俗。尚书:"天子巡守,至于岱宗,觐诸侯,见百年,命大师陈诗,以观民风俗。"孝经曰:"移风易俗,莫善于乐。"传曰:"百里不同风,千里不同俗,户异政,人殊服。"由此言之:为政之要,辨风正俗,最其上也。①

应劭认为地方风俗有正善的,也有邪淫的,圣人要出来改造不好的风俗,辨风正俗是为政最重要的事情。

班固和应劭的观点代表了中国古代社会对政治和风俗关系的看法。地方风俗是关系到国家是否正常运转,人伦是否谐和,天下是否中和,王道是否达成的为政要素。因此,对于地方风俗,国家政权和精英担负着无可置疑的、不可撼动的主导、改造、修正职能。这种观念一直贯穿中国历史,历朝历代的皇帝和官吏都保持着对各地和异国风俗的浓厚兴趣和了解责任,上古有太史辀轩问俗,周代有采诗官,汉代有风俗使,唐代有观风俗使,清代有观风整俗使。文人士大夫们也特别注意记录和评判地方风俗。

国家和精英对地方风俗的表述,影响着地区的风俗形象和政治

---

① (汉)应劭:《风俗通义》序,王利器《风俗通义校注》,中华书局1981年版,第8页。

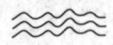

实践,这在对成都的风俗表述中体现得淋漓尽致。华夏价值观以儒家思想为正统,儒家以农业劳动为立国、立身之本,崇尚农耕劳动,勤劳节俭。在这个基础上认识成都风俗,就很容易简单地将成都好游玩、爱消费的风俗视作享乐放纵。从班固"轻易淫泆"的表述开始,对于成都风俗的负面态度贯穿古代历史,形成了"淫泆""逸乐""奢侈"等固定套语,这样的负面风俗一直受到国家和精英的批判、纠正、教化、治理。

一 国家史志

古代中国人认为地理位置对地方习俗文化有很大影响,甚至有着决定性的因素。"一方水土养一方人"的思维方式从司马迁起就有了。《史记·货殖列传》对各地的地理、物产、风土、性情进行了总结,为后世各种史书的地理志和各地地方志的民风总结创造了先例。对巴蜀之地的风俗,史书上也采取相似的叙述和分析方式。在古代,最能体现国家意志的文献是国家官修史志,其中对地方风俗最集中的表述是正史当中的《地理志》以及《一统志》。《汉书·地理志》《隋书·地理志》《宋史·地理志》《大明一统志》《大清一统志》中对蜀地、成都的风俗有很详细的述评。

《汉书》开创了"志"这类正史中的次级文体,并第一次将"地理"引入"志"当中,成为后世正史依循的范式化书写体例。《汉书·地理志》对巴、蜀、广汉的风俗表述具有典范性、权威性,是后世正史书写的范例,开启了对该区域风俗负面表述的传统。它写道:

> 巴、蜀、广汉本南夷,秦并以为郡,土地肥美,有江水沃野,山林竹木疏食果实之饶。南贾滇、僰僮,西近邛、筰马旄

第三章 多元"休闲":国家、精英与民众视野中的地方风俗

牛。民食稻鱼,亡凶年忧,俗不愁苦,而轻易淫泆,柔弱褊阨。景、武间,文翁为蜀守,教民读书法令,未能笃信道德,反以好文刺讥,贵慕权势。①

巴、蜀、广汉因为土地肥美、物产丰富,民众吃的都是稻米和鱼,所以没有灾荒之年的忧虑,当地风俗是不愁苦。接下来,"轻易"是说原因,物产丰富,无须苦作,"淫泆""柔弱褊阨"是说结果。"淫"乃过度、无节制;"泆"通"溢",乃放纵;"褊"通"惼",指气量狭小、急躁;"阨"原意为木节,引为不顺。贯通起来,"淫泆"就是说生活上过度放纵,"柔弱"是说个性不刚强,"褊阨"是指气量狭小急躁、不顺从。

在这段话之后,班固专门讲到汉中的风俗,说"而汉中淫失枝柱,与巴蜀同俗"。"失"乃纵也,"枝柱"颜师古注:"言意相节却,不顺从也。"这里又一次说明,巴蜀的风俗是过度放纵的、不顺从的。

很明显,班固把华夏的主流价值观作为评判巴蜀风俗民情的标尺。在经过长期的推行儒术后,儒家的伦理道德观念成了汉代社会的主流价值。儒家思想的代表人物孔子、孟子、荀子等都倡导节俭、知足的消费观,这符合农业文明与自然经济的发展水平。② 因此,巴蜀人无节制挥霍天赐物产的消费行为,是不合儒家消费观的。儒家又把"中庸"看成是最高的道德标准和解决问题的最高智慧,"过犹不及"与"不及"都是不好的。而巴蜀风俗不止于"过",乃是"淫""泆",过度放纵恣意;而在个性气质上,巴蜀人"柔弱",用

---

① 班固:《汉书》卷28下《地理志》,中华书局1962年标点本,第1645页。
② 参见王雪萍《儒家的节俭知足消费观及其现代价值》,《社会科学家》2010年第2期。

儒家标准来看,是"不及"。这些都严重偏离了儒家的"中庸之道"。儒家还将"礼""忠""孝""悌"作为为人的德性标准,而巴蜀之人"褊厄""好文刺讥,贵慕权势",不讲"礼",对国家、对他人"褊厄""枝柱",不讲"忠""孝""悌"。

可见,无论是从行为规范,还是从民风人情来讲,巴蜀都与中原格格不入,自成格局,所以班固把秦时就并入华夏的巴、蜀,仍视为尚未完全开化的"南夷"。此后,在王朝史书的篇章中,在官吏文人等社会精英的笔下,总是反复重复这种负面论调:因为资源太丰厚了,所以人就放纵逸乐。

虽然《华阳国志》并非官修志书,但对后世国家官修史志产生了很大影响,① 因此在此处一并分析。《华阳国志·蜀志》中有两处对蜀地风俗的记载:

> 其卦值坤,故多斑彩文章。其辰值未,故尚滋味。德在少昊,故好辛香。星应舆鬼,故君子精敏,小人鬼黠。与秦同分,故多悍勇。在《诗》,文王之化,被乎江汉之域,秦豳同咏,故有夏声也。②

> 然秦惠文、始皇,克定六国,辄徙其豪侠于蜀;资我丰土,家有盐铜之利,户专山川之材,居给人足,以富相尚。……祭奠而羊豕夕牲,赠襚兼加,赗赙过礼,此其所失。原其由来,染秦化故也。……盖亦地沃土丰,奢侈不期而至也。③

---

① 《华阳国志》对"唐宋时期的《元和郡县志》《太平寰宇记》,至元明清时期的《一统志》和各地方各类方志,都有直接或间接的影响"。舒大刚、李冬梅等编撰:《巴蜀文化通史·文献要览卷》,打印版,2010年,第150页。
② (晋)常璩著,任乃强校注:《华阳国志校补图注》,上海古籍出版社1987年版,第113页。
③ 同上书,第148页。

第三章 多元"休闲":国家、精英与民众视野中的地方风俗

第一段对蜀地风俗的认识基于易经八卦说和五行说,这两种学说是更系统、深刻的地理决定论。八卦说认为西南方在八卦中居于坤位,而蜀地位于中国的西南,所以蜀地就有坤卦的所有性质。五行说又认为五行与方位、天文、天干、地支、帝王、音、声、色、味等都是对应联系的。蜀地在地理位置上对应西南坤卦,所以出现了很多文彩斑斓的文章;它的方位对应十二地支中的未,所以崇尚滋味;它的帝王是少昊,所以喜好辛辣;它分野的星宿对应舆鬼星,所以君子精明敏捷,小人奸诈狡猾;它与秦国同属一个分野,所以民风多悍勇。与中央史官将蜀地视为蛮夷不同,成都人常璩坚定地认为蜀地是华夏之邦,他证明:文王的教化遍及江汉流域,那么秦地歌谣《秦风》《豳风》都具有华夏族的音乐特点,那么蜀国和秦国一样保有华夏族的风俗。

第二段,常璩将蜀地崇尚富裕、过度豪奢的风俗,既归结于土地肥沃丰饶,又归结于秦国风俗的影响,这也是出于将蜀地归入华夏的目的。常璩虽然力保蜀地正统地位,言语间也颇多自豪,但他仍用中原主流价值观在评价蜀地风俗,所以用了"奢侈"这个贬义词来总结蜀地风俗,也认为过于奢侈是蜀人"有失"。

《隋书·地理志》在谈到包括蜀郡在内的"蜀之旧域"的风俗时总结道:

> 其地四塞,山川重阻,水陆所凑,货殖所萃,盖一都之会也。……其风俗大抵与汉中不别。其人敏慧轻急,貌多蕞陋,颇慕文学,时有斐然,多溺于逸乐,少从宦之士,或至耆年白首,不离乡邑。人多工巧,绫锦雕镂之妙,殆侔于上国。贫家不务储蓄,富室专于趋利。其处家室,则女勤作业,而士多自闲,聚会

成都形象：表述与变迁

宴饮，尤足意钱之戏。小人薄于情礼，父子率多异居。①

《隋书》仍然认为蜀地风俗"大抵与汉中不别"。汉中的风俗在该卷稍前提到过，是这样讲的：

> 汉中之人，质朴无文，不甚趋利。性嗜口腹，多事田渔，虽蓬室柴门，食必兼肉。好祀鬼神，尤多忌讳，家人有死，辄离其故宅。崇重道教，犹有张鲁之风焉。每至五月十五日，必以酒食相馈，宾旅聚会，有甚于三元。②

《隋书》仍然采用地理决定论，认为蜀地风俗因为地形封闭、物产丰富而自成一体。蜀人保持了"敏慧轻急"的个性，"颇慕文学"的爱好，"溺于逸乐"的风俗。它采用了更多的例证来证明这些特点，比如蜀人很少有做官的士子，有的到老年头发都白了，还未曾离开过家乡；男子多过着悠闲的日子，聚会宴饮，尤其喜欢博戏；嗜好口腹之欲，即使是贫寒之家，吃饭也必定有肉；每到五月十五日，必然用酒食相互馈赠，在外的人相聚在一起，欢闹比过年还甚。总之，过于爱吃爱玩是蜀地的最突出的民风。

另外，《隋书》还新增了一些蜀人的特点，像"工巧""女勤作业"等正面的品质，这些大概都是从"绫锦雕镂之妙"上得到的印象。但是，负面形象仍占据主要地位。如"貌多蕞陋"，蜀人的样貌多是丑恶猥陋的，这个描述显然不可能是事实，大概正是由于行为和价值观都与中原不同，所以才被史家看得如此不堪；"贫家不务储蓄，富室专于趋利"与儒家"高储蓄、低消费"和"重义轻利"的

---

① 《隋书》卷29《地理志》，中华书局1973年标点本，第830页。
② 同上书，第829页。

第三章 多元"休闲":国家、精英与民众视野中的地方风俗

倡导相悖;①"小人薄于情礼,父子率多异居"与"礼""孝"的德行和人伦相悖;"好祀鬼神,尤多忌讳,家人有死,辄离其故宅""崇重道教"又与"子不语怪、力、乱、神"的圣训和五服守孝制度背道而驰。

可见,在《隋书·地理志》中,蜀地的风俗人情除了依然延续《汉书·地理志》中轻易淫泆的主要表述之外,还多了若干不合儒家道德法度的负面要素。

《宋史·地理志》对四川路风俗的记录模式仍然与前代史书相同,并用另外的词语和例子表述轻易淫泆的风俗:

> 川、峡四路……土植宜柘,茧丝织文纤丽者穷于天下,地狭而腴,民勤耕作,无寸土之旷,岁三四收。其所获多为遨游之费,踏青、药市之集尤盛焉,动至连月。好音乐,少愁苦,尚奢靡,性轻扬,喜虚称。庠塾聚学者众,然怀土罕趋仕进。②

"少愁苦""性轻扬""罕趋仕进"继承了前朝史书的表述,《汉书》中的"好文刺讥"则变为更负面的"喜虚称","奢靡"之风又增加了两条证据:劳动所获的钱财多用在了遨游上,踏青、药市的集会尤其盛大,动不动就连月举行;喜好音乐。

明代官修地理总志《大明一统志》卷67《成都府》之"风俗"条基本是前朝文献的罗列:"俗不愁苦"引《汉书》,"人多工巧"引《隋书》,"畏鬼恶疾"引《旧唐书·高俭传》,"尚侈好文"引《益州记》,"文多于质"引《华阳国志》,另有"民重蚕事""俗好娱乐"、简州"民和俗阜"、茂州"以勇悍相高"、仁寿"有古淳质

---

① 参见叶德珠《儒家思想与高储蓄、低消费之谜》,中国金融出版社 2011 年版。
② 《宋史》卷89《地理志·五》,中华书局1977年标点本,第2230页。

风",石泉军"以耕稼孳畜为生"引用他书。[①]《大明一统志》记录的是统领五州二十六县的成都府的风俗。明显地,成都核心区域最突出的风俗特征还是反复述说的"俗不愁苦""尚侈""俗好娱乐"。

《大清一统志》完全承继了《大明一统志》的记录模式。在"成都府"之"风俗"条中引用了《汉书·地理志》《隋书·地理志》《宋史·地理志》《华阳国志》等若干古籍文献的风俗记载。[②]

上述种种国家官方表述,以"淫泆""奢侈""溺于逸乐""尚奢靡""尚侈"等一系列贬义词组为核心,由成都人的诸多行为做支撑:喜欢音乐、吃喝、吹嘘、聚会、赌博、遨游,不愿出门做官……由于国家官方史志固定的叙事传统,成都形象在同结构的反复重述中被固定了,成为中庸、节俭形象的反面对应。

二 官修地方志

四川、成都的官修地方志,对于成都地区的风俗有着与国家官方不太一样的表述,从总体上看,呈现重农、好文、有礼、尚俭的正面形象,靠近国家主流意识形态。

四川及成都地区官修地方志兴起于明清时期。在四川省志方面,有明正德《四川总志》、嘉靖《四川总志》,万历九年《四川总志》、万历四十七年《四川总志》,清康熙《四川总志》、雍正《四川通志》、嘉庆《四川通志》等;在成都地区府县志方面,有明宣德《成都府志》(未成)、成化《四川成都志》(散佚)、天启《成都府志》、清康熙《成都府志》、嘉庆《成都县志》、同治《重修成都县

[①]《大明一统志》,三秦出版社 1990 年影印本,第 4175、4176 页。
[②]《嘉庆重修大清一统志》卷 383,影印四部丛刊续编。

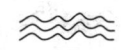

第三章 多元"休闲"：国家、精英与民众视野中的地方风俗

志》，以及明清时期纂修的成都府下辖各县的县志若干。

明嘉靖《四川总志·郡县志·成都府》"风俗"条，前半部分与《大明一统志·成都府》"风俗"条"俗好娱乐"之前的记载完全相同，都是引用前代关于成都风俗的文献，后半部分则引成都各县县志记述的风俗。这些成都辖下县份的风俗记载，大致可以总结为几大类：

第一，重农，"务农业儒"（《新都志》）、"业耕读寡争讼远佛老"（《新都志》）、"重农桑有文物"（《资阳志》）、"以耕稼畜牧为生"（北宋《石泉军图经》）、"勤力农桑"（《罗江志》）。

第二，好文，"事多从简文渐为盛"（《金堂志》）、"地瘠力耕颇好文学有古淳质风"（宋《仁寿志》）、"人多竞利士有好文"（《郫县志》）、"沾濡文化笃信风水"（《崇庆志》）、"南轩风韵犹存"（《绵竹志》）。

第三，有礼，"民富礼盛今颇变昔"（《新繁志》）、"有古齐鲁风"（《内江志》）、"力耕织尚礼文"（《新津志》）、"人士俊乂不乱不饥"（《华阳国志》）。

第四，俗尚俭朴，"静约不侈"引《安县志》、"节俭好礼狱讼稍炽"（《德阳志》）、"文而不华俭而不侈"（《绵州彰明县志》）、"愿悫好静"（《井研志》）、"民和俗阜东朴西文"（刘吴《简州折柳亭记》）、"敏惠质朴"（《彭县崇宁县志》）、"淳美雅重"（《什邡志》）。

第五，有夷风，"俗杂羌夷渐回文物"（《灌县志》）、"人好弓马勇悍相高"（引《寰宇记》茂州风俗及《汶川志》）、"俗本氐羌多习射猎"（《威州保县志》）。[①]

[①]（明）嘉靖：《四川总志》卷3《郡县志》，北京图书馆古籍珍本丛刊史部地理类影印本，书目文献出版社1997年版，第58页。

成都形象：表述与变迁

清嘉庆《四川通志·舆地·风俗》"成都府"条中同样也罗列了成都各县县志所载风俗，更加呈现出与重农、重儒、俭朴、礼让的儒家理想相符的样态："民俗俭朴习尚淳良"（《双流县志》）、"务农业儒无为匪作奸"（《温江县志》）、"民富俗淳人文蔚起"（《新繁县志》）、"业耕读寡争讼远佛老"（《新都县志》）、"士朴民厚颇称淳风"（《郫县志》）、"士皆敏慧人皆朴质"（《崇宁县志》）、"俗尚气节民知井耕"（《灌县志》）……①

同治《成都县志》卷2《风俗》也辑录了古代诸多文献的风俗言辞："俗不愁苦，尚侈好文，民重蚕事，俗好娱乐，居给人足，以富相尚，土地沃美……"之后描绘了成都满族、蒙古族的风俗："八旗冠婚丧祭，满州蒙古各遵祖法，节文虽异，皆不逾礼；宗族婚姻，颇相亲睦；交游重义，酬答必丰；其俗简约，不尚华靡；其人憨直，不好私斗，巧于树艺，亦习诗书，骑射最精，果勇善战"。

为何这些地方志中成都府辖下县份的风俗，与国家官方表述中的成都风俗大不相同？

第一，成都府地域广阔，民族众多，其内部的确存在多元风俗。成都城区位于成都平原核心区，城市以工商业为主，所以国家史书当中并不强调"重农"；而周围县份则多乡村，且多位于丘陵或山地地区，所以地方志中县乡多有"重农"习俗，且俗尚俭朴。这一点本质上是城乡差异。而成都城市内部少数民族与成都周边民族地区的风俗与汉族有区别，这一点是民族差异。

第二，明清时期，成都地区的淫泆奢靡之风较前代确有收敛。纪昀在《四库全书总目》为《岁华纪丽谱》写的提要中总结了成都

---

① （清）常明、杨芳灿等纂修：《四川通志》，巴蜀书社1984年影印本，第1284页。

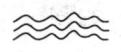

第三章 多元"休闲":国家、精英与民众视野中的地方风俗

唐宋时期"富贵优闲,岁时燕集"的习俗,认为尽管"遨头行乐之说,今尚传之",但"南宋季年,蜀中兵燹,井间凋敝,乃无复旧观"。① 元明清时期,成都几经战火,在宋末元初、明末清初很长时间里,成都城市毁坏,人口低迷,百业凋敝。据历史学者研究,"明清时期成都城市的经济和社会在全国的地位已不如唐宋时那样居于中国甚至世界第一流城市的位置,出现了下降趋势","全国八大商业都市有京、杭、苏等,却没有成都"。② 经济恢复以后,成都虽然仍有繁华气象,但终究不及往时,风俗自然也就不如以前淫泆奢靡。而较为贫苦的境遇,必然使得民众勤务耕织,生活节俭,并且通过仕进改变命运,所以成都反而出现与正统价值观相符的民风。

第三,国家官方表述的最小地域单位是府,只能笼统体现府这个较大区域范围的民俗,而地方志的最小地域单位是县,可以更细致地反映地方的多元风俗面貌。

第四,国家官修史志是站在中央王朝立场上的,对各地风土人情进行点评,以期对国家的统治政策提出参考,所以对地方"陋俗"不用隐饰;而地方志由地方政府主持纂修,地方志的风俗内容关系到地方官员的为政评价和历史定位,自然会张扬与国家主流价值观相同的"良俗",而隐匿类似淫泆奢靡这样的"陋俗"。而且参与地方志撰写的人员多为本地文人,他们也会出于家乡情结去扬善避恶,以维护地方形象。地方志纂修者们还会夸赞当地风俗醇厚来显示国家朝廷教化有方,如嘉庆《四川通志》就说:"我国家大化翔洽,仁渐义摩,士习民风,蒸蒸日上。……以视《晋志》所称风气强,

---

① (清)纪昀:《岁华纪丽谱》提要,《四库全书总目》卷70《史部二十六》,清乾隆武英殿刻本。
② 《成都通史导论》,段渝:《成都通史·古蜀时期》,四川人民出版社2011年版,导论第19页。

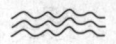

梁隋书所称人性轻急，今则优而柔之咸遵轨度矣。"①

可见，明清时期四川和成都的地方志对于成都风俗的记载，弥补了以前国家官修史志中的遗漏和不足，还原了成都内部的多元民俗，强调了成都地区勤务耕织的风俗。

然而，我们发现，除了成都府下辖县的风俗是新撰的之外，不管是省一级的地方志，还是府县的地方志，在成都城市的风俗上都沿用前朝的文献，这说明成都核心区域的风俗较前朝区别不大，溺于逸乐、奢靡尚侈仍然存在。天启《成都府志》卷3《风俗志》就说："益州记曰尚侈好文，滥觞至今，流而为不逊。"②

三 精英表述

除官方表述外，地理学家、文学家、史学家、政府官员等社会精英个人对于成都的风俗也多用"豪侈""骄侈""骄奢""奢华"等负面词语来形容，尽管他们有时并没有贬抑的意思，这说明全社会对成都风俗已经形成根深蒂固的印象。宋代知益州的薛田就说："民知礼逊蚕丛后，俗尚奢华邃古先。"他认为成都风俗崇尚奢华是自古以来就有的客观现象。

在国家官修史志、地理志以外，文人士大夫也喜好编撰地理志，这些地理志往往引用或沿用以前国家官修史志的语言，在对于成都风俗的表述中继续承袭"骄""奢""侈"的传统，此处试举其中几部具有巨大影响力的地理志为例说明。唐代李吉甫撰的《元和郡县志》是中国现存最早的总地志，该书在唐以后多有散佚，据清代《元和郡县志阙卷逸文》卷2说："扬州与成都号为天下繁侈，故称

---

① （清）常明、杨芳灿等纂修：《四川通志》，巴蜀书社1984年影印本，第1283页。
② （明）冯任修等：《（天启）新修成都府志》，钞本。

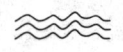

第三章 多元"休闲":国家、精英与民众视野中的地方风俗

扬、益。"这是第一次将"繁""侈"明确专指成都一地。宋初乐史所著的全国性地理总志《太平寰宇记》在"成都府"的"风俗"条目中引用了前述《汉书》原文,并进一步评述道:"地沃人骄,奢侈颇异,人情物态,别是一方。"[1] 又一次强调该地区的骄奢。元初刘应李《大元混一方舆胜览》"成都路"的"风土"条目,采多种史料文献描述了成都路地区"民性循柔""尚侈好文""遨头宴集"的民性民风。[2]

除了众所周知的地沃物丰导致耽于逸乐的原因外,成都风俗为何会以淫泆奢侈、溺于逸乐的形象出现在历史上,从他们的笔下可以寻找到一些理路。

成都上层统治者和富裕阶层的豪奢生活,既是成都淫泆奢侈、溺于逸乐形象的重要来源,也在实际上带动了成都好游玩、尚奢侈的民风。

汉代扬雄《蜀都赋》铺陈成都迎春送冬的习俗:

> 尔乃其俗,迎春送冬,百金之家,千金之公,乾池泄澳,观鱼于江。若其吉日嘉会,期于倍春之阴,迎夏之阳。侯罗司马,郭范晶杨;置酒乎荥川之闲宅,设座乎华都之高堂。[3]

显然,观鱼、嘉会、宴饮、游玩这些所谓迎春送冬的习俗,乃是"侯罗司马,郭范晶杨"这些成都世家大姓的活动,不能代表普通小民的生活。同样,晋代左思《蜀都赋》中描绘的终冬始春的旧俗、张载《登成都白菟楼诗》描绘的"人生苟安乐,兹土聊可娱"

---

[1] (宋)乐史:《太平寰宇记》,中华书局1999年影印本,第79页。
[2] (元)刘应李原编,詹有谅改编,郭声波整理:《大元混一方舆胜览》,四川大学出版社2003年版,第232页。
[3] (汉)扬雄:《蜀都赋》,《成都文类》,中华书局2011年版,第3页。

的奢靡生活,都只是限于成都"卓郑"这样的豪族。

唐代文人符载写过许多在成都陪同宴饮的诗歌,他在《上巳日陪刘尚书宴集北池序》中说成都"岁时风俗豪侈,凡所好尚,奇伟谲怪"①,从他的描述来看,也只有刘尚书这样的贵人才能举办如此豪奢的宴集。但如此行为,也被作者归到成都一地的"岁时风俗"里了。陈子昂也认为成都风俗重财富,喜田猎,但他就明确把"豪侈"的行为归于"士"这个阶层:"士多豪侈。"②

五代是成都一个特别安宁的时期,统治者的奢侈行为带动了全民尚侈。明代曹学佺用"妖侈"来形容这一时期的风俗。前蜀后主王衍喜好微服出游民间,日夜饮酒,营建宫殿,巡游诸郡。他晚年时,成都兴起戴小帽儿的流俗,小帽儿仅仅把头顶盖住,一抬头就掉到地上,所以叫"危脑帽",王衍认为这个名称不详,禁止了这一风俗。而他喜欢戴大帽儿,微服出访民间,民间都以大帽儿来辨识他,所以他命令国人都戴大帽儿。他的后宫都戴金莲花冠,穿道士服,在脸上搽砾粉,叫作"醉妆",国人皆都纷纷效仿。后蜀后主孟昶也带头掀起全民游赏的风潮。他游览浣花溪,沿河都修筑亭台楼榭等游赏之处,"都人士女,倾城游玩,珠翠绮罗,名花异香,馥郁森列。昶御龙舟观水嬉,上下十里,人望之如神仙之境"③。孟昶当政时期,社会安定,"村落间巷之间,弦管歌诵,合筵社会,昼夜相接"④。君王的骄奢淫逸化民狂薄之俗,此

---

① (唐) 符载:《上巳日陪刘尚书宴集北池序》,《文苑英华》卷711,中华书局1966年影印本,第3670页。
② (唐) 陈子昂:《临邛县令封君遗爱碑》,《四部丛刊·陈伯玉文集》卷5,景秀水王氏二十八宿研斋藏明弘治杨澄刊本。
③ (宋) 张唐英撰,王文才、王炎校笺:《蜀梼杌校笺》卷4,巴蜀书社1999年版,第375页。
④ 同上书,第381页。

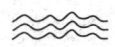

第三章 多元"休闲":国家、精英与民众视野中的地方风俗

为前、后蜀亡国的主要原因。

警惕和批判:"当心成都俗""莫作锦城游"。中国古代的精英阶层深受儒家教化,认同儒家的风教王道观念,对不同于国家主流意识形态的风俗文化心怀忧虑和不满。在诗文中,就有很多对于成都逸乐奢靡风俗的警惕、讽刺和批判。

宋太宗时知益州的张咏写《悼蜀诗》追忆五代及宋初的蜀地,他开篇写道:"蜀国富且庶,风俗矜浮薄。奢僭极珠贝,狂佚务娱乐。"接着描摹蜀人昼夜作乐、赌博游赏的景象,然后他评论说,"天道本害盈,侈极祸必作",灾祸的原因在于当政者"不能宣淳化,移风复俭约。情性非方直,多为声色着",受到战争重创后,"悲夫骄奢民,不能饱葵藿"。[①] 全篇用"浮薄""狂佚""侈极""骄奢"等词形容蜀地的统治者和民众,对上下一致的骄奢风气给予严厉的抨击,并认为只有使风俗变得俭约才能拯救蜀地。然而,张咏在任上并未对成都风俗做出大刀阔斧的改革,而是从俗而治,取得了很大成效,后来韩琦在给张咏写的神道碑中说:"蜀风尚奢,好邀乐。公从其俗,凡一岁之内,游观之所与夫饮馔之品,皆著为常法。后人谨而从则治,违之而人情不安。"[②]

明朝天启年间在成都做官的李一公在《重刻华阳国志序》中对蜀中的淫泆风俗发出感叹:"盖坤维之应,不患斑彩之不盛,正惧文已盛而质尽漓。精爽之扬,不患物产之不饶,正惧用物多而生趣薄。"[③] 他怕的不是斑彩不盛,而是怕文采过盛而侵蚀了本质;怕的不是物产不丰富,而是怕物质过于多而志趣就淡薄了。

---

① (宋)张咏:《悼蜀诗》,《全蜀艺文志》,线装书局 2003 年版,第 113 页。
② 韩琦:《故枢密直学士礼部尚书赠左仆射张公神道碑铭》,《安阳集》卷 5。
③ (晋)常璩著,任乃强校注:《华阳国志校补图注》,上海古籍出版社 1987 年版,第 746 页。

针对成都麻将风的盛行，清代诗人冯家吉作《锦城竹枝词》讽劝："可惜青蚨飞去尽，当思输到貌如花。"①告诫人们当心铜钱都没有了，把老婆给输掉了。另有《成都竹枝词》也批判成都人打麻将："输赢动以千万计，挥霍如斯实乱阶。……如此浇风成习惯，老成反笑不开通。"②

清末成都人傅崇矩在《成都通览》一书中论述国运盛衰、风俗厚薄与人心邪正的关系后，痛心地慨叹"王化衰微"，"伤风败俗，蔑理悖伦之事，层见叠出"，这些事中包括众多成都传统的感官享乐事项，如"子弟好赌博""好饮食，有饭食便口软""茶铺聚谈，好造民谣""好看戏，虽忍饥受寒亦不去，晒烈日中亦自甘""青年子弟穿着好奢华""街上夜行，口中好唱戏""好聚谈"等。傅崇矩说，记录这些事情是"希其改良风俗"。在该条末尾，他对成都乡村的"乡风古板，尚不入靡丽派"加以肯定，认为"未可厚非"。③

由于担心成都溺于逸乐、过于安逸的风俗会摧毁人的意志和上进心，很多士人劝诫人们"当心成都俗"或"莫作锦城游"。由此，成都（锦城）成为中国文化中诱人堕落的安乐乡的代名词。

唐玄宗时，张说告诫去蜀地做官的友人要保持自己的清白秉性，不要被成都追求享乐的风俗所影响："色丽成都俗，膏腴蜀水滨。如何从宦子，坚白共缁磷。"《蜀道难》中一句"锦城虽云乐，不如早还乡"天下闻名，李白告诫人们不要久留成都这个安乐乡。

元人周霆震《刘能翁入蜀省父序》记叙了江西安福县人刘能翁二十年来多次入蜀探视父亲的故事。刘能翁九岁时，其父刘清叔到

---

① 冯广宏、肖炬编注：《成都诗览》，华夏出版社2008年版，第343页。
② 同上书，第343、344页。
③ （清）傅崇矩：《成都通览》，天地出版社2014年版，第93、94页。

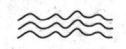

四川游历不返,能翁来川寻父回家,但父亲依恋蜀地山水,不但不愿回家,反劝能翁母子来蜀同住,刘能翁只能在两地间奔波探视。作者特意向"蜀士大夫多贤者"呼吁,请他们劝刘清叔回家。① 元人王礼《送王生入蜀迎父序》里也提醒要到成都去寻找父亲的王生,"锦城名番善地也,佳丽纷华不减于浙","周览胜概,俯仰徘徊"可以,但"慎无迟回宿留,玩日愒时",忘了家里人"倚门之望"。②

到了明朝,更有人直接劝人们不要去成都了。明代著名理学家薛瑄到成都做官,写下《效竹枝歌》:"锦官城东多水楼,蜀姬酒浓消客愁。醉来忘却家山道,劝君莫作锦城游。"③ 这种观念深入人心,以致现代著名数学家华罗庚也写下"锦城虽乐,不如回故乡;乐园虽好,非久留之地"的警句。

清代至民国时期,陕西、甘肃等地流行民谚"少不入川",其实主要是指入成都,"莫作锦城游"的担心被推到极致。年少时正是胸怀天下的时节,如果少年人过早来到成都平原,就会被这里安逸的生活所腐蚀,流连忘返乐不思归,那么将一生平庸,难成大事。

传统儒家以亲情为本位衍生出一整套家庭伦理,比如父为子纲、夫为妻纲、父慈子孝、兄友弟悌,等等。成都逸乐的生活氛围消弭了人的意志,容易让人做出不尊不慈、不孝不敬的举动,破坏了作为社会基石的家庭伦理。除了血缘的亲情,成都的逸乐生活还破坏了社会的另一基础——地缘的乡情。儒家极其重视"乡党",即家乡、乡亲,对家乡的依恋是人类的普遍情感,而乡党在中国传统社

---

① (元)周霆震:《刘能翁入蜀省父序》,《石初集》卷6,民国南昌豫章丛书编刻局刊本。

② (元)王礼:《送王生入蜀迎父序》,《麟原王先生文集后集》卷3,《四库提要著录丛书集112》,北京出版社2011年版,第628页。

③ 冯广宏、肖炬编注:《成都诗览》,华夏出版社2008年版,第321页。

会又是上层权力与社会基层的连接器，一个人如果乐于背井离乡，不仅不符合人性人情，也是对乡党社会的背叛，而成都就会让人做出这样的事情。儒家提倡积极入世，鼓励上进，而成都的安乐又会腐蚀人的意志，让人堕落。这样的成都休闲之风当然是社会精英们所不能容忍的。

沉醉与赞美：侈丽繁华，艳称佳话。精英们在"理"上，认为成都风俗该批判、该改变；在"情"上，又不由自主地欣赏、羡慕、赞叹成都风俗。这种矛盾态度很好地体现在纪昀为《四库全书总目》写的《岁华纪丽谱》提要中："其侈丽繁华，虽不可训，而民物殷阜，歌咏风流，亦往往传为佳话，为世所艳称。"[①] 精英们还是忍不住将自己的闲情逸致、审美体悟赋予成都风物，这也在一定程度上塑造了成都少愁苦、喜音乐、好吃喝、爱闲耍、好言谈的风俗形象。

前面所引扬雄《蜀都赋》和左思《蜀都赋》，都极力铺写成都的游乐之风，开启了文学史上对成都风俗浓墨重彩的描摹状写。所谓"自古诗人例到蜀"，历史上许多著名的文人都到过成都，他们留下的诗篇展现了一个休闲的成都。

诗圣杜甫在成都度过了近四年的时光，留下了两百多首描写成都的诗歌。杜甫一生的诗歌充满了沧桑忧患，唯独在成都的诗篇是别具一格的轻逸平和，成都时期是其诗歌创作生涯中的巅峰时期。随着杜甫后世声名日隆，他关于成都的若干诗歌也成为千古名篇，可以说杜甫是成都风俗形象的奠定者之一。

杜甫在安史之乱的浩劫中辗转到成都定居，刚到时，成都的自然风光和"喧然名都会，吹箫间笙簧"（《成都府》）的市声和乐声

---

① （清）纪昀：《岁华纪丽谱》提要，《四库全书总目》卷70《史部二十六》，清乾隆武英殿刻本。

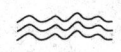

第三章 多元"休闲":国家、精英与民众视野中的地方风俗

就给他伤乱的心灵带来巨大安慰。后来,他又带着喜悦的心情描写这种浓厚的音乐之风:"锦城丝管日纷纷,半入江风半入云。此曲只应天上有,人间能得几回闻。"(《赠花卿》)

杜甫在浣花溪草堂过上了成都人典型的悠游生活:他边喝酒边享受锦江鲜美的河鱼,"蜀酒浓无敌,江鱼美可求"(《戏题寄上汉中王三首》之二);与邻居喝酒交游,"邻里喜我归,沽酒携胡芦"(《草堂》);与朋友欢聚宴饮,"竹里行厨洗玉盘,花边立马簇金鞍"(《严公仲夏枉驾草堂,兼携酒馔,得寒字》);在黄四娘家赏花,"留连戏蝶时时舞,自在娇莺恰恰啼"(《江畔独步寻花》);享受亲人相伴的闲适生活,"老妻画纸为棋局,稚子敲针作钓钩"(《江村》)。

《遭田父泥饮美严中丞》一诗更是呈现出好吃喝、爱闲耍、好言辞的"成都人"形象:杜甫在郊外散步时,田翁邀请他去家中尝春酒。酒酣之际,田翁赞赏新上任的成都府尹,吹嘘自己的大儿子,并说今年社日要大大热闹一番,不知杜甫能否在此留宿。接着呼喊妇女,将大酒瓶打开,用大盆盛酒。杜甫则开怀畅饮,从上午喝到下午,醉忘自己是客,高声呼要果栗。这种田老人自然是成都人的典型代表,杜甫与当地人相交甚深,也深受成都风俗的熏染了。

另外,许多诗人关于成都的诗词广为人知,千百年来深刻地影响着人们对成都的印象。李商隐的"美酒成都堪送老,当垆仍是卓文君"(《杜工部蜀中离席》),陆游的"莼羹笋似稽山美,斫脍鱼如笠泽肥"(《成都书事》)、"当年走马锦城西,曾为梅花醉似泥"(《梅花绝句》)呈现出爱喝酒、好美味、喜游赏的成都风俗风貌。而韦庄的"春晚,风暖,锦城花满。狂杀游人。玉鞭金勒,寻胜驰骤轻尘。惜良辰,翠娥争劝临邛酒"(《河传》),更是把成都奢华浮

· 175 ·

靡的风情展现得淋漓尽致。连从未到过成都的柳永，也在词中过了一把瘾："地胜异，锦里风流，蚕市繁华，簇簇歌台舞榭。雅俗多游赏，轻裘俊，靓妆艳冶。"（《一寸金·成都》）这也说明，在柳永所处的北宋时期，成都轻扬冶游的形象已声名在外。

四　民众表述

以上那些反映成都风俗的诗文，是文人士大夫所见所闻和自己悠闲生活的记录，民间的成都人对自己的民俗生活是如何看待的呢？就现有的资料来看，成都民众颇为享受这种安逸享乐的生活。

画像砖石是一种反映墓主生前生活和死后世界的墓室雕刻绘画，在汉代四川地区非常流行。成都地区的画像砖石中所体现出的成都中上阶层的生活为"俗不愁苦，而轻易淫泆"提供了生动实例。秦汉时期的生死观讲求"事死如事生"，据考古发掘，墓穴中放置的物品和制作的图像都反映着死者生时的状况。成都画像砖石中有和中国其他地区一样的生产劳动、车马出行、日常生活、故事传说、羽化升仙、祥瑞图案、宇宙图示等内容。研究表明，与河南、山东等中原地区画像砖石相比，成都画像砖石礼教场面较少，而庖厨、宴饮、音乐、歌舞等场面明显为多。[1]

成都民众在生活中尽情展现对感官美的热爱，有一次竟然触发了一场大规模兵变。宋真宗即位不久，距离王小波、李顺起义不过五年，蜀地地方军政官员对军民的盘剥依然严重，戍守成都的神卫军指挥使王均所部发动兵变，兵变的直接原因竟然是"蜀人喜游观，两军衣冠鲜弊不等，均所部皆惭愤，出不逊语"[2]。成都的神卫军是

---

[1] 参见罗开玉、谢辉《成都通史·秦汉三国（蜀汉）时期》，四川人民出版社2011年版，第460页。
[2] 《续资治通鉴长编》卷45《咸平二年八月戊寅》，清文渊阁四库全书本。

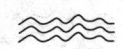

由王均、董福分领的。董福所领军队供给充裕，军容整肃，而王均喜欢饮酒、赌博，军装都被当酒钱、赌资了。正逢上级来阅兵，成都当地民众都争着去观看，却发现两军的衣服帽子新旧程度相差悬殊，王均的兵士很羞愤，出言不逊，发动兵变。以成都人的爱观赏、好讥讽的特点，可以想见当时围观民众指指点点以致兵士受到强烈刺激的场面。

浣花大游江这一重要习俗，自宋至清一直延续，千百年来都受到民众欢迎。宋代任正一《游浣花记》记载，农历四月十九这一天，锦江中：

> 架舟如屋，饰彩绘，连樯衔尾，荡漾波间，箫鼓弦歌之喧闹而作。其不能具舟者，依岸结棚，上下数里，以阅舟之往来。成都之人于他游观或不能皆出，至浣花，则倾城而往，里巷阒然。①

清代一首竹枝词反映了游江民众的欢愉："驷马桥通万里桥，浣花溪畔水迢迢。何人此日知怀古，借得游船乐一朝。"②

成都民间竹枝词充分表现了成都当地人对自己安逸生活的享受。关于吃喝玩乐的竹枝词篇幅众多，单说吃这一项，就有关于甜水面、赖汤圆、夫妻肺片、豆花、凉粉、担担面等上百首竹枝词，体现出成都人对于吃的追捧。关于成都人喝茶、饮酒、看戏等风俗生活，在竹枝词中也都有描绘。③ 成都人在这些休闲娱乐活动中充满了"闲情"，比如《甜水面》写民间妇女逛街吃甜水面的闲散：

---

① （宋）任正一：《浣花游记》，《全蜀艺文志》，第1231页。
② 谭继和主编：《竹枝成都：本土文化的经典记忆》，四川人民出版社2008年版，第51页。
③ 同上书，第205—230页。

出门久逛累弓鞋，

三姑六姨连袂来。

最喜手拉甜水面，

边嚼边摆坐当街。①

　　傅崇矩的《成都通览》被誉为"清末成都的百科全书"②，全方面地展示了清末成都的地理、经济、政治、文教、民俗等情况，其中关于成都风俗的若干条目都展现了成都之休闲状况。"成都之民情风俗"条梳理成都从正月初一到腊月三十的节日节俗，大小节日不比古代少，在节日中总也离不了吃喝玩乐之事。③"成都之游玩杂技"用图画的形式展现了成都众多民间游戏，作者还在标题后注明"名目甚多，不能全载"。④ 此外，"成都之有期游览所""成都之筵宴所""成都之夜市""成都之戏园""成都之赌局及各种赌目名词"等条，无不说明成都民众休闲生活之丰富。

五　正风励俗

　　中国古代的风教王道观使国家政权和政治精英们都不敢放松对地方风俗的施政。在不同的历史时期，出于不同的时代境遇，针对不同的风俗，行政力量采用各种各样的手段加以治理。大致来看，可以分为控制打压、从俗而治两类。

　　控制打压：东汉蜀郡太守第五伦打击富豪官吏，改变了蜀地上层的豪奢之风、贿赂之风。当时蜀地民和官皆富足殷实，连府曹办

---

① 谭继和主编：《竹枝成都：本土文化的经典记忆》，四川人民出版社2008年版，第224页。
② 刘洁：《〈成都通览〉：清末成都的百科全书》，《巴蜀史志》，2013年版，第32页。
③ （清）傅崇矩：《成都通览》，天地出版社2014年版，第87页。
④ 同上书，第100页。

理会计庶务的小吏,家里的财产都有千万之多,他们有崭新的车,肥壮的马。第五伦把这样的官吏替换为"孤贫志行之人",从此贿赂禁绝,官场整饬。① 汉代是豪族势力快速发展的时期,成都地区的各级官吏大都由豪族子弟担任,他们加重了对民众的剥削和压迫。东汉初期,光武帝通过各种措施限制豪族发展,扩大税源,巩固中央集权。深受光武帝器重的第五伦,同样要通过整顿吏治达到抑制豪族的目的,改变蜀地的豪奢之风只是改革的结果。

宋太宗淳化年间,吴元载知成都府,禁止奢侈之风却不太成功。《宋史·吴元载传》说:

> 蜀俗奢侈,好游荡,民无赢余,悉市酒肉为声妓乐,元载禁止之;吏民细罪又不少贷,人多怨咎。②

吴元载是北宋开国重臣吴廷祚的儿子,为人勤勉严苛。针对奢侈的蜀俗,元载采取禁止的方式,对于犯小罪的官吏和平民也不稍稍宽恕。实际上,该处记载的蜀人"好游荡,民无赢余"并不完全是因为"蜀俗奢侈",而主要是因为宋廷对蜀地的盘剥和地方官员的搜刮。宋初,驻蜀军队抢劫财物、骚扰人民;宋廷大规模搬运蜀地的财产到京师;对匹帛、丝绵、绸缎、盐、酒、茶实行垄断经营;二十多年内四川高官就有一百多人贪污。③ 在这样的盘剥下,民众当然只有游荡,更没有什么储蓄了。吴元载受到成都民众的怨愤指责,后来又无法捕灭王小波叛乱,只能离开成都回朝。

---

① 《后汉书》卷41《第五伦传》,中华书局2000年简体横排本,第943页。
② 《宋史》卷257《吴元载传》,中华书局1977年标点本,第8949页。
③ 参见粟品孝等《成都通史·五代(前后蜀)两宋时期》,四川人民出版社2011年版,第74、75页;何必如《齐元振贪污受褒奖 王小波起义均贪官》,《四川财政》2003年第12期。

国家政权还通过选派合适的地方官吏来控制地方风俗。宋仁宗命令宋祁知益州，遭到当时宰相陈执中的坚决反对，他说："蜀风奢侈，祁喜游宴，恐非所宜。"① 陈执中怕本就爱游玩宴乐的宋祁到了成都，与成都逸乐的风俗一拍即合，但仁宗坚持派遣。后来，宋祁在成都奢侈游玩的举动被中央官员参奏，右司谏吴及说宋祁"在蜀奢侈过度"、御史中丞包拯也说"祁益部游燕"。② 后来，宋祁没有拜相晋爵就死去，成都有几千人在他的祠前痛哭，"谓不安其奢侈者诬矣"③，认为那些说成都人为宋祁的奢侈深感不安的话都是对宋祁的污蔑。

成都大慈寺夜市是宋代最繁盛的娱乐场所，宋祁七夕登寺楼宴饮的活动由于过于招摇，曾被中央政府下令禁止。《宋会要辑稿·刑法》载：

> （大圣慈寺）沿袭五季专恣之弊，僭奢无度。其帅府监司，七夕率皆登历宴饮，无复忌惮，吏民聚观，不可以训，今后七夕排当登寺门事可罢。如更有以此亏违典礼者，仰帅臣禁止施行。④

"帅府"乃军事长官府署，"监司"是宋代路级行政和监察机构，也就是说四川地方军事、行政、监察最高长官都在这一天登楼宴饮，大小官吏和民众也聚集起来观看他们宴饮。这既不利于俭化

---

① 《岁华纪丽谱》，谢元鲁校释，《巴蜀丛书》（第一辑），巴蜀书社1988年版，第103页；（宋）魏泰：《东轩笔录》，中华书局1983年版，第151页。
② 《宋史》卷284《宋祁传》，中华书局1977年标点本，第9593页。
③ （宋）邵博：《邵氏闻见后录》，刘德权、李剑雄点校，中华书局1983年版，第147页。
④ 《宋会要辑稿·刑法》，转引自魏华仙《宋代官府力量与成都节日市场》，《四川师范大学学报》2013年第1期。

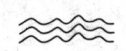

第三章 多元"休闲":国家、精英与民众视野中的地方风俗

风俗,又有安全隐患,被禁止理所当然。但禁令并未起效,直到南宋,该活动还在进行。

由此可知,中央和地方政府对成都奢侈之风俗厉行控制打压,一方面是为了正风励俗,另一方面是因为成都的某些奢风牵涉到更为深广的政治问题,政府借题发挥,进行操作。风俗,从来不单单是民风民俗,而与国家政治密切相关。

从俗而治:成都确实有各种繁盛的风俗事项,但它们并不仅仅只是表面上的吃喝玩乐那么简单,除了具有娱乐功能,还兼具经贸、社会调节等功能。地方官员们也深谙个中道理,从俗而治往往会获得巨大的经济和社会效益。古代社会对官员在风俗仪礼中的要求,不过是象征性地在春耕季节赶牛、放水,在干旱时祈雨即可,但成都官员在风俗中的表现远远超过了这些行为。

优越的自然地理、发达的灌溉农业等条件使得成都平原的农副产品有较多富余,需要靠经济交易才能解决,而四川的盆地地形限制了对外贸易,这必然带来内需的扩大,一大批小手工业者和小商人从中获利谋生。农产品的剩余还会带来酿酒业、售酒业的发达,及相应的吃喝玩乐风气的盛行。[1] 看似简单的风俗是与社会生产、消费、分配、交换等经济活动环环相扣的。比如唐宋时期成都的蚕市游乐,对于广大的农民和小手工业者来说,"实际只是大规模的商品交易集市活动"[2]。

宋朝成都经济达到顶峰,地方政府利用成都人喜游玩、爱消费的习俗,通过民俗活动来组织和带动市场贸易。宋太宗时任益州

---

[1] 参见冉云飞《从历史的偏旁进入成都》,中国发展出版社2014年版,第32、33页。
[2] 《岁华纪丽谱》,谢元鲁校释,《巴蜀丛书》(第一辑),巴蜀书社1988年版,第100、101页。

知州的张咏就是对民俗经济有清醒认识的官员，他本来痛心于前后蜀和宋初成都的奢靡风俗，下决心要对成都"移风复俭约"（《悼蜀诗》），但大概是设身处地了解了成都的情况后，才发现彻底改革有违民情，只有顺势而治方为上策。他兴办了若干民俗活动：上元节残灯会，在上元灯会结束后由通判主持宴请灯会期间负责治安的都监；将正月二十三蚕市定在圣寿寺举行，"使民鬻农器"；二月二日游江，把原来分散在四处游赏踏青的人们聚集到锦江沿岸，将官员监督民众游赏变为官员参与游赏，既拉近了官与民的距离，又减少了安全事故的发生，还有利于商贸活动的进行；作僧司大会，在王小波事件后，召集僧侣作大法会，安定民心，恢复社会秩序。①

宋代治成都的赵稹、薛奎、文彦博、田况、宋祁、赵抃等人都有从俗而治的行为。比如，北宋名臣薛奎在知开封府的任上，以严治著称，有"薛出油"的外号，然而他知益州后，却为政宽简，以游赏为乐，自号"薛春游"。②他顺从蜀人正月二日、三日上坟的习俗，率官吏在大东门外举办集会，以引导郡人游乐。③再如与张咏齐名的赵抃，前后三次在成都任职（一任转运使，二任知府）。他"以宽为治""惠利为本"，从俗游宴，扩大了正月二日游江活动的规模，"彩舫至增数倍"。④

后世传说故事中的成都地方官形象也在一定程度上反映了他们

---

① 张咏的具体措施参见魏华仙《宋代官府力量与成都节日市场》，《四川师范大学学报》2013年第1期。
② 《岁华纪丽谱》，谢元鲁校释，《巴蜀丛书》（第一辑），巴蜀书社1988年版，第105页。
③ （宋）范镇：《东斋记事》，中华书局1980年版，第35页。
④ 《岁华纪丽谱》，谢元鲁校释，《巴蜀丛书》（第一辑），巴蜀书社1988年版，第127页。

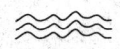

从俗治蓉的情况。据《宋史·赵抃传》，名臣赵抃一生是以清廉、寡欲的形象出现在世人面前的。他的一琴一鹤入蜀的简朴形象更是深入人心，历代为人传颂。但是却偏偏在成都青城留下了一段"挈妓"的负面传说，从一个侧面反映了赵抃在成都为俗所染，彻底"从俗"的情况。差不多与赵抃同时的孔平仲在其《野史》里第一次谈到赵抃挈妓的事情，说赵抃在任青城宰时，挈妓回家，被邑尉追还，赵抃大为愤怒。后人根据这段记载，衍生出越来越具有戏剧性的故事。大概人们认为，即使是清心寡欲如赵抃者，在安乐乡成都发生一段风流故事也是正常的吧。

《太平广记》中的《华阳李尉》讲述了唐天宝后剑南节度使张某的奇遇，为了追求美貌的李尉之妻，他不惜操纵成都的节日风俗。在中元节那天，他命令成都城郭下的各个寺庙把寺中宝贝都陈列出来，纵士女游观，可惜没有见到李尉妻。他又下令开元寺腾出一个大院，令蜀地的能工巧匠在里面制作了一场木偶戏，令百姓士庶恣意观看三日，百里以内车马都阻塞了道路。第三天天黑时果然等到了李尉妻。[1]

地方最高长官频频在寺庙举行奢靡的节庆活动，从另一个角度反映了当时地方官从俗而治，发挥民俗的经济贸易、社会调节功能的实情。因为在经贸活动中，一般民众除了取得所需物资并进行经济消费外，还得到了工作之余的休息和放松，生活和心理都得到了调剂。[2] 比如明清青羊宫花会，与道教庆祝老子诞辰的宗教活动结合，举行进香、礼拜等宗教仪式，又举办赛花、赏花、卖花活动，还进行戏曲杂耍等表演。清末，成都官府就借花会办

---

[1] 《太平广记》卷122《华阳李尉》，民国景明嘉靖谈恺刻本。
[2] 参见钟敬文主编《民俗学概论》，上海文艺出版社1998年版，第30、31页。

"劝业会",邀请各县工商业者展卖小商品,形成了"旅贸结合"的花会格局。

第二节 20 世纪成都休闲形象的多元表述

清末民初至 20 世纪末,是古代农业社会与现代工业社会交替的时期,在此期间,成都风俗的关键词以"闲"为核心。为追求现代化,国家用多种手段来控制、改革成都风俗。精英阶层对成都闲逸之风的态度仍然是矛盾的,一方面是对成都休闲生活的赞赏;另一方面是对民族命运与休闲生活、现代化与休闲生活冲突的焦虑。在民族危难时刻和现代化高速发展时期,人们对于成都休闲之风的矛盾态度尤其尖锐。

一 关键词变化:从"奢"到"闲"

"闲"的古字本是"閒",本意是空间上的空隙,后来引申为时间上的空闲,后又假借防闲之"闲"来表示这个意义。[1] 表示时间上的闲暇,是"闲"常见的用法,比如"期不信兮告余以不闲"(《楚辞·九歌·湘君》),"止于坐隅兮,貌甚闲暇"(贾谊《鹏鸟赋》),"田家少闲月,五月人倍忙"(白居易《观刈麦》)等。而"闲"还常用来表示闲适的精神状态,比如"息交游闲业,卧起弄书琴"(陶渊明《和郭主簿二首》),"即此羡闲逸,怅然吟《式微》"(王维《渭川田家》),"园林鸣好鸟,闲居犹独眠"(韦应物《园林晏起,寄昭应韩明府、卢主簿》)等。

---

[1] 参见裘锡圭《文字学概要》,商务印书馆 2004 年版,第 179 页。

第三章 多元"休闲":国家、精英与民众视野中的地方风俗

苏状的《"闲"与中国古代文人的审美人生》一书深入研究了中国古代文献中的"闲",认为"闲"是"中国古代文人的浪漫传统,也是中国古典美学的重要范畴",它指向儒道禅的最高人生境界,又标示闲暇自由的现实文化活动。可见,中国古代"闲"字的使用几乎由精英阶层垄断,是属于他们独特的修身、审美体悟。普通人的闲暇也可以叫"闲",但不是被关注、歌咏的对象。那么,人们对成都人吃喝玩乐这些过度的感官享受,自然也不可能用"闲"来形容,而只能用"淫泆""奢侈"这些带有道德批判色彩的词语来形容。在古代文献中,用"闲"来形容成都风俗的仅有《隋书·地理志》中的"士多自闲,聚会宴饮,尤足意钱之戏"一条。

然而,在明清时期,由于"心学"的发展和商业化氛围,"闲"开始了世俗的转向,成为文人的一种世俗审美情调,以往闲的崇高人格价值开始消解了。[①] 人们以饱食暖衣、安逸享乐、养生长寿为闲,晚明的谢肇淛谈到当时的"闲":"今人以宫室之美,妻妾之奉,口厌粱肉,身薄纨绮,通宵歌舞之场,半昼床笫之上,以为闲也。"[②] 这个描绘已经类似于成都风俗,可见在明清时期,对感官享受已可以用"闲"来表达。

进入现代以后,社会进一步世俗化,普通人心目中的"闲"与感官享受更加契合。因此,民国以后,成都风俗尚感官享乐的内容没有太大变化,但用来概括这些风俗内容的关键词变为了"闲"及其衍生的"悠闲""闲适""闲逸""安逸""舒适"等一系列词语。

[①] 参见苏状《"闲"与中国古代文人的审美人生》,复旦大学出版社2013年版,第152—154页。

[②] (明)谢肇淛:《五杂俎》卷13,明万历四十四年潘膺祉如皋馆刻本。

到 20 世纪 80 年代，西方休闲概念被引入中国，并广泛传播。人们就更多地用"休闲"一词来称呼成都的风俗特质了。

二 20 世纪上半叶的表述差异

20 世纪上半叶，成都一直在进行艰难的现代化，现代化所需要的快节奏的、全力进取的民情风貌与原有的休闲风俗发生了剧烈冲突，不断有人对成都休闲风俗进行批判和改造，政府在里面起到关键作用。而同时也有人出于对成都风俗文化的尊重和喜爱、对农业社会风俗的浪漫情怀、对工业社会的敌意等原因，而由衷赞美成都的悠闲之风。抗战时期，出于家国情感，不少文化人都对成都的奢靡、悠闲风俗持批判态度，但也有很多外省人在成都得到了战乱之余的安宁生活，对此表达了庆幸和迷恋的心态。

成都行政力量引导社会风俗改良

晚清和民国时期，成都共经历了三次较大的社会风俗改良运动，分别是清末周善培"新政"、民国杨森"建设新四川"以及抗战前后的"新生活运动"。三次风俗改良既延续了国家正风励风以达善治的治理传统，又加入了通过风俗改良使国家迈入现代文明的新目的。

清末民初是"旧"与"新"、"传统"与"现代"讨论和斗争最激烈的时期。清末维新运动将西方的道德标准和宪政观念带到中国，维新精英人士认为，过去的既有传统风俗是"旧的""愚昧落后的""不可靠的"，而中国需要迎接"文明"，这些观念都被介绍到了成都。[1] 新文化运动、五四运动都相继在成都勃兴，给成

---

[1] 参见王笛《街头文化：成都公共空间、下层民众与地方政治，1870—1930》，中国人民大学出版社 2006 年版，第 159 页。

第三章 多元"休闲":国家、精英与民众视野中的地方风俗

都社会带来了大量新知识、新思想,政治、经济、文化、教育、社会生活全面进入新旧交替状态,越来越多的旧的风俗事项被批判和抛弃。

清末周善培"新政"的多项措施专门针对成都风俗:颁布规章制度禁赌、禁烟;将妓女改称"监视户",并登记造册,集中管理;成立戏曲改进会,将成都众多戏曲班子的剧本集中起来审查修改,纠正扮演的作风,修建"悦来茶园",安排各班轮流演出;破除迷信,严禁寺庙僧道利用神会、庙会用求签画符、设坛降乩等手段敛财;将传统庙会改进为劝业会、劝工会,对商品进行展销,修建商业场,集中商贸活动,改变公众休闲娱乐的方式……①

杨森于1924年任四川省长,发动了名为"建设新四川"的"新政",其中"移风易俗"的项目有讲卫生、开展体育活动、解除妇女缠足等。"新政"对风俗的规定细致到连百姓不修指甲、穿长衫都要受到惩罚。② 司昆仑将杨森新政看作是在完成清末新政的未竟事业,继续使成都"文明化",虽然杨森统治成都的时间只有短短一年半,但成都城市面貌发生了显著变化。③

从20世纪20年代起,国民政府就开展了全国范围内的风俗调查和改良活动,四川虽然参加,但由于防区制和哥老会的存在,中

---

① 参见张海山《周善培事迹补正》,《红岩春秋》2001年第5期;王笛《跨出封闭的世界:长江上游区域社会研究,1644—1911》,中华书局2001年版,第633—643页;王笛《街头文化:成都公共空间、下层民众与地方政治,1870—1930》,中国人民大学出版社2006年版,第165—167页。

② 王笛:《街头文化:成都公共空间、下层民众与地方政治,1870—1930》,中国人民大学出版社2006年版。杨兴梅:《民国防区制时代四川的反缠足努力》,《四川大学学报》2002年第4期。

③ Kristin Stapleton, *Civilizing Chengdu: Chinese Urban Reform, 1895 - 1937*, Cambridge (Massachusetts) and London: Harvard University Asia Center, 2000, chap. 7.

央政府的命令难以完全贯彻。① 1935 年后，中央政府的力量开始深入四川，国民政府倡导的新生活运动才深入到民众的日常生活中。1935 年 4 月，新生活运动总会颁布规程，对民众的衣食住行等风俗习惯做了新规定，目的是"彻底扫除过去萎靡散漫，退缩颓废，废弛之风气"，实现"崇节俭、守纪律、守时间的良好习惯"。② 在具体操作中，政府在蓄奴养婢、娼妓、赌博、迷信、缠足、公共娱乐、救恤制度、服饰、饮食和婚丧礼俗等方面都制定了法令举措，甚至对民众的起床时间、吸烟习惯、饮食种类、衣服尺寸等细枝末节的习俗都进行了干预。③

对三场风俗改良运动，地方精英阶层表示支持的居多，他们把地方风俗和家国命运联系起来，认为成都的一些风俗确实是陋俗、恶俗，不仅造成家庭纠纷和悲剧，也扰乱了社会秩序，使本地区长期落后于其他先进地区，又使中国长期落后于日本和欧美先进国家。

周善培禁赌时，就有很多本地精英发表文章来支持这项政策，指出麻将使人堕落和致使国家落后的危害，如《通俗日报》刊登《麻雀十害歌》《宣讲禁止赌博白话》等。④ 成都文人傅崇矩在其编写的《成都通览》里转录警察局颁定的监视户规则，支持周善培管理妓女的新政，⑤ 他还在"成都之当禁革及应改良者""成都人之性情积习""成都之诈骗""成都之迷信"等篇章中揭露成都之陋俗、

---

① 黄艳青：《民国四川风俗调查与风俗改良运动述论》，硕士学位论文，四川师范大学，2011 年，第 1 页。
② 《新运重要规程：总会通告各地新运会》，《新新闻》1935 年 4 月 13 日第 4 版。
③ 参见黄艳青《民国四川风俗调查与风俗改良运动述论》，硕士学位论文，四川师范大学，2011 年。
④ 《麻雀十害歌》，《通俗日报》1910 年 3 月 19 日；《宣讲禁止赌博白话》，《通俗日报》1909 年 6 月 30 日。
⑤ （清）傅崇矩编：《成都通览》，天地出版社 2014 年版，第 76 页。

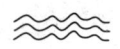

恶俗，号召改良。戏曲界人士也赞赏新政的风俗改良效果："清光绪末，有劝业道某，倡改良戏剧之说，戏剧界淫靡之风稍杀。"①

在杨森提出"建设新四川"的新政口号后，一批留洋学生甘愿充当杨森的"智囊"。②

对新生活运动，文化精英们更是在民族解放的高度上给予了极高的评价。民办商报《新新新闻》的"小铁锥"栏目由总主笔樊风林撰稿点评时事，犀利敢言。在新生活运动四周年纪念日，"小铁锥"发专文论述新生活运动之于民族抗战的重要意义，文章称该运动对衣食住行等风俗的改革，"一扫过去萎靡因循之积习，使大家做一个二十世纪的中国国民"，"我们的新运新纲领完成之日，也就是全民族自由解放之日"。③抗日战争前后，在报纸《新新新闻》上就有一百多篇文章直接对新生活运动进行报道和评论，几乎都是正面宣传。

三场风俗改良运动都涉及成都风俗的方方面面，在细枝末节处都极尽严苛，必然会触动有关集团或个人的利益，并挑战普通民众长期形成的生活习惯，因此都遭到过不同人群不同程度的反对和抵制。

周善培的禁赌措施就遭到赌场老板和从业者、麻将生产商、普通居民的强烈不满，在短暂的沉寂后，赌博业又兴盛起来。李劼人《暴风雨前》《大波》、郑光路《成都旧事》中写到了很多百姓对周善培新政中有关风俗改造的不满。④杨森下令将"杨森说禁止妇女

---

① 阎金谔：《川剧序论》，文通书局1947年版。
② 雷兵：《"改行的作家"：市长李劼人角色认同的困窘，1950—1962》，博士学位论文，四川大学，2004年，第8页。
③ 小铁椎：《新生活运动四周年》，《新新新闻》1938年2月20日第16版。
④ 郑光路：《成都旧事》，四川人民出版社2008年版，第86页。

缠脚"的牌子钉在成都市内电杆、行道树、墙壁上，但效果并不明显，到1925年还有人讽刺小脚为成都"八美"之一。① 而新生活运动更是牵扯成都风俗生活的方方面面，阻力更大。比如很多改良执行者本身就是被改良的对象，当政者自己就是娼赌行业的操控者、封建迷信的信仰者；哥老会势力把控娼业、赌业、烟业，禁令严重影响其经济利益，势必想方设法破坏改良；缠足、赌博、烟酒等习俗深入民众骨髓，一时很难改正。②

在这些风俗改良运动中，以前被称为"淫佚""奢侈""逸乐"的成都风俗被笼统地归入"落后""愚昧""不文明"的风俗，第一次如此频繁和深刻地被控制和改造。这些改良处于中国整体大变局的框架当中，是当时地方政治官僚和文化精英推行城市现代化运动的一部分。

抗日战争时期时精英对休闲风俗的抑扬前述

精英们对成都风俗的批判基于对"愚昧落后"的旧风俗的认识，并由行政力量发起的风俗运动所引导。而抗日战争时期，精英们对成都休闲风俗的批判却另有原因。他们认为，民族正处于生死存亡的紧要关头，前方战士浴血奋战，成都人却在大后方挥霍时间和金钱。成都风俗成为成都人不爱国、不奋进、麻木浑噩的反映。

很多文化人对国难时期成都悠闲的风俗感到羞耻和痛恨。周文在《成都的印象》里用"歌舞升平、糜烂败落"描绘他于1937年所见到的成都，"戏院的广告队在街上过去了；戏院门口照例挂出'客满'的牌子；红男绿女们仍然在马路上、商店前闲步；无线电依

---

① 杨兴梅：《民国防区制时代四川的反缠足努力》，《四川大学学报》2002年第4期。
② 参见黄艳青《民国四川风俗调查与风俗改良运动述论》，硕士学位论文，四川师范大学，2011年，第67、68页。

旧播出柔媚的歌声：'桃花江是美人窝……'"① 沙汀说："茶馆的人们也无改变，永远是那一批脚色，一切似乎都与神圣的民族战争无关。"② 抗日战争期间在华西坝教书的陈寅恪有一首《咏华西坝》，描写了外国官兵与中国人在华西坝举行舞会的场景，他痛斥道："酒困不妨胡舞乱，花羞翻讶汉妆红。谁知万国同欢地，却在山河破碎中。"本地报纸上也常有批判文章，如在《战时成都社会动态》批评"道地成都人的闲心"，尤其诟病终日打麻将和坐茶馆的人，呼吁他们觉醒来关心国家的命运。③

但与以前战时入蜀的古代文人一样，从战火纷飞、生死一线的外地避乱成都的人们，也会对成都平静悠闲的氛围心生庆幸、感激与欣赏，正如吴祖光所说："外省人之所以更酷爱成都，是因为这个城市的安静与闲适很容易使人重温和平的乡园旧梦。"④ 如今人们在描述休闲成都时常引用的话很多都来自这一时期的文人们，可以说，成都"休闲之都"的形象就是从这时奠定的。

湖南才子易君左的《成都》一诗描写成都安宁悠闲的承平生活："细雨成都路，微尘护落花。据门撑古木，绕屋噪栖鸦。入暮旋收市，凌晨即品茶。承平风味足，楚客独兴嗟。"后来抵蓉的朱自清评论这首诗"抓住了成都的闲味"，并细辨出独属成都的"闲"："缓缓地走着，呼吸着新鲜而润泽的空气，叫人闲到心里，骨头里，若是在庭园中踱着，时而看见一些落花，静静地飘在微尘里，贴在软

---

① 曾智中、尤德彦编：《文化人视野中的老成都》，四川文艺出版社1999年版，第229—230页。
② 沙汀：《磁力》，《沙汀文集》1卷，上海文艺出版社1986年版，第501页。
③ 《战时成都社会动态》，《新新新闻》1938年4月29日第10版。
④ 吴祖光：《断肠人在天涯——花街行》，《清明》1946年第3期。

地上,那更闲得没有影儿。"① 张恨水也深深地羡慕这种独特的"成都的闲":"北平是壮丽,成都是纤丽;北平是端重,成都是静穆;北平是潇洒,成都是飘逸。……在这里,我对于成都市上之时间充裕,我极端的敬佩与欣慕。……一寸光阴一寸金,有时也许会做个例外。"②

而本地人,也多有为成都休闲风俗的辩护。李劼人对成都的民俗文化有着精深的研究和认识,他对成都腐化堕落的陋俗与积极健康的休闲良俗做了明确的区分。他批评成都人吃鸦片烟、寻欢作乐的陋俗,把这样的社会称为"死水";③ 而他在小说中不厌其烦地描绘成都人做菜、品小吃、喝茶、看戏、逛大街、逛公园、逛庙会、婚丧嫁娶等风俗活动,透露出他对成都风俗的喜爱与自豪。车辐同样也是一位土生土长的成都文化人,在抗日战争期间,车辐与抵蓉的许多文化名人交游,除了研讨抗日大事外,闲暇时经常组织他们聚会、泡茶馆、听川戏、吃川菜。④ 从车辐的身体力行中自然可见他对成都休闲风俗的态度。据王笛研究,在《新新新闻》《华西晚报》等当地报纸上,有许多为坐茶馆辩护的文章。这些本地作者强调茶馆的休闲娱乐功能、社会调节功能、文化凝聚功能、经济贸易功能等。⑤

另外,对休闲成都的赞美还出于旧时文化人对传统民俗文化怀

---

① 朱自清:《成都诗》,曾智中、尤德彦编:《文化人视野中的老成都》,四川文艺出版社1999年版,第300页。
② 转引自施康强《四川的凸现》,中央编译出版社2001年版,第116页。
③ 李劼人:《死水微澜》,《李劼人选集》第一卷,四川人民出版社1980年版,第1页。
④ 参见车辐《车辐叙旧》,四川科学技术出版社2006年版。
⑤ 王笛:《茶馆:成都的公共生活和微观世界,1900—1950》,社会科学文献出版社2015年版,第17—21页。

有的浪漫主义情绪。他们喜爱这种农业社会悠闲的心态和行为,对成都迟早要融入世界、国家工业文明的趋势感到痛心。舒新城在抗日战争爆发之前就来到成都,他写道:

> 我看得他们这种休闲的生活情形,又回忆到工商社会上男男女女那种穿衣吃饭都如赶贼般地忙碌生活,更想到我这为生活而奔波四方的无谓的生活,对于他们真是视若天仙,求之不得!……一切的一切,都得受世界潮流的支配,成都式的悠闲生活,恐怕也要为川汉铁路或成渝汽车路而破坏。……深愿四川的朋友善享这农国的生活。①

罗念生也天真地许下心愿:"愿你永保天真,永保古趣,多发几片绿叶,多开几朵鲜花;别给楼高车快的文明将你污秽了,芙蓉!"②

同样是喝茶、闲逛、闲谈、赏乐,在一批人痛恨、批评的同时,又被另一批人迷恋、赞赏。于是,对成都休闲风俗的批评与赞美一直纠缠于抗日战争始终。

三 20世纪下半叶的批判浪潮

1949年以后,成都的悠闲风俗对于快速的国家现代化建设显得更不适宜了。1956年,上海的黄裳初到成都,就生出"一种非常鲜明的感觉,就是这个城市的悠闲",他记叙若干件事情来证明:下雨他想找车子,而"几位悠闲地坐在那儿休息的三轮车、人力车工友同志",却"发出悠长的声音来,说道:'不去喽!'""人们悠闲地

---

① 舒新城:《蜀游心影》,中华书局1934年版,第144—145页。转引自王笛《茶馆》,第21页。
② 罗念生:《芙蓉城》,曾智中、尤德彦编《文化人视野中的老成都》,四川文艺出版社1999年版,第170页。

踏着,慢慢地刹车,优美地拐弯,文雅得出乎意料";公交车司机也是稳重地开车,"悠然地使车子在马路上荡"。……①成都的悠闲使得黄裳这个上海来客非常尴尬和烦躁,总嫌效率太低。他提出了对成都的希望:"希望下次到成都来的时候,除去特定的情况以外,一般也能感染到紧张与忙的气氛,希望能看到一个面貌崭新的锦城。"②

很快,全国各地都以革命热情投入社会主义建设中去,成都的休闲之风受到了最大限度的压制。比如成都人最爱的休闲活动之一——打麻将,遭到猛烈抨击以致消失;成都人最常进行休闲活动的场所——茶馆,在"文化大革命"期间数量落入最低点。③ 这是有史以来,国家力量对于成都风俗进行的最有力的压制和改造。

改革开放以后,成都各种风俗逐渐恢复。休闲之风到底是否有利于成都的发展,在20世纪末的成都社会内部得到了最激烈的讨论。一方面,人们不满于成都相对落后的经济发展状况,继续将这种状况归因于成都的休闲风俗;另一方面,发达国家和地区片面追求经济成效的缺点已经暴露,成都的休闲风俗与后现代提倡自然、感性的思潮重合,受到人们的肯定。

《华西都市报》"声音"专栏于1998年下半年开展了关于"成都人文生态环境探索"的讨论,批评与赞赏成都休闲风俗的观点你来我往、针锋相对。汪建中的《透视成都茶馆》抨击成都人泡茶馆,认为泡茶馆使成都落后于时代:

成天泡茶馆绝对不是什么"文化"。这不仅不是文化,而且

---

① 黄裳:《闲》,曾智中、尤德彦编《文化人视野中的老成都》,四川文艺出版社1999年版,第321、322页。
② 同上书,第326页。
③ 参见王笛《成都麻将讼案引起的思考——城市日常生活中个人权利与集体利益的冲突》,《南京大学学报》2014年第2期。

还在削弱着文化，张扬着懒惰，展示着平庸，遗传着无聊，继承着丑陋，宠坏着人格。……但是，信息高速公路都开通了，地球都变成村庄了，人类都进入太空了，在这样的形势下，你还能泡几年？①

同一期的文章《半梦半醒之间》批评了成都酒楼、酒店一家比一家豪华，但书店、博物馆、图书馆却是少有人问津的现象。②

半个月后，杜松子的《谋杀"崇高"的是茶、火锅及防护栏？》一文针锋相对，极力为成都茶馆和火锅辩护。作者认为成都人没有必要为生活环境的优越和自己的习俗感到自卑，成都的茶馆、火锅与防护栏其实是在不断产生思想艺术和人文精神。他一针见血地指出：说成都人文生态环境缺少崇高，并归结于茶、火锅、防护栏的说法，是观察失实和思想懒惰导致的误解和错误归因。③

汪建中发文回击，继续批判泡茶馆，认为泡茶馆比喝咖啡浪费的时间更长，作者"呼唤崇高，呼唤成都人崇高的人文精神和人格魅力"④。

之后，《华西都市报》又刊登了成都本地学者和文化人为成都悠闲风俗进行辩护的文章。作家、学者何大草认为：

> 这些年我们听惯了成都文人对成都文化的"焦虑、反思"，觉得未免有些危言耸听、杞人忧天。……如果"后现代"的生活方式就大致等于古典、诗意、人性加上"现代"的话，那么

---

① 汪建中：《透视成都茶馆》，《华西都市报》1998年5月24日。
② 同上。
③ 杜松子：《谋杀"崇高"的是茶、火锅及防护栏？》，《华西都市报》1998年6月7日。
④ 汪建中：《成都不会沉默》，《华西都市报》1998年6月21日。

成都人从某种意义上讲,他们已经在这么生活了。……他们所批判的,其实正是我们成都的优点。成都人确实给人以闲的感觉,这是因为成都人闲得起。①

学者伍厚恺、田一坡都持类似观点。② 还有人认为快节奏的现代生活方式和慢节奏的、悠闲的生活方式并无优劣之分,可以共存。③

有的文化人对成都休闲风俗的态度相当矛盾。陈世松的《天下四川人》在行文中多处表达出对四川人闲适心态和风俗的自得,但同时他对此又深感焦虑,认为以悠闲心态和风俗是农业文明的要素之一,不可能导向现代化:"世界上没有舒舒服服、悠悠闲闲就可以取得现代化成功的,阵痛不可避免。"④ 作者的自得与焦虑正好体现了成都现代化转型时期文化人对休闲之风的矛盾心态。

而在 1999 年政府组织的"农耕文化"大讨论中,成都人悠闲的生活方式和追求悠闲的思想观念作为"农耕文化"的糟粕内容,受到了猛烈批判。在中共成都市委组织的"冲破'农耕文化'思想束缚,加快成都全面发展"的研讨会上,中共成都市委政研室主任张树云、成都市社科所所长刘从政等人都将成都人"在生活方式上"的"悠闲自得"视为"农耕文化"的重要内容,认为其不适应以工业文明为特征的现代社会,应该坚决予以消除。四川省社科院研究员吴野明确反对"把'悠闲'作为成都的卖点",认为"成都精神、

---

① 何大草:《你好,成都》,《华西都市报》1998 年 5 月 31 日。
② 伍厚恺:《成都人的文化两难命题》,《华西都市报》1998 年 6 月 14 日;田一坡等:《我看成都人》,《华西都市报》1998 年 6 月 25 日。
③ 黄芽:《处境和真相》,《华西都市报》1998 年 6 月 21 日;曾伯炎:《别涮成都人》,《华西都市报》1998 年 7 月 26 日。
④ 陈世松:《天下四川人》,四川人民出版社 1999 年版,第 118 页。

第三章 多元"休闲":国家、精英与民众视野中的地方风俗

成都形象的塑造,绝对不能在悠闲上做文章"①。在《先锋》杂志后续的讨论中,成都的悠闲之风作为"农耕文化"的重要内容,继续受到批判。②

《成都晚报》推出的"农耕文化与成都"系列报道中也多有对悠闲成都的批评。例如,一篇文章通过大量采访案例批评成都的悠闲风俗:一位在蓉台商直述成都慢节奏和悠闲的生活对他的"同化"作用,致使他回到台湾时很不适应;一位零售业老板周末不做生意,和朋友打麻将,并表示:"生活嘛,有什么必要搞得那么紧张,再说钱怎么赚得完,少赚点不就行了!"作者对此深表忧虑:"我们是该为他们的'想得开'感到庆幸,还是该为他们的'思维定式'感到担忧呢?"接受采访的外省人则认为成都宣传片的很多镜头展现的是"一个封闭的自给自足的天府盆地的形象":"集市的繁荣,菜农的喧嚣,茶馆里昏昏欲睡的茶客,大街小巷里的婆婆大娘,精美的小吃,艺人的绝活,川西平原农家小院和平坦的千里良田……"③

学术界讨论成都的悠闲生活方式和观念时,除了有少数人主张与"农耕文化"区别看待外,④ 多数文章还是持批评态度。西南财大经济学教授郭元晞将成都的"农耕文化"概括为:"吃点麻辣烫,喝点跟斗酒,搓点小麻将,看点歪录像。"⑤ 这直接将以感官享受为核心的成都风俗与农耕文化等同起来进行讽刺。这场批判还催生了

---

① 《冲破"农耕文化"思想束缚,加快成都全面发展》,《先锋》1999年第3期。
② 参见贾自亮《再论传统文化积淀对成都经济发展的影响》,《先锋》1999年第7期;邓经武《"天府"成都与蜀人》,《先锋》1999年第8期。
③ 《"天府心态":陈旧的心理容器》,《成都晚报》1999年3月30日。
④ 比如蒋青认为"人们常提到的低水平的悠闲生活、缺乏开拓精神等就难以完全用农耕文化去解释",参见蒋青《农耕文化与成都经济发展问题探讨》,《中共成都市委党校学报》1999年第2期。
⑤ 转引自李维中等《世纪之交的深刻反思 加快发展的思想前导——成都市开展"农耕文化"讨论的思考》,《电子科技大学学报》1999年第1期。

· 197 ·

像王跃的《成都批判》这样的对成都进行全面批判的书籍。①

在外部，文化人并未受到成都内部对休闲之风争论的影响。在脱离了国破家亡的民族厄运后，他们承袭自古以来文化人对成都传统风土文化的喜爱，笔下的成都呈现的仍是一派悠闲安逸。

20世纪80年代贾平凹初到成都就体会了一把成都之闲：成都的风是闲的，街上的人是闲的，在成都的茶馆喝茶是闲的，听戏也是闲的。② 20世纪90年代初，余秋雨《文化苦旅》的《五城记》一文里对成都的描述广为流传："它远离东南远离大海，很少耗散什么，只知紧紧汇聚，过着浓浓的日子，富足而安逸。"③

如果说文化人对成都的描绘是亲身体会感悟的自然生发，那么外地媒体对休闲成都的着力报道就是一种刻意为之了，这种刻意为之对成都当代休闲形象的定型起了巨大的作用。

《新周刊》杂志从1998年以来长期观察和报道成都，针对成都提出了"第四城""慢生活""幸福之城"等概念，在全国产生了极大影响。有人评价："《新周刊》将以休闲慢生活为主调的全新生活方式观念，渗透到对成都独特价值的评价之中……影响之后十几年中国城市发展思路。"④ 《新周刊》既塑造了当代成都的休闲形象，又引领了中国人对"现代化城市"的新理解。

《新周刊》由广东省新闻出版集团主办，1996年创刊，从次年开始进行了一系列提升品牌知名度的公关营销形式，选题内容偏重城市生活和热点话题，树立了"新锐"的期刊形象。⑤ 1998年8月，

---

① 王跃：《成都批判》，四川人民出版社2002年版。
② 贾平凹：《入川小记》，《青年作家》2011年4月1日。
③ 余秋雨：《文化苦旅》，东方出版中心2001年版，第188页。
④ 周周：《〈新周刊〉的生活观》，《新周刊》第418期。
⑤ 黄舒娴：《〈新周刊〉的城市叙事研究》，硕士学位论文，暨南大学，2012年。

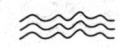

第三章 多元"休闲":国家、精英与民众视野中的地方风俗

《新周刊》推出"城市魅力排行榜"专题,在对众多城市的品评中,成都被评为"最悠闲的城市",对成都的评语由学者易中天撰写,后被人们竞相引用来证明成都之悠闲。评语说道:

> 生活在这块风水宝地上的成都人,自然也就用不着操那么多心,费那么多力,只要消消停停悠悠闲闲地过日子就行了。……(成都近年来的巨大变化)改变不了成都这座城市悠闲安逸的气质,也改变不了悠闲安逸的成都人的三大爱好:吃,耍,摆。①

时隔两年,《新周刊》又强势推出了"第四城"封面报道,将成都封为"中国第四城,最闲逸的城市"。《成都是当之无愧的中国第四城》一文试图调和成都内部一直争执不下的"现代化成都&悠闲成都"的矛盾,认为成都"边玩着,边进入现代化",是"现代化的另类经典"。该文率先以成都为样板来定义先进的现代化城市:

> 现在,成都人触手可及的安逸与悠闲,也许正是许多追求现代化的都市多年之后才能达到的乌托邦境界。②

这次专题报道,《新周刊》颠覆了过去以 GDP 作为标准来排名城市的做法,开辟了另一种城市评价系统,在社会上造成了极大的影响。传播学学者陈卫星评价道:"《第四城》开启了城市品牌和城市名片打造的第一扇门。"③

总体来说,对于休闲风俗与城市现代性关系的不同认识导致了

---

① 易中天:《最悠闲的城市·评语》,《新周刊》1998 年 8 月。
② 《成都是当之无愧的中国第四城》,《新周刊》2000 年 9 月 15 日。
③ 黄舒娴:《〈新周刊〉的城市叙事研究》,硕士学位论文,暨南大学,2012 年,第 16 页。

20世纪对休闲成都两种针锋相对的表述：人们批判成都休闲之俗的主要原因是在城市现代化不断发展的背景下，成都休闲风俗被认为与现代城市社会不相兼容，城市越发展，批判、变革的力量就越大，且越来自城市内部；人们赞赏成都休闲之俗，先是因为成都休闲风俗自身具有的巨大吸引力和感染力，后来主要是因为成都休闲风俗对于城市现代性的积极意义被逐渐发现。

第三节　21世纪成都休闲形象的建构与批判

正如东方学一样，当代成都休闲形象的塑造也是一种知识/权力运作的结果。成都休闲形象在内容、认知、操作上都发生了变化，这与现代社会转型有关。城市形象资本化促使成都进行城市形象实践，为谋求成都在经济全球化中的竞争力，政府、精英、民众在城市实践中合力塑造了休闲成都。在后现代反思语境下，后现代理念重新定义并肯定了成都之休闲。由于过于强大的宣传，成都的休闲形象遮蔽了其他的形象特征，并在消费主义的刺激下失去了休闲的部分真实意义。

一　政府主导实践

以2003年为界，成都休闲形象在2003年之前是一种在历史发展过程中自然形成的结果，受到人们激烈的赞扬或批判；之后则是由成都市行政力量为主导，精英和民众为参与者来主动建构的，成都内外几乎一致热衷于描述与称赞成都之"闲"，许多套语被不断地在各种文本中引用、化用，经过复制和传播形成了强大的"休闲成都"话语。

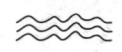

第三章 多元"休闲":国家、精英与民众视野中的地方风俗

2003年,新一届政府领导班子履新后,将城市品牌营销作为政府工作的重要内容。成都市多次召开关于"城市品牌塑造"的专家咨询会和座谈会,开展"我为成都寻找城市名片"的社会问卷、征文、签名活动;聘任著名策划团队为成都市城市运营战略顾问;2003年年底,请张艺谋拍摄城市形象宣传片《成都,一座来了就不想离开的城市》。经过一年的运作,成都的定位、品牌、形象、名片已有了多种表述,虽没有达成一致意见,但"休闲"的形象定位被反复强调。在"我为成都寻找城市名片"活动中,名片认同率的前两名是:天府名都、休闲美食之都。[1] 在"城市品牌塑造"专家座谈会上,来自北京的多位专家建议抓住成都"休闲"的特点来打造城市品牌。[2] 策划团队的报告也凸显了成都的休闲特质,将成都优势特征总结为:"成都拥有历史悠久、绵长深厚的足以满足现代人休闲饥渴的绿洲。"并提出了"西部之心,魅力成都;休闲胜地,人居天府"的成都新形象。[3]

"休闲"的形象定位对成都市政府官员产生了很大影响:2003年中共成都市第十次党代会的《政府工作报告》明确提出要"提升城市形象""精心塑造城市品牌""打造休闲之都"。[4] 年末的成都形象宣传片就呈现了一个休闲安逸、现代动感、传统与现代交融的成都形象。在日后的城市形象文化宣传工作中,政府再也不像以往一

---

[1] 《成都古今谈1:对成都城市形象的总体思考》,西祠胡同(http://www.xici.net/d199779731.htm)。

[2] 简文敏:《成都 我该怎样称呼你——专家定制城市名片》,2003年3月6日,四川在线(http://sichuan.scol.com.cn/cdxw/20030306/20033630151.htm)。

[3] 吴甘:《民间顾问与政府官员的双人舞——成都新定位出台的前前后后》,《南风窗》2003年第18期,第59页。

[4] 《2003年成都市人民政府政府工作报告》,中国政府公开信息整合服务平台成都市分站(http://govinfo.nlc.gov.cn/scscdfz/xxgk/cds/201208/t20120816_2421171.shtml?classid=476)。

样抵触"悠闲""休闲"的城市特征,反而将之作为打造成都形象的亮点之一。

从成都市政府拍摄的多部成都城市形象宣传片来看,其运用的成都符号元素涵盖了成都诸多吃喝玩乐事项,形象关键词也离不开"休闲""闲适""安逸"等以"闲"为核心的词语。成都地方媒体与国家级媒体合作,也倾向于向受众传达休闲的成都形象。

表3-1　　　　　　　　成都市政府制作的城市形象片

名称	年份	制作者	符号元素	形象关键词
形象宣传片《成都,一座来了就不想离开的城市》	2003	成都市政府,导演张艺谋	杜甫草堂、茶馆、都江堰、火锅、足球、蜀绣、熊猫、变脸、茶馆、宽窄巷子、望江楼、太阳神鸟、遛鸟、皮影戏、糖人	休闲、安逸、现代、动感、传统与现代交融
成都城市形象音乐电视《I love this city,成都依然美丽》	2008	成都对外文化交流协会	张靓颖、成都"太阳神鸟"标志、川剧、锦里、宽窄巷子、锦华馆、春熙路、蜀绣、大熊猫、府南河、合江亭、望江楼、杜甫草堂、三星堆、茶艺、糖画艺术、武侯祠、三大炮、美女、皮影戏、火锅、酒吧一条街、成都夜生活、都江堰、孩子玩耍、市民微笑、交通有序	美丽、安全、乐观、坚强、勇敢、闲适
成都城市形象片《典型中国 西部中心》(国内版)	2011	成都市政府	都江堰、风筝、熊猫、太阳神鸟、火锅、茶馆、宽窄巷子、武侯祠	成都城市精神"和谐、包容、智慧、创新"

续　表

名　称	年份	制作者	符号元素	形象关键词
成都城市形象片《典型中国，熊猫故乡》（国外版）	2011	成都市政府	主角熊猫、老茶馆、杜甫草堂、三圣花乡、宽窄巷子、春熙路、武侯祠、廊桥、游客、竹林、集市、商场、体育赛场、烟火	成都城市精神"和谐、包容、智慧、创新"
成都旅游形象宣传片《快城市 慢生活——闲不住的休闲成都》	2013	成都市政府	一家三口的旅行：青城山、竹林、熊猫、索桥、武侯祠、游乐园冲浪、摩天轮、海豚表演、宽窄巷子、变脸、火锅、三大炮、糖人、春熙路购物、高楼、品茶	休闲、现代

表3-2　中央媒体、地方媒体对成都形象的联合表述

名　称	年份	制作者	符号元素及解说词	形象关键词
纪录片《找乐》之《成都》	2005	中央电视台《见证》栏目，地方台协作	李伯清评书片段，李伯清访谈片段，评书艺人、民俗学者、记者访谈片段。片头：翻滚的鸳鸯火锅、食客油碟、赤膊划拳；片花：茶馆、聊天、看报、川剧变脸、豆花凉面挑子、打牌、农作、老街巷、道琴、磨豆花、酒吧、快节奏歌舞、高楼、红绿灯、行人等	闲适、幽默、认真、坚韧

续 表

名　称	年份	制作者	符号元素及解说词	形象关键词
《走遍中国之天府的记忆》(7集)	2005	中央电视台海外中心、成都市市委宣传部、市广电局、成都电视台联合制作	金沙、青城山、青羊宫、大慈寺、武侯祠、杜甫草堂、川酒大曲、川菜、川剧、都江堰、蜀锦、丝路起点、唐代锦江夜市、府南河沙河整治、茶馆、蒙顶山、茶文化源头、茶博士、娱乐戏曲、滚灯、变脸、皇城老妈……解说词："令人奇怪的是，在现在高压力、快节奏的城市生活中，为何这个西南都市还能保持如此的闲逸之情。这种民风和人生观念是如何形成的？""道教的道法自然，创造了休闲文化。""成都人说'会休闲的人才会生活'，对现代生活理念是有益的警醒！是国家社会安定的基础！"	包容、浪漫、开放、知情重义、闲逸的民风和人生观念
《印象中国——成都印象》：《少城巷陌》《天府锦里》《浣花草堂》《美丽成都》	2008	中央电视台电视诗歌散文系列专题片，与地方电视台共同制作	成都街巷、锦里、杜甫草堂等。解说词："只有成都人可以把历史和现代融合得如此完美安适，这样声色斑斓。""历史传统与现代文明交相照映。""最具幸福感的城市。""勤稼穑，尚奢侈，崇文学，好娱乐。"	历史传统与现代文明交相辉映、安适、最幸福

上述各种休闲形象表述文本由象征成都的各种符号组成，大多涉及的是吃喝玩乐，可见成都休闲风俗的感官享乐核心没有发生变化。各种文本中直接用"悠闲""休闲""闲适""安闲""闲逸""闲情逸致"等词表现出了成都的休闲形象，而"安逸""慢""幸福""知足"等由休闲派生出的心理感受词也可以归入"休闲"当中。

"休闲成都"越来越成为各级各类媒体的常态表述。比如《悠闲成都》《"寻找中国城市名片"：安逸成都》这样的正面宣传悠闲成都的文章出现于《人民日报（海外版）》；[1]凤凰网推出双城会第一期"'烈重庆'vs'闲成都'：重庆 水急性烈是渝州，成都蓉城无处不闲悠"投票活动，让网友投票"烈重庆与闲成都，您更喜欢生活在哪座城市？"[2] 由于网络的发达，休闲成都的表述被大规模地传播。新华网 2007 年度中国大陆最上镜城市排行榜上，对成都的文字表述为：

> 中国西南明珠！号称天府之国，休闲之都，一座因都江堰而兴的城市，富庶而偏安一方，与世无争，造就了闲适的民风和这座处处充满和谐氛围的大都市。

很多关于城市的贴吧和论坛竞相转发该排行榜和评价。[3]

连到成都工作的外国外交家，面对媒体也要入乡随俗地称赞成都的悠闲。法国驻成都总领事馆总领事魏雅树（Olivier Vaysset）和

---

[1] 蓉文：《悠闲成都》，《人民日报（海外版）》2003 年 12 月 31 日第 8 版；詹国枢：《"寻找中国城市名片"：安逸成都》，《人民日报（海外版）》2007 年 5 月 15 日第 4 版。
[2] "烈重庆"vs"闲成都"投票活动，凤凰网（http://city.ifeng.com/special/chongqingchengdu/）。
[3] 如 http://tieba.baidu.com/p/1018697005；http://tieba.baidu.com/p/1018696585；http://www.xici.net/d61092370.htm 等。

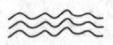

以色列驻成都总领事蓝天铭（Amir Lati）说：

> 法国人和四川人很像，虽然生活速度加快了，但人们还保持着一颗懂得享受生活的心，在公园、茶楼和其他地方随处可见友人们在一起休闲聊天。①

> 这里的人知道如何平衡工作时间和休息时间。他们工作时的效率是非常高的，但是在工作之外他们也很会享受。②

有了政府的肯定，成都内部人群对休闲风俗的褒扬表述就更多更频繁了。成都人可以理直气壮地批判以前那些对休闲成都的批判了。历史学者何一民说："有太多的人'误读'了成都，我们才更需要为'成都'正名，比如人们常说的成都所谓的'盆地意识'以及'好耍贪玩'等问题"。③ 他批评那些说成都喜好游乐、善于休闲的习俗是消极的、不思进取的说法，认为这些习俗恰恰是成都人热爱自然和生命、善于创造和享受财富的表现，进而形成了成都人张弛有道的文化心态。④ 以下这些成都本地人的表述张扬了成都正面的休闲形象：

> 班是要上的，钱是要挣的，但玩更是不可缺的。悠闲一点，随意一点，享受生活，这就是成都人的哲学。⑤

> 有一个成都，有一个低调的、闲适的、人文内涵丰盈饱满

---

① 刘洁、罗嘉萱：《法国驻成都总领事魏雅树：川法之间交流没有禁忌——本网独家专访法国驻成都总领事馆总领事魏雅树（Olivier Vaysset）》，2014年8月26日，中国经济网—四川频道（http://sc.ce.cn/gdxw/201408/26/t20140826_1761687.shtml）。

② 赵福帅：《以色列驻成都总领事蓝天铭："一带一路"让成都更具国际吸引力》，《凤凰周刊》2015年第14期，第38页。

③ 何一民编：《成都学概论》，巴蜀书社2010年版，第13页。

④ 何一民：《休闲之都：成都游乐文化的历史成因与特点》，《中华文化论坛》2012年第2期。

⑤ 林文询：《成都人》，四川文艺出版社2001年版，第8页。

第三章 多元"休闲":国家、精英与民众视野中的地方风俗

但同时又是边缘化的成都,这又何尝不是一种贡献呢?①

这是一座市井的、平民的、缓慢甚至微微颓废的城市,人们的注意力集中在口腹之乐的宴饮游乐等活动中,仿佛这是人世间最后一块乐土,真正的人间天堂。②

如今,普通民众已普遍认为休闲是成都的最大特点。在笔者所做调查问卷中,成都内部人群和外部人群都认为成都最突出的特征是"休闲",成都人最突出的特点是"悠闲"。其中,"您认为成都最突出的特征"一题是多选题,限定最多选三项。③ 以下是统计结果:

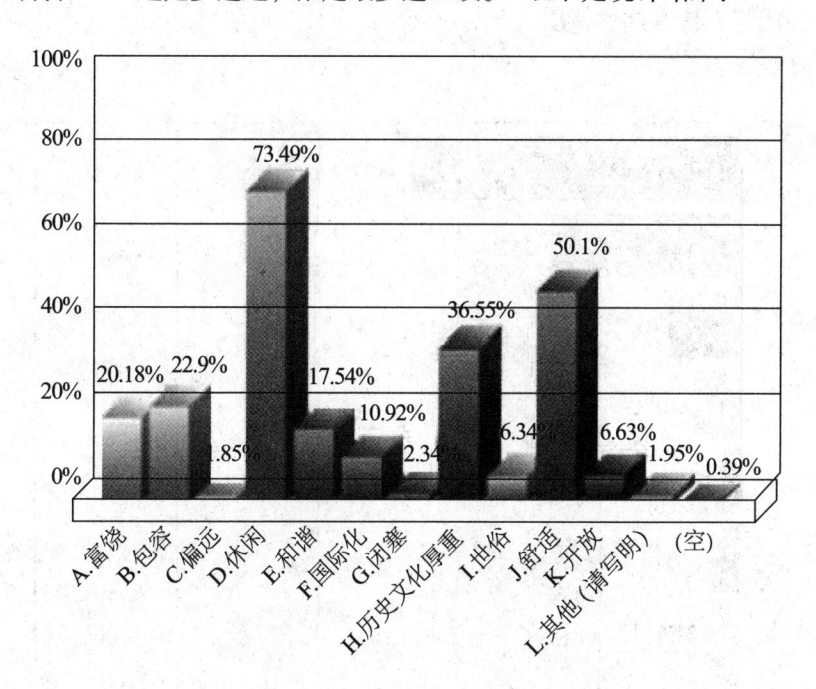

图3-1 调查对象对"成都最突出的特征"认知的百分比

---

① 洁尘:《城事:某种与幸福相似的生活》,成都时代出版社2006年版,第105页。
② 肖平:《地上成都》,天地出版社2013年版,第86页。
③ 该题型百分比的统计方法是"百分比 = 该选项被选择次数÷有效答卷份数",表示选择该选项的人次在所有填写人次所占的比例,所以此题的百分比相加超过了百分之一百。后面此题型的统计方法相同,不再说明。

调查对象认为成都最突出的特征从高到低排列的前五名分别是：休闲（73.49%）、舒适（50.1%）、历史文化厚重（36.55%）、包容（22.9%）、富饶（20.18%）。土生土长的成都人对该题的看法，从人数百分比和排序来说，都基本一致。

"我觉得成都人是怎么样的"一题是矩阵量表题，16条陈述涉及对成都人的16种评价。通过统计得知："悠闲"在最高的分数值上拥有最多的选择者，也就是说成都人的该特点是被人认为最突出的。另外，"享乐贪玩"也处于明显的正分范围，说明人们倾向于认为成都人具有这项特质。

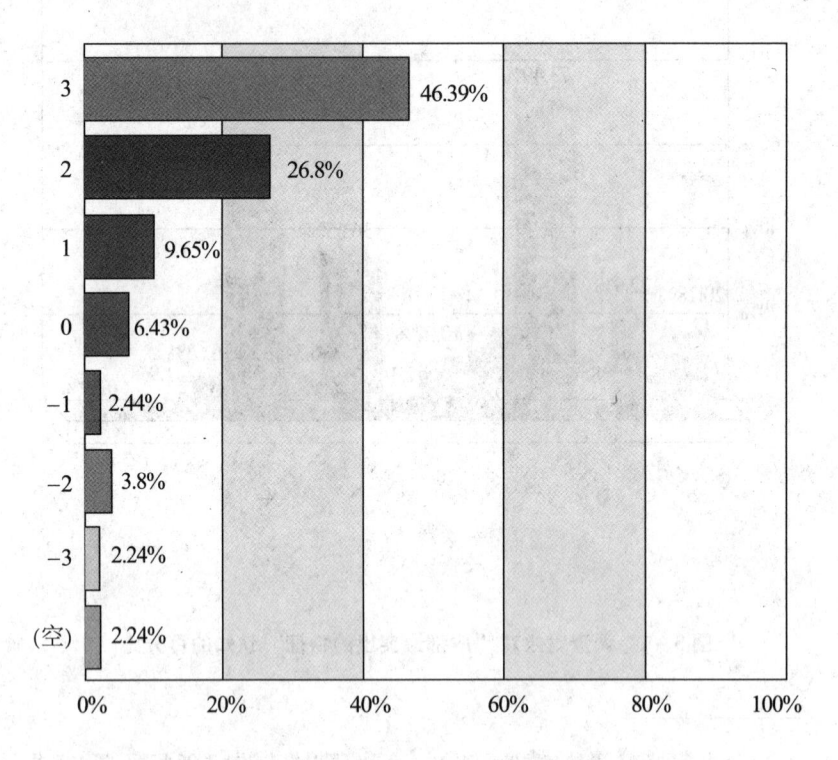

分值	百分比
3	46.39%
2	26.8%
1	9.65%
0	6.43%
-1	2.44%
-2	3.8%
-3	2.24%
(空)	2.24%

图3-2 "悠闲—匆忙"分值分布

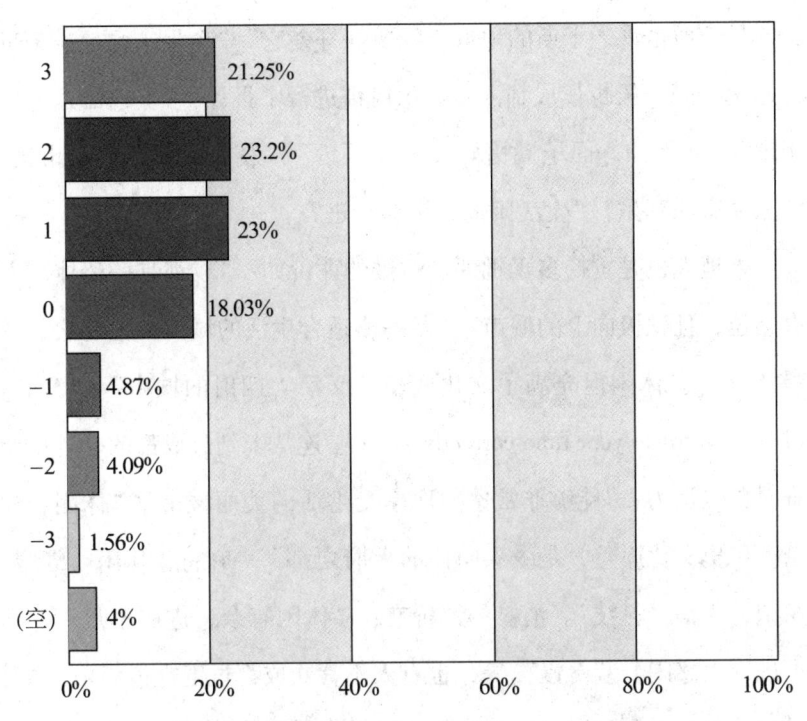

3	21.25%
2	23.2%
1	23%
0	18.03%
-1	4.87%
-2	4.09%
-3	1.56%
(空)	4%

图 3-3 "享乐贪玩—绝不享乐贪玩"分值分布

调查问卷最后一道开放性问题"请您用一句话简单概括对成都的感受",则更好地补充了人们对于成都的感受和看法。这是一道非必答题,但仍有 767 位调查对象填写了答案。答案中,"悠闲""休闲""好耍""巴适""安逸""舒适"等词语出现频率非常高,可知成都的休闲形象已经深入人心。其中,成都人对休闲成都的赞扬多于批评,延续了一贯的享受悠闲生活的姿态,历史上"耆年白首,不离乡邑"的描述同样适用于当代的成都人:"优雅怡人居住,最具幸福感的城市""休闲时尚让老百姓感觉舒服的城市""安逸,放松,温馨""舒适悠闲开心之地""成都就是好,没得理由""我特别喜欢成都,其他地方都不想切"①;"住在成都就不想挪窝""我生

---

① "切":成都方言,意为"去"。

于斯长于斯也许老于斯的地方，我要好好爱它""今生来此地，来世也返尘"……极少量成都人对休闲风俗进行了批评："安逸舒适，安于现状""无知好面子懒惰好耍无所事事""俗气，浮躁，小市民，贪图便宜和享乐""生活闲适，不够精进"。

外地人也是赞扬多于批评。积极的评价如："成都是一座休闲而有品位，且积极向上的城市""是一座适合生活的城市，我喜欢它的慢节奏""休闲但充满了文化底蕴，又活力四射的城市""A city where you waste your time correctly."……连从未到过成都的外省籍调查对象也认为："能够非常悠闲地享受生活的美丽城市""休闲、和谐、历史文化厚重，是令人向往的天府之都""麻将，休闲，舒服，辣椒，火锅，科技"。消极的评价有："休闲有余，进取不足""不上进，太悠闲，节奏慢"等，也有人不喜欢成都过度宣传享乐："要是更注重继承和复兴文化传统，少宣扬吃喝玩乐，就更好了。"

二　消费主义下的休闲形象

在全球化迅猛发展的21世纪，千城一面的现象越来越严重，城市的特色变得越来越重要，它既可以保存人类的多样性文化，又可以转化为城市的形象资本。新时期成都融入全球化，不管是城市面貌，还是人们的生活方式，都与全球大城市越靠越近，亟须在本土的文化中寻找一种自己特有的符号，为自己在国家和国际上打造一种有吸引力的形象，这是成都进行形象塑造的根本目的。后现代思潮帮助政府、精英、民众抓住了"休闲"这一成都传统的地方风俗文化来应对全球化。

随着后现代思潮的兴起，倡导回归感性、自然的观念也兴起，休闲的生活态度和行为被认为是合乎人性的，备受推崇。著名的休闲学学者罗杰克说："休闲的概念范畴已经超出了简单的享乐主义，

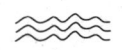

尽管享乐仍是很多休闲活动中的主要构成要素，但休闲活动已经更多地与在关注自我的同时关注他人感受这个全球化的道德观融为一体了。"① 于是，在城市规划和建设中，人们开始重视城市的休闲化，休闲功能成为城市发展的必然趋势。

成都固有的传统休闲风俗恰好满足了现代人对于城市休闲生活的美好想象和期望，又符合现代休闲城市发展的趋势，于是关于成都休闲形象的打造和宣传很顺利地开展。按照霍尔的"编码—解码"理论，以前占"主导—霸权"地位的国家和精英进行了信息的编码，将成都休闲风俗定格在奢侈、逸乐的负面形象上。而现在，成都人则要通过"移码"来进行解码。成都的行政力量和文化精英采用了以一系列"积极的"形象来取代"消极的"形象的"移码"策略，② 即承认成都的休闲风俗，肯定该特征的正面意义，使成都以往倍受批评的休闲传统转而成为一种最现代、最健康的文化资源，参与到城市现代化建设当中。

当城市的休闲形象塑造起来后，政府鼓励人民去休闲消费就变得更有说服力了，休闲成都的背后，实际上站着商业的成都、消费主义的成都。根据20世纪80年代以来的《成都年鉴》统计，成都的产业结构一直在调整。第一产业增加值占GDP的比重逐渐缩小，第二产业基本稳定，第三产业所占比例逐年增大，从1980年的23.2%增长到2006年的47.7%。③ 第三产业已经成为成都国民经济的支柱力量，如今已形成了以商贸、会展、物流、旅游、餐饮、房

---

① ［英］罗杰克：《休闲理论原理与实践》，张凌云译，中国旅游出版社2010年版，第9页。
② ［英］斯图尔特·霍尔：《"他者"的景观》，《表征：文化表象与意指实践》，徐亮、陆兴华译，商务印书馆2013年版，第403—407页。
③ 《成都年鉴》，成都年鉴出版社2007年版。

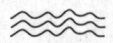

地产开发等行业为主的产业链。① 休闲成都作为正面价值的表述有利于增加第三产业创造的财富。这从成都市政府与万达集团联手打造旅游休闲项目可见一斑：

> （都江堰万达文化旅游城）能否在大手笔的同时与成都安逸、闲适的氛围完美融合，成都和万达都表示并不担心。自古以来，成都人就细腻、会玩儿，落地成都的旅游项目，都能让当地人玩出成都味道。②

以追求商业利益为核心价值的消费主义，使得成都的一些休闲物象和事象被符号化，形成了成都休闲形象的套语表述。符号可分为以下几类：

1. 历史文化遗迹：金沙、十二桥遗址、商业街船棺葬、都江堰、武侯祠、杜甫草堂、永陵、昭觉寺、大慈寺、文殊院、水井坊、望江楼、老街巷……

2. 当代打造的历史文化街区：宽窄巷子、锦里、合江亭、廊桥、琴台路……

3. 当代商业休闲空间：春熙路、骡马市金融街、ifs、太古里、环球中心、九眼桥酒吧一条街、三圣花乡、大熊猫基地、铁像寺水街……

4. 日常生活事象：坐茶馆、摆龙门阵、打牌、搓麻将、看川剧、遛鸟、买卖小吃、掏耳朵、擦皮鞋、听评书、看演出、听音乐、做糖人、说方言、赶集、看报、灯会、踏青、登山、游江、赶花会、迷足球、逛书店、淘古玩、逛庙会、过夜生活、泡吧、农家乐休闲、

---

① 何一民主编：《成都学概论》，巴蜀书社 2010 年版，第 212 页。
② 马军：《成都"野心"：世界旅游目的地》，《凤凰周刊》2015 年第 14 期。

露营……

5. 美食：火锅、三大炮、麻辣烫、串串香、卤味、凉拌菜、肥肠粉、豆花凉面、皇城老妈、龙抄手、夫妻肺片、老妈蹄膀、冷啖杯、陈麻婆豆腐、钟水饺、丁丁糖……

6. 物象：熊猫、府南河、蜀绣、"太阳神鸟"标志、美女、林盘……

成都一方面继续使用大量传统休闲符号，另一方面加入象征现代休闲生活的新符号，试图给消费者传达既有传统内涵又具现代形式的休闲形象。

然而，一些符号被抽离了其现实语境，丰富的意义被压缩或抽空，成为成都休闲符号象征系列中空洞的一员。比如川剧变脸的符号化。很多本地人已经不能欣赏这种艺术，川剧门票昂贵，专门服务外来消费者。变脸本来有着表现戏剧中人物内心突然改变的作用，现在只是纯粹的变换脸壳的表演，只为满足消费人群需要的新奇、刺激。过去作为普通市民生活场所的宽窄巷子、大慈寺街区等，现在变成了高档消费街区。

消费主义之下的成都旧文化事项被抽空了文化内核，成都的正面形象或成都精神被削弱了，这导致成都休闲形象走向极端负面的堕落放纵的现代大都市形象，这在《成都，今夜请将我遗忘》《成都，爱情只有八个月》《成都粉子》等网络文学作品中有全面的反映。[1] 作者们将休闲成都比喻为不求上进的流浪汉、贪图享乐的女人，用"懒惰"来形容休闲成都：

---

[1] 参见陈丹《寻找城市的精神——以成都为例探讨中国当代文学中城市书写的得与失》，《当代文坛》2010年第3期；陈太怡《想象、城市与城市小说——三部小说对于成都的想象》，《成都大学学报》2006年第1期。

如果把城市比作人，成都就是个不求上进的流浪汉，无所事事，看上去却很快乐。……成都人也是有名的闲散，……①

成都是个休闲的城市，每个成都人骨子里都有那么一点优越性。两千年的都江堰灌溉了肥沃的成都平原，也养育了成都人与生俱来的懒惰，……勤劳勇敢这样的词语不能形容成都人。②

成都很像一个贪图享乐、爱慕虚荣的女人，她只有两副面孔：富有或者贫穷，其他一切都可以装进这两个萝筐。在这座城市里，享乐也是一种荣耀，爱情也是一种虚荣。③

当代中国经济高速发展，消费主义思潮到处蔓延，中国社会流行"享乐主义、实利主义、犬儒主义、即刻主义"④，与此同时，人们的娱乐热情高涨，因此消费主义之下的、负面的成都休闲形象其实是当代消费主义中国的缩影。

三　休闲表述的片面性

表述文本在话语的谋划、控制下，通过建立成都正面的休闲形象，呈现的是成都人表面的生活氛围和所谓的美好现实，但是未能体现完整的休闲成都，也未能反映多元的成都形象，从某种程度来说，其中存在误解和欺骗。

过量的休闲形象表述会给人形成一种深刻的错觉：喝茶、聊天、

---

① 慕容雪村：《成都，今夜请将我遗忘》，华语网（http：//www.thn21.com/Article/yuyan/6556.html）。

② 江树：《成都，爱情只有八个月》，天涯社区（http：//bbs.tianya.cn/post-feeling-231176-1.shtml）。

③ 深爱金莲：《成都粉子》，笔下文学网（http：//www.bxwx.org/text/4/4491.html#747767）。

④ 陶东风：《文化研究在中国———一个非常个人化的思考》，《湖北大学学报》2008年第4期。

吃喝、看戏、闲逛就是成都人生活的主要部分，进而认为成都人工作不努力或效率不高。位于郫县的菁蓉小镇是成都市的创新创业发展核心区，从2015年年初开始建设，到2016年年初一年的时间内，该镇就引进孵化器15家、创业项目622个。① 笔者对负责菁蓉小镇招商工作的某领导进行过访谈，他的话很能反映外部人对休闲成都的误解：

> 我们现在的引入工作进展非常快，只要双方的条件互相符合，就马上引进。办事流程简化，都在"创客服务中心"里进行。有时一个项目，从接触到拍板签约，三天就搞定了。很多外地公司都很吃惊，说："听说你们成都人都很悠闲啊，想不到办起事来效率比上海那边还要高。"我就说，我们成都人生活是生活，工作是工作，办事一点都不拖沓。

成都的一些形象特质，被过于强势的休闲话语降低了影响力。在成都土生土长的访谈对象E也认为：

> 悠闲也只是表面现象，只是成都特点的一个方面。其实，成都人很进取，只不过这个被掩盖掉了。要我说，成都还有一个特征是乐观，比如"5·12"地震后，成都人在帐篷外都还要扯圈子②打麻将，大家还要互相开玩笑。成都人还有一个特点，就是比较"讲礼"，比如公交车上让座的现象就比北京多，还有传公交卡刷卡的情况也比较多。

成都还有一些突出的形象特点因为不像休闲形象那样能为成都

---

① 张明海：《菁蓉创客小镇的双创"引力"》，《四川日报》2016年2月23日第4版。
② "扯圈子"：四川方言，意为坐成一圈。

带来价值而被故意忽视。成都被人称道的另一大形象是包容，在笔者的问卷调查中，"包容"是调查对象认为成都城市特征中排名仅次于"休闲""舒适""历史文化厚重"的特征。但一些表现成都包容形象的事件却并不被媒体报道。在对当代成都"同志"空间的社会学考察中，魏伟发现，成都是对同性恋最包容的中国城市，茶馆、澡堂等休闲场所是成都同志最爱去的"飘场"（聚会场所）。[①] 作家西门媚说："（对同性恋的包容）是成都值得骄傲的地方，成都或者外地的媒体采访我，问我这个城市的特点，我都不忘介绍这个，但从没有一家媒体把这个意思写出来。"[②]

休闲成都的宣传也不能证明正在进行休闲活动的成都人就是在享受休闲生活。著名休闲学研究者戈比认为："休闲是从文化环境和物质环境的外在压力中解脱出来的一种相对自由的生活，它使个体能够以自己所喜爱的、本能地感到有价值的方式，在内心之爱的驱动下行动，并为信仰提供一个基础"。[③] 内心之爱、有价值，是休闲区别于娱乐、游戏、工作的关键所在。是否是真正的休闲，还要深入考察文化主体的感觉。

人类学学者庄思博通过田野调查，发现当代成都的商人们热衷于出入茶馆、饭店、按摩室、卡拉 OK 厅、酒吧、夜总会，是因为这些地方是他们展开炫耀性消费的处所，他们以此来培养私人感情和合作关系。[④] "新富"们的休闲娱乐活动完全没有休闲、放松的功

[①] 魏伟：《公开：当代成都"同志"空间的形成和变迁》，上海三联书店 2012 年版。

[②] 西门媚：《〈公开〉：从一个特别的角度看当代城市文化》，豆瓣网（http://book.douban.com/review/5679785/）。

[③] ［美］杰弗瑞·戈比：《你生命中的休闲》，康筝译，云南人民出版社 2000 年版，第 14 页。

[④] John Osburg, *Anxious Wealth: Money and Morality Among China's New Rich*, Stanford: Stanford University Press, 2013, p. 53.

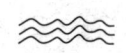

第三章 多元"休闲":国家、精英与民众视野中的地方风俗

能,只是单纯为了建立社交关系、结识官员的必需的日常性工作,他们不喜欢这样的生活,觉得"累"。

有成都人反思人们对喝茶等行为的"悠闲"定性:"简括地说,成都人仍有喝茶情结,但过去那种非功利性的喝茶心态已经越来越淡漠了。也就是说喝茶到现在更多的只是成都人的一种生活习惯,而不能据此判断成都人的性格。"①

一些表面上看来的休闲行为,不过是在消磨光阴,并无内心之爱和价值感知。访谈对象B,女,35岁,来自四川东部某农村,到成都打工六年,她这样描述一位爱打麻将的成都人:

> 我接触到的成都人就是闲、懒、不上进。我有个干亲家,亲家母就是成都人,文家场的。哎哟,那才是好耍哦。前几年做服装生意,挣到了点钱,就不做了,在屋头耍。一天到黑打麻将,打得大得很,都是打五六十的,一天晚上输赢就是几千块。早上两口子就睡,睡到十一二点才起床,又去打麻将打到半夜。

访谈对象C,男,58岁,来自四川中南部某县城,在成都定居十四年。他这样讲述一群"悠闲"的成都本地人:

> 我们小区里接近百分之四十都是牛市口、纱帽街两个地方的拆迁户。我在小区里守车棚,对他们了解得很,普遍爱耍、懒。像某某某,拆迁赔了三套房子,就靠出租的钱过生活,几个女儿都不上班,坐在屋头吃。某某是五保户,每个月的收入

---

① 张先德:《老成都系列·成都:近五十年的私人记忆》,四川文艺出版社1999年版,第64页。

是低保费加一间房间的租金，啥子不干，天天到处耍。某某，拆迁赔了两套房子，每套出租一千多元，年纪轻轻的，天天想的就是到哪儿去洗脸美容、打牌吹牛。

这些"休闲"背后的生活态度和状态是我们在媒体表述中看不到的。

可见，成都实际的"休闲"风俗很复杂，我们所看到、感知到的成都休闲形象处于权力的掌控中，为塑造一个正面的休闲成都，创造更多的财富，真实的"休闲"可能被虚构、夸大、缩小、变形。休闲形象凭借传媒力量，深深地影响和建构着我们对成都的想象。

小　结

从这一章的分析仍然可以看到成都本相与成都形象表述之间相互成就、相互影响的关系。成都人溺于感官享受的休闲形象是古今中外人群的共识，但对于休闲形象的态度却各不相同，主导认知的是政府。古代中国的风教观以及儒家正统的勤俭价值观、家庭伦理观和乡党观念是成都休闲形象表述的社会现实本相，它使得休闲成都在历史上长期被批判。国家正史多用"淫泆""奢侈"等贬义词来形容成都的休闲之风，国家政权也采用控制打压、从俗而治来治理成都的休闲风俗，在权威的、反复的表述中，成都奢侈逸乐的形象被固化、丑化，成为良俗的反面映衬。四川、成都官修地方志对于成都风俗的表述不太一样，总体上呈现重农、好文、有礼、尚俭的正面形象，这主要源自另外几个层次的社会本相：成都地域广阔，民族众多，内部存在多元风俗；明清时期，成都地区经济下行，淫洸奢靡之风较前代有所收敛；国家正史与地方志两种文类的空间表述单位有大小差异；主持、参与地方志编撰的官员与文人的政绩观念和地方情结以及对于中央政权统治权威的奉承。晚清以来，地方政府对成都休闲风俗批判和改造的种种表述又源自两种现实本相：一种是传统农业社会主流价值观的延续，另一种是认为成都休闲风俗不适应城市现代化潮流。

文人士大夫阶层常常对休闲安乐的成都产生巨大迷恋而生出种种沉醉与赞美的表述，其中的本相是成都休闲风俗与该阶层审美情趣的暗合，以及成都休闲风俗能够纾解外部灾厄对其造成的困顿境遇。但在强大的社会主流价值观的导向下，他们出于维护正统价值观、焦虑国家命运与地方发展等原因，一直以来又保持着对休闲成都的警惕、批判。

21世纪，外部社会环境发生了翻天覆地的变化，受到后现代思潮和消费主义的强烈影响，在地方政府的强力主导下，成都内外各群体产生称赞成都之"闲"的表述热潮，形成了强大的"休闲成都"话语，这些表述反过来转化为社会生产力，加强了成都的现代性。而过度消费主义商业化的本相又产生了休闲成都的负面形象表述，不利于成都休闲经济的健康发展。过量单一的休闲成都表述又虚构、夸大、缩小、变形了成都文化本相，使得人们不能正确认识真实的休闲成都与多元成都。

不管外部评价如何，自古至今绝大部分成都民众都过着相对休闲逸乐的生活，他们享受其中、陶醉其中，这就是他们生命的自在展开和言说，在这里，他们的生活本相与自我表述是合一的。

第四章 "一座来了就不想离开的城市"：空间、性别、饮食的表述与经验

清代的纪昀曾感叹成都"侈丽繁华，虽不可训，而民物殷阜，歌咏风流，亦往往传为佳话，为世所艳称"①。2003年成都市请张艺谋拍摄《成都，一座来了就不想离开的城市》的城市宣传片，片名迅速走红，成为众所周知的常用语。不管是为世人所艳羡的"民物殷阜，歌咏风流"，还是"一座来了就不想离开的城市"的当代城市整体感知，其最基本的内容和最直接的体现就是成都的空间、性别、饮食等生活经验。

人们对于城市的印象往往来源于感觉器官直接感受到的具体事物，比如街巷是视觉和触觉的直觉体验，食物是味觉和嗅觉的直觉体验，个体的人是视觉和内心感受的直觉体验。对于城市来说，来源于这些感官知觉的观念和由此反省获得的观念，就是城市的经验。在笔者的问卷调查中，"成都最吸引您的元素"一题是多选

---

① （清）纪昀：《岁华纪丽谱》提要，《四库全书总目》卷70《史部二十六》，清乾隆武英殿刻本。

第四章 "一座来了就不想离开的城市":空间、性别、饮食的表述与经验

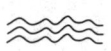

题,限定最多选三项。调查对象认为成都最吸引人的元素从高到低排列的前五名分别是:美食(67.93%)、生活氛围(44.93%)、自然风光(33.33%)、文化景点(28.17%)、美女(19.88%)。可见,饮食、空间、性别是成都作为一个城市最突出、最有吸引力的元素。

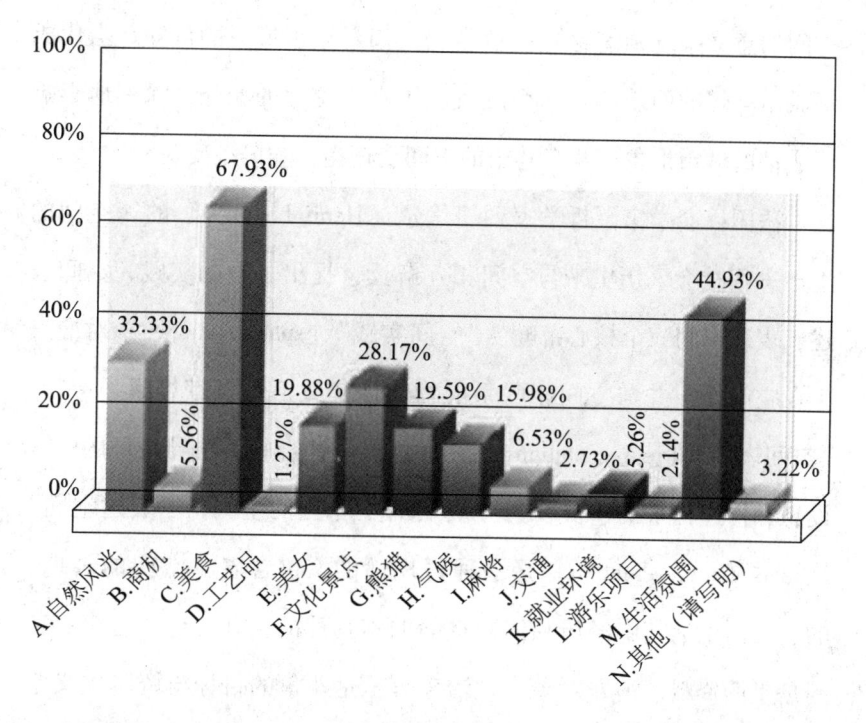

图4-1 调查对象对"成都最吸引人元素"认知的百分比分布

本章着眼于个人对城市最直接的经验和表述,从空间、性别、饮食三方面来展现成都最具特色的生活文化是如何形成的,当代"宽窄巷子""成都美女""美食之都"三个鲜明的成都形象是如何一步步被表述所层累的。

第一节 宽窄巷子:"最成都"的空间变迁

一个城市的空间布局和形态最能引起人们对该城市的直观感受,空间的意义系统则潜移默化地影响人们对城市形象的认知。当代成都城市空间的面貌和意义系统发生了翻天覆地的变化,深刻地影响了成都的城市形象,宽窄巷子的空间变迁是一个典型反映。

法国社会学家、哲学家列斐伏尔(Henri Lefebvre)的《空间的生产》用社会、历史来与空间相互解读,提出了空间实践、空间表述、表述空间三个核心范畴。"空间实践"(spatial practice)对应发生在空间中、并与空间相联系的物质性实践活动及其结果、产物;"空间表述"(representation of space)对应社会中占主导地位的、被设想和构建出来的、被作为"真实的空间"的空间;"表述空间"(space of representation)是一种再现性的、包含着"空间的真理"的、人们生活其中经历和体验空间的本真性的空间。他还指出:空间是生产资料、消费对象、政治工具,是斗争的目标与资本主义空间的功能特性场所。[①]

就列斐伏尔的理论来看,成都的各类空间被政府、商业资本、社会精英等人群进行"空间表述"之后,投入"空间实践",最后"表述空间"发生了巨大变化。这些空间完全具有了生产资料、消费

[①] 参见张子凯《列斐伏尔〈空间的生产〉述评》,《江苏大学学报》2007年第5期。举例来说,"空间实践"好比在城市的某处修房子以及某处已修好的那座房子,"空间表述"好比政府官员、城市规划者、各类城市专家等设想的、规划图纸上的房子样式;"表述空间"就如人们意识到那座位于市中心、高大华丽的、充斥着国际著名品牌商品的房子象征有钱有势的人才能去逛。

第四章 "一座来了就不想离开的城市"：空间、性别、饮食的表述与经验

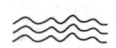

对象与政治工具的功能特性。以下试以宽窄巷子的空间变化来反映当下成都城市空间从传统走向现代的巨变。

一 成都城市空间的演变与宽窄巷子的空间实践变迁

清末民初以前、民国时期、中华人民共和国成立至20世纪90年代、20世纪90年代之后这四个时期，宽窄巷子随其所在的成都城市核心区在面貌和功能方面发生着巨大变化。

清末民初之前，成都处于前现代社会，城市区域在城墙以内，城市布局和样貌既体现中国所有前现代都市的功能和风貌，又有自身本土风水特征：城市大致呈方形，城内分布着各类各级行政机构和居住、贸易、休闲场所，城市中轴线呈现顺时针往东北—西南偏转30度的走向，顺应成都的风向、河流走向以及阳光照射角度。大城包小城的套城格局绵延不断，体现着国家对成都进行政治、经济、军事功能分区的设想：秦代设大城置官府、少城置商贸；隋代杨秀扩筑大城、增筑少城，大城内修王城、王城内修宫城；唐代高骈为抵御南诏而改水道修罗城，将少城包围；后蜀孟知祥筑羊马城加强防御；明代建蜀王藩府。① 清康熙五十七年（1718），四川巡抚在大城西垣内筑满城，驻八旗官兵，康熙六十一年（1721）由荆州分拨满蒙八旗军驻防成都于此。② 满城内形成了北方胡同式的"鱼脊骨"状的道路格局，建筑上结合了北方四合院和川西民居的特色。满城城墙将满蒙与汉族及其他民族区隔开，城内外不接触不来往，满蒙旗人形成了独特的生活风貌。宽窄巷子就是清代满城遗留下来的、与城市西北—东南走向大致平行的三条胡同。

---

① 成都城市套城格局变迁参见阳正太《天府蜀都（成都卷）》，中国人民大学出版社1993年版；《成都城坊古迹考（修订版）》，成都时代出版社2006年版，第15—81页。
② 参见张学君、张莉红《成都城市史》，成都出版社1993年版，第132、133页。

民国时期处于前现代社会和现代社会的交替阶段,成都空间也兼有两个不同社会的特点。古代的城墙还在,但城市建成区已经突破城墙向郊区发展,现代的工厂、企业、学校在以前的郊区乡村建立起来。在城墙以内,空间格局也在发生变化,在军阀割据时代和中央政府掌控的时代,进行现代城市规划、修建现代道路和建筑、实施现代化城市管理。① 这一时期,满城城墙被拆除,一些达官贵人在此修建公馆、民宅,所以宽窄巷子部分建筑也呈现出西洋建筑、中西合璧建筑、川西民居相混杂的艺术特色。

从中华人民共和国成立到20世纪八九十年代之交,成都城市空间变化更加剧烈。"一五计划"期间,国家就将成都定位为"一个以精密仪器、机械制造和轻工业为主的社会主义工业化城市"②,成都向工业型综合城市转变。这40年间,城市建成区由18平方公里扩展至110余平方公里。市内陆续拆除了城墙、皇城及其古建筑,安设路灯、绿化道路、修建园林、整治河道和下水道,市容面貌完全更新。新建城市建筑渐渐侵占少城,在宽窄巷子区域,国家将房子分配给一些国营单位的职工,"文化大革命"时期又进行了重新分配。20世纪70年代以后,此处修建了一些六七层的普通住宅和仿古建筑,成都画院、文联、部队服装公司等单位迁入。③

从20世纪90年代开始,成都城市空间跃入一个变化空前迅猛的新时期。这一时期,房地产市场化开始起步,市区建筑高层化趋势产生,工业企业向周围郊区扩散,置换出的土地很快转化为商业

---

① 参见 Kristin Stapleton, *Civilizing Chengdu: Chinese Urban Reform*, 1895 – 1937, Cambridge (Massachusetts) and London: Harvard University Asia Center, 2000。
② 《成都市志·城市规划志》,四川辞书出版社1998年版,第19页。
③ 宽窄巷子的当代变迁参见《成都市文化创意产业发展研究》课题组、赵永会《宽窄巷子历史文化街区的保护与开发》,《中共成都市委党校学报》2011年第4期。

用地；90年代后期，房地产开发急速加快，大量耕地被占用，城市加速扩张；进入21世纪，西部大开发政策、成都市政府搬迁、房地产开发新政等原因促成成都新一轮的快速扩展，主城区的剩余耕地迅速转变为城市用地，城郊卫星城区扩展迅速，与主城区相连。[①] 成都这一城市化进程与中国众多大城市的城市化进程同步，全国千城一面的情况越来越突出，通过保护古城古街区以突出城市特色、积累形象资本的理念也开始流行。成都敏锐地捕捉到这一新理念，开始打造宽窄巷子空间：2003年，成都市宽窄巷子历史文化片区主体改造工程确立；2005年，重建工作启动；2008年6月14日，宽窄巷子历史文化保护街区开街。

经过改造，宽窄巷子经历了形态上的一些变化。在街巷方面，保存了原有的街巷格局、宽度、弯曲形态、街巷与建筑的视差和高差；在实物方面，原地保留了一些临街围墙、门头、古井、拴马石、碑刻、青砖、大树；在建筑方面，保留了建筑的四合院形态，对建筑实行原样恢复、修缮恢复、摘除拆除等分类维护。[②] 然而，改造前后的宽窄巷子明显不同，街面、建筑焕然一新，很多建筑几乎全部拆掉重建，建筑内部安装了便于现代生活的管网线路，室内外布置着经过精心选择的各种中西式装饰符号。

宽窄巷子的住户与业态也发生了巨大改变。目前，宽窄巷子只有接近10%的房屋产权属于个人，其中又只有不到5%的业主还居住在巷子中，另外的私人业主或者自己用房屋做商业经营，或者转

[①] 高敏：《成都城市空间形态扩展时空演化过程及其规律分析》，硕士学位论文，西南交通大学，2009年，第23页。

[②] 参见张婷《成都宽窄巷子设计研究——一个历史文化街区经典设计案例的个案考察与理论分析》，博士学位论文，四川大学，2015年，第110页。

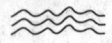

租或多次转租做商业经营。① 宽窄巷子引入了大批国内外著名的商家，其中有星巴克、龙浩等国际化品牌；有高文安等知名设计师的室内设计工作室；还有翟永明、李亚伟等成都本地文化名流开办的酒吧、餐厅；业态涵盖文化、餐饮、零售、娱乐等多个方面。

二 民众生存、文化保护、经济开发：空间表述的冲突

宽窄巷子目前呈现出的面貌是经过政府、文化精英、市民、原住民、开发商、策划商、规划师、施工方等各方长期的冲突和磨合的结果。在此过程中，各方角力，但最终仍是政府力量决定着宽窄巷子的改造走向。

成都市政府是宽窄巷子改造的一级政府主体。2003年主体改造工程确立时，成都市委市政府的定调表述为："宽窄巷子保护与建设，按照经营城市理念……的要求，委托政府控股的少城公司作为业主，以市场化运作模式，构筑投融资平台，统一负责实施宽窄巷子保护与建设。"② 可见，成都市政府的出发点是保护与建设，但更倾向于建设方面的开发营销。

在项目实施前后，不同的群体、相同群体内不同的个人，在该不该改造、如何改造、改造之后用来做什么等问题上，争论不休。

宽窄巷子原住民对是否应该拆迁改造的意见很多样。有的持激烈的反对意见："不愿宽窄巷子改造，狭隘地说是捍卫自己的利益，但作为有责任感的市民，是在保护超越私有财产的人类共同遗

---

① 据笔者对成都少城建设管理有限责任公司物业管理部某成员的访谈。
② 《关于宽窄巷子历史文化保护区保护与建设工作的汇报》，成都少城建设管理有限责任公司内部文件。转引自张婷《成都宽窄巷子设计研究——一个历史文化街区经典设计案例的个案考察与理论分析》，博士学位论文，四川大学，2015年，第196页。

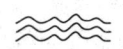

产。"① 有的持完全的赞同意见："别人都住电梯公寓了，我们还挤在这破房子里……隔壁打个屁都听得见。改造后的宽窄巷子肯定很漂亮，很现代，比现在好。"② 还有人持无所谓的态度："哎呀！搬哪儿赶前都可以，只要面积上的钱算得够，其他都不存在！"③

在文化人中，有赞成拆迁改造的，但反对的声音也很激烈。一些成都市政协委员赞成保护性改造，对拆除多于保护的方式提出了批评意见。④ 在反对的声浪中，本地文化人冉云飞的意见很具代表性，他对拆迁改造"痛心疾首"，认为"丢掉宽窄巷子这张名片，就是丢掉自己的特色，是以己之短去搏别人之长"。台湾文化人龙应台到成都也发表了希望宽窄巷子"原汁原味"保存的看法。⑤

巨大的舆论压力迫使政府组织召开各种工作会、研讨会、说明会，并与媒体、各界人士及时沟通，但并没有动摇政府动迁改造宽窄巷子的决心，宽窄巷子的改造工作一直在曲折中推进。

在改造的执行过程中，各利益群体的"空间表述"也不一致，并历经变化。2003 年，在宽窄巷子的策划代理招标活动中，成都健鹰营销策划公司（以下简称"健鹰公司"）中标。一开始，公司总经理杨健鹰就针对原样保留宽窄巷子及其生活的观念进行批判，认为那"是一种近乎恋尸癖式的文人美学假象"。杨健鹰带领其策划团队为宽窄巷子项目策划了一整套建设、开发、招商、营销方案。在

---

① 彭永生等：《宽窄巷子：拆与保怎一个难字了得》，《华西都市报》2004 年 10 月 27 日。
② 同上。
③ "哪儿赶前"：四川方言，意为哪里。苏伟：《宽巷子窄巷子：打望老巷》，成都时代出版社 2008 年版，第 152 页。
④ 彭永生等：《宽窄巷子：拆与保怎一个难字了得》，《华西都市报》2004 年 10 月 27 日。
⑤ 李祎：《论古民居保护中的败笔与人文关怀的流失——以成都宽窄巷子为例》，《内江师范学院学报》2009 年第 1 期。

策划方案中，健鹰公司将改造后的宽窄巷子总形象定位为"历史文脉凝结的城市老底片，休闲经济构筑的都市新客厅"，将市场定位为"成都文化商业旅游休闲的核心商圈"。[1]

项目立项后，由成都市青羊区国有资产投资经营有限公司与成都城建投资发展股份有限公司按照2:8的比例投资成立了国有全资的成都少城建设管理有限责任公司（以下简称"少城公司"），负责具体执行改造事务。少城公司基本坚持了健鹰公司的策划理念，在面临外界质疑时，公司管理层的对外表述中仍然坚持项目定位。[2]

然而，少城公司大股东的更替却给项目定位造成了风险。少城公司成立后不久，成都城投集团接手成都城建投资发展股份有限公司全部股权，2007年成都城投集团又将全部股权转让给成都文旅集团。[3]少城公司几番易主，尽管国有全资的性质没有变化，但改造的观念和方向却经历了数次波折。在文旅集团控股之后，"曾一度倾向在宽窄巷子打造世界奢侈品专卖区，引进国际招商公司"，经过几个月的观念折腾后，才又回到最初的定位上来。[4]

在近五年的时间中，政府、少城公司的各持股公司、少城公司、健鹰公司、清华大学和西南交通大学等规划设计单位、施工单位在磕磕绊绊中探索着市场化保护宽窄巷子的新模式，维护着宽窄巷子

---

[1] 杨健鹰：《宽思窄想：成都宽窄巷子策划实录》，汕头大学出版社2011年版，第171、191—194页。

[2] 见公司策划经营部经理余继陵、工程总监徐军对舆论的表态。彭永生等：《宽窄巷子：拆与保怎一个难字了得》，《华西都市报》2004年10月27日。

[3] 张婷：《成都宽窄巷子设计研究——一个历史文化街区经典设计案例的个案考察与理论分析》，博士学位论文，四川大学，2015年，第109、110页。

[4] 杨健鹰：《宽思窄想：成都宽窄巷子策划实录》，汕头大学出版社2011年版，第271页。

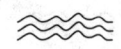

的改造方向：一方面保护历史文化街区，另一方面让街区具有经济和社会效益。

三 "慢生活""最成都"新表述空间的意义系统

"慢生活"经过资本再造，宽窄巷子原本逐渐衰败的居住文化空间，转变为文化消费空间，但成都仍用"老成都"的"慢生活"来宣传宽窄巷子。成都市人民政府官方网站用如下语言介绍宽窄巷子：

> 宽巷子是"闲生活"区，是老成都生活的再现。窄巷子是"慢生活"区，展示了老成都的院落文化。井巷子：一处市井老成都的情景再现。①

人们也习惯用"慢生活"去统一过去和现在的宽窄巷子。在旅游网站的宣传文章中，写手们总是用这样的语言去引人想象宽窄巷子里"老成都"的"慢生活"：

> 带着对"老成都"的一种回味，漫步在代表"老成都"历史缩影的几条小街里。"宽窄巷子"的魅力，在于它的"慢生活"。②
> 宽巷子的"窄"是逍遥人生的印记，窄巷子的"宽"是安逸生活的回忆。走在宽窄巷子中，体验成都最市井的文化，怎能错过这里的特色餐厅？③

---

① 《宽窄巷子介绍》，成都市旅游政务网（http://www.cdta.gov.cn/show - 122 - 5 - 1.html）。
② 《游宽窄巷子，体会慢生活》，中国国家地理社区（http://www.dili360.com/article/p54126c3037f7943.htm）。
③ 《慢生活里的小资情趣 成都宽窄巷子美食攻略》，驴妈妈旅游网（http://www.lvmama.com/info/chinagonglue/2012 - 0510 - 79595 - 2.html）。

然而，今日所谓成都的"慢生活"早已与老成都的"慢生活"不同了。即便是老成都的"慢生活"，在不同的历史阶段也不尽相同。清代旗人官兵世袭其职，俸禄无忧，子弟不事生计，悠闲过日，生活确实很慢。这是清代特殊的族群隔离政策所带来的属于特定城市空间、特殊族群阶层的生活形态。民国时期，达官贵人在此居住，这时的宽窄巷子拥有的是权势富裕阶层悠游富贵的生活。巷子改造前，一方面由于房屋不断地重新分配和房产的自由买卖，居民多元化，但大多是普通市民阶层，他们还没有充分接触现代都市的匆忙，生活节奏较慢，但另一方面是生活的简陋。宽窄巷子之所以改造，最初就是为了解决原住民不断涌现的居住问题，宽窄巷子普遍存在生活空间狭乱、房屋颓败、生活设施不齐备等问题，一些原住民甚至不堪忍受居住条件而搬迁，把住房租给外来打工者或用作仓库。① 那些在改造前不断涌入宽窄巷子体验旧式"慢生活"的人们所具有的恰恰是一种忽略原住民生存状态的文化精英式的怀旧审美心态。

"慢生活"概念由20世纪80年代后期发源于意大利的抵制快餐速食运动而来，也是属于后现代思潮下的一种生活概念。"慢生活"提醒人们关注自己、回归自然，建立一种张弛有度的、合理健康的生活，② 在道路、山水、植物、民俗、建筑景观上都有特定的标准，在生活实践中有慢慢吃、多沟通、慢阅读、规律作息、舒缓运动、慢出行等多种形式。③ 可见，"慢生活"是现代社会的生活感知和生活方式，与前现代社会的缓慢生活不是一回事。

---

① 据笔者对成都市文联原某领导的访谈，成都市文联原来位于宽巷子。
② 参见高影《"慢生活"哲学探析》，《学理论》2014年第9期。
③ 参见喻苗《成都古镇"慢生活"景观特质探析》，硕士学位论文，四川农业大学，2013年。

第四章 "一座来了就不想离开的城市":空间、性别、饮食的表述与经验

成都"慢生活"理念的规划者和推广者之一是少城公司最终的大股东成都文旅集团的董事长尹建华,他所理解的"慢生活",是在宽窄巷子形态改造上"街道没有加宽,院落保持原有格局,尽可能多用原来的建筑材料,宅院前的拴马桩,让人一眼就能联想到以前的宽窄巷子……心有所感地慢下来";在商业形态上,"引入中高端餐饮和休闲业态,达成反差与平衡,以及传统与现代的交融"。① 可见,宽窄巷子的主人非常明确"慢生活"的现代性内涵,将宽窄巷子的"慢生活"定位为高端人士的餐饮休闲生活。

"高端餐饮休闲"的"慢生活"定位已经将平民阶层的市井生活排除在宽窄巷子之外了。成都文旅集团副总经理、成都宽窄巷子投资管理有限责任公司总经理张婷认为,宽窄巷子的高端定位是对时代需求和现代价值的准确把握:

> 任何怀古、文化氛围的讲求、对文化遗产的观光——这些需求本身就已经意味着趣味性需求,意味着少数和精英性。因此,唯有中产阶级、城市精英阶层、文化阶层或者上层人士,才特别需要它。都市贫民大都是没有这种需求的。②

生活气息浓厚的市井居住文化并不能制造宽窄巷子的品牌效应,不能带来巨大的经济收益,如此一来,传统的生活文化、民俗文化就和宽窄巷子渐行渐远。宽窄巷子街区和宽窄巷子所在的城市社区是基本脱节的。笔者从对成都少城建设管理有限责任公司物业管理部某管理员的访谈得知,宽窄巷子街区由文旅集团负责日常管理,

---

① 成都本地宝网站(http://cd.bendibao.com/tour/2013830/42761_8.shtm)。
② 张婷:《成都宽窄巷子设计研究——一个历史文化街区经典设计案例的个案考察与理论分析》,博士学位论文,四川大学,2015年,第164页。

宽巷子社区由少城街道管理，两者各自为政，平时极少交流。宽窄巷子街区平时往来的几乎是游客，那5%的住户平时都关门闭户，街区与少城街道的其他社区居民之间也没有互动。对附近经常过来散步遛弯的"老大爷""老大妈"等社区居民，受访管理员表示"本来就挤，他们来了更挤，但没有办法"。这种对于原住民和周围社区居民的消极态度，实际上既降低了本土居民对宽窄巷子的归属感和认同感，又削弱了宽窄巷子的本土生活氛围。一位在宽窄巷子生活居住几十年的居民在笔者的访谈中说：

> 以前的宽窄巷子真是安静、悠闲，我们街坊一起下棋，听得见落子的叮叮声。现在哪里还有这样的生活？到处都在闹在挤，游客多来把我家门都堵到起，车也开不出去。还举行啥音乐季、跨年摇滚音乐会，吵得不得了，恼火得很。

而宽窄巷子的客人基本上可以分为两大类，一类是普通工薪阶层的游客，另一类是"精英人士"，两者对成都慢生活的体验是不同的。前者是宽窄巷子街面上熙熙攘攘的人群，他们艰难前行，在少数允许进入参观的院落游逛一下，在街面上买点纪念品留个影，他们体验到的所谓成都"慢生活"，是浮于表面的视觉上的街道格局、建筑内外风貌、喝茶掏耳朵等老成都的一些符号。

"精英人士"是真正坐到院落中享受成都慢生活的群体，他们消费的是一种有品位的、有情调的文化。以宽窄巷子业态最集中的酒吧、餐饮来说，主打的都是中高档消费路线。比如白夜酒吧是成都女诗人翟永明所经营，成为文艺界精英人士聚会之所。宽巷子3号会所是高端的私家厨房，大门上一对色彩鲜明的门神使其门面成为游客拍照的高频地点，但店门通常是关闭的，门口放置

第四章 "一座来了就不想离开的城市":空间、性别、饮食的表述与经验

一块告示,上面写明:"闭门亦迎客,关门亦生意。百年老街,品百味人生。本院乃私家厨坊,欲尝满院风光、风味需提前一日预定。"这显示出对普通人的拒绝姿态。该会所内只有九个包间,但日营业额达3万元,客人中30%是网上预订的游客,70%是商务人士,他们带外地客户到此消费,品尝高档川菜,餐后在包厢喝茶谈事。①

总之,所谓宽窄巷子的"慢生活"不是老成都的生活,而是一种全新的、现代化的、精英阶层的商业消费形式与生活形态。

"最成都" 在这个意义上,我们也可以理解宽窄巷子另外一个宣传词"最成都"。"最成都"在2008年宽窄巷子开街时就传播开去,街区中随处可见"最成都"三个字。宽窄巷子项目策划参与者、四川二十一世纪文化传播有限责任公司董事长李作民是这一说法的提出者,他说:

> 就是要用"简单粗暴"的口号去覆盖,让宽窄巷子成为游客来成都的首选。至于什么是"最成都"的其实并没有具体分类,只是去找感觉对的人来开店,给他们强烈的心理暗示,让他们去探索什么才是最能承载成都"慢生活"的人。②

在宽窄巷子的营销实践中,"最成都"从一句"简单粗暴"的广告式话语慢慢地明确了内涵:"最成都"不是以前那个已经远去的"旧成都",而是现在宽窄巷子所代表的既拥有传统文化又具有现代心性的新成都。

---

① 参见《宽巷子3号会所9个包间怎样做到日营3万》,《生意经》2015年第1期。
② 贾冬婷、贾子建:《宽窄巷子里的活化历史》,博泰典藏网(http://www.btdcw.com/btd_60lkm8lq1l1cf865cb3f_1.html)。

成都形象：表述与变迁

在成都市人民政府官网介绍宽窄巷子的网页中，放置了由成都文旅集团制作的宣传片《宽窄巷子，最成都》。该片解说词就体现了传统与现代互融的"最成都"形象：

> 每个人心中，都有一方院落。那些穿越历史，保留下来的东西，仿佛和这个时代互有默契，一砖一瓦间，是安静，也是繁华，是古典，更是现代，酸甜麻辣间，就能尝到老成都的味道。它是我们心中，永远摆不完的"龙门阵"。宽窄巷子，最成都。①

宣传片的画面安排的暗示同样明显。全片以一位男性老者和一位青年女性为主角，分别象征传统与现代，呈现在他们眼中的是相互交替的代表传统、现代的画面：盖碗茶、古墙、川剧、慢行的蜗牛、雨打白花、天井观雨、蜀绣；西方乐队表演、年轻人起舞、熊猫和孩子、川流不息的街道、酒吧聚会……

宣传片表现了传统与现代融合的"最成都"，但没有揭示商业与文化融合的"最成都"。在那一砖一瓦下的盖碗茶、雨打白花、天井观雨是需要花钱的。从宽巷子22号见山书院（又称"见山书局"）的店主、命名、装潢、陈设、书籍、餐饮、聚会等事项中，我们就可以看到传统与现代、商业与文化交织的"最成都"。

书店本来是宽窄巷子项目策划时就既定的引入目标，书店店主要求具备商业与文化的双重素质。杨健鹰曾对自己的策划团队说："流沙河能不能进来搞一个书房？不能进，他有文化，有很深的文化，但是他的商业对接是不够的，沙河老师很难支付高昂的租金，

---

① 《宽窄巷子，最成都》宣传片，成都市旅游政务网（http://www.cdta.gov.cn/show-122-5-1.html）。

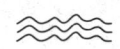

第四章 "一座来了就不想离开的城市"：空间、性别、饮食的表述与经验

因为宽窄巷子必须是高回报的商业院落。"① 最后，成都文旅集团锁定了具备一定的文化知识和情怀、又有经营头脑的图书批发商 L 女士在巷子中开设"散花书屋"。经过两年的发展，L 女士又在巷子中创立"见山书院"。

"见山"不称"书店""书屋"，而称"书院""书局"，在名称上就与众不同。见山书院临街的门面称"见山书局"，主营书籍，二层阁楼用于小型的品茗聚会，后面的院落用于经营餐饮和举办讲座。"书院"一般用来指称中国古代民间教育机构，一提到"书院"，人们通常就会联想到中国著名的白鹿洞书院、岳麓书院、应天书院等，"见山书院"无疑是使用了书院象征中国教育文化传承的符号意义。古代称官府编书的机构、官立刊印书籍的机构为"书局"，后来书店或出版社也有称书局的，如著名的中华书局、北新书局、光华书局等。"见山书局"之谓显然借用了这些书局所形成的符码系统，意味着高知识、高品位、高情趣。"见山"的含义，网络和书籍上流传各种说法，在见山书院的一次文化人聚会上，笔者听 L 女士亲自解释为"见山是山，见山不是山，见山还是山"，名称颇具禅味雅趣。

见山书院的空间布置、装潢陈设也是经过精心设计的，符合现代人爱怀旧、爱自然、爱精致的消费心态。书局中的书籍全部陈列于大小高低错落的木制书架上，书架错落空隙处，摆放各色精致的摆件，如檀香扇、瓷瓶、佛像等。楼梯间垂下淡色土布帘，营造出一种别致、古朴的文化氛围。二楼阁楼中央摆放素色柔软的布艺沙发，茶几上铺着淡紫色的桌布、中央摆放素雅的花束，墙壁雪白，

---

① 杨健鹰：《宽思窄想：成都宽窄巷子策划实录》，汕头大学出版社 2011 年版，第 282 页。

隔间悬挂细竹帘，窗口垂下白布帘，顶上木结构梁架与瓦片一览无余，顶上垂下圆筒形淡黄色吊灯——所有的布置既有传统的质朴清雅，又有现代的舒适方便。院落的餐厅布置同样高雅，墙上悬挂中式字画，靠墙的木桌上摆放瓷瓶、土罐，圆桌铺着褐红底团金花的厚重桌布。

书局所售图书大致有成都历史文化、旅游、古籍、艺术、禅学等类型，还有一些精巧别致的口袋书、便利贴、书签、明信片、印章等。店中还兼卖古董、佛珠、手珠、檀香等，做工精美，价钱昂贵。书院的茶饮价格高于市面一般价格，且有最低消费标准。餐饮的菜肴基本是地道川菜，摆盘大气考究，价格不菲。

见山书院是宽窄巷子乃至成都著名的文化雅聚场所，是成都"慢生活"的组成部分。笔者所参加的一次聚谈由店主 L 女士担当主持人，本地学者、文化人探讨成都历史文化与宽窄巷子的经营管理，气氛轻松活跃。L 女士说，类似的聚谈举行得非常频繁，她经常邀请本地、外地的文化人来店相聚，举办讲座。

可见，见山书院这样的"高端"文化、餐饮消费场所针对的主要人群是知识精英阶层，该阶层之外的人群是较难享受这样的服务的。"这些人懂得满足于升华的、精致的、无关厉害的、无偿的、优雅的快乐，而这些快乐从来都是禁止普通门外汉享受的。这就使得艺术和艺术消费预先倾向于满足一种使社会差别合法化的社会功能，无论人们愿不愿意，无论人们知不知道"[①]，布尔迪厄这段对西欧现代艺术和艺术消费的评说，同样适用于见山书院式的文化、餐饮消费场所，它天然地区隔了精英人群与普通大众。

---

① ［法］皮埃尔·布尔迪厄：《区分：判断力的社会批判》，刘晖译，商务印书馆 2015 年版，导言第 11 页。

第四章 "一座来了就不想离开的城市"：空间、性别、饮食的表述与经验

图4-2 见山书院阁楼聚会

图4-3 见山书院餐厅菜品

见山书院对文化与商业有着较好的平衡把握,体现了宽窄巷子的经营之道。2016 年 4 月 25 日,国务院总理李克强到宽窄巷子考察,进入见山书院观赏书籍、与店员聊天、购买了见山书院自己设计的两套明信片。在笔者参加的那次聚谈中,L 女士谈到她有李总理在店中的照片和视频,有人建议她像普通商店一样,将照片放大加印悬挂在墙上,在店门口装一个电子屏幕反复播放视频。L 女士面对建议只是轻轻一笑,说没有必要。对文化保持敬重,不进行过度商业化,L 女士的冷静反映了她对文化与商业关系的高度敏感,这样才使得见山书院在文化与商业的高端道路上顺利发展,这也正是宽窄巷子经营文化的高明之处。

宽窄巷子品牌为商户创造了经营、品牌形象、社会活动三大价值回报。[①] 对见山书院来说,经营回报即卖书籍、餐饮的直接所得;品牌形象回报,即见山书院因为位于宽窄巷子中,宽窄巷子的品牌形象、文化形象增加了书院的产品售价;社会活动回报,即宽窄巷子的见山书局可为客户经营一个社会活动场,通过雅集、座谈、饭局丰富各界人士的社会关系,形成无形的价值。以上三种回报共同成就了见山书院的高价值。

总之,新宽窄巷子的确是当下成都城市最具代表性的空间缩影。全球化下城市千城一面,本土文化成了能够避免城市同质化的关键。"传统文化""历史文化""本土文化""民俗生活"等标签具有巨大的商业价值,也成了各个城市追逐的利益焦点。成都长期以来是传统的、休闲的、安适的城市典范,对现代人具有极大的吸引力。当然,现代社会需要的并不是原样的历史,而是一

[①] 杨健鹰:《宽思窄想:成都宽窄巷子策划实录》,汕头大学出版社 2011 年版,第 282 页。

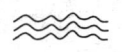

种精英式的怀旧趣味,加上安全、便捷、舒适的呈现方式。成都抓住这一点来包装自己,告诉外人自己既有丰厚的传统文化,又有现代的理念、硬件。它售卖经过传统文化包装的现代空间,比如锦里、文殊坊、琴台路,宽窄巷子是其中"卖相"最好的一个空间,是当之无愧的"最成都"。

第二节 成都美女:城市气质与文学想象

2016年2月6日至22日,由成都市文化广电新闻出版局、青羊区人民政府、金牛区人民政府主办的成都金沙太阳节在金沙遗址博物馆举行,该届太阳节以秦汉成都与罗马帝国为主题,举办"永恒之城——古罗马的辉煌"展览。在展厅外,摆放一组"同一时空下的成都与罗马"展板,成都被设计为一个身着汉服的年轻女子形象,取名"都都妹";罗马被设计为一个身着戎装的年轻战士形象,取名"罗姆哥哥"。两个卡通形象向游人介绍成都和罗马的吃、穿、住、行、乐等习俗。

成都以女性形象作为自己的化身并不是孤例。成都传媒集团旗下的《成都商报》也将自己设定为一个女性形象,化名"商妹儿",在电子报刊、官方微博、官方微信、客户端上与读者互动。[1] 同样是成都传媒集团旗下的《成都晚报》,在官方微信公众平台"微成都"也创造了一个女性"小微",由"她"开设"小微专栏""小微读诗

---

[1] 如《文明城市知多少"商妹儿"给你摆一摆》《商报"直播384小时"商妹儿带你体验别样年味儿》等众多报道都直接以"商妹儿"形象与读者对话,成都商报电子报(http://e.chengdu.cn/html/2013-08/19/content_ 419837.htm),(http://e.chengdu.cn/html/2014-02/07/content_ 453123.htm)。

词"栏目。另外，由腾讯公司主办的、关注成都吃喝玩乐的微信公众号"成都生活"，也由一位"小成妹儿"主持。

以上女性自拟都是在新媒体上出现的。官媒是政府喉舌，文宣是政治任务，一般以严肃严谨的形象示人，在官方报纸上很少出现"某某妹"这样的自拟，但在新媒体方面，规则还未完全建立，为了抢占市场、争取受众，媒体倾向于以一种活泼、俏皮的形式来塑造自我形象。在这种情况下，媒体设计出的形象往往是一种出于直觉的、易于被内外人群接受的形象。在呈现成都整体城市形象时，众多媒体不约而同地选择了女性形象，这说明成都的城市气质当中有着很浓重的女性成分。就如当成都与重庆并举时，人们往往以男子来代表重庆，以女子来代表成都，所谓"重庆崽儿砣子硬，成都妹儿嘴巴狡"就是如此。

将成都视作女性，不只是成都人这样做，外地人也这样看。作家黄裳说："如果一定要给城市划分性别，成都无疑是趋于女性的城市：线条柔和的地形物貌、潮湿温润的空气、花间林下的雍容气度……总之，是偏向阴柔的。"①

而且，不管在内部还是外部人眼中，成都都是个出美女的城市，"成都美女"已然成为固定搭配的"专有名词"。在笔者的问卷调查中，成都最吸引人的元素排行，美女占第五位。"成都美女"是成都旅游的吸睛点。在网络的各种旅游频道和论坛中，充斥着大量《成都美女艳遇全攻略》《成都旅游攻略之寻找美女》《专题旅游攻略之成都打望美女》等文章。在网络的各种美女城市

---

① 王泽华、王鹤：《民国时期的老成都》，四川文艺出版社1999年版，第14页。

排行榜上，成都几乎总是名列前茅。① 关于成都的旅游类书籍总是将美女作为介绍要点。市面上还出现了名为《成都美女》的书籍专门讨论成都美女。

为何成都的女性形象、成都出美女的看法会受到内外人群的一致认同呢？

首先，地理位置在一定程度上奠定了古人对成都属于阴性的看法。在八卦说中，蜀地位于中国西南，对应坤卦，而坤卦的属性就成了蜀地的属性。元代《笺纸谱》说："《易》以西南为坤位。而吾蜀西南，重厚不浮，此坤之性也。"② 坤，对应的是牝、大地、女性等阴性事物，因此成都的性情、风俗也是阴柔的。

其次，由于地理环境因素，四川盆地接收太阳紫外线少，湿度大，成都女性的皮肤大多白皙细腻。成都城市文化发达，女性爱美，爱装扮自我，外表看来美丽时髦。这是大多数访谈对象认为成都出美女的主要原因。

最后，在成都历史上，出现过一群美丽的女子，为历代人们所赞美，奠定了成都美女形象的基础，其中的佼佼者是卓文君、薛涛。这些女子并非比成都男子取得的成就大，而是在男权社会，一个城市能出现一些优秀的女子，足以光芒万丈，在所有城市中显得别具一格。

一 卓文君与薛涛

提到蜀中的才女和美女，卓文君、薛涛经常并举，如"锦江滑腻蛾眉秀，幻出文君与薛涛。言语巧偷鹦鹉舌，文章分得凤凰毛"

---

① 新华网（http://news.xinhuanet.com/politics/2013-03/14/c_124456443.htm）；网易旅行频道（http://travel.163.com/15/0113/16/AFRQ5J6P00063KE8.html）。
② 《笺纸谱》，谢元鲁校释，《巴蜀丛书（第一辑）》，巴蜀书社1988年版，第159页。

(元稹《寄赠薛涛》),"卜肆至今多寂寞,酒垆从古擅风流。浣花笺纸桃花色,好好题诗咏玉钩"(李商隐《送崔珏往西川》),酒垆典出卓文君,笺纸典出薛涛。

卓文君因司马相如而出名,但司马相如却是靠与卓文君的爱情传奇在民间闻名。司马迁的《史记·司马相如列传》是关于卓文君最原始的文献,记叙了司马相如临邛琴挑卓文君、私奔成都、临邛酤酒当垆、归成都为富人的故事。后世在此文献基础上不断增加伪托、附会之说,卓文君形象也不断丰满。

薛涛是中唐时期著名的女诗人,原籍长安,在成都成长、成年、终老。其父早逝,加入乐籍,成为营妓,历经十一任镇川节度使,与当时许多著名诗人唱和往来,后脱离乐籍,以造纸为业。薛涛是中国文学史上少有的人格独立、经济自立的女诗人。她的诗才、与众多男诗人的平等交往、与元稹的爱情故事以及所制的薛涛笺,是她闻名天下并且深入成都地方文化的核心原因。

卓文君和薛涛对成都形象的几点影响在于:其一,成都女子才情卓绝,姿容美丽,人格独立;其二,成都是一个不保守的、具有爱情氛围的城市,能够孕育坚韧的、长久的爱情;其三,成都工商业的大宗:酒业、织锦业、造纸业都与女子有关,从事这些行业的人都是卓文君、薛涛一样美丽、聪慧、勤劳的女子;其四,与卓文君、薛涛有关的成都风物浸染了女性风味,在成都的文化发展史中有很大影响。

才情卓绝、姿容美丽、人格独立

她们首先是以"才女"的形象出现在人们视野中。从《史记·司马相如列传》中可以知道卓文君精通音律,司马相如能获得卓文君的青睐,关键原因就在于弹得一手好琴。后世又附会卓文君写出

第四章 "一座来了就不想离开的城市":空间、性别、饮食的表述与经验

《白头吟》《怨郎诗》《诀别书》《司马长卿诔》等情真意切且文采飞扬的诗文。① 这样,一位才华卓越的女诗人形象被塑造出来。

而薛涛作为一个诗人,大半生都在进行诗歌创作,传世诗歌约有九十首,她的诗情文采为当时和后世的人所肯定。同时代的诗人在与她唱和的诗作中对其才华多有赞誉,如"扫眉才子知多少,管领春风总不如"(王建《寄蜀中薛涛校书》)、"言语巧偷鹦鹉舌,文章分得凤凰毛。纷纷辞客多停笔,个个公卿欲梦刀"(元稹的《寄赠薛涛》)。后世的文学史家也称赞薛涛的诗才,如晚唐韦庄称薛涛为"国朝大手名人",元代辛文房说"涛之诗,词意不苟,情尽笔墨",清代纪昀说薛涛之诗"非寻常裙屐所及,宜其名重一时"。②

古人普遍认为蜀地出才女,卓文君、薛涛是很重要的原因。五代后蜀何光远《鉴戒录·蜀才妇》开篇说道:"吴越饶营妓,燕赵多美姝,宋产歌姬,蜀出才妇",紧接着便用薛涛、张窈窕、海印等蜀才女的诗文来印证。北宋陶穀《清异录》举薛涛作《四友赞》震惊元稹为例来证明"蜀多文妇,亦风土所致"。明代凌蒙初在《二刻拍案惊奇》的《女秀才移花接木》中讲蜀中才女故事,用卓文君、王昭君、黄崇嘏等人的事例来说明"自古蜀女多才"。

由才华而貌美,是人们的思维定式,蜀才女慢慢向才貌皆备的美女转化。关于卓文君的相貌,《史记》没有提及,是《西京杂记》把她塑造成了美女:"文君姣好,眉色如望远山,脸际常若芙蓉,肌

---

① 学界已经证明《白头吟》《怨郎诗》《诀别书》《司马长卿诔》等都是后世伪托卓文君之作。参见王立群《历史建构与文学阐释——以〈史记司马相如列传〉为中心》,《文学评论》2011年第6期;龚兰兰《论相如文君故事系统中的层累诗文》,《乐山师范学院学报》2011年第2期。
② 其他好评参见张茜《薛涛创作研究》,硕士学位论文,四川师范大学,2011年,第33页。

肤柔滑如脂。"自此，文学作品都将卓文君当作美女来描写了，如"红开露脸误文君，司蒡芙蓉草绿云"（薛涛《朱槿花》），"当垆卓女艳如花，不记琴心未有涯"（关汉卿《望江亭》），"村中量酒，岂知有涤器相如？陋质蚕姑，难效彼当垆卓氏"（冯梦龙《古今小说》卷36）等。

薛涛的美貌也经历了不断构建的过程。同时代诗人寄赠薛涛的诗歌中，虽然没有对其外貌的直接描绘，但诗歌意境衬托出一个美丽窈窕的女诗人形象。王建的《寄蜀中薛涛校书》中有"万里桥边女校书，琵琶花里闭门居"，让人对花影中闭门深居的才女浮想联翩；白居易《赠薛涛》中有"蛾眉山势接云霓，欲逐刘郎北路迷"，用刘晨、阮肇入天台遇仙的典故，将薛涛比作仙女，逐刘郎入山迷路，像仙女一样的薛涛自然是美的。五代前蜀景涣《牧竖闲谈》第一次描绘了薛涛相貌："容仪颇丽，才调尤佳。"[1] 五代后蜀何光远《鉴诫录》也说："薛涛者，容姿既丽，才调尤佳。"[2] 薛涛的美女形象自是奠定。

才貌双全之外，卓文君和薛涛还具有鲜明的个性特征和独立的人格。卓文君敢于冒天下之大不韪私奔，不顾大家名媛的身份在闹市中当垆卖酒，在婚姻遭遇危机时写诗挽回丈夫的心，这些行为需要有抛开世俗的勇气、为爱情争取到底的毅力。史上人们对卓文君的态度分为截然不同的两种：一种是对她大胆追求爱情、忠于爱情的热烈赞颂；另一种是对她私奔失节的猛烈批评。不管是哪一种态度，都说明卓文君勇敢坚毅、离经叛道的形象深入人心。

薛涛更是一位男权社会中在经济上、精神上都独立的女子。在

---

[1] （前蜀）景涣：《牧竖闲谈》，文学古籍刊行社1956年影印本，第12页。
[2] （后蜀）何光远：《鉴诫录》卷10《蜀才妇》，清知不足斋丛书本。

入籍以后，薛涛主要靠文采而非身体取得历代节度使的青睐，她始终以平等的姿态与著名男诗人唱和往来，赢得了诗人们的尊重。为了摆脱人身依附，她脱籍隐居，靠造纸为生。[①] 因此，后世很尊重这位卓尔不群的女子，认为薛涛"虽失身卑下""失身为妓"，然而"有林下风致""思致俊逸，法书警句"。[②]

在卓文君和薛涛故事的层层叠叠中，她们的形象也渐渐沉淀为人们心中的定式。在提及成都美女时，人们首先想到的就是以卓文君、薛涛为代表的才情卓绝、姿容美丽、人格独立的女子形象。

赋予成都爱情城市的意义

卓文君和薛涛还给成都赋予了爱情城市的意义。文君家乡邛崃，在历史上长期隶属于治所在成都的行政区域，薛涛虽是长安人，但少年之后都在成都度过，因此两人都被看作是成都女子。两个女子的爱情故事基本上是在成都发生和发展的，打上了深深的成都烙印。

千百年来，相如文君的爱情故事被后世不断修改、增益，形成了"以琴传心、相偕私奔、沽酒涤器、鹔鹴裘贳酒、题桥誓志、献赋荣升、茂陵婚变、苦吟白头的故事素材"[③]，成了一个影响深远的故事类型。诗歌、小说、戏曲等各种形式的文学作品中不断出现相如文君的典故，而琴挑、私奔、当垆、题桥等主要故事情节就发生于邛崃卓家、成都市井、成都驷马桥等成都的城乡空间中。托名卓文君的《与司马长卿》就紧扣成都风物——锦水。锦江中相伴的鸳鸯当初见证了两人的爱情，但现在面对汤汤锦水，文君却发誓与相

[①] 薛涛事迹参见《笺纸谱》，谢元鲁校释，《巴蜀丛书》（第一辑），巴蜀书社1988年版，第163—166页。
[②] 《笺纸谱》，谢元鲁校释，《巴蜀丛书》（第一辑），巴蜀书社1988年版，第173页。
[③] 苏涵：《母题的流变与模式的衍展——司马相如卓文君戏曲考论》，《中华戏曲》2000年第24期。

如永远诀别：

> 群华竞芳，五色凌素，琴尚在御，而新声代故！锦水有鸳，汉宫有木，彼木而新，嗟世之人兮，瞀于淫而不悟！朱弦断，明镜缺，朝露晞，芳绚歇，白头吟，伤离别，努力加餐勿念妾，锦水汤汤，与君长诀！①

而薛涛的爱情同样与成都密切相关。由于薛涛生卒年代不确定，薛涛与元稹是否相爱过，向来众说纷纭，② 二人的爱情故事也是不断衍生的。晚唐范摅的笔记小说《云溪友议》的"艳阳词"一条记叙了两人的恋爱经过，说元稹使蜀时，经司空严绶的牵线而与薛涛相恋，后元稹宦海沉浮，结识新欢而淡忘薛涛；③ 北宋陶穀《清异录》记载两人见面后，薛涛走笔作《四友赞》，令元稹惊服；《唐名媛诗小传》还有薛涛自制小幅松花纸寄献元稹，元稹用该纸题赠薛涛的故事。后世所传薛元爱情故事基本上本于上述文献。④ 这个爱情故事也定格于成都的时空中，今望江楼公园中有五云仙馆，其名分别取自元稹《寄赠薛涛》"别后相思隔烟水，菖莆花发五云高"、薛涛《试新服裁制初成》"九气分为九色霞，五灵仙驭五云车"，以纪念两人的爱情。

尽管与元稹恋爱不一定是事实，但从薛涛的诗歌中，确实可以看出她有过刻骨铭心的恋爱和失恋经历，这些情意绵绵的诗歌都是借眼前的成都之景来抒发感情的。"芙蓉新落蜀山秋，锦字开缄到是

---

① 卓文君：《与司马长卿》，《翰海》卷7《愤部》，明末徐含灵刻本。
② 参见任皓《中唐男权社会下的女性诗人研究》，硕士学位论文，温州大学，2013年，第33页。
③ （唐）范摅：《云溪友议》，上海商务印书馆1934年影印明刻本。
④ 相关文献参见郑枚梅《试论元稹与薛涛的关系》，《四川文理学院学报》2007年第17卷专辑。

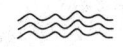

愁。闺阁不知戎马事，月高还上望夫楼"（《赠远》），"绿英满香砌，两两鸳鸯小。但娱春日长，不管秋风早"（《鸳鸯草》），"双栖绿池上，朝暮共飞还。更忆将雏日，同心莲叶间"（《池上双鸟》）……

成都工商业的代表

在卓文君、薛涛事迹的传播中，人们将成都的酒业、锦业、纸业与她们关联起来，她们成了这些工商行业的代表和象征。在人们眼中，从事这些行业的人都是如文君、薛涛一样美丽、聪慧、勤劳的女子，她们制作、售卖的产品都具有精良美好的品质。

唐宋时期，成都的酒文化高度兴旺发达，至今依然保持繁荣，①成都的酒文化投射下了卓文君的身影。卖酒的市场被称为"文君沽酒市"，如"雪下文君沽酒市，云藏李白读书山"（郑谷《蜀中三首》）；夫妻合开酒店被比为相如文君卖酒，如"杨柳青青酒店门，阿郎吹火妾开樽。千金卖得文章去，不记当年犊鼻裈"（王叔承《竹枝词》）；成都卖酒的女子被称作"文君"，如"美酒成都堪送老，当垆仍是卓文君"（李商隐《杜工部蜀中离席》）、"锦里多佳人，当垆自沽酒"（陆龟蒙《酒垆》）、"不到成都争识得，当垆人有卓文君"（赵熙《下里词送杨使君入蜀》）。"文君酒"在诗歌中频繁出现，但并不是作为一个专有名词，而是泛指美酒，如"始酌文君酒，新吹弄玉箫"（李百药《少年行》）、"数枝艳拂文君酒，半里红欹宋玉墙"（罗隐《桃花》）。

到了明代万历年间，临邛寇氏烧房酿造出文君酒，终于，"文君酒"落实在卓文君家乡邛崃出产的一种白酒上，此后四百多年中作为一个知名品牌而行销于世。2007年，全球第一大奢侈品集团"酩

---

① 徐学书：《唐宋以来成都的酒文化》，《四川文物》2001年第6期。

悦·轩尼诗—路易·威登"收购文君酒,除了文君酒自身良好的品质外,深厚的文君文化也是该集团看重的价值。① 文君酒官网对文君品牌的介绍紧扣卓文君的事迹和品质:

> "文君当垆"的故事千古传颂,由此开启了文君酒的悠久历史。今日的文君酒,继承文君的果敢,坚定与激情,保留传统工艺精粹,坚持对卓越品质的不懈追求,以尊华气质,闪耀中国高端白酒市场。做到好,才是好。文君酒诚邀品位超凡的优秀人士共享。②

除了化身沽酒女之外,卓文君还是成都织锦女工的象征。原本卓文君与织锦没有什么关系,但"男耕女织"是中国古代最普遍的劳动分工方式,成都织锦业又多由妇女从事,卓文君作为成都妇女的突出代表,就与织锦关联起来了。中唐诗人张何在《蜀江春日文君濯锦赋》中,就将昼夜赶织回文锦的织女说成是卓文君:"即有卓氏名姝,相如丽室;织回文之重锦,艳倾国之妖质。"回文锦本来是东晋苏蕙与窦滔的典故,两人的爱情故事颇类于相如文君。这里将卓文君附会为织锦女,又将苏蕙的回文锦故事移用于卓文君身上,都是为了烘托织锦女的聪慧以及蜀锦的精美艳丽。还有不少诗歌径直将织锦女称为卓文君,如"文君手里曙霞生,美号仍闻借蜀城"(郑谷《锦二首》)、"巴水漾情情不尽,文君织得春机红"(温庭筠《锦城曲》)。也有人将蜀锦称为"文君锦",如"似濯文君锦,如窥汉女妆"(李群玉《临水蔷薇》)、"鸡鸣布染膏倾尽,濯江应胜文君

---

① 文君酒广告《高尚的是双手 尊华的是年轮:细数文君酒背后的故事》,刊登于 2010 年《中国新闻周刊》《中国石油企业》《董事会》《经济》等期刊。
② 《文君酒品牌简介》,文君酒官网(http://www.wenjun.com.cn/wjpp.html)。

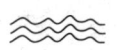

锦"(端木百禄《瓯江红花歌》)。

当代,文君织锦的故事还在不断被人们敷衍出来。1984年峨眉电影制片厂制作的电视剧《卓文君与司马相如》就将卓文君在成都织锦为生作为重要情节。还有人认为,在卓王孙分给卓文君的一百多个僮仆中就有专门织锦的工奴,文君在成都办织锦工场,亲自设计图案纹样,生产出的锦就称为"文君锦"。[1]

在中国文化史上,薛涛笺比薛涛诗声名更著。中国文化人对笔、墨、纸、砚有着极高的要求和极严的品鉴,每一种著名的文房用品背后都沉淀着文化。成都的造纸业从隋代兴起,到唐代已经非常发达,成都成为全国闻名的造纸中心。[2] 唐代的"蜀笺"是纸中精品,薛涛笺面世后,更是文人们不惜万金想要得到的珍品,这正是因为其上附着成都的造纸文化以及薛涛的人生故事、格调才情。

薛涛笺与成都风物有很深的渊源。唐代成都造纸业集中于城西南浣花溪一带,薛涛正是用百花潭、浣花溪之水制纸。[3] 木芙蓉树在成都一带栽培很多,薛涛笺的基本原料是芙蓉树的树皮,染色材料是芙蓉花花汁。薛涛笺的美就在于融入了木芙蓉深红的颜色,很多诗人都表达了这一点,如"浣花笺纸桃花色,好好题诗咏玉钩"(李商隐《送崔珏往西川》),"留得溪头瑟瑟波,泼成纸上猩猩色"(韦庄《乞彩笺歌》),"百幅轻明雪未融,薛家凡纸漫深红"(崔道融《谢朱常侍寄贶蜀茶剡纸》)。

因为薛涛的盛名,人们便把其他成都人的造纸技术也归于薛涛

---

[1] 孙先知:《卓文君与文君锦》,《四川丝绸》1998年第4期;《文君锦的由来》,http://scjjrb.newssc.org/html/2014-11/13/content_2145511.htm。

[2] 谢元鲁:《成都通史·两晋南北朝隋唐时期》,四川人民出版社2011年版,第225—227页。

[3] 《笺纸谱》说:"涛侨止百花潭,躬撰深红小笺。"《笺纸谱》,谢元鲁校释,《巴蜀丛书》(第一辑),巴蜀书社1988年版,第163—166页。

名下,"薛涛笺"的属性也越来越多,越来越被神化。薛涛笺原本是深红一色,[①] 但宋代人把成都名匠谢景初创造的十色笺说成是薛涛所创。宋代李石就说:"元和中,元稹使蜀,营妓薛涛造十色彩笺以寄,元稹于松华纸上寄诗赠涛。"(李石《续博物志》)宋代的胭脂笺用嘉州的胭脂树花染色,但仍称"薛涛笺",当时有诗曰"名得只从嘉郡树,样传仍自薛涛时"(石介《燕支板浣花牋寄合州徐文职方》)。明代包汝楫《南中纪闻》更将薛涛笺神化了,该书记载每年三月三那天,薛涛井井水泛滥,"郡人携佳纸向水面拂过,辄作娇红色,鲜灼可爱"。但是仅可以得到十二张纸,如果是闰年,就可以得到十三张纸,"以后遂绝无颜色矣"。

成都的代表性风物浸染女性风味。卓文君和薛涛的事迹在历史中层层累积,同时也一点一滴地建构着成都的地域文化,两个女子与成都已丝丝相扣、不可分割。人们想到成都,就想到卓文君;想到卓文君,也自然就感知到了成都这个地方。"蜀帝城边子规咽。相如桥上文君绝"(顾况《露青竹杖歌》)、"风物繁雄古奥区,十年伧父巧论都。云藏海客星间石,花识文君酒处垆"(宋祁《成都》)、"卜肆垂帘新雨霁,酒垆眠客乱花飞"(金圣叹《病中无端极思成都忆得旧作录出自吟》)等诗句,都说明了卓文君的爱情故事已深入人们关于成都的记忆。卓文君曾经生活的这座城市有爱情悲欢,有美人美酒,有琴心飞花……

琴是相如文君爱情的重要媒介,从古代起,成都就一直保留着"琴台"故迹,给世人缅怀的依托;而通过诗人们的吟咏,相如文君的故事也刻入成都城市的肌理中。南北朝时期的《益州记》载:

[①]《笺纸谱》说:"涛所制笺,特深红一致尔。"《笺纸谱》,谢元鲁校释,《巴蜀丛书》(第一辑),巴蜀书社1988年版,第170页。

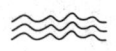

第四章 "一座来了就不想离开的城市":空间、性别、饮食的表述与经验

"司马相如宅在州西笮桥北百许步。李膺云:市桥西二百步得相如旧宅。今梅('海'之讹)安寺南有琴台故墟。"[1] 唐宋时期,有许多诗人吟咏过该琴台故墟。[2] 随着城市变迁,古琴台大约在明末以后消失,成都人又将成都市西北部一个高大的土台指为抚琴台。直到抗日战争中修建防御工事,才意外得知此处是五代前蜀皇帝王建的永陵。[3] 文献明确记载了王建墓在成都的位置,[4] 但人们却忘了历史上叱咤风云的帝王和书中明明白白的记录,而去纪念更加古老的相如文君传说。到 21 世纪初期,成都人又重新修复琴台记忆,在通惠门附近修建琴台路,街景布置以相如文君的爱情故事为主线:"凤求凰"雕塑、"古琴台"刻石、石琴、吟诵琴台的"诗碑墙"……

对于薛涛,成都人根据文献记载,将她的故迹一一在锦江畔的望江楼公园复制出来,成为成都的文化地标。最先坐落于此的是薛涛井。薛涛井在宋、元以前都不见记载,到了明代才出现其名。据何宇度《益部谈资》记载,薛涛井原本是锦江畔一口叫玉女津的古井,明代蜀王用井水仿制薛涛笺上贡,所以被称作薛涛井。[5]

人们并不在意事实,以井为基点开始了大规模的古迹"造假"

---

[1] 任预、李膺:《益州记》,王文才、王炎编著《蜀志类钞》,巴蜀书社 2010 年版,第 168 页。
[2] 如卢照邻《相如琴台》、杜甫《琴台(司马相如宅在州西笮桥,北有琴台)》、岑参《司马相如琴台》、田况《题琴台》、宋祁《司马相如琴台》、邵博《题司马相如琴台》等。
[3] 参见冯汉骥《相如琴台与王建永陵》,《冯汉骥考古学论文集》,文物出版社 1985 年版,第 82 页。
[4] 北宋孙朝隐《永庆院记》记载:"武担山循城而西,前蜀王君光之墓也。"南宋陆游题诗也写明:"陵在大西门外不及一里。"参见流沙河《老成都·芙蓉秋梦》,重庆大学出版社 2014 年版,第 96 页。
[5] 参见谢桃坊《花笺茗碗香千载——成都望江楼之薛涛遗迹》,《古典文学知识》2001 年第 4 期。

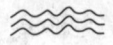

和凭吊怀古行为。薛涛井后面有薛涛墓,也是明代起才有记载。清代嘉庆年间,四川和成都的官员们在这里修建吟诗楼、濯锦楼、浣笺亭等,后又不断修缮,并新建崇丽阁、五云仙馆、泉香榭、流杯池及枇杷门巷等。此地俨然成为薛涛的纪念地。这些楼馆将薛涛的生活遗迹一一落实,比如"枇杷门巷"重现的是薛涛在万里桥旁的旧居,取名自王建诗句"万里桥边女校书,琵琶花下闭门居","琵琶"讹为"枇杷","吟诗楼"则是复制薛涛晚年在城西碧鸡坊居处的"吟诗楼","崇丽阁"兴建本为风水,但是发起人马长卿后来却说他建楼的真正动机是为了"尚留佳人誉"……1928年,在此处成立"郊外第一公园";1953年,因民间沿称崇丽阁为望江楼,故改名"望江楼公园"。此处很快成为成都的文化圣地,当代学者谢桃坊叙述晚晴至当代望江楼的文人雅聚:

> 民间沿称崇丽阁为望江楼,自晚清以来即为成都文人雅聚之处,又兼四川大学毗邻,因而又为学者教授假日咸集之地。……成都文人若不在此领略诗情画意,感受风雅闲适,似乎会永远缺乏一种蜀中文采风流的气质,当会为之遗憾的。[1]

薛涛的诗才荫庇着成都的文脉风流,望江楼公园聚谈俨然是成都文人的"过渡仪式"。直到当代,成都人依然在重复为薛涛故迹"添砖加瓦"的工作:1984年,在公园中部立薛涛像;1994年10月,成都文人学者雅集,为薛涛墓重立墓碑并撰联;2002年,复建流杯池石刻题记,新辟碧鸡园……[2]

---

[1] 参见谢桃坊《花笺茗碗香千载——成都望江楼之薛涛遗迹》,《古典文学知识》2001年第4期。
[2] 廖嵘:《西蜀古典名园——成都望江楼》,《四川建筑》2005年第10期。

如此一来，成都的代表性风物也浸染了女性风味。锦、酒、笺等成都大宗的手工业制品凝聚着女性的智慧；锦江水、百花潭、浣花溪流淌着女性的柔媚；琴台路、抚琴台、望江楼绾结着女性的情思……成都的这种女性风味为内外人群所共识。

二　文学中的女性想象

尽管不同的历史时期，人们的女性审美观有所差异，但古代文学作品中所表现出的成都女子形象，基本上是美丽的。她们或是靓丽美，或是痴情美，或是率性美，影响着人们对成都女性的总体认知。

从整体上观察得到的成都女子群像，尽显靓丽曼妙。她们喜好打扮，妆容讲究，服饰绚丽，姿容上佳。扬雄《蜀都赋》写庙祭时女舞者的曼妙舞姿："舞曲转节，踯驱应声。其佚则接芬错芳，襜袿纤延。"女舞者们应节而舞，徐疾踏跳，舞蹈行列变化，裙裾衣襟飘飘。舞者们姿容歌声也极美妙，"眺朱颜，离绛唇；眇眇之态，呲噰出焉"，扬起红颜，开启朱唇，姿态美好，歌声抑扬。左思的《蜀都赋》描写成都市廛中游赏的女子们"袨服靓妆"，有华丽的衣服和美丽的装饰。陆游《成都行》里的成都名姝极尽娇美之态，"燕脂褪尽见玉肤，绿鬟半脱娇不梳"。柳永《一寸金·成都》也写锦里、蚕市中游赏的美女们"靓妆艳冶"。

文人笔下的成都女子多痴情之辈。梁元帝《古意诗》写一位家住成都县的女子对意中人的期待："妾在成都县，原作高唐云，樽中石榴酒，机上蒲萄纹，停梭还敛色，何时劝使君。"这位成都女子自拟前世是高唐神女，如今只等着意中人来相见。她备好石榴酒等他来饮，葡萄纹的布匹等他来穿，强烈的思念令她无心劳作。刘禹锡《竹枝词》同样写成都痴情女子的等待："日出三竿春雾消，江头蜀客驻兰桡。凭寄狂夫书一纸,家住成都万里桥。"这位住在万里桥的成都女子寄信捎话,在爱情中行为积极,还称意中人为"狂夫",显示出一种泼辣个性。明代吴敏道《竹枝词》表达了一位成都女子对家乡的夸耀和对到瞿塘去的情郎的担心:"妾家住在锦江旁,锦江流水入瞿塘。吾侬只爱锦江好,瞿塘风波愁杀郎。"

现当代文学作品延续了古代成都女子美丽、独立、敢爱敢恨的特点,更兼以率性、泼辣、干练的个性。李劼人若干作品中的女子形象都是如此。《死水微澜》中的蔡大嫂是中国现代文学史上著名、独特的女性形象之一。这位成都乡下女子敢不顾伦理、不计后果地追求与罗歪嘴的爱情,又能在困境中把握时机嫁给土粮户顾天成,她可以主宰命运,顽强生活。《暴风雨前》中的伍大嫂是个能干的成都市井女子,她做细活路手脚快、做得好,凭借她的巧手改善了伍家生活;她吵架也很厉害,不管对手是谁都吵得赢;她为生活所迫,出卖身体,但也恪尽赡养婆母、供养孩子的职责,对自己的情人也是真心实意地爱护和感激。《大波》中的黄太太大户人家出身,有知识有文化,却敢冒天下之大不韪追求情欲,她同时与几个男子包括自己的侄子保持婚外情关系。她有谋断、有胆识,操持家庭内外事务,因此既能尽情享受男子的情爱,又能维护现实的家庭生活。李劼人笔下的这几个成都女性形象特色鲜明,她们的美来自容颜,更来自天然的人性和颠覆传统的个性。

类似的个性特点还能在车辐《锦城旧事》中的嫩豆花、雪如玉等人身上看到。嫩豆花是弹琵琶卖唱的跑滩匠之妻,当灌县城的地头蛇魏大肚起意强奸她时,她用计留下证据、召开公审,迫使魏大肚自尽谢罪。她洞察是非,常说的一句话是:"麻雀子从老娘头上飞过,老娘也能分个公母呢!"她坚贞勇敢,鼓励丈夫同恶霸斗争;

"怕他个尿，上刀山，下油锅，陪他！我是你的人，有福同享，有难同当……"①雪如玉是川剧名演员，同样天生丽质、泼辣果敢，为了受辱的两个女徒弟，与长期同居的名演员木头断然分手并将其逐出成都城，后来因救命之恩又嫁与木头，在婚宴上又当着众人的面将木头以前的丑事抖出以保证婚姻长久。

扬雄、陆游、李劼人、车辐，有的是成都本地人，有的在成都生活过，对成都女性自然有较精准的观察和理性的总结。而左思、柳永、梁元帝、刘禹锡都未到过成都，他们笔下的成都女子却鲜活动人，这在一定程度上可以说明外部人群对成都女子的美好想象古来就有定式。

三 当代美女经济的夸饰和扭曲

历史上成都美女的名气是通过亲眼所见、亲身所感、口耳相传、文字传播等形式被人们获知的，并未达到一提成都就联想到满城美女的程度。成都与美女更敏感的联系是在当代通过现代传媒商业运作所制造出来的。全国各地的美女名号随着20世纪、21世纪之交"美女经济"的兴起而火爆。"美女经济"是指"与制造美女、维持女性美貌有关的经济活动"②，包括女性美容、整容、美体、健身、保健等相关的生产与消费。成都在全国的美女经济中处于比较领先的地位。

成都本地媒体善于制造话题，并得到外部媒体助推。2001年，由四川省文学艺术界联合会主办的文艺电影刊物《舞台与人生》推出专题《成都，红粉第一城》，将成都评为"中国红粉第一城"。在

---

① 车辐：《锦城旧事》，四川文艺出版社2002年版，第31、55页。
② 杨雪云：《消费社会的女性符号化倾向——"美女经济"的社会学透视》，《合肥工业大学学报》2005年第4期。

长达 40 页的专题中,有"成都,怎一个'粉'字了得?""成都红粉攻略""五大城市红粉大比拼""成都红粉的硬伤"等报道文章。该专题一出,使成都、成都美女成为全国关注的焦点,网络媒体展开热烈讨论。该年年末,由南方报业传媒集团出版的城市青年生活杂志《城市画报》也推出了《成都:红粉第一城》《成都美人计》等文继续升温该话题。

本地媒体与商业资本联手进行"美女经济"营销。2003 年,在众多媒体的炒作下,在北京发动的"人造美女运动"蔓延到成都,成都掀起整容热。由四川省广播电视局主管、四川省广播电视新闻与传播研究所主办的《西部广播电视》于 2009 年 5 月、6 月推出了成都美女专刊。该专刊由四川西婵整形美容医院、《读城》杂志共同策划,推出《成都美女怎样生活?》《成都美女正当道》《"成都美":中国美女第一城》《成都十大美女圈示意图》等文。这是一次非常明显的商业资本主导的"美女经济"营销行为。

成都还通过举办选秀、选美比赛,进行商业活动,制造"成都美女"的名气。2003 年是成都"美女经济"的高峰年。国庆黄金周期间,成都商报社主要策划和主办了"熊猫城·2003 成都美丽女孩选秀节暨时尚商品交易会",举办了"花轿"巡游、选秀专场、时尚商品展示、狂欢 Party 等活动。[①] 2003 年年末,首届成都小姐大赛和四川小姐风采大赛在成都举行。之后,成都越来越重视"美女经济",世界著名三大选美赛事之一"国际小姐世界大会"2009 年、2010 年、2011 年均在成都举行。

成都的文化艺术产业发达,成都女子在各类选秀赛事中表现突

---

① 孙坷:《"美女节"爆响假日经济》,《新西部》2003 年第 11 期。

出，这也为成都美女形象奠定了基础。2005年，由湖南卫视主办的第二届大众歌手选秀赛"超级女声"在全国点燃选秀热，该年度的冠军李宇春、季军张靓颖、殿军何洁、第五名纪敏佳都是成都籍女子。由于该次选秀的全民关注度和参与度非常高，"成都美女"的名气得到了一次非常大的提升。此后，在各种选秀活动中，成都赛区都会为比赛提供较多的优秀人才，成都女子皆有上佳表现，如2009年在由"超级女声"发展而来的"快乐女声"选拔中来自成都大学的罗震环被评为"成都快女人气王"，亚军潘虹樾、季军郁可唯、第四名黄英都来自于成都赛区。2009年，成都女生王芊获得第49届国际小姐世界大会"最佳友情奖"和中国区总冠军；同年，成都邛崃15岁姑娘邹林颖夺得第19届世界超级模特大赛全球总决赛冠军。这些女子多来自成都艺术类高校、成都高校艺术类专业，很多有在成都酒吧驻唱、演唱团表演的经历，这说明成都发达的艺术教育和文化产业为输送成都美女贡献了力量。

成都文人也加入宣传成都美女的队伍中来。2005年，成都作家王跃、王迪写成《成都美女》一书，全书分"美女之城""成都历史上千古流芳的三位大美女""成都美女眼中的外地美女""成都美女激情四射""成都美女分类""美女经济与美女行为""一个成都美女的风花雪月——当代城市爱情经典"七个部分。[1] 全书打造成都美女之城名号、塑造成都美女形象、宣扬美女经济的意图非常明显。

这些夺人眼球的话题、比赛、活动使"成都美女"的名号通过传统纸媒与互联网新媒体得到广泛传播，影响了人们对成都美女的

---

[1] 王跃、王迪：《成都美女》，四川人民出版社2005年版。

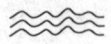

认知。已经有很多研究指出，当代美女经济为了最大限度地追求经济利益，对女性形象大肆夸饰和扭曲，女性形象被符号化为男性存在的一种符号，女性处于一种被支配和被控制的被动状态。[①] 在成都美女传播的过程中，仅仅把美貌当作成都美女的唯一标准，而抛却传统成都美女的才情、人格的现象确实广泛存在。比如到春熙路、盐市口打望美女是很多成都旅游攻略的噱头，对男性充满吸引力，然而这种"打望"仅仅是对成都女子穿着打扮、仪容姿态的表面欣赏。成都美女的宣传话语背后是现代商业资本、男性权威的运作。

第三节　美食：城市身份的书写实践

　　成都的美食是内外人群感知成都最重要的渠道之一。笔者的问卷调查中，成都最吸引人的元素排名第一的就是美食。问卷的最后一个开放式问题是"请您用一句话简单概括对成都的感受"，"美食""川菜""好吃"是回答中的高频词。一个成都本地人说："我是香香嘴，这辈子都离不开成都的好吃的。"一个来成都短暂旅行过的外省人说："我爱川菜我爱川菜我爱川菜，重要的事情说三遍！"一个从未到过成都的外省人说："最想去成都尝美食。"成都的美食之名远播海外，留学成都的法国巴黎人李娜说："在我来成都之前，我和我的同学经常在一起谈论成都，大家都说成都是一座美食之都。来到这儿，果然如此。"[②]

[①] 张田：《从"美女经济"看媒介女性形象的消费性》，《经济研究导刊》2013 年第 35 期；杨雪云：《消费社会的女性符号化倾向——"美女经济"的社会学透视》，《合肥工业大学学报》2005 年第 4 期。
[②] 王恺主编：《味道成都》，成都时代出版社 2007 年版，第 147 页。

第四章 "一座来了就不想离开的城市":空间、性别、饮食的表述与经验

成都得天独厚的自然条件和发达的农业生产使得食材、调料异常丰富;繁盛的工商业使得社会分工细致,人们有充裕的条件专注美食、经营美食。成都地区考古出土的炊具、食器、食物、宴饮图像、庖厨俑等有关饮食的文物非常丰富,从中可见成都人对饮食的旺盛嗜好。

古代文献关于成都饮食的记载自汉代开始,日渐增多,到现代已经蔚为大观。扬雄《蜀都赋》详细记载了成都的食材原料、烹饪技艺、各式筵席和饮食习俗,左思《蜀都赋》对成都的宴饮活动也同样做了生动描绘,常璩《华阳国志》"尚滋味,好辛香"的记载也成为后世评价成都美食味道时经常引用的话。后来以杜甫、陆游等为代表的文人关于成都饮食的丰富记录和极力渲染,有力地推动了成都美食的口碑传播。

成都美食向外传播,以美妙的味道俘获外部人群的胃肠,成都美食之都的形象也是以实实在在的美食流传为基础的。据《史记·西南夷列传》记载,汉武帝时汉将唐蒙在南越已经尝到蜀郡出产的枸酱。又据《东京梦华录》《梦粱录》《都城纪胜》等书记载,北宋国都汴京市面上售卖"西川乳糖""插肉面""大小抹肉"等成都及蜀地美食,南宋国都临安街上开有"川菜分茶"店铺,售卖上百种菜肴点心。[1] 这种美食外传的传统,一直存在。据笔者所见,20世纪末北京的街头里巷已遍布以"成都小吃"为招牌的川菜饭馆。

美食成为成都这座城市最富特色、最具吸引力的标志之一,除了确实美味可口的原因外,还因为形成了独具特色的美食文化,融汇了成都的城市性情,逐渐成为这座城市最鲜明的"认同"之物。

---

[1] 车辐、熊四智:《川菜龙门阵》(第1辑),四川大学出版社2003年版,第14页。

美食也就成为全球化过程中，成都抵御同质化、保持自我特色的桥头堡。

一 民间传说的权力附会与地域彰显

一个地方的食物往往依靠与名人发生关系而扬名，因为名人身上已经积累了知名度和传播力，一旦食物攀附上他们，就意味着具备了相应的知名度和传播力。成都的美食表述尤其重视名人与成都文化的关联。

成都和西南少数民族地区都流传诸葛亮发明馒头的传说。该传说大概发源于《三国演义》第九十一回《祭泸水汉相班师，伐中原武侯上表》，该回说到，诸葛亮在南征孟获班师途经泸水时，遇到狂风，"宰杀牛马，和面为剂，塑成人头，内以牛羊肉代之"，以祭水鬼。成都民间传说《诸葛亮与馒头》的情节与《三国演义》大致相同。[1]

故事虽然发生地不在成都，但却在成都流传，其原因是成都人对诸葛亮有特殊的、深厚的情感。尽管诸葛亮不是成都人，但他施展抱负的舞台主要在成都。诸葛亮在成都的施政颇严峻，但他廉洁奉公、理政有方、忠心耿耿，实现了蜀汉的繁荣稳定，成都民众对他非常崇敬，将刘备的陵庙与诸葛亮的祠庙合并，并冠以诸葛亮的封号，称"武侯祠"。成都地区还流传着诸葛亮的不少传说。诸葛亮被成都人视为与成都历史血脉相连的重要政治、文化人物，将馒头这种常见食物附会于诸葛亮，既是因为诸葛亮的声名，也是地方情感使然。

与诸葛亮故事类似的，是清末四川总督丁宝桢与宫保鸡丁以及

---

[1] 何承朴：《成都夜话》，四川人民出版社1986年版，第61、62页。

第四章 "一座来了就不想离开的城市":空间、性别、饮食的表述与经验

川菜的故事。丁宝桢是清末洋务派重臣,在四川总督任上,整顿吏治、整修都江堰、创办四川机器局、改良盐法、筹划西南防务,很受川人尊崇。丁宝桢死后被追赠"太子太保",别称"宫保"。

宫保鸡丁的命名权公认属于丁宝桢,但这道菜到底在何处创制成名则有三个版本的说法。山东版的传说认为,宫保鸡丁是丁宝桢任山东巡抚时,在济南大明湖一带微服私访时,在一个农家院吃到的;贵州版的说法认为,宫保鸡丁是贵州菜的做法,在贵州人丁宝桢中进士之前就存在了;四川版的说法认为宫保鸡丁是在成都诞生或改良的。[1]《成都民间文学集成》记载了一则流传在成都城区的传说,讲的就是丁宝桢巡游时在成都邛州吃到卓家厨子陈师做的鸡丁,定名为宫保鸡丁。[2] 在介绍川菜的书籍和文章中,也几乎一致认为宫保鸡丁是在成都由丁宝桢本人或其家厨或其遇到的川人发明创造的。

在成都地区的传说中,丁宝桢与现代川菜的诞生和兴起也有密不可分的关系。传说丁宝桢的家厨叫宋驼背,宫保鸡丁就是他在慈禧太后五十大寿寿宴上创造的。丁宝桢奖赏属下的方式就是准许其家厨向宋驼背学厨半个月。于是,四川后来好些名厨,都是他的弟子、再传弟子、三传弟子,对川菜推动很大。[3] 成都的民间传说将宫保鸡丁与川菜附会于丁宝桢在成都的行迹,一方面反映了蓉派川菜融汇各地风味,并多传承自宫廷菜的历史事实;另一方面是借丁宝桢之名,以加强宫保鸡丁与成都的联系,提高川菜的品位。

除了政治名人,成都美食的起源传说还经常借用文化名人之名,彰显成都的文化底蕴。比如东坡肘子和五柳鱼。

---

[1] 三个版本的故事详见康鹏《晚清重臣丁宝桢与宫保鸡丁的起源》,《家禽科学》2014 年第 2 期。
[2]《成都民间文学集成》,四川人民出版社 1991 年版,第 989—991 页。
[3] 白朗主编:《成都掌故》,成都时代出版社 2012 年版,第 222 页。

关于东坡肘子的诞生，传说版本非常多，有说是苏东坡在江西永修乡村创制的，有说是在眉山老家时妻子王弗烧制的，有说是20世纪40年代五个成都年轻人在成都开"味之腴"餐馆时创制的。①经过笔者查阅，在20世纪40年代以前，文献中只有"东坡肉"的记载，而无"东坡肘子"的记载，可以明确的是，东坡肉即红烧肉，与东坡肘子完全是两种不同的菜品，东坡肘子当是"味之腴"的年轻人们发明的美食。据谙熟成都饮食文化的车辐回忆，"味之腴"的创办者从苏东坡传世的墨迹中集出"味之腴"三个字制作招牌，对外宣称是苏东坡亲手书写的，又根据苏东坡好食和善烹猪肉的文献记载，将招牌菜命名为"东坡肘子"，并制造舆论说东坡肘子是苏东坡亲自创制的。如此，店名和菜名都不胫而走。"味之腴"的知名，既靠肘子的美味，又利用了大文豪苏东坡的名气。"味之腴"的杜撰之所以显得真实可信，还因为苏轼是蜀人，成都是蜀地中心，成都人很愿意将苏轼与成都联系起来，并颇为自豪。②

再说五柳鱼。五柳鱼是川菜、杭州菜中都有的名菜。关于它的起源传说有两个版本，一个是杜甫版，一个是苏东坡版。

杜甫版的五柳鱼是川菜。《诗圣杜甫与五柳鱼的故事》讲道：杜甫在成都草堂居住时，有一天邀朋友作诗，中午家人从浣花溪钓上来一条鱼，杜甫亲手烹鱼，"蒸熟以后，又把当地的甜面酱炒熟，加入四川泡菜里的辣椒、葱、姜和汤汁，和好淀扮，做成汁，趁热浇在鱼身上，再撒上香菜就做成了"。命名时，杜甫说："陶渊明先生

---

① 《关于东坡肘子的两个传说》，川味坊四川美食网（http://www.cwroom.com/wenhua/meishidiangu/cwroom_wenhua_12942000501553.html）。

② 成都民间传说中还有《东坡义修苏坡桥》《东坡亭》这样的故事。参见《成都民间文学集成》，四川人民出版社1991年版，第303、304页；陈志强《闲话成都东坡亭》，蒲秀政主编：《走近老成都》，四川人民出版社2002年版，第255页。

第四章 "一座来了就不想离开的城市"：空间、性别、饮食的表述与经验

是我们敬佩的先贤，而这鱼背覆有五颜六色的丝，很像柳叶，就叫'五柳鱼'吧！"①

从该故事本文来看，知识硬伤很多。首先，辣椒在明末才传入中国，清初文献始有记载，唐时根本不可能有加入辣椒的泡菜。其次，川菜中的五柳鱼不会在鱼背上放五颜六色的丝。成都著名川菜馆荣乐园的创始人之一戚乐斋，清末时在著名饭馆"正兴园"工作时，因为在五柳鱼上面撒红辣椒丝配色，违反了五柳鱼的做法，被一位大官食客打了五十个手心。② 再次，文中说陶渊明是先贤，又说鱼背上覆的五色丝像柳叶，所以命名为"五柳鱼"，令读者困惑。实际上，陶渊明曾托名为五柳先生，因杜甫敬佩陶渊明，故命名五柳鱼才合乎逻辑。但这样一来又与五色丝像柳叶故名五柳鱼的说法矛盾了。

然而，尽管该故事漏洞频出，仍然不妨碍其广泛流传。这则故事不见于成都本地的民间故事文献，而见于"川味坊四川美食网"等众多介绍美食的网站以及后出的一些纸质文献。③ 后来，一些人对该故事进行了修改和完善，继续在纸质和网络媒体上进行传播。④ 这则故事被四川和杜甫籍贯地河南的媒体传播尤多。

苏东坡版的五柳鱼是杭州菜，说苏东坡在杭州时做鱼，鱼身上

---

① 参见《诗圣杜甫与五柳鱼的故事》，川味坊四川美食网（http：//www.cwroom.com/wenhua/meishidiangu/cwroom_ wenhua_ 12946262471569. html）。

② 《成都文史资料选辑》（第四辑），1983年版，第170页。

③ 该故事在众多网站上的文字都一模一样，笔者所能找到的最早网络版本为《杜甫与五柳鱼》，2007年2月14日，美食节网（http：//www.meishij.net/wenhua/diangu/37074.html）。纸质文献如竞鸿等编：《经典饮食掌故》，百花文艺出版社2009年版，第232页；《杜甫与五柳鱼》，《美食》2012年第10期；周秀丽《五柳鱼的来历》，《健身科学》2015年第1期。这些文本的文字都完全相同。

④ 马承钧：《杜甫自创五柳鱼》，《重庆晚报》2010年4月7日；叶梓：《杜甫食事之五柳鱼的传说与现实》，《中国烹饪》2011年第9期。

五个刀痕如柳,与好友佛印一番斗智后,将该鱼起名"五柳鱼"和"东坡鱼"。① 据有人考证,五柳鱼确实诞生于杭州,因西湖五柳居做的这种鱼最有名而得名,在《梦粱录》《随园食单》《两般秋雨庵随笔》等文献中可以找到它传承的踪迹。②

成都人将东坡肘子附会于苏东坡,但对五柳鱼的苏东坡起源传说却置之不理,他们更愿意传播杜甫与五柳鱼的故事,因为这个故事关联着成都,也因为杜甫和成都有着更密切的关系。

如此,众多成都美食借着政治人物和文学家这些权力者而扬名天下。尽管这些人并非成都本地人,但通过传说故事的附会,这些人与成都的联系被夸大,彻底被"在地化",进而深深地融入了成都的美食文化世界。

二 地方文人的美食描绘与实践

近现代是成都现代化发展的时期,也是近代成都川菜的成熟期和定型期。③ 这一时期对于成都饮食的表述主要依靠手握表述权的本地文化人来实现。傅崇矩《成都通览》对晚清成都饮食的描绘,李劼人、车辐的若干作品对民国成都饮食的描写以及他们个人的美食实践,反映了成都川菜在成熟期和定型期的情况,也有力地塑造了成都城市和成都人的形象。

傅崇矩的《成都通览》第一次全面地呈现了成都的饮食盛况。该书的"成都之城内菜园菜市""成都之四时菜蔬""成都之农家种植品"等条目展现了成都食材之丰富;"成都之筵宴所""成都之包席馆""成都之南馆"等条目说明成都饮食市场售卖方式之多;"成

---

① 锦云:《"东坡鱼"的由来》,《中国地名》2004年第1期。
② 李秀松:《五柳鱼和五柳料的来历》,《商业经济文萃》1985年第4期。
③ 张茜:《成都川菜的历史与发展刍论》,《南宁职业技术学院学报》2012年第5期。

都之席桌菜品""成都之家常便菜""成都之肉脯品""成都之五味用品"等条目呈现出成都丰富的菜式和调料,"七十二行现相图"中的"盐豌豆""蒸蒸糕""花生担子""打锅魁""卖米酥"等图画形象地再现了成都民间的美食贸易场景。

《成都通览》不同于当时一般精英式的地方志,傅崇矩自述该书面向与成都相关的一切人群:"官于成都者""商界、学界、军界、工界""游历家、调查家、新学家、旧派家""幼孩妇女之能识字者"。[①]因此,这种百科全书式的、客观简明的表述呈现出成都美食从食材种植、售卖到食品制作加工、销售消费的完整过程,是普及知识的最好方式。

民国时期,李劼人用写作和经营饭馆的亲身实践来表述成都美食,开启了对成都美食进行研究和阐发的新局面,勾勒出成都人善于享受人生的形象和成都世俗的性情特征,最终达成了成都美食在哲学层面的自然之境。

李劼人描写美食是基于对成都饮食文化的深刻认识,他的作品所反映的美食成都是平民的、世俗的。他认识到饮食是地方社会阶层生活的重要反映,认为既要看"高等华人之所享受","也得掉过眼光,把百分之八十以上的老百姓所服食的东西瞧一瞧"[②]。因此,《死水微澜》中会写邓幺姑的活水鱼、天回镇的红锅饭店、云集饭馆的猪肉片生焖豆腐,《大波》会写下级军官吴凤梧吃中等层次的红锅饭铺。

李劼人常以一个研究者的态度来写成都饮食。《旧账》一文抄录

[①] (清)傅崇矩:《成都通览》,天地出版社2014年版,第5页。
[②] 李劼人:《成都乡村饮食》,曾智中、尤德彦《李劼人说成都》,四川文艺出版社2001年版,第255页。

了1836年、1861年李劼人的外高祖父母丧事上的食单，他明确表示记录该单来"作一种研究的资料"的目的。① 在行文中他常常用做注释的方法来对成都饮食进行分析研究。比如《死水微澜》中写到"南馆"时，就顺便做解释和历史梳理；在《大波》中写到"盆盆肉"时，又做注释解释其"两头望"的诨名。

李劼人不厌其烦地细致记录菜谱、菜品名称、烹制过程，本身也体现出成都人对吃的嗜好。《大波》中写黄澜生在皇城参观时看到的景象，用了近四百字来写每一个小吃担子、摊子、篮子的吃食内容。

成都人在对美食的讲究与挑剔中抵达一种自然之境，这是李劼人的作品给人传达出的明显感受。《暴风雨前》中郝家的鱼翅席，好酒好菜好英雄，让主客都吃得爽快欢喜——成都美食是与人际关系相谐和的，建立并调节着人伦。成都普通家常菜在视觉美学和味觉美学上都做到了极致。《大波》中黄澜生招待郝达三的家常泡菜极端讲究色彩和做法："四小盘家常泡菜也端上桌来，红的、黄的、绿的、藕合的，各色齐备，都是用指爪掐成一小块一小块的，为了避免铁腥气，不用刀切。"

1930年，因愤于成都军阀对教育界的遏制，李劼人从成都大学辞职，经营起了"小雅"菜馆，与夫人亲自掌勺做菜。他用对待写作的认真态度来对待烹调，显示了极强的专业精神。"小雅"菜馆经营面点和地方家常菜，每周更换一次菜品。李劼人经营"小雅"菜馆的事情很快传开，无数的社会名流、文人、学者光顾"小雅"，品菜谈天，"小雅"成为当时成都著名的文化沙龙。

---

① 李劼人：《旧账》，曾智中、尤德彦《李劼人说成都》，四川文艺出版社2001年版，第330页。

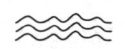

第四章 "一座来了就不想离开的城市":空间、性别、饮食的表述与经验

李劼人的美食写作和实践对于成都美食文化具有重要的意义。李劼人的文学创作,将成都美食与成都历史文化、生活哲学密切关联起来,既为成都美食增添了文化厚度,又为成都文化增添了新的内容和魅力。如前章所述,成都人的吃喝嗜好向来被官方和精英批判,李劼人的表述使得成都人爱吃喝的负面形象开始向正面转变:连文学大家李劼人都颂扬成都的美食,甚至肯下厨烹饪,尽心竭力地满足食客的口腹需求,那么成都人喜好讲究吃喝又有什么错呢?

稍晚于李劼人的车辐,从20世纪30年代开始做本地报刊的记者,被称为"老成都的美食活地图"。车辐写成都美食是源自个人生命冲动的自发行为,因为在成都寻找和品尝美食是他的日常生活,以吃会友是他与人交往的方式,吃美食是他体验生命和社会的渠道。他的美食创作与践行,既继承了李劼人研写美食的传统,又以美食与人的关系为核心,开辟了成都人文美食的新形象。

在对成都川菜的研究方面,车辐在李劼人已有研究的基础上,进一步挖掘成都川菜的历史源流和文化内涵。如《成都"肺片"杂谈》《成都的"鬼饮食"》《成都花会、灯会中的小吃》等散文对成都各色小吃有细致的介绍和精到的认识,是后来众多成都小吃文本的滥觞,在书写层面确立了成都小吃在成都饮食文化中的地位。《出土文物与四川饮食》《肉八碗、九大碗的发展史》《杂谈"烹饪艺术"》《回眸世纪说川菜》等更是系统、专业地研究川菜历史文化的文章,材料丰富、观点独到、论证有力,是川菜研究史上的力作。

车辐有叙述美食的固定模式:政治或文化名人品尝成都美食,对美食大为称赞,其间发生一些有趣味、有意味的对话和故事;成

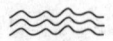

都餐饮人在制作美食上必有过人的技艺,对待食物和食客必有高贵的品格。比如《一台酒欢宴张学良》一文写刘湘为张学良在"姑姑筵"设宴的故事。该故事凸显两重意义:第一,"姑姑筵"美食之有名。张学良在成都只有一夜之宿,本不愿赴宴,但磨不开面子,点名要吃"姑姑筵"。少帅"钦点",可见"姑姑筵"名气之大。第二,赞赏成都餐饮界人士的气派、风骨以及美食高于一切的价值观。"姑姑筵"老板黄敬临是现代成都川菜史上一位重要人物,他的餐饮规矩是"应亲友熟人的请求,须在三日前定席,限定只做二三桌",就算高官要员相求,也可做到"笑容可掬"地拒绝。为了满足张学良当天吃到"姑姑筵"的愿望,军政一干要员不得不费尽周折请别人让席救急。这种叙事模式还见于《流沙河为"市美轩"题壁》《陈若曦吃"市美轩"》《曾国华大师》《登长城,我想起了名厨史正良》等文。后来,许多讲成都川菜文化的文章都参照了车辐的故事范本和叙事模式。①

车辐笔下的美食充满了成都民间的脉脉人情。《成都的"鬼饮食"》中写深夜里游走卖鸡翅膀、鸡脑壳的小贩,为了不打扰人们的清梦而把叫卖声压得很低。《薛祥顺与麻婆豆腐》写三年困难时期,他与朋友去陈麻婆饭店吃饭,厨师薛师傅为他们做鱼香圆子的往事,反映了厨师对食客"士穷乃见节义"的情谊。成都民间厨师与食客的友谊是温情脉脉的成都人际关系中的一种,成都美食是成都人情的承载物。

车辐对成都美食的表述也在于生活中的身体实践。车辐作为东道主,在一生中接待了无数文艺圈人士,带着下馆子、下厨房、

---

① 参见川味坊四川美食网上的诸多讲川菜文化的文章,川味坊四川美食网(http://www.cwroom.com)。

第四章 "一座来了就不想离开的城市"：空间、性别、饮食的表述与经验

谈吃讲吃，他的好吃与好客成就了文化人心目中的成都人形象。《巴金喜欢家乡味》《艾芜谈川菜》《新繁泡菜》《请李济生吃家乡味》《陈若曦吃"市美轩"》等文记录了车辐接待往来文人宾客的情况。车辐会根据来人的不同口味喜好而选择菜肴，让他们直接感受到成都美食的美好，"他们都赞美成都物价便宜，味又适口，得其所哉"①。

李劼人和车辐是成都川菜文化不可或缺的开创者和实践者，他们建立了成都美食的文本叙事模式，树立了正面的成都美食形象。

三　美食中的城市身份书写

随着当代信息传播方式的多样化，越来越多的人拥有了表述权力和表述渠道，对成都美食的表述越来越大众化、多元化，比以前三两个文人的表述更强调美食与城市的关系。布尔迪厄说："趣味进行分类，为实行分类的人分类；社会主体通过他们对美与丑、优雅与粗俗所做的区分而区分开来，他们在客观分类中的位置便表达或体现在这些区分之中。"② 如同他将趣味与阶级联系起来一样，趣味与地域人群同样具有密切关系。在成都城市化飞速发展的进程中，城市群体的身份需要进行更明确的认识，成都人就通过对本地美食的味道偏好、是否追求口腹之欲将成都人与外地人区别开来。人们也从成都的美食文化中看到成都人悠闲的性情、包容的心态、平等的价值观。美食真正成了成都最突出的形象代表。

美食所带来的味觉感受是一种深刻的生命体验，会深入一个人的记忆深处，成为他对于家庭的、地域的认同基础。成都人对美食

---

① 车辐：《川菜杂谈》，四川文艺出版社2011年版，第52页。
② [法]皮埃尔·布尔迪厄：《区分：判断力的社会批判》，刘晖译，商务印书馆2015年版，导言第9页。

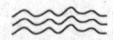

的体味记忆与城市中的饭馆食摊尤其紧密相连。成都诗人、美食家石光华回忆他童年的美食生活，城市的味道、祖孙的亲情交织在一起，成为他人生最重要、最美好的部分：

> "朵许颐""盘餐市""味之腴""市美轩""龙抄手""韩包子"等很多成都名店或者名吃，都是小时候爷爷带我去的。可惜我八岁时，爷爷就去世了。直到今天，我已经在人世的风风雨雨中过了半辈子，遇到了很多人，但是，仍然觉得爷爷是这个世界上最疼我爱我的人。①

对于在这种童年记忆中成长起来的成都人来说，美食就是生活的精髓，就是生命的哲学。

> 我周围的一些成都朋友笑称，生命是一场荒诞和隆重的游戏，什么都当不得真，只有享受的感觉不是虚幻，而一桌又一桌的美食，正是享受的最高境界，是人生中最重要的游戏。②

一个一个拥有相似童年经验和人生哲学的成都人组成了庞大的城市社会。成都人对于食物味道的过分嗜好和追求，就构成了成都城市认同的重要基础。访谈对象 E，男，33 岁，成都人，从读大学开始就在北京居住。他直接将是否知道好吃、好耍的地点作为是否是成都人的标准：

> 我现在回来，很多新的好吃的、好耍的地方都不晓得了，都觉得自己不是成都人了。

---

① 石光华：《我的川菜朋友（代序）》，《我的川菜生活》，陕西师范大学出版社 2003 年版，第 7 页。
② 王恺主编：《味道成都》，成都时代出版社 2007 年版，第 74 页。

第四章 "一座来了就不想离开的城市"：空间、性别、饮食的表述与经验

访谈对象 H 与 I，同为成都人。他们比较了成都人与上海人的饮食，认为对待吃的态度是两类人重要的区别，在饮食上成都人有明显的优越感。H 说：

> 我儿子在上海上班，我去上海看他，到南京路、四川路那边去耍。中午了，我就去找馆子吃饭。我这个人，在外面吃饭嘛不管好贵，还是要坐下来，炒两个菜，喝一两口。我看到在路边边上，都是些周围上班、穿得西装革履的人，端起个盒饭就孤①在街沿上吃，造孽啊，我一辈子都没有那样吃过饭。

I 说：

> 我们成都有一个丝绸厂，以前 60 年代从上海迁到阆中，80 年代又从阆中迁到成都的。这个厂以前效益算好的，那些上海人的工资也比较高。他们穿的衣服很洋盘，也很会打扮。周围的本地人看他们穿啥子，就跟风穿啥子。但他们在吃上头只有那么节约了，中午就是藤藤菜下点面，晚上一大家人回来才弄点肉吃。我们成都人那样哪里过得哦，有点钱嘛，就是要吃好点儿撒。

在财富上，上海人比成都人有钱；在穿着打扮上，上海人比成都人时髦，但是这些都不值得成都人羡慕，因为成都人比上海人讲究吃、擅长吃、吃得好，这是成都人引以为自豪的。是否味道至上，是区别成都人与外地人的重要依据。有人总结道："北京人吃面子，图个自尊；上海人吃情调，显示高雅；广州人吃材料，讲究本味；

---

① "孤"：成都方言，意为"蹲"。

成都人吃味道，图个口感。"① 成都的食物一切以味道论英雄，无所谓高低贵贱，所以富贵者与贫贱者在同一环境中享用同样的美食很常见，成为外地人羡慕赞叹、本地人引以为傲的城市景观。人们在无等级的美食中体会到成都人平等的价值观、自在随和的气质。在成都生活了十几年的安徽人这样说：

> 我更喜欢成都人对于吃的态度，一切由口味说了算，无关乎饭店的档次。就像我们曾经征战的那些路边餐馆，门口总不乏停上几辆奔驰宝马……可见成都人对于吃是自在随和的，从骨子里透着热爱之情。②

成都本地人同样写道：

> 大把开着宝马奔驰保时捷的有钱人、身着西装革履的城市精英，与穿着背心带着头盔的建筑工地上的外来务工人员同踞一隅，一样坐在破破烂烂的油光光的桌椅旁，一样旁若无人饕餮无状地吃着这些几元十几元一份的饭菜或者面条，也会为了等一个座位在那里站上半天而不甩袖离去。这种场景，在成都一点都不稀奇和罕见……③

从成都美食中，人们加深了对休闲成都的认识。喝茶是最直观的休闲行为，被许多人视为成都悠闲气质的代表，所以有人说："想想看，如果没有闲散的成都人在阳光下喝茶，你觉得成都还有

---

① 远方：《成都十大经典小吃》，新浪旅游频道（http://travel.sina.com.cn/food/2009-05-12/150083002.shtml）。
② 王恺主编：《味道成都》，成都时代出版社2007年版，第72页。
③ 李倚冰等编著：《成都"苍蝇馆子"全攻略》，成都时代出版社2014年版，第4页。

第四章 "一座来了就不想离开的城市": 空间、性别、饮食的表述与经验

意思吗?"① 还有火锅。火锅以重庆火锅最为出名,其辛辣刺激也被认为是重庆城市性格的突出代表。然而,成都的性情向来被认为是悠闲的、柔和的,与火锅这种食物火爆猛烈的特点看似不相契合,但成都人却在城市与食物的性情悖伦中找到了调和的、合理的说法:

> "慢食"在成都这个城市绝对是主流文化。……火锅文化更可以归入其中,等一锅红油沸腾等第一口菜烫好,成都人耐性十足。一顿火锅至少三个小时,可能还意犹未尽。②

> 我们感触最多的是这个城市所带给人们温柔的一面,始终觉得缺少阳刚之气。也只有火锅的辛辣与刺激,才稍许平衡了一个城市需达到和谐的自身不足。成都人也只有在火锅店里没有慢条斯理的节奏,无拘无束地吃喝、聊天、喧嚣、没有阶层之分,在这里就是味觉和激情的释放。③

第一条材料避开了火锅的刺激性的味觉体验,从吃火锅的慢速度反映成都人的缓慢悠闲。第二条材料则是用火锅辛辣刺激的特例来反衬成都的温柔悠闲。有人进一步将美食中的休闲精神追溯到地方道教文化的源头。成都作家洁尘认为爱美食体现的逍遥态度和享乐主义来自本土孕育的道教文化。④ 川菜大师彭子渝同样认为成都人的美食休闲活动与道教"以其不争,故天下莫能与之争"的思想境

---

① 王恺主编:《味道成都》,成都时代出版社2007年版,第50页。
② 文西:《吃到天荒地老:美食小魔女游食地图》,西南财经大学出版社2009年版,第4页。
③ 成都摄影师赵晓初语,王恺主编:《味道成都》,成都时代出版社2007年版,第63页。
④ 王恺主编:《味道成都》,成都时代出版社2007年版,第15页。

界分不开。①

成都美食的特点与成都的城市性格也是相互印证的。人们从包容的城市性格中来观照成都美食，将成都美食的包容特点视为城市性格的体现：

> 成都菜就像这个城市的生活态度一样，宽容而又自由。只要是有益于提高生活，以轻松生活为出发点的事物就一定会吸纳进来。②

> 成都是一个很包容的城市，它反映在饮食上面。在成都你可以吃到从各地的菜系中吸纳进来的东西。③

还有人从成都美食中看到成都坚韧霸气的性格。洞子口一家"苍蝇馆子"食客如潮，街上、河边、河对面都是饭桌，食客任意端菜，给钱全靠自觉。一位本地食客认为这家店的经营方式反映出成都"看似温婉的市井文化背后，其实有意味深长的坚韧和霸气"④。也有人从成都名小吃麻辣烫的发展变化中感悟出成都人既恋旧又创新的性格。⑤

在全球化对城市越来越同质化的今天，成都美食以及它所体现的城市性格、精神、气质是最地方化、最有特色的，也最容易转化为形象资本。成都抓住这一点，向联合国教科文组织（后文称"UNESCO"）创意城市网络申请授予"美食之都"的称号，于2010年2月获批。"创意城市网络"是2004年由UNESCO发起建立，旨

---

① 王恺主编：《味道成都》，成都时代出版社2007年版，第43页。
② 成都人李晓宁语，王恺主编：《味道成都》，成都时代出版社2007年版，第98页。
③ 洁尘语，王恺主编：《味道成都》，成都时代出版社2007年版，第19页。
④ 张觅：《太提劲了！我们发现了成都最霸气的苍蝇馆子》，今日头条（http://toutiao.com/i6298634944113541633/）。
⑤ 莫愁：《成都麻辣串串的前世今生》，《三联生活周刊》2016年7月10日。

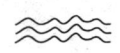

第四章 "一座来了就不想离开的城市"：空间、性别、饮食的表述与经验

在提升发达国家和发展中国家的社会、经济和文化发展的非政府组织。加入该网络的城市分别被授予"美食之都""文学之都""电影之都"等七种称号。"美食之都"的称号使成都又获得了一个无形的形象资本，它吸引更多的国际游客到成都旅游，使每年一度的"中国（成都）国际旅游美食节"的规模和影响更大了，在促进餐饮业转型发展、拉动内需扩大消费、增强成都人自豪感等方面都起到了积极作用。①

小　结

成都的空间、性别、饮食经过漫长的经验积累，依循着华夏国家与成都社会的生活本相，呈现出具有地方特色的形象。就空间来说，宽窄巷子所在的少城与成都城的重城结构，清代驻兵制度和民族隔离政策下的街巷格局，民国时期和新中国成立后街道的多元发展，使得宽窄巷子成为成都独具特色的传统街巷。在女性评价上，华夏道德价值观提倡"三从四德""女子无才便是德"等规范，而成都女子敢于反叛、崇尚爱情、有文才，因此源源不断衍生出特立独行的成都美女的文本。就食物来说，饮食是区分人群的重要标志，华夏民族的主流饮食文化强调味道上的五味调和，礼仪上的尊亲贵贱长幼男女区分，而成都饮食"好辛香"、味道至上、无贵贱之区分，因此生发出追求口腹之欲的、平等的、包容的成都形象表述，这些表述反过来愈加激发成都人的认同感

---

① 参见历年10月《成都日报》《成都晚报》关于国际（成都）旅游美食节的报道。

和自豪感。

当城市进入形象资本时代以后,成都的空间、性别、饮食均转化为城市的形象资本,受到政府与商业资本的联合操作,"宽窄巷子""成都美女""美食之都"的形象符号便被人为地制造出来,进一步成为吸引外部人欣赏、凝聚内部人认同的工具。

第五章　遗产化：当代城市
转型与形象再造

20世纪末，通过河道整治、道路扩张、市容建设等活动，成都物质层面的城市形象得到了很大改善。然而，成都的软性形象不突出，在全球化时代的城市竞争中处于不利地位。在西南地区，成都作为经济中心，总体实力不强，外向度不高；作为服务中心，层次不高，现代服务功能不强；作为科技中心，科技、人才优势不突出；作为商贸中心，辐射范围有限，对区域经济带动不足；作为国家级历史文化名城和旅游中心，国际知名度不高。[①] 从2003年起，成都市开始进行密集和丰富的城市形象实践，成为中国乃至全世界形象定位最多的城市之一。[②]

20世纪后期至21世纪是世界遗产运动的兴盛时期，在成都的城市形象实践活动中，成都的遗产化策略和行动显得尤为突出，其中有成功有失败，成都市政府在其中不断积累执政经验，并不断丰富成都在全球化时期的新形象，为成都迈向世界的发展奠定了基础。

[①] 参见朱天、王炎龙等《城市电视媒体与城市品牌塑造：成都城市形象的电视传播研究》，四川大学出版社2012年版，第60页。
[②] 眭海霞、陈俊江：《城市国际化视域中的成都城市形象定位研究》，《成都行政学院学报》2014年第5期。

第一节 "东方伊甸园"：西方文化遗产的误用

2004年成都市政府打造"东方伊甸园"，本来是一起城市品牌营销事件，但是却引发了关于一个城市的过去与现在以及如何运用西方文化遗产的公共大讨论，地方政府、商业资本、学者、民众等力量广泛参与，成为一个社会公共事件。

2004年年初，时任成都市房管局局长周鸿德的一篇以"东方伊甸园"为名打造成都旅游经济的文章，引起时任市委领导的重视。经过专家开会讨论，成都市市委、市政府决定以"东方伊甸园"作为城市品牌和名片，由成都市委宣传部牵头，旅游部门配合，策划了"东方伊甸园"系列活动。① 2004年3月2—4日，成都本地纸媒《成都商报》《成都日报》《成都晚报》连续几天报道了一件事：美国独立制片人比尔·爱恩瑞夫携带美国《国家地理杂志》的两篇文章来成都寻访传说中的东方伊甸园。② 网络媒体同时转载跟进。③ 2004年3月5日，几家报纸同时评介网络上一篇署名"子德"的考

---

① 《2005成都年鉴》，成都年鉴社2005年版，第50、204页；王树庭：《成都新名牌之争》，《上海采风月刊》2004年第8期。

② 《成都商报》于3月2日最先报道此事，《成都日报》《成都晚报》3月3日开始报道。参见陈舸帆等《我从美国来 寻踪东方伊甸园》，《成都商报》2004年3月2日A1、B2版；赖晓莉《近了近了 我的东方伊甸园——美国独立制片人来蓉寻访传说中的东方伊甸园》，《成都日报》2004年3月3日A2版；蒋冰《古蜀文化惊呆美国寻梦人 美国著名制片人成都验证"东方伊甸园"》，《成都晚报》2004年3月3日。

③ 四川日报下属的四川在线2004年3月2日即转发《成都商报》报道，http://sichuan.scol.com.cn/cdzh/20040302/20043290316.htm；新华网四川频道也于同日转发，http://www.sc.xinhuanet.com/content/2004-03/02/content_1708808.htm。

第五章 遗产化：当代城市转型与形象再造

证文章《中国·成都——东方伊甸园》。① 接下来的几个月，数家报纸和网站等都开辟了"东方伊甸园"专栏，跟进报道"东方伊甸园之旅·百架包机游成都""东方伊甸园·放水盛典""东方伊甸园·郫县望丛古蜀文化节"等活动。据统计，国内外各类媒体对"东方伊甸园"的报道超过1000条。②

进入2005年，很少再有类似活动和报道，"东方伊甸园"词组淡出公众视野。③ 2004年3月成都市委宣传部在推广"东方伊甸园"城市品牌时，提出的目标是"充分整合成都的各种人文、自然、旅游、环境等资源，以文化概念包装城市，形成极富特色的城市名片，树立鲜明的城市品牌，实现经营城市的目标，向海内外展示灿烂的古蜀文明和新世纪成都城市新形象"④。"成都——东方伊甸园"从高调推出到默然收场，未给成都树立起"东方伊甸园"的新形象，营销失败。

一 政府的解读

在该事件中，周鸿德以"子德"的名字和"学者"的身份现身媒体。⑤ 在《中国·成都——东方伊甸园》中，他证明"伊甸园就

---

① 陈舸帆：《"成都就是东方伊甸园" 著名学者子德文章得出的这一结论引发网上大讨论》，《成都商报》2004年3月5日；赖晓莉：《网友子德万言书献伊甸园——子德网文再度掀起成都热论东方伊甸园浪潮》，《成都日报》2004年3月5日；蒋冰：《"伊甸园"在成都 依据有七》，《成都晚报》2004年3月5日04版。
② 《2005成都年鉴》，成都年鉴社2005年版，第50页。
③ 成都市人民政府官方网站新闻中，2005年后仅有2006年6月25日举行过一次"成都东方伊甸园·社区大联动"活动。
④ 成都市委宣传部：《东方伊甸园——天府之国宣传运作方案》，2004年3月（内部资料）。
⑤ 媒体一直称子德是一个"著名学者""成都著名学者""著名的中国学者""本地学者"等，参见《成都商报》《成都日报》《成都晚报》2004年3—4月相关报道。主流媒体上提到"子德"即周鸿德仅见于《成都日报》的一篇报道："最早提出成都是'东方伊甸园'概念的是成都市房管局局长周鸿德。"参见严斌《〈北京青年报〉关注成都新名片》，《成都日报》2004年4月14日A2版。

· 279 ·

在中国，在中国的'天府之国——四川成都'"的理由是：《山海经》做过类似《圣经》伊甸园的描述，成都的自然环境、文明底蕴、考古文物符合这些描述。① 在2005年出版的、"子德"担任主编的《碰撞：东方伊甸园》（以下简称《碰撞》）一书中，他又对该文进行了扩展论证，证据之一是四川有"方舟"传说，且古称"方州"，挪亚乘方舟离开家乡四川到过两河流域、古埃及、古巴比伦，在美洲建立了"少昊之国"。② 用这种猜想式的考据来坐实宗教神话，很难称为严谨的学术考证。

《碰撞》一书标榜其出版目的是将"成都——东方伊甸园"大讨论中的各种观点文章"和盘托出，供读者品评"，态度显得很开放。然而，书中虽然呈现了一些反对意见，但这些反对意见都被书中虚拟的人物一一驳倒。书中虚构了四个讨论成都与东方伊甸园关系的人，其中两个人物的身份分别为考古研究员、历史学教授，③ 此二人专门负责将成都的历史与东方伊甸园做对接，增加了观点的可信度。

媒体反复报道的、证明东方伊甸园在成都的重要史料是美国《国家地理杂志》的两篇文章，即1911年罗林·夏柏林的《登临中国西部的阿尔卑斯山》与1920年约瑟夫·比奇的《东方伊甸园——西部中国》。《碰撞》一书影印了四川大学图书馆馆藏《国家地理杂志》1911年7月至12月号的装帧封面，以及1920年某期的目录页，④ 以此来证明两篇文章的真实性。实际上，夏柏林的文章确实是刊登于该杂志1911年12月号上，但其标题是"Populous and Beauti-

---

① 子德：《天府之国·成都——东方伊甸园》，《成都商报》2004年3月5日B2版。
② 子德编著：《碰撞：东方伊甸园》，四川文艺出版社2005年版，第26页。
③ 同上书，第44页。
④ 同上书，第183页。

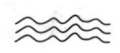

ful Szechuan: A Visit to the Restless Province of China, in which the Present Revolution Began", 全文描绘四川山水风物, 并无"东方伊甸园"的说法。① 对于比奇的文章, 《碰撞》的书影设计是, 1911 年杂志封面遮盖了 1920 年杂志目录的一部分, 刚好只露出文章标题的最后一个词"Republic"和作者姓名"Dr. Joseph Beech"。而该文章的原标题实为"The Eden of the Flowery Republic", 大概可译作《华国伊甸园》, 与《东方伊甸园——西部中国》相去甚远, 而且该文再无一处提到"Eden"。②

政府营销者将写作考据文章、提供史料文献、虚拟历史学者作为营销环节中的关键链条, 说明其深刻认识到城市品牌营销必须与本土历史文化关联起来。

二 被捆绑与缺位的学术话语

地方政府一直在开放言路, 征询包括史学家在内的学术界人士的意见, 但在实际操作中, 由于政府力量过于自信和强大, 学术界最终成为这次事件的被动助推者。

2004 年年初的讨论会上, 很多专家认为成都和伊甸园差别太大, 考古学者觉得子德那篇文章写得很外行, 但他们很快发现, 问题的实质是"成都应该如何包装自己, 将自己闪亮地营销出去", 于是一些与会者从质疑转为支持。后来策划、组织"东方伊甸园之旅"的四川康辉国际旅行公司总经理周小丁也参加了会议, 他直言"那些研讨会说实话没什么意思。和伊甸园一一对比有什么意思? 学者的

---

① Rollin T. Chamberlin. Populous and Beautiful Szechuan: A Visit to the Restless Province of China, in which the Present Revolution Began. *National Geographic magazine*, Dec1911: 1094—1119.

② Dr. Joseph Beech. The Eden of the Flowery Republic. *National Geographic magazine*, Nov1920: 355—374.

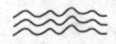

讨论和我无关。他们太矫情了"①，事后他马上在北京总公司与成都市政府之间搭桥，促成了此后以"东方伊甸园"为名的旅游活动。

在没有充分论证的情况下，商业资本与政府快速联手，使得此次营销过早地排挤了理性的学术话语，此后的各种研讨会就不免流于形式了。2004年4月25日，成都市政府邀请省市史学专家在成都牧马山论辩"成都——东方伊甸园"话题。史学者们有的强调在营销中只能用伊甸园的比喻义，有的建议只将该名号用于旅游业或房地产业，也有个别人完全反对该名号。周鸿德在讨论会最后总结，应"集中注意力于任务目标，不再引发大的辩论"。②

在媒体上发表赞同言论的学者，尽管具有较高的专业造诣，但因热爱家乡和缺乏经验，容易被美好的营销蓝图感化。他们赞同的态度和只言片语被放大，而建设性的意见却被忽略。持保留意见的学者们在公共领域选择了沉默。2004年，网络上很难见到学者发表具名文章，中国知网上也仅有一篇化名表达反对意见的学术文章。③有学者表示不愿接受采访，并说："你看到成都学界有就此事发表意见的吗？"④ 学术界没有很好地行使在公共领域发声的权责。

这样的任务被少数文化人接过去：台湾文化人龙应台应邀访问成都，对成都的城市建设提出了批评，对"东方伊甸园"不予置评;⑤ 本地作家流沙河从东西文化差异出发，指出成都不必称"东

---

① 王树庭：《成都新名牌之争》，《上海采风月刊》2004年第8期。
② 子德编著：《碰撞：东方伊甸园》，四川文艺出版社2005年版，第264—275、283页。
③ 在中国知网上以"东方伊甸园"进行2004年文章全文搜索，得到88篇文章，其中大多数为报纸宣传文章，有少量媒体人、文化人表达反对意见的文章，持反对意见的学术文章之一是署名锁理的《另一只眼看"东方伊甸园"》，《文史杂志》2004年第4期。
④ 孟静：《你知道"东方伊甸园"是哪里？》，《三联生活周刊》，新浪新闻（http://news.sina.com.cn/s/2004-04-08/11493109368.shtml）。
⑤ 同上。

方伊甸园";① 本地作家洁尘批评东方伊甸园之"秀"有违成都城市从容、沉着、内敛、舒展的内在气质②……文化人的批评推动了公众话语的觉醒。

三 发声的公众与意见领袖

"东方伊甸园"最开始的出发点是城市旅游营销,但实际操作涉及整个城市的名号称呼,媒体报道的受众也主要是成都市民,那么,整个事件就不是单纯的旅游营销,而涉及本土人群对自身以及城市的认知认同,归根结底是一个文化问题、本土历史重塑问题,必然引起社会广泛讨论。

展现在本地官媒上的公众意见,绝大多数对"东方伊甸园"品牌持赞成态度。而相对独立的网络媒体,却呈现一边倒的反对之声。一些活跃于网络的意见领袖引领了舆论风潮,他们的文章论点鲜明,论据充分,逻辑性强,在网络上不断被转载、评论,间接却强大地影响着事件走向。新华网发展论坛网友"府南愚人"言辞激烈的三篇文章《城市定位岂是"文字考古游戏"》《千万家人共诛伊甸园之"鬼"》《诅咒"城市黑洞"与"伊甸园"》,被新华网四川频道、四川在线、新浪网转载。③ 人民网网友"文中思(wenzhongsi)"《牢骚怪论:东方伊甸园,一张可笑的贴牌名片》也被广泛转载,在3月31日被转发到麻辣社区之后,引发了网友的热烈响应,其本人也参与讨论,批判逐渐深入。④ 从文字内容来看,"府南愚人"可能是与媒体关系密切且对城市管理学、营销学较有研究的人士,"文中思"

---

① 流沙河:《城市命名谈:成都需要另觅"靓"名吗?》,《文汇报》2004年5月26日。
② 洁尘:《春天的事》,《书城》2004年第4期。
③ 新华网四川频道(http://www.sc.xinhuanet.com/content/2004-03/14/content_1775909.htm)。
④ 麻辣社区(http://www.mala.cn/thread-23981-1-1.html)。

在麻辣论坛的个人信息里注明学历为博士,在网络上发表过许多政治批评文章。

在各种论坛讨论"东方伊甸园"名号的众多帖子中,持反对意见的回帖远远超过了持赞成意见的回帖。一些网民态度坚决地说:"成都一日不放弃'东方伊甸园'的新名片,我们一日不放弃抵制和战斗。"① 网民观点集中在以下几点:其一,本土文化丰厚,不需要借用西方文化,"东方伊甸园"名号是崇洋媚外;其二,伊甸园含义中有性的因素,容易引起误解;其三,营销的政绩、经济目的压倒了文化目的,破坏了成都文化传统。

"成都——东方伊甸园"品牌营销没有遵循城市的历史文脉,违背了公众的城市记忆。公众的表述显示了对政府解释的拒绝,对学术话语的补充,他们坚定地反对随意篡改城市的历史和记忆。

四 失败的城市品牌营销

"成都——东方伊甸园"系列实践,由某个地方官员的个人行为为起点,受到地方高层的授意后迅速由宣传部门推出,随即开展旅游、房产等经济活动,是一个未经充分论证和长远规划的城市品牌营销行为。政府官员认为,"只要形成了城市的品牌形象,带动区域经济的发展,形成错位市场竞争格局,给资本提供了赚钱机会,给资本家很好的期望值回报,经营城市的目的就达到了"②。但是,城市的品牌形象不仅与经济有关,还与城市内外人群对城市历史文化的认知以及城市内部人群的自我认同密切相关。尤其是成都这样一

---

① 大伟:《"东方伊甸园"在争论中还能坚持多久?》,新华网四川频道(http://news.xinhuanet.com/focus/2004-04/08/content_1408465.htm)。

② 周鸿德语,杨青:《成都城市新名片:天府之国缘何换名东方伊甸园》,《北京青年报》,四川在线(http://sichuan.scol.com.cn/cddt/20040414/2004414153347.htm)。

第五章 遗产化：当代城市转型与形象再造

个具有悠久的历史传统和深厚的地域文化的城市，要选择一个表述作为整个城市的形象代表，更是会涉及成都的历史文化，攸关成都人对成都地方文化的认知。整个行销行为可能会改造甚至重塑成都人的集体地方认同，形成新的成都文化表述。所以，整个事件本质上是一个开放的、跨界的公共文化事件。这样的事件需要行政力量之外的学界和公众来共同参与，以推动政策向更好的方向发展。

然而，该问题又不是单纯的史学考证和文化梳理这样传统的历史文化研究可以解决，它牵涉全球化语境下的公共政策、市场营销、历史文化等多领域多学科的复杂交融。

成都之所以陷入寻找城市品牌名片的焦虑中，一个直接原因是云南香格里拉品牌实践的成功。如果当时有学者，仔细分析"香格里拉"品牌实践过程，就可能为成都实践提供实际的参考意见。香格里拉之所以能落地云南中甸，并促进当地旅游经济的巨大发展，关键就在于"香格里拉"是在内外人群的历史文化脉络中做出的延伸。对内，"香格里拉"被政府和文化人解读为藏传佛教的理想净土，"香巴拉""香格里拉"本来就是藏语中甸方言的词汇，[①] 获得了内部人群的强烈认同；在外，"香格里拉"经由小说《消失的地平线》和电影歌曲、《美丽的香格里拉》等传遍中外，成为大众心目中位于亚洲藏区的"希望世界"，[②] 对外界具有极大的吸引力。中甸县政府变更县名，有内外两大历史文化传统的强力支撑。而"东方伊甸园"对内既无法与成都厚重的古蜀文化和汉文化接轨，又充满性、谎言、背叛的公共负面认知，对外也不可能引起以伊甸园宗

---

① 参见齐扎拉、勒安旺堆《云南迪庆——香格里拉揭秘》，云南人民出版社2002年版。
② 参见徐新建《"香格里拉"再生产——一个"希望世界"现世化》，《民族艺术》2015年第1期。

教神话为文化基因的西方人的认同。若一开始就有许多此类历史文化与城市营销的综合分析，也许就不会有那么多学者与文化人将学术与营销割裂看待。

　　学者光有知识与眼光仍然不够，还需要在公共领域发声，行使讨论和批评公共话题的权利。在 2004 年互联网尚不太普及，网络论坛还不很发达的情况下，网络精英就可以引领民众理性思考，形成力量，若当时有一批学者能公开地亮明身份，鲜明地表明态度，理性地表达思想，就更可能与公众形成良好互动，相互激发创造力和洞察力。在自媒体高度兴盛的当下，这样的发声更为可能，长此以往，将形成一个开放的公共领域，政府、学界、资本与民众各方力量构建起较好的角力关系，保证优秀的公共政策出台和执行。

　　"成都——东方伊甸园"表述将成都与西方宗教文化遗产错误对接，排斥学界与民众对公共政策的参与，既不符合成都的历史本相，也不符合现代文明社会尊重民意、倡导民主的时代本相，因此成为一个失败的城市品牌营销活动。它为公众留下的记忆是"东方伊甸园，一张可笑的贴牌名片"，这份记忆将越来越淡直至于无。

第二节　"熊猫之乡"：自然遗产的全球性符号打造

　　成都大熊猫繁育研究基地官方网站的《基地简介》对成都与熊猫的关系有很全面的阐述：

　　　　成都自古就和大熊猫结下了不解之缘，从化石发现来看，早在 4000 多年前就有野生大熊猫分布。摊开中国地图我们可以清楚地看见，从北面的秦岭，到岷山、邛崃、大相岭、小相岭

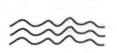

和凉山等6大山系的熊猫栖息地,像一条走廊,而成都正处于这一走廊的中央位置……成都,是世界上离大熊猫核心栖息地最近、海拔落差最大,也是全球唯一一个既有圈养大熊猫又有野生大熊猫生活的特大城市,是名副其实的"熊猫之乡"。①

上述介绍被各种旅游网站以及涉及熊猫的新闻报道频繁地复制、转载。② 经过此类表述的不断传播以及一系列城市文化实践行为,大熊猫已成为成都的符号之一,"熊猫之乡""熊猫故乡"的名号广为人知。

在笔者的问卷调查中,有三道题涉及成都与熊猫的关系。其中,"您认为成都最响亮的名号"一题,调查对象对"熊猫故乡"的认同度仅次于"天府之国"和"休闲之都"。在认同"熊猫故乡"的66人中,成都人有32名,外地人有34名,其中,调查对象中仅有的3名外国人(2名泰国人、1名韩国人)都选择了"熊猫故乡"。这说明在成都内部人群、外地人、外国人的认识中,成都"熊猫故乡"名号的知名度很高。在"成都最吸引你的元素"一题的调查结果中,熊猫位于第六名(19.59%),与第五名美女(19.88%)几乎相差无几。"以下图案,哪一个是成都市城市形象标识"是单选题,分别列出"A. 川剧脸谱""B. 火锅""C. 太阳神鸟""D. 熊猫"四个图案。其中"C. 太阳神鸟"是成都市公布

---

① 《基地简介》,成都大熊猫繁育研究基地官方网站(http://www.panda.org.cn/china/about/2013-01-10/54.html)。
② 去哪儿网(http://travel.qunar.com/p-pl4543958);同程旅游(http://go.ly.com/youji/2191274.html);骑马人旅游攻略(http://www.qimaren.com/gonglue/chengdushiqu/jingqujieshao/3150.html);《成都搭建熊猫回归自然之路 给大熊猫在野外安家》,成都商报多媒体报刊(http://cdsb.newssc.org/html/2011-12/22/content_1460061.htm)等。

的成都市城市形象标识,但选择熊猫的人数却是最多的。查看数据,有25.26%的成都人、54.22%的外地人认为成都市城市形象标识是熊猫。成都内外都有相当人数选择熊猫,证明"成都—熊猫"的关联关系深入人心。

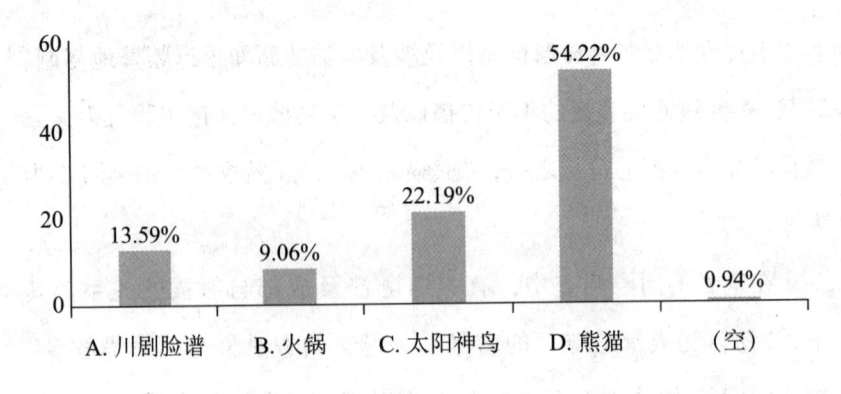

选项	比例
A. 川剧脸谱	13.59%
B. 火锅	9.06%
C. 太阳神鸟	22.19%
D. 熊猫	54.22%
(空)	0.94%

图5-1 外地人对城市形象标识的选择

国际影响力最大的搜索引擎"维基百科"对成都的介绍中,将"熊猫之乡"("Home of the giant panda")作为与城市名、城市标识、历史、地理、景观、人口、文化等项目并列的第八项介绍,足见成都"熊猫之乡"名号的全球知名度。词条中全面介绍了成都的大熊猫繁育研究基地以及都江堰、崇州、大邑等郊市县的大熊猫自然保护区,还描述了2008年汶川地震后成都邀请美国梦工厂"功夫熊猫"创作团队到成都寻找灵感的事件以及2012年圈养大熊猫野外放生计划。①

如今凡是有大熊猫栖息生活的地方都可称为"熊猫之乡""熊猫故乡",大到省,小至乡,如四川省、四川省成都市、四川省阿坝州卧龙自然保护区、四川省凉山州美姑县大风顶自然保护区、四川

---

① 成都词条,维基百科(https://en.wikipedia.org/wiki/Chengdu)。

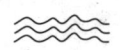

省雅安市宝兴县蜂桶寨乡、陕西省汉中佛坪等。但成都"熊猫之乡"的名号是最响亮、最广为人知的。本节将探讨：熊猫与成都是如何关联的？该称号是如何集中到成都一地的？成都如何利用熊猫构建国际化城市形象？

一　文化原型的意义累积：作为中国符号的熊猫

大熊猫，常简称"熊猫"，属于食肉目、熊科、大熊猫属的一种哺乳动物，是中国特有物种，主要分布在四川、陕西、甘肃的山区。大熊猫起源于800万年前，是动物界的"活化石"，目前为濒临灭绝的珍稀动物。它体色黑白，身胖脸圆，惹人喜爱。大熊猫的社会意义在于它是中国的"外交使者""吉祥物""国宝"，是整个中国的象征符号。该象征意义的产生不过百年，成都进一步将国家象征聚集为地域象征，也不过是最近二三十年的事情。

大熊猫在中国古代文献当中的面目很模糊，人们常常认为文献上的"驺虞""貘""貔貅"是指大熊猫，但已有学者经过考证否定了这些认识。[①] 实际上，大熊猫被中外人士普遍了解，是从1869年法国博物学家阿尔芒·戴维神父在四川雅安宝兴的发现、介绍开始的，而它扬名于世界则是从1936年美国的露丝·哈克利斯在四川汶川活捉一头大熊猫并公开展览算起。[②] 这两个重要事件的关键地点分别在四川的雅安和汶川。

20世纪前半叶，西方人陆续来到四川猎取大熊猫。美国总统西奥多·罗斯福的两个儿子罗斯福兄弟将他们在四川追踪和猎杀大熊

[①] 孙前等：《大熊猫古名研究》，《动物分类学报》2008年第4期。
[②] 谭邦杰：《关于华南虎、大熊猫、雪豹》，《大自然》1989年第1期。

猫的经历写成《追踪大熊猫》一书，①在西方引起广泛反响；露丝·哈克利斯在汶川活捉大熊猫苏琳，带回美国展览，并将其三次来川购捕大熊猫的经历写成《淑女与熊猫》一书；英国人丹吉尔·史密斯将他捕到的六只熊猫运到欧洲、美国巡展。②这些事件掀起了西方的熊猫热，使西方人了解到中国四川是大熊猫产地。而中国民众了解大熊猫也是来自中国媒体对大熊猫知识的介绍，对西方人购买、捕猎大熊猫以及西方博物馆展出大熊猫等事件的报道。③

民国时期，在大熊猫作为中国"外交使者"的历史中，它的出产地四川为人所知，成都也偶被提及。"熊猫外交"开始于1941年，为感谢在二战中美国对中国难民的救济，宋美龄、宋霭龄代表中国政府和人民向美国赠送一对大熊猫。在赠送熊猫典礼上，华西大学葛维汉博士向中外宾客详述了这对熊猫的猎取经过、熊猫出产地的情况。④这对熊猫是葛维汉在四川山区捕获的，曾在成都华西协和大学校园内暂时放养，后来搭乘飞机从成都飞抵重庆参加赠送典礼，再辗转运送到美国。⑤之后，四川

---

① Theodore Roosevelt. et al. *Trailing The Giant Panda*, New York: Blue Ribbon Books, 1929.

② 参见孙前《大熊猫文化笔记》，五洲传播出版社2009年版，第28、29页。

③ 如《世界最稀有的哺乳动物——大熊猫》一文介绍大熊猫生物知识、罗斯福兄弟在中国的猎取和购买行为、美国田野博物院的展览；《中国熊猫之海外发展》一文介绍大熊猫产地和外貌特征，美国博物馆的陈列布置；很多文章的标题直接突出四川或川西是大熊猫产地，如《中国四川之熊猫（现在美国非勒特尔非尔博物院中陈列）[照片]》《中国四川产之熊猫》《四川熊猫》《川藏特产大熊猫》等。参见《世界最稀有的哺乳动物——大熊猫》，《世界杂志增刊（十年）》；《中国熊猫之海外发展》，《老实话》第46期。

④ 《赠送熊猫典礼 蒋孔两夫人向美国广播》，《江西妇女》1941年第34期。

⑤ 参见《大熊猫：从华西坝到美利坚》，四川大学官网（http://www.scu.edu.cn/news2012/bnsy/webinfo/2013/11/1382598862497189.htm）；唐润明《宋美龄与熊猫外交》，华龙网（http://www.redsa.com.cn/html/2009-03/25/content_3952270.htm）。

大学教授马骥群协助汶川县政府捕获大熊猫"联合小姐",1946年由四川省政府赠送给英国,先从成都搭乘飞机到加尔各答,再辗转赴英。①

这一时期是西方和中国的大众初步了解大熊猫的阶段。西方人基本都在雅安、汶川、大凉山等山区捕猎大熊猫,此时的成都是熊猫猎人在城市与边疆之间的中转站,大熊猫从中国飞向世界的起点以及以赠送、合作、收购为名进行熊猫交易的地点,还远不是"熊猫之乡"。

中华人民共和国成立后,"熊猫外交"继续进行。从1957年到1982年,中国赠送过23只大熊猫给9个国家。② 在此期间,大熊猫始终是中国国家的象征,它的出产地并不被人关注,成都在其中的角色更不为人知。在《人民日报》关于大熊猫外交事件的报道中,国家间的友谊、举行的仪式是关注的焦点,并未提及熊猫出产地,③地方主要报纸《四川日报》《成都晚报》也未报道过相关事件。1982年以后,中国停止向外国政治性地赠送大熊猫,而改为各种形式的"访问""租借""合作研究",④"熊猫外交"以弱政治性的方式进行。之后,中国仅仅向本国的港、澳、台赠送过大熊猫,大熊猫又代表了华人团结、和平、友爱的心愿。

---

① 参见《熊猫出洋》《熊猫小姐在英伦大出风头:美国眼热·也来讨索》《三生有幸第十只熊猫出国:奇迹!风度!捕法!嗜好!前五只赠美,后五只运英》等文,《新新新闻》1946年。

② 文林:《新中国礼宾轶事》,《档案春秋》2011年第3期。

③ 参见《北京市革委会赠送给美国人民的一对熊猫,在华盛顿国家动物园举行交接仪式》,《人民日报》1972年4月22日;《我国政府赠送蓬皮杜总统和法国人民的一对大熊猫运往巴黎》,《人民日报》1973年12月9日;《中国人民赠给日本人民的大熊猫展出一周年,东京上野动物园举行纪念活动》,《人民日报》1973年11月8日;《我国赠英国人民大熊猫交接仪式在伦敦举行》,《人民日报》1974年11月8日;《我国向墨西哥赠送一对大熊猫》,《人民日报》1975年9月11日。

④ 林禾:《中国"熊猫外交"半世纪》,《共产党员》2010年第1期(下)。

而 20 世纪七八十年代的书籍报刊中，人们所熟知的"熊猫故乡"是四川或川西山区，1980 年在阿坝州卧龙自然保护区内建立"中国保护大熊猫研究中心"之后，"熊猫故乡"更多地指向卧龙。①该中心是卧龙自然保护区与世界野生生物基金会（以下简称"WWF"）合作建立的，早在 20 世纪 60 年代，WWF 就将大熊猫作为自己的会徽，20 世纪 80 年代初，WWF 聘用美国动物学家乔治·夏勒（George B. Schaller）参与卧龙的大熊猫科学研究工作。夏勒的文章和书籍在西方世界很受欢迎，成为西方人了解大熊猫及其栖息地的窗口。在《最后的熊猫》一书中，他生动描绘了卧龙的大熊猫科研工作，其中两次提到成都，即 1981 年 4 月的成都会议、外国科学家与成都动物园合作对熊猫进行人工授精。②

大熊猫还作为在中国举办的世界性运动会的吉祥物，频繁地出现在体育赛场上。1990 年北京亚运会以熊猫"盼盼"为吉祥物，2008 年北京奥运会的五个吉祥物中有熊猫"晶晶"，引起全球的关注。

大熊猫经过一百多年的文化价值积累，已经闻名全球，具有

---

① "熊猫故乡"泛指四川或川西的文章，如何东海：《在熊猫的故乡——彩色科教影片〈熊猫〉拍摄散记》，《文汇报》1975 年 10 月 25 日；《大熊猫故乡传来好消息，熊猫生活条件大为改善，安全也有了保障》，《人民日报》1980 年 1 月 11 日；邓全施：《四川、甘肃三个自然保护区见闻：大熊猫的故乡》，《旅行家》1981 年第 1 期，第 45 页；罗茂城：《抢救大熊猫纪实——来自熊猫之乡的报告》，《人民日报》1985 年 7 月 3 日，等。将"熊猫故乡"明确指向卧龙的有：《大熊猫故乡纪行之一》《之二》《之三》，《四川日报》1980 年 8 月 18 日、19 日、20 日；张嘉齐等：《大熊猫的故乡——卧龙自然保护区》，《民族画报》1981 年第 6 期；胡嘉森：《在大熊猫的故乡》，《儿童文学》1981 年第 2 期；谭楷：《在熊猫的故乡》，《人民日报》1982 年 10 月 11 日；邓河春：《令人迷恋的熊猫之乡——卧龙自然保护区见闻》，《旅游报》1982 年 12 月 7 日；马识途：《我到熊猫家乡——卧龙自然保护区纪游》，《散文》1982 年第 11 期；《在大熊猫的故乡》，浙教版小学五年级上册语文教材等。

② [美]夏勒：《最后的熊猫》，张定绮译，光明日报出版社 1998 年版，第 99、109 页。

了"全世界人类息息相关的珍贵自然遗产""中国人民的国宝"等全球认可的意义,①并且成了中国的符号象征。②然而,熊猫与成都的关系,虽然百年来有所介绍和描述,但是外界并没有非常普遍的了解。③正是基于大熊猫作为中国符号、人类珍贵自然遗产的全球文化价值,成都开始打造和运作面向世界的国际化城市形象品牌。

二 占有形象符号:"大熊猫栖息地"的地方之争

大熊猫在四川省岷山、邛崃山、大小相岭、小大凉山等山区市县都有分布,将大熊猫作为文化旅游资源加以大力开发的地区主要是成都市、阿坝州、雅安市。20世纪80年代末以前,成都在四川全省的大熊猫资源格局中并不具有特别的优势,只是在都江堰、彭州、崇州和大邑等郊县市有少量大熊猫分布,成都动物园也仅有几只大熊猫。虽然自然资源相对较弱,但成都市凭借在地理、政策、经济、科技、文化等方面的区位优势,在与其他两地的较量中,抢占了大量的生态和文化旅游资源,使得"熊猫故乡"称号花落成都"顺理成章"。

80年代后期,成都市意识到了大熊猫的经济价值,1987年,市政府在城北斧头山下成立了"中国成都大熊猫繁育研究基地"(以下简称"熊猫基地")。该基地成为成都打造"熊猫之乡"名号、发

---

① "全世界人类息息相关的珍贵自然遗产""中国人民的国宝"之语出自1980年6月30日中国国家环境科学协会与WWF在荷兰签署的大熊猫研究和保护合作协议。参见孙前《大熊猫文化笔记》,五洲传播出版社2009年版,篇首语。

② 英美媒体常用panda来指代中国,"panda hugger"被西方媒体用来指"亲中的分析家和学者",参见邵斌、张建理《隐喻翻译局限的认知解释——以"熊猫"为例》,《西安外国语大学学报》2009年第4期。

③ 国外有媒体对100名普通美国人进行抽样调查,几乎所有人都知道熊猫,但没有一个人知道四川或成都。参见孙前《大熊猫文化笔记》,五洲传播出版社2009年版,第280页。

展国际性熊猫文化的抓手。虽然熊猫基地官网公布的基地宗旨完全强调其科研性质,[①] 但基地建成不久,市政府就开始修建连通市区与基地的道路"熊猫大道",并通过媒体大造声势。在政府的强力支持下,十年后,该基地成为世界著名的熊猫研究中心,科研成果与卧龙并肩,在游客量、宣传策略、募集资金的能力上远超卧龙。[②]

在熊猫基地落成后不久,成都就自称"大熊猫故乡",制造熊猫故乡在成都的舆论。在成都市委对外宣传办公室、成都市人民政府新闻办公室等合作主编的中英文外宣书籍《西南大都会成都》中这样写道:

> 成都是大熊猫故乡。全世界的人民共同珍爱的大熊猫的主要野外栖息地就是以我们成都作为中心的,我们本身在大熊猫的科研繁育和保护方面又有着世界水平的成就和普通的群众保护意识,为此获得了联合国环境规划署颁发的"全球500佳"殊荣。[③]

21世纪初,为了争取大熊猫保护基地开办权来发展旅游业,雅

[①] 《基地简介》,成都大熊猫繁育研究基地官方网站(http://www.panda.org.cn/china/about/2013-01-10/54.html)。

[②] 在拉动旅游经济方面,基地官网介绍到:"成都熊猫基地自九十年代面向公众开放以来,吸引了数百万中外游客前来参观,同时接待了各国政要、领导、嘉宾及社团组织数十万人次。"借助熊猫在海外的巨大名气,熊猫基地的境外游客量占成都游客总量的三分之一,很多游客是为了看熊猫而来成都的。目前,熊猫基地在成都315个旅游景点中游客量排名第一。熊猫基地还在"超口爱""熊猫守护使""地球一小时"等宣传成都熊猫的事件中扮演了重要角色。参见孙前《大熊猫文化笔记》,五洲传播出版社2009年版,第38页;《成都大熊猫文化背后的休闲经济学》,中国新闻网(http://finance.chinanews.com/cj/2013/06-01/4882615.shtml);全洁洁:《游客对成都大熊猫繁育研究基地形象的消极感知因素研究》,《旅游纵览·行业版》2016年第1期。

[③] 成都市委对外宣传办公室、成都市人民政府新闻办公室等主编:《西南大都会成都》,渝新出报(专)刊(1996)字第51号。

安市与成都都江堰市进行过一番较量,最终雅安获胜,建立了"中国保护大熊猫雅安碧峰峡基地"。紧接其后,为了申报 UNESCO 的"世界自然遗产",拥有大熊猫的雅安、阿坝、成都、甘孜等川省几地进行了激烈争夺,最后经中央协调整合为涵盖 4 市州 12 个县的"四川大熊猫栖息地——卧龙·四姑娘山·夹金山脉"项目,成功申请为世界自然遗产。[①] 然而,拥有基地和栖息地名号,不等于拥有了产业价值。接下来,成都开始实施熊猫国际品牌战略,以打造熊猫产业链为目的展开了一系列行动。

针对一些突发事件,成都实行了灵动的宣传应对策略。2005年,北京奥组委征集北京奥运会吉祥物,尽管最先建议以熊猫为吉祥物的是雅安,[②] 然而"五福娃"方案公布后,最先行动的却是成都熊猫基地。在吉祥物公布的次日,熊猫基地就将正在哺育期的熊猫幼崽"毛毛"更名为"晶晶",并开始制造宣传声势。随后,基地又邀请台湾著名音乐人许常德到基地筹划制作《晶晶》MTV,并于一个月后推出了成都熊猫代言歌曲《超口爱》,于三个月后在人民大会堂举行"超口爱熊猫乐团"演出。而自吉祥物方案公布后,雅安与阿坝几乎没有在这方面再做文章。借奥运会吉祥物的时机,成都熊猫从阿坝卧龙熊猫与雅安碧峰峡熊猫中脱颖而出。

成都根据"四川大熊猫栖息地"列入世界遗产名录的新情况,及时制定了新的政策措施。以前在与雅安竞争中失败的都江堰市,背靠栖息地世界遗产,争取到了香港特区政府援建,于 2014 年建

---

① 几地相争的具体过程参见孙前《大熊猫文化笔记》,五洲传播出版社 2009 年版,第 123—132、187—204 页。

② 同上书,第 230 页。

立了"中国大熊猫保护研究中心都江堰基地",专门开展大熊猫救护和疾病防控研究。由于遗产地受到严格的生态保护和限制,熊猫基地又在都江堰成立了"成都大熊猫繁育研究基地都江堰繁育野放研究中心",进行大熊猫野化放归研究。尽管位于都江堰的基地、中心名义上都以科研为目的,但不可否认的是它们建成后都对外开放,创造旅游收益,尤其是后者拥有与碧峰峡、卧龙相似的自然野外环境,与成都城市中的熊猫基地形成互补,对雅安、阿坝两地的熊猫旅游业形成巨大挑战。2011年《中共成都市委关于深化文化体制改革加快建设文化强市的意见(讨论稿)》中提到,要大力发展成都大熊猫这一文化元素,打造"大熊猫野放研究中心",使之成为成都开向"全球"的"窗口"。[①]这明确地表明成都树立了更远大的借大熊猫品牌树立国际化城市形象的目标。

在以大熊猫科研带动文化旅游产业的竞争中,成都由于具有区位优势、政策行动力和明确的国际化目标而独占鳌头,这是中国政治等级格局中的必然。因此,尽管雅安市宝兴县因是大熊猫的发现地而享有"熊猫故乡"的称号,尽管阿坝卧龙因最早成立"中国保护大熊猫研究中心"而被广泛称作"熊猫故乡",但都被"后起之秀"成都掳夺了"熊猫故乡"的名号。

三 符号衍义与形象复现:从"熊猫—中国"到"熊猫—成都"

成都不满足于仅在大熊猫旅游方面获得经济收益,它更长远的

[①]《成都又一张熊猫"文化牌"——野放中心:为熊猫放野安个家》,四川在线(http://sichuan.scol.com.cn/cddt/content/2011 - 12/22/content _ 3247961.htm? node = 965)。

第五章　遗产化：当代城市转型与形象再造

目标是将大熊猫的国际名声转化为城市形象资本，而大熊猫符号具有这样的转化潜力。在全球化高速发展的时代，不同人群之间的交往，往往通过符号而非语言达成，熊猫恰好是一个正面的、现成的、已经积累深厚文化价值的符号，"不是特定的意义要求特定的符号表现它，而是特定的符号决定特定的意义可能被表现出来"①，成都只需要在"熊猫—中国"的意义链条上加上成都的相关信息即可完成符号衍义。

2006年7月至9月，成都市文化交流协会主办"大熊猫全球恳亲之旅"，出访世界各地有圈养大熊猫生活的城市。这是成都第一次走出国门打造大熊猫文化品牌。恳亲团一路通过各种活动推介成都，如举行推介会、保护熊猫签名活动，赠送大熊猫领带、大熊猫玩具、大熊猫纪念章和熊猫基地的宣传资料，推广"大熊猫世界"英文网站，与各种组织机构洽谈大熊猫领养、合作研究以及主题旅游等事宜，引起了一定的关注。②

有了第一次在海外宣传成都的经验，成都又先后推出了《功夫熊猫》成都形象植入、《典型中国，熊猫故乡》城市形象宣传片投放国外市场等活动，直接在国外借助熊猫符号推广城市形象。这一系列活动背后不仅有成都市委市政府的统筹，也有阿佩克思奥美品牌营销咨询有限公司这样具有国际和本地背景的专业咨询公司进行策划，成都对熊猫品牌的打造进入繁盛时期。

2008年5月，由美国好莱坞梦工场制作的动画片《功夫熊猫》全球公映，当时汶川大地震刚刚发生，成都旅游业乃至整个成都城

---

① 赵毅衡：《哲学符号学：意义世界的形成》，四川大学出版社2017年版，第161页。
② 参见随团记者云楼阁老的博客，新浪博客（http：//blog.sina.com.cn/s/articlelist_1228086322_2_1.html）。

成都形象：表述与变迁

市形象处于危机中。成都市迅速从成都传媒集团、咨询顾问机构等多个单位抽调专业人士组成了成都市城市形象提升协调小组。该小组成员敏锐地觉察到该影片可以与成都对接，他们向梦工场《功夫熊猫》创作团队发出到"熊猫故乡"成都"寻根""采风"的邀请，希望在后续的剧集中融入成都元素。梦工场团队到达成都后，被安排参观了熊猫基地、宽窄巷子、锦里、青城山等多处景点。[1] 经过长期的沟通磨合，2011 年上映的《功夫熊猫 2》呈现了一些成都元素，如担担面、麻婆豆腐、四川火锅、青城山、宽窄巷子等。此次营销成为成都媒体反复宣传的成功案例：不花钱就做了植入性的软广告，完成了城市形象营销宣传。

然而，此次营销在国外对成都的实际宣传效果是有限的。梦工场团队不仅到过成都，还到了平遥、少林寺、武当山、北京等地采风，[2] 在影片的中国元素中，成都元素只占较少的一部分。而且，这些成都元素只是作为影片的背景出现，全片没有任何画面和任何台词出现过"成都"二字。在主角遇到父亲的凉亭画面中，刻有"青城山"三个汉字的巨石也基本是一闪而过。影片播出后，对片中"宫门城"原型和各种中国元素细节的猜测出现在很多影视论坛中，[3] 很多网友都不知道片中的很多元素来自成都，由此可知，国外的普通观众观看影片后，对成都以及成都文化不可能有更多了解。因此，成都在《功夫熊猫 2》中免费植入成都形象广告的行为，虽然有成功的一面，但在国外的实际影响

---

[1] 胡铁等：《成都的全球营销之道〈功夫熊猫 2〉全球热映，阿宝身世之谜成都揭晓》，《西部广播电视》2011 年第 6 期。

[2] 《幕后主创解读〈功夫熊猫 2〉中国元素》，网易娱乐频道（http://ent.163.com/special/kfxm2/）。

[3] 豆瓣网（https://movie.douban.com/review/4972255/）；腾讯娱乐频道（http://ent.qq.com/d/movie/35/34120/）。

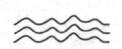

第五章 遗产化：当代城市转型与形象再造

力有限。

"形成象征的关键是重复使用所造成的变化与意义累积。"①《功夫熊猫》形象植入事件只是偶然的机遇，实际上成都从2003年请张艺谋导演城市形象宣传片《成都，一座来了就不想离开的城市》开始，就将大熊猫元素频频运用于各种类型的成都形象宣传片中，不断强化内外人群对"成都—熊猫"关系的认知。这些形象片包括：2008年成都城市形象音乐电视《I love this city，成都依然美丽》、2010年成都城市形象片《典型中国，西部中心》（国内版）、2010年成都城市形象片《典型中国，熊猫故乡》（国外版）、2013年成都财富论坛宣传片、2016年成都城市宣传片《胖娃上成都》等。

其中，《典型中国，熊猫故乡》（国外版）一片将熊猫的符号意义直接导向成都。该宣传片用一只大熊猫作为主角，由它带领观众参观成都的景点、展示成都的生活文化：武侯祠、集市、商店、茶馆、音乐会、体育赛场、廊桥烟火、游船、酒吧、步行街……画面最后回到一群在竹林中自由玩耍的熊猫上，用字幕显示标题并用浑厚的男声读出："Where Pandas Live, Real China, Chengdu."有研究者指出，在该片中，熊猫是唯一的高频次符号，帧数达到总画面帧数的65.87%，在当今城市形象宣传片的视觉符号出现频率是很高的。② 熊猫符号的中国象征在这里得到了充分转换：中国象征是熊猫，熊猫的故乡在成都，成都是中国的典型代表——成都成功加入了"熊猫—中国"的意义链条中。整部宣传

---

① 赵毅衡：《符号、象征、象征符号，以及品牌的象征化》，《贵州社会科学》2010年第9期。
② 杨帆：《中国城市宣传片地方特色问题分析》，硕士学位论文，西南交通大学，2014年，第51页。

片所展现出的成都是古典与现代并存的、人与自然和谐相处的形象,这与人们印象中大熊猫生态的、安宁的栖息地形象是很相符的。该形象宣传片于 2011 年 8 月 1 日亮相美国纽约时代广场电子屏,在 8—9 月旅游旺季以及 12 月至次年 1 月集中播出,起到了较好的宣传作用。

另外,成都将熊猫作为地标景观放置到城市的大小空间,比如在宽窄巷子、少城路、春熙路、暑袜街等处设置"熊猫邮局",地铁站张贴以大熊猫为画面形象的"守望绿色家园""廉洁成都"等政府公益广告。通过运用复现形象来积累意义的手段,熊猫逐渐成为成都的象征。

四 "范畴化":"熊猫—成都"植入全球文化语境

成都并不满足于熊猫符号象征中国成都的简单意义,它还想把熊猫符号与全球先进理念相对接,从而提升成都的精神气质。环保主义这一世界新兴的价值理念恰好提供了这样的资源。成都通过一系列活动将这一先进理念植入了城市精神,即"把对象放在一定的可辨认的文化语境中"进行了"范畴化"[①]。

近年来,成都开展的相关活动有:2010 年、2012 年"成都全球招募熊猫守护使"活动面向全球招募若干名热爱动物、热心环保、有社会责任感且自我传播和学习能力强,具有个人魅力的年轻人,成为"成都熊猫守护使",在一年的任期内推动全球熊猫保护工作。2010 年"地球一小时"中国启动仪式在成都熊猫基地举行,印有大熊猫美兰掌印的孔明灯被点燃放飞;2011 年同样在成都熊猫基地,

---

[①] 赵毅衡:《哲学符号学:意义世界的形成》,四川大学出版社 2017 年版,第 230 页。

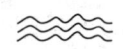

美兰关掉冰雕大熊猫的电源，使冰雕熊猫停止消融，开启了成都的"地球一小时"活动。2012年，在"成都熊猫出租车跑奥运"活动中，50辆具有英国特色的黑色出租车被喷绘成"大熊猫"，车侧还印着英文宣传语"成都，大熊猫的故乡，精彩无限"。它们于6月至8月在伦敦街头为乘客提供服务。

"成都全球招募熊猫守护使"活动以"大熊猫为代表的濒危动物保护"为话题、"地球一小时"熄灯活动是为了应对全球气候变化而进行的节能行动、"成都熊猫出租车跑奥运"活动以"宣传保护大熊猫，传播人与自然和谐相处之道"为主旨。它们都以当今世界最"先进"、最"正确"的环保节能公益话题为名，行城市形象传播活动之实。

20世纪后半叶，环境保护思潮在西方兴起。原子弹在第二次世界大战中的应用、化学药品和肥料的过度使用、对环境资源无节制的索取等事件和现象促使了西方人环境意识的觉醒，一系列关于环境问题的讨论和保护行动兴起。直到现在，环境与发展问题仍然是人类社会关注的焦点。在世界上的众多环保组织中，WWF是声名最著、规模最大的独立性非政府环保组织，引领着全世界环保新理念和新动态。WWF从20世纪80年代与中国各级政府在四川开展大熊猫研究和保护工作以来，一直与成都保持关系。"成都全球招募熊猫守护使"活动得到了WWF的技术支持，"地球一小时"活动本就由WWF于2007年在澳大利亚悉尼发起，短时间内爆炸式发展为全球活动，成都在其中抢得了先机。

如今的环保已经是人类精英的时尚，参与环保活动的人士、企业、政府、城市将跻身环保的荣誉行列，大大提高知名度。比如"地球一小时"活动，每年全球的参与者争相创意，表现突出者会得到全球媒体的关注和传播。如此,大熊猫不只是中国这一个国家的象征符号,还代表着世界珍贵自然遗产、人与自然和谐相处的关系、环境保护与节能减排的先进理念。而上述活动通过大熊猫将成都与这些世界先进理念连接起来,将成都塑造为一个生态的、环保的、和谐的、健康的现代都市。

  这些活动的营销手段也越来越国际化、现代化,成都市政府部门雇佣国际专业品牌营销公司,按照现代商业模式做调研、策划、实施。成都市外宣办与长期合作伙伴阿佩克思奥美品牌营销咨询有限公司合作的"成都全球招募熊猫守护使"活动,建立了"互联网发起、社会化媒体造势、关键活动引爆、传统媒体二次跟进"的传播路径,把"成都是熊猫故乡"的概念通过"招募广告、病毒视频、媒体沟通"等方式反复强化,并通过"体验营销"让所有人感受到人文的、生态的、绿色的成都。① 美兰为"地球一小时"活动熄灯,也是由阿佩克思奥美公司参与策划的,据说连续两年的活动都在全球产生了较大的影响。②"成都大熊猫出租车跑奥运"活动则由成都市对外文化交流协会策划,英国C立方传媒提案并执行,活动与爱丁堡动物园、网上社交媒体联动,乘客通过乘坐熊猫出租车,可登录"推特""脸书"的成都官方账号赢取爱丁堡动物园门票,参观大熊猫。③ 这些行动表明,位于中国内陆的城市成都,已经主动融入全球化、现代化中。

---

  ① 《中国艾菲金奖案例"成都全球招募熊猫守使"赏析》,《广告大观》2011 年第 11 期。
  ② 参见金雯《成都:有一种创意产业叫做熊猫》,《新周刊》2012 年第 4 期;成都大熊猫繁育研究基地官方网站(http://www.panda.org.cn/big5/news/news/2013 - 06 - 07/1192.html)。
  ③ 《成都熊猫出租车跑奥运获 2012 最具社会影响力案例奖》,中国新闻网(http://www.chinanews.com/cul/2012/11 - 23/4354356.shtml)。

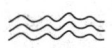

第五章 遗产化：当代城市转型与形象再造

图 5-2 成都地铁站悬挂的"天府神韵，印象成都"的城市宣传广告

  成都市政府主导，联合全球商业力量，利用新旧媒体，通过符号占有、符号衍义、形象复现、植入语境等方式的有机结合，使得熊猫符号在短短二十多年中成为成都城市新象征，积累起可供再生产的文化资本。在脱离了政府主导后，成都与熊猫相关的景观、事件、活动仍在不断增生，比如 2014 年装置艺术家 Lawrence Argent 为成都国际金融中心（IFS）创作"I Am Here"巨型悬挂大熊猫雕塑如图 5-3 所示，很快成为成都新地标。我们可以想象，在时空被压缩的新媒体时代，即高度符号化时代，除非熊猫出现灭绝或爆发式增长的情况，那么，"熊猫—成都"这一元符号将会持续自我增值，并很可能溢出现有的意义系统，创造成都与熊猫新的连接点。

成都形象：表述与变迁

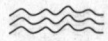

图 5-3 IFS 的 "I Am Here" 熊猫雕塑

第三节 "太阳神鸟"：从文化遗产到城市形象标识

　　进入 21 世纪，越来越多的城市拥有自己的城市形象标识，成都也加入了为城市寻找形象标识的浪潮。2010 年 6 月，成都市人民政府新闻办公室成立了成都城市形象标识征集办公室，发布《成都市城市形象标识征集启事》，于 2010 年 6 月 1 日至 7 月 30 日向社会公开征集成都市城市形象标识。2011 年 12 月 30 日，新闻办公室公布 2001 年成都金沙遗址出土的"太阳神鸟"金饰图案为成都城市形象标识核心图案。这个出土不久的文化遗产在短时间内制造了大量新事件和新景观，极其迅速和深入地编织了公众的新记忆。

第五章 遗产化：当代城市转型与形象再造

一 新记忆符号的形成

美国学者戴维·格拉斯伯格（David Glassberg）的《历史感：美国人生活中的老地方》是研究记忆与地方关系的经典之作。该书的核心观点是：地方的历史感是社会的建构。作者认为地域的相对稳定性构建了持续且强大的记忆场所，个人和群体创造、使用、理解和重塑过去的活动给地方历史赋予了意义，可以增进公众的地方感情。[1] 就"太阳神鸟"案例来说，正是地方政府主导、考古学界推动、公众共同参与了金沙"太阳神鸟"符号的意义制作，促使城市新记忆快速形成，增进了公众的历史感和地方感。

地方考古学界是"太阳神鸟"意义的最初阐释者和知名度推动者。该金饰出土后不久，成都市文物考古研究所就确定了其信仰内核，将其定名为"太阳神鸟"，[2] 认为四只飞鸟可能是中国古代神话中"太阳神的四个使者"或"驮负太阳在天上运行的阳鸟"。[3] 之后，虽然史学界出现了许多讨论该饰名称、内涵的文章，但成都文物考古研究所的这些表述基本奠定了以后媒体传播的基调，成为公众对该文物的认知基础。该所人员也阐发了金沙遗址对蜀文化、中华文化以及对成都城市史、成都旅游经济的重要意义，[4] 为地方政府保护、开发决策提供了重要参考。

---

[1] David Glassberg. *Sense of History: The Place of the Past in American Life*, Amherst: University of Massachusetts Press, 2001, pp. 7—9.
[2] 成都市文物考古研究所：《成都金沙遗址的发现与发掘》，《考古》2002年第7期。
[3] 成都市文物考古研究所、北京大学考古文博学院：《金沙淘珍——成都市金沙村遗址出土文物》，文物出版社2002年版，第30页。
[4] 朱章义、张擎：《成都金沙遗址的几个问题》，《中国古都研究（第十九辑）——中国古都学会2002年年会暨长江上游城市文明起源学术研讨会论文集》，2002年，第76、77页。

成都文物考古研究所与成都市政府还合力推动了"太阳神鸟"金饰图案成为中国文化遗产标志，使这一图案在全国乃至世界范围内知名度提高。2005年6月，在成都市政府的支持下，该所给国家文物局写申报信，建议采用"太阳神鸟"金饰图案作为中国文化遗产标志。两个月后，国家文物局发布《关于启用中国文化遗产标志的公告》，宣布采用"太阳神鸟"金饰图案为中国文化遗产标志。标志说明采纳了申报信中"追求光明、团结奋进、和谐包容的精神寓意"等用语，[1] 并做了进一步阐发：金饰图案是"古代人民'天人合一'的哲学思想、丰富的想象力、非凡的艺术创造力和精湛的工艺水平的完美结合""中华先民崇拜太阳艺术表现形式的杰出代表之作""体现了中华民族传统文化强烈的凝聚力和向心力，表现了中华民族自强不息、昂扬向上的精神风貌"[2]。"太阳神鸟"金饰的含义跨出了地方，被赋予整个民族哲学思想、文化力量及精神风貌的重要意义，一跃成为国家级的象征符号。成都媒体广泛报道了群情激动的情况，其后在表述"太阳神鸟"时往往加上定语"中国文化遗产标志"。

实际上，在金沙遗址发现后不久，成都市即通过市政建设，将"太阳神鸟"图案安置于公众记忆中，以此来建构其地方感。Tim Cresswell认为地方与记忆无可避免地纠结在一起，指出"地方的物质性，意味了记忆并非听任心理过程的反复无常，而是铭记于地景中，成为公共记忆"[3]。城市景观建造是参与建构公众记忆的重要机

---

[1] 引用语来自成都文物考古研究所内部文件，转引自汤诗伟《"金沙模式"——成都金沙遗址保护与利用研究》，硕士学位论文，西安建筑科技大学，2010年，第66页。
[2] 《国家文物局正式公布"中国文化遗产标志"》，中华人民共和国中央人民政府官网（http://www.gov.cn/jrzg/2005-08/17/content_23891.htm）。
[3] Tim Cresswell：《地方：记忆、想象与认同》，王志弘等译，群学出版有限公司2006年版，第68页。

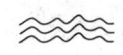

第五章 遗产化：当代城市转型与形象再造

制，对于城市内部公众尤其如此，他们于日常生活中见到这些景观，脑中将深深印刻这些形象，并产生地方感。

成都市于1998年至2002年进行"五路一桥"基础建设工程，其中"一桥"为人民南路跨火车南站立交桥（也称"天府立交"）。2001年11月，距离金饰出土不到九个月，被放大64倍的"太阳神鸟"徽记就挂上了天府立交斜拉桥主塔。"太阳神鸟"徽记所处的位置具有特殊的意义。首先，它位于成都市中轴线上，中轴线对于中国人来说，有"定正位"的风水意义，对成都人来说，中轴线人民南路还是20世纪50年代开始形成的景观轴线，其上的景观建筑具有非同寻常的形象意义。其次，天府立交连接主城区与高新区，车流、人流量巨大，从多个不同的视角与距离均能明显感受到"太阳神鸟"徽记的存在，可以频繁唤起成都人的地方感和历史感。高新区聚集着众多国际国内知名企业，是中西部创新创业最活跃的区域，处于这一特殊位置，"太阳神鸟"徽记又成为城市创新精神的化身。

2007年2月，位于城市中轴线的天府广场也树立起"太阳神鸟"雕塑。天府广场是典型的"记忆所系之处"[1]，从战国末年秦筑成都城开始，该广场所处位置就是城市中心，中华人民共和国成立后，重大集会和庆典活动都在这里开展。此处被视为成都乃至四川的心脏，具有浓重的政治、经济、文化象征意味。"太阳神鸟"雕塑位于广场中央太极图的中心位置，"黄河文化龙"和"长江文化龙"、十二根蜀文化立柱分布在周围，以空间形式突出了其至高无上的地位。"太阳神鸟"雕塑固定于城市核心的中心位置，必然会对公众记忆产生巨大影响。

---

[1] [法]皮耶·诺哈主编：《记忆所系之处》，戴丽娟译，行人文化实验室，2012年版。

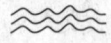

图5-4 金沙博物馆"太阳神鸟"金箔

图5-5 天府广场中央的"太阳神鸟"雕塑

成都还通过各种方式强力主导"太阳神鸟"符号的推广:将"太阳神鸟"图案印上成都出租车引擎盖和成都航空公司飞机机身,将绣有"太阳神鸟"的蜀绣搭载上神舟六号送入太空,使之成为在全城、全球乃至宇宙中流动的景观;建成金沙遗址博物馆,

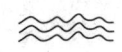

重点布展该金饰原件；打造、推广音乐剧《金沙》和音乐舞蹈剧《太阳神鸟》……

公众也主动参与"太阳神鸟"的意义编织活动。成都市民以太阳神鸟为主题创作文艺作品，多人将个人作品集取名"太阳神鸟"。① 2008年汶川地震后，"太阳神鸟"成为成都和四川"震不垮"精神的代表符号，出现在各种文艺作品中。② 2009年汶川地震周年祭，网上以太阳神鸟为四川的代表，号召人们哀悼遇难者。③ 可见，"太阳神鸟"已经成为地方象征符号，被内部人群内化为认同标记了。

至此，"太阳神鸟"符号已经包含多重意义：原始太阳崇拜，城市时代精神，民族文化精神……"太阳神鸟"在不同的语境中被赋予不同的含义，意义链条不断加长，但始终紧紧缠绕着"地方"这一核心。公众始终被提醒着：美好价值的承载物"太阳神鸟"来自成都金沙遗址。"太阳神鸟"符号很快就稳稳锚固于参与过城市公共生活的每一个个体的记忆中了。

二 公众记忆的历史选择

"太阳神鸟"符号在短暂的时间中能快速进入公众记忆，核心原因在于它附着着最久远、最辉煌的地方历史，这段历史有助于改变成都的边缘地位，给予成都人当下最需要的身份认同。

---

① 王忠、林戈尔：《太阳神鸟颂——献给成都的歌》，《歌曲》2006年第10期；杨七林：《神奇的太阳神鸟》，中国文联出版社2005年版；芶正康：《太阳神鸟的故乡》，四川建设与法制杂志社2009年版。

② 毛玉康：《奋飞的太阳神鸟》，《凉山文学》2011年第5期；梁平：《这里是四川，这里是中国》，黄新初主编：《从悲壮走向豪迈汶川特大地震书系文艺卷·诗歌》，四川文艺出版社2011年版，第256页；曾策、游晓林：《追寻蜀魂的凤凰复活者——〈古蜀颂〉系列绘画观感》，《青年作家》2013年第3期。

③ 佘霁：《金沙"太阳神鸟"符号现代价值的个案研究》，硕士学位论文，重庆大学，2010年，第9页。

成都形象：表述与变迁

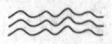

前面已经论证，以成都为中心的蜀地长期处于古代中国的边缘位置。在地理上，偏居中国西南，地形险峻而封闭；在政治上，从来没有在中国的政治版图上占据过中心地位；在经济上，虽然自然条件优越，物产丰富，但在宋代以后，对国家的经济贡献难以位居前列；在社会风俗上，以"逸乐""奢侈"闻名，与以崇尚勤劳节俭的华夏中心价值观相悖。这种边缘地位正在发生变化，当代成都交通发达，与外界联系日益频繁，处于"西部大开发"国家战略的重要位置，经济飞速发展，以舒适、休闲的生活享誉四方。成都人需要寻找、建构一种更合理、更公正的身份，来证明自我、促进发展。

"太阳神鸟"的重见天日，使成都找到了恰如其分的历史来建构地方身份。地方考古学者认为，三星堆、金沙改写了中国先秦史，它们所代表的古蜀文明是中华文明的起源地、中心地之一，金沙的发现使成都成为中国少有的三千多年城池不迁的城市。[1] 成都从秦并古蜀起，就开始了移民的历史，还经历过明末清初的人口"大换血"，现在的成都人与"太阳神鸟"的创造者群体几乎已没有血缘关系。比起地缘关系，中国人更看重血缘关系，但当代成都人选择忽略血缘更迭的历史，让与之有紧密地缘联系的古蜀人的历史进入当下城市记忆。古蜀人创造了如此辉煌的文明，这值得生活在同一片土地上的成都人骄傲。正如一位作家所说："金沙的太阳神鸟告诉世人，成都也曾有过如此这般的古代辉煌。……从此，难道世人不该对巴蜀之地和川人刮目相看吗？也许，这块土地自古以来就没有

---

[1] 王毅、林向、段渝、朱章义、张擎等人语，参见黄浩《太阳神鸟起飞展开"寻蜀记"版图》，《四川日报》2007年1月12日；赋格《太阳神鸟，成都三千年的名片》，《南方周末》2005年10月13日；朱章义、张擎：《成都金沙遗址的几个问题》，《中国古都研究（第十九辑）》，2002年。

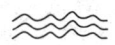

没落过。"①

实际上,"太阳神鸟"金饰到底有什么寓意和用途,考古学界、历史学界是有争议的。② 所有关于"太阳神鸟"的阐释,都只是对过去的重构,而非对事实的复述。"历史与记忆相互选择,具有社会性。历史是对过去的重构,是对不再存在的事件或问题的不完整的重构;而记忆始终是一种当前的现象,是正在经历的当下的关系,它具有感情,充满神秘色彩,总是由鲜活的载体所承载。"③"太阳神鸟"符号是伟大古蜀文明记忆的载体,该记忆选择了"太阳神鸟"历史阐释中对自己最有利的部分。在这一点上,地方政府、学界、公众拥有共同的利益和认识,合力推动了这种选择。

三 城市形象标识与新图腾崇拜

成都城市形象标识报名作品中的各种图案承载着公众对成都的多元记忆。图案主要集中于:古代成都的各种名称,如"蜀都""天府之国""蓉城""锦城"等;成都悠闲的市井生活,如泡茶馆、吃川菜、看川剧、打麻将等;成都的代表符号——国宝熊猫、市树银杏、"太阳神鸟"等。④《征集启事》要求标识

---

① 王威:《在太阳神鸟的故乡自言自语》,《青年作家》2006年第10期。
② 参见李复华《从三星堆、金沙遗址出土文物看蜀文化大转移的政治意义》,《中国历史文物》2003年第5期;黄剑华《太阳神鸟的绝唱——金沙遗址出土太阳神鸟金箔饰探析》,《社会科学研究》2004年第1期;王炎《"太阳神鸟"金箔图饰为朱利部落族徽说——关于成都金沙遗址出土金箔文物的文化阐释》,《中华文化论坛》2009年第1期;冯广宏《金沙"太阳神鸟"文化解读》,《西华大学学报》2007年第1期。
③ 李娜:《从公众史学解析城市景观保护:具有文化敏感性之叙事方法》,《西南民族大学学报》2015年第1期。
④ 新浪网的征集评选平台上展示了部分报名作品,新浪城市频道(http://city.sina.com.cn/city/f/cdlogo/)。

"符合成都城市气质和城市特征，具备国际传播的普适价值"①。而众多古今表述说明，"悠闲"是获得成都内外公众普遍认同的城市气质和特征。然而，当代成都的城市性质定位是"现代特大中心城市""国际化大都市"，这种定位以及成都在科技、商贸、金融、交通等领域的新发展，使得单纯建立在消费功能基础上的"悠闲"不能代表当下成都所需要的形象与气质，也不适合做政治宣传语言。因此，众多象征悠闲成都的图案标志不能当选成都城市形象标识。

在"太阳神鸟"的建构过程中，其城市形象的象征意义已经慢慢渗透进公众的意识，因此，"太阳神鸟"从众多的成都记忆载体中被选中，并再一次被赋予符合政治意图和时代语境的新意义："金饰环形图案似四只神鸟绕日飞翔，周而复始，生生不息，既表达了古蜀先民对太阳的崇拜，对生命的讴歌，也寓意成都作为中国西部特大中心城市、西部大开发引擎城市开放包容、活力无限的城市特质。"② Mark Crinson 和 Paul Tyrer 引用弗洛伊德的"图腾崇拜"概念来理解在城市景观中大量使用记忆的现象。③ 成都城市形象塑造中对"太阳神鸟"符号的选择，即可以理解为一种由政府引领公众投入的"新图腾崇拜"，"太阳神鸟"就是城市图腾，其拟定的城市形象意义就是信仰内核，城市内部人群用"图腾"与外部人群相区别，并凝聚内部认同。

---

① 成都城市形象标识征集办公室：《成都市城市形象标识征集启事》，2010年6月2日，中国城市发展网（http://www.chinacity.org.cn/cstj/zxgg/56758.html）。

② 成都市人民政府新闻办：《成都市城市形象视觉识别系统规范手册》，2011年12月30日，成都市人民政府官方网站（http://www.chengdu.gov.cn/moban/detail.jsp?id=565373）。

③ Mark Crinson, Paul Tyrer. Totemic Park, Mark Crinson, eds., *Urban Memory: History and Amnesia in the Modern City*, New York: Routledge Press, 2005, p.101.

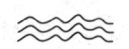

第五章 遗产化：当代城市转型与形象再造

在笔者的问卷调查中，"以下图案，哪一个是成都市城市形象标识"一题分别列出川剧脸谱、火锅、太阳神鸟、熊猫四个图案。结果显示，有61.06%土生土长的成都人、66.29%后来定居成都的人，知道太阳神鸟是成都市城市形象标识，这说明大多数成都人已经熟知该城市形象标识。后来定居成都的人选对的比例还要高于土生土长的成都人，究其原因，正是因为从出土以来的十多年时间中，"太阳神鸟"快速地进入了城市历史和记忆，近十多年定居成都的人熟知它，而一些土生成都人因求学、工作等原因已搬离成都，并没有得到这一段城市记忆。

用国外的文化词语或城市名号打造中国地方品牌的事件，依然在全国范围内进行，影响着公众生活。如何利用本土历史遗产成功地塑造地方品牌，成都"太阳神鸟"记忆的生成经验需要很好地总结和推广。由于满足了当下成都社会本相，即成都处于现代化全面发展阶段以及成都市民新的身份需求，历史遗产"太阳神鸟"经过政府、考古学界、公众的种种表述，在短时间内迅速进入公众记忆，成了代表城市形象的新符号。该形象符号已锚固于公众内心，并且仍在被不断复制，参与公众日常生活，新的历史与记忆还将不断被生产出来。

第四节 "非遗之都"：当地方遭遇全球化

非物质文化遗产保护运动（以下简称"非遗运动"）是由UNESCO发起、引导的一场世界性文化运动。这场运动使得地方、国家、世界各个层面的人群组织发生复杂的关联，并产生了巨大的政治、经济、文化意义。成都通过一系列政治操作,于2007—2015年连续举办了五届"中国成都国际非物质文化遗产节"(以下简称"非遗节"),主动卷入了这场全球性运动。世界、国家、省市等各层级力量在非遗节交汇、互动,成都在其中承担了独特的角色与作用,由此建构出一种新的形象。

20世纪全球化加速发展,世界各地区人群联系日益紧密,人类社会诞生出一些前所未有的生活方式和社会活动。尤其是在城市中,不同话语场景中的不同主体在同一空间内存在,"人们不仅以不同的方式结构化空间,而且以不同的方式体验和定居于所感知的世界"[1]。因此,人类学研究以前的分析单位"地方"和"区域",扩展到"地方、区域、国家和世界之间的联系",从单一地解释"地域性空间(space of places)"的文化结构和意义,转向解释"流动性空间(space of flows)"中的主体互动和权力关系,以及"全球人口、技术、资本、影像、信息和观念的流动对地方社区生态和文化的影响"[2]。

笔者于2015年4月至9月参与了第五届非遗节的部分会务工作,以非遗国际论坛、非遗博览园展演活动作为田野对象进行了参与式观察,对成都市非遗节组织方成员和参与非遗节活动的一些市民进行了访谈。本节将考察在成都国际非遗节中,遗产是如何在成都与国家、世界的互动中建构的,以及在此过程中成都新形象的生成。

---

[1] Setha M. Low, Denise Lawrence-Zúñiga. eds., *The Anthropology of Space and Place: Locating culture*. Malden, Oxford, Carlton, Berlin: Blackwell Publishing, 2003, p. 4.
[2] 参见尤小菊《略论人类学研究的空间转向》,《西南民族大学学报》2010年第8期;齐学红、李云竹《空间转向的人类学意义》,《当代教育与文化》2011年第1期。

一 背景:"东方"与"南方"的力量交叠

非遗运动不仅是一场保护人类非物质文化遗产的运动,也是一场以民族—国家为单位的政治力量的角逐。不论是"非物质文化遗产"概念的表述,还是对其进行的保护实践,"南北方的政治博弈、东西方的文化冲突诸多景象尽在其中"①。非遗节能落户中国成都,是"东方"与"南方"力量交叠的结果。

"非物质文化遗产"的观念是在东方对西方文化的反抗和挑战中诞生、发展的。"非遗"发源于"二战"后日本的"无形文化财"观念,但长期不被西方接受,因为它"对西方近代工业、技术和以物质主义为主要表现的特质性遗产'话语'提出了挑战"②。东西方的两种不同观念在联合国教科文组织争讼了近二十年。东方国家一直未停止努力,日本与韩国提供了数十年来保护"非遗"的实践经验,使得 UNESCO 于 1993 年创建了"人类活财富"保护措施。日本人松浦晃一郎于 1999—2009 年担任 UNESCO 总干事,为推动非遗体系的建立倾尽全力。③ 最终,"非遗"概念被大多数 UNESCO 成员国接受。

相比于发达国家,东方的"无形"或"非物质"文化观念很快被"南方国家"接受。全球化时代,在发达国家文化迅猛蔓延的情形下,非发达国家的传统文化(其中大部分是非物质文化)面临着消失的危险,他们希望靠保护非物质文化遗产来加强民族认同、抵抗外界侵蚀。而在 1972 年《保护世界文化与自然遗产公

---

① 魏爱棠、彭兆荣:《遗产运动中的政治与认同》,《厦门大学学报》2011 年第 5 期。
② 彭兆荣:《文本、语义与语境——非物质文化遗产名实考述》,《东南文化》2014 年第 1 期。
③ 东方国家的努力参见巴莫曲布嫫《非物质文化遗产:从概念到实践》,《民族艺术》2008 年第 1 期。

约》(以下简称"《1972公约》")体系下，大部分文化遗产集中于发达国家，非发达国家的民间艺术、民俗类的文化遗产得不到承认和保护。1973年拉美国家玻利维亚向UNESCO建议《1972公约》增加一项保护民俗的《议定书》，由此拉开了保护"非物质"类文化遗产的序幕。[①] 在非发达国家的主要推动下，《保护非物质文化遗产公约》(以下简称"《2003公约》")成为"以史无前例的速度被快速通过和实行"的公约。[②] 在某些问题上不愿妥协的一些发达国家，选择不加入公约。[③]

非遗运动旨在全面保护人类文化遗产和文化多样性，东方、南方国家取得了更多的话语权。通过不断努力，在UNESCO"人类口头与非物质遗产代表作名录""人类非物质文化遗产代表作名录"评选中，非西方发达国家在数量上占据了绝对优势，改变了世界文化遗产分布格局。

中国一直密切关注和参与UNESCO在文化遗产方面的活动。随着"文化大革命"结束，中国从20世纪70年代末开始全面审视中国文化，日益重视传统文化对国家发展的重要作用。1985年，中国加入了《1972公约》，其文化与自然遗产源源不断地列入《世界遗产名录》。从此，中国凝聚了民族认同，提高了国际地位，树立了文化自信心和自豪感，并且增加了旅游收入，拉动了经济增长。因此，当非遗运动兴起，中国就以极大的热情和努力投入其中。

[①] 巴莫曲布嫫：《非物质文化遗产：从概念到实践》，《民族艺术》2008年第1期。
[②] 公约制定过程参见爱川纪子《联合国教科文组织非物质文化遗产保护条约——从通过到第一次政府间委员会召开》，《民间文化论坛》2011年第6期。
[③] 根据UNESCO公布的缔约国名单，截至2015年，全世界已有163个国家加入了《2003公约》，但仍有美国、加拿大、英国、爱尔兰、澳大利亚、新西兰等高度发达国家没有加入。联合国教科文组织官方网站（http://www.unesco.org/eri/la/convention.asp?KO=17116&language=E）。

中国与非遗"领头羊"日、韩同属东方文化圈，能较顺利地接受并推广非遗观念；同时，中国是南方世界中一个重要国家，综合实力使其处于非遗体系中较重要的位置。中国很快成为"世界级"非遗代表作最多的国家，同时活跃于非遗的各种国际会议和决策中。[①] 2006年，中国以高票当选为保护非物质文化遗产公约政府间委员会委员国，在保护非物质文化遗产规则制定和事务管理方面有了更大的话语权。

中国在UNESCO"非遗"体系中的成绩，既是东方文明、南方国家在与西方发达国家的博弈中结出的果实，也是中国综合实力增强、积极争取权益的结果。成都非遗节就是在这样的背景下诞生的。

二　制造：地方、国家与世界的互动共赢

20世纪90年代，成都城市建设取得了很大进步，在此基础上，成都包括旅游、会展在内的文化产业蓬勃发展。2003年成都市《关于推进我市旅游业跨越式发展的决定》提出建设"会展之都"的目标，并将文化产业（含旅游、会展）作为可持续发展产业体系中的"支柱产业"。[②] 从产业意义上讲，非遗节属于会展类文化产业，举办非遗节对成都会展业是一个促进，还可以提高成都乃至四川的文化竞争力和文化影响力。成都市通过一系列积极的操作，凭借与国家文化主管部门、世界性文化组织的良好互动，"创造"出世界上唯一一个以非物质文化遗产为主题的节会活动。

[①] 如参加成员国政府间会议并积极表态。参见爱川纪子《联合国教科文组织非物质文化遗产保护条约——从通过到第一次政府间委员会召开》，《民间文化论坛》2011年第6期。

[②] 国家信息中心：《西部大开发中的城市化道路：成都城市化模式案例研究》，商务印书馆2010年版，第49页。

地方争取，国家支持

在非遗运动中，具有丰富非遗资源的成都本身已取得了各种非遗保护成果。2006年中国始设"文化遗产日"，成都策划举办了"中国文化遗产日·四川成都周"，获得了"全国唯一与文化部、文物局共同举办此次活动"的殊荣。①"遗产周"举办的活动有新闻发布会、金沙遗址考古发掘现场直播、中国皮影大观艺术展、四川省非物质文化遗产项目展演、成都市各区市县文化遗产日活动联动等，为日后非遗节活动奠定了基本框架。

"遗产周"活动取得了良好效果，根据成都市委市政府主要领导的批示，在国家文化部的支持下，成都市文化局策划将"遗产周"进一步放大为"遗产节"。2007年，时逢联合国教科文组织非物质文化遗产保护政府间特别会议（以下简称"特别会议"）选择在中国召开，成都以此为契机，向文化部正式提出举办国际非遗节的申请并得到国务院的批准。② 因此，第一届非遗节打包了"特别会议"，其他内容则是2006年遗产周内容的继承和扩展。

2009年，第二届非遗节再次举办后，成都市向文化部申请非遗节永久落户成都，得到批准。③ 非遗节成为"国务院正式批准的第四个国家级、国际性文化节会活动品牌"④。2011年，在"全国清理和规范庆典研讨会论坛"活动中，很多节会活动被撤销，非遗节报

---

① 《唯一的"遗产周"为何花落四川成都?》，新华网（http://news.xinhuanet.com/classad/2006-06/07/content_4658535.htm）。
② 第五届中国成都国际非物质文化遗产节成都市执委会办公室宣传工作部：《第五届中国成都国际非物质文化遗产节记者手册》，2015年9月，第32页。
③ 同上书，第34页。
④ 王军：《第五届中国成都国际非物质文化遗产节正式开幕》，人民网–四川频道（http://sc.people.com.cn/n/2015/0911/c345509-26335655.html）。

第五章 遗产化：当代城市转型与形象再造

请党中央、国务院审批同意留办。①

中国的非遗运动方兴未艾，国家需要地方政府落实文化政策、支持文化发展。在这个背景下，从"遗产周"到"遗产节"，再从"永久落户"到"同意留办"，成都在每个关键的时间节点上都抓住了机会，推出创意，从全国地方城市中脱颖而出，"制造"出了非遗节。

地方勉力，世界肯定

2007年，UNESCO并不是成都非遗节的主办方，但因为非遗节包含了由UNESCO组织的"特别会议"，所以得到了UNESCO的特别关注。成都非遗节执委会在UNESCO领导下进行了"特别会议"的会务工作，UNESCO"列出的清单详细到纸张大小、投影尺寸"②。这次特别会议和整个非遗节举办非常成功，UNESCO对成都的办会能力非常欣赏，文化助理总干事李薇丽和十余名工作人员留下了"我们以联合国教科文组织的名义——成都，世界非物质文化遗产之都"的赞语。李薇丽在会见成都执委会成员时还表示，将努力促成UNESCO成为下一届非遗节的主办单位。③

两年后，UNESCO果然加入了第二届非遗节的主办行列，主动帮助成都执委会邀请各国代表。④ 在节会结束后，受UNESCO的邀请，成都市代表团赴法国UNESCO总部进行回访。访问期间，UNESCO官员对非遗节予以盛赞，明确表示以后每届非遗节，

---

① 第五届中国成都国际非物质文化遗产节成都市执委会办公室宣传工作部：《第五届中国成都国际非物质文化遗产节记者手册》，2015年9月，第1页。
② 王嘉：《成都：十年非遗路 成绩有目共睹》，《成都日报》2015年9月22日。
③ 成都市文化局：《专题报道：成都的非物质文化遗产保护》，成都市人民政府官网（http://www.chengdu.gov.cn/hearing/detail.jsp?id=152855）。
④ 赵斌：《成都举办"非遗节"联合国帮忙发请柬》，《成都日报》2009年5月26日。

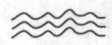

UNESCO 都将作为永久主办方参与，无须中方每次申请。① 自此之后，每届非遗节 UNESCO 都位居主办方之列。

2013 年，经过协商，UNESCO 同意把纪念《2003 公约》通过 10 周年的主体活动与成都第四届非遗节结合，举办"联合国教科文组织《保护非物质文化遗产公约》通过 10 周年缔约国纪念大会暨全球非物质文化遗产保护成都大会"（以下简称"2013 纪念大会"）。UNESCO"直接参与纪念大会的各项筹备工作，负责邀请国际专家、确定会议议程、审定发言材料、起草成果文件"②。

除 2007 特别会议、2013 纪念大会之外，UNESCO 就不再具体参与其他届非遗节的组织工作，仅派出官员代表团出席。代表团一般包括 UNESCO 高级官员和各国驻 UNESCO 大使或代表。UNESCO 非常希望有国家和地方政府支持非物质文化遗产事业，有了前两届的良好合作，对中国、四川、成都各级政府来操办非遗节感到满意，因此乐意成为非遗节主办单位，使成都借此发展经济、提升形象。第五届非遗节开幕式上 UNESCO 特别代表约瑟·曼纽尔·罗德里格斯·夸德罗斯的致辞体现了 UNESCO 的观念：

> 感谢中国、四川和成都组织本届非遗盛会，让来自全球各地的代表在此共同关注非遗保护，推动非遗保护。希望本届非遗节能给四川和成都带来经济社会发展的新机遇，让全世界更好地了解四川，了解四川的文化和人民。③

---

① 第五届中国成都国际非物质文化遗产节成都市执委会办公室宣传工作部：《第五届中国成都国际非物质文化遗产节记者手册》，2015 年 9 月，第 34 页。
② 专题报道，央视网（http://news.cntv.cn/special/cdfyj4th/）。
③ 胡彦殊、张良娟：《第五届中国成都国际非遗节开幕》，《四川日报》2015 年 9 月 12 日。

第五章　遗产化：当代城市转型与形象再造

非遗节是地方、国家与国际组织多方互利共赢的结果。成都将一个文化新概念、世界热词转变为一个以非遗表演、展销、研讨为一体的节会，并将地方、国家、国际的力量都动员、汇聚到一处，显示了其创造力和行动力。

三　操作：跨界合作与层级协调

非遗节的组织单位决定着其高度政治化的性质。UNESCO 是非遗节名义上的主办方，象征节会的国际性；文化部作为主办单位，对非遗节工作拥有高度的领导权，从政治上确立了该节会的国家主体地位；四川省人民政府也是主办单位之一，介于成都与中央之间，对上负责，对下领导；成都市人民政府位列承办单位，是具体事务的操作者和实际的推动者。各方力量的互动与非遗节呈现出的面貌密切相关，以非遗国际论坛为例可见一斑。非遗国际论坛是非遗节的重要组成部分，每届非遗节都会举行特定主题的国际论坛，邀请国内外专家学者围绕主题进行研讨。在第五届非遗国际论坛筹备过程中，学界以学术为中心的行事方式与政界以政治为中心的行事方式不断碰撞，地方行政力量与国家行政力量也时而角力。各方力量经过相互合作、竞争、摩擦与妥协，在国家行政力量的裁决下形成平衡，最终呈现出国际论坛的面貌。

力量三方

按照往年惯例，非遗国际论坛由成都市图书馆具体执行，第五届非遗国际论坛则以成都市文化广电新闻出版局成都对外文化交流中心为主体成立"国际论坛部"，负责执行具体事务。国际论坛部是第五届非遗节执委会下属工作组，其工作由执委会统筹安排，同时，它还要接受国家级单位中国非物质文化遗产保护中

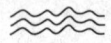

心（以下简称"中国文保中心"）领导，论坛操作方案需经该中心审核通过。

中国文保中心成立于2006年，是经中央编办批准、在中国艺术研究院挂牌成立的国家级非物质文化遗产保护的专业机构，其具体职能包括承担全国非物质文化遗产保护、政策咨询、普查、指导实施、理论研究、公益活动、成果推广、成果发表和人才培训等。[①] 中国艺术研究院是文化部直属的一个学术机构，一般以文化部部长兼任中国艺术研究院院长，现任院长是原文化部副部长王文章研究员，他同时兼任中国文保中心主任。因此，中国文保中心是兼具学术和行政性质的国家级单位，作为非遗节承办单位之一，代表主办单位中国文化部对非遗国际论坛进行领导。

为了提高国际论坛的学术质量，2015年4月，经成都市政府某领导联系，四川大学2011培育项目——中国多民族文化凝聚与国家认同协同创新中心（以下简称"2011中心"）加入国际论坛筹备工作。该中心是由四川大学牵头，多个高校和科研单位参与的新型学术机构，主要研究对象为民族文化遗产。就该中心所处的地理位置、学术实力、研究对象与国际论坛研讨话题的契合度来说，由该中心来策划国际论坛学术活动是比较合适的。虽然四川大学是中华人民共和国教育部直属高校，但在国际论坛组织力量格局中，四川大学下属的该中心是成都非遗节国际论坛部的合作单位，所以本书将其视作地方学术力量。它所承担的筹备工作包括：拟定论坛主题与分议题、拟定论坛议程、制作论文摘要汇编、邀请部分中外专家、招募高校志愿者、安排高校讲座。

[①] 《中国非物质文化遗产保护中心概述》，中国艺术研究院官方网站（http://www.zgysyjy.org.cn/show/zgysyjy/html/keYanJiGou_xiQuYanJiuSuo.html?id=15）。

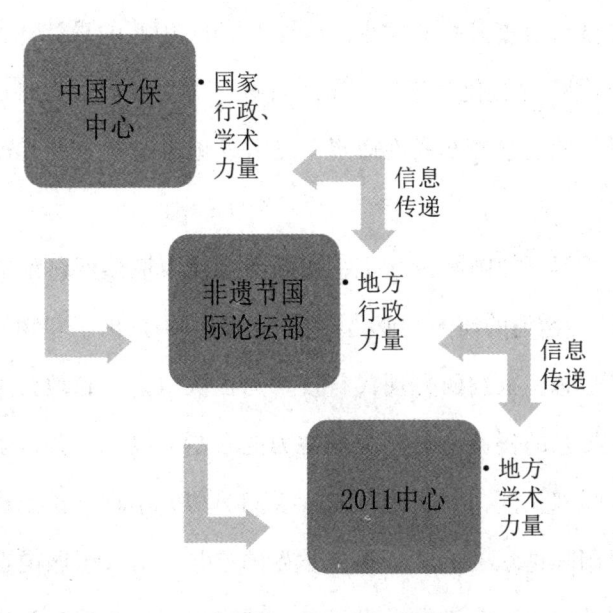

图 5-6　非遗国际论坛组织力量示意图

合作激发

在论坛议题的拟定上，非遗节执委会要求必须体现世界非物质文化遗产保护的理论和实践前沿。国际论坛部提供的主题为"现代化进程中的非物质文化遗产保护"，分题分别为城市化、工业化、全球化、信息化进程中的非物质文化遗产保护。2011 中心对论坛分题进行了学术化提炼，按照城市化语境、当代路径选择、人类文化使命的因果逻辑，拟定为"非物质文化遗产保护与城市化进程""生活、技艺与科技：非物质文化遗产的当代传承""对话与互鉴：全球化时代的遗产事业"。该方案上报后，经由中国文保中心、国际论坛部与 2011 中心的多次讨论，最终分题定为"现代化与文化多样性""文化变迁与非物质文化遗产的再创造""现代教育与非物质文化遗产传承人群培养"。最终方案与国际论坛部最早的设计相比，话题更集中，问题意识更突出，按照宏观理论、现实环境、适应措施的逻辑排列，显示出较强的学术性；相较于 2011 中心的设计，又容纳了"文化多样性""文化变迁""遗产教育"等更多前沿热点话题。可以说，最终的议题方案是在政界与学界、地方与国家的互动中激发出来的。

在正式召开的国际论坛上，引起与会代表最热烈讨论的发言来自 2011 中心邀请的澳大利亚籍学者卢端芳。她提出了非物质文化遗产的三种状态，批判西方现代科技暴力在认识论上和教育上对各地本土建筑技艺的侵犯、对人类理解力的限制。该发言获得了亚非国家代表的强烈认同，并引起欧亚代表们热烈的学理讨论。这场讨论可以说是国际论坛的高潮。地方学界的参与，引入了国内遗产政治共同体之外的声音，激发了世界各地遗产思想的交锋，为这场国际性学术论坛带来了积极的学术效果和影响。

分歧妥协

参加国际论坛的代表包括 UNESCO 代表、各国政府高级官员代表、国（境）内外专家学者、各省市文化主管部门相关领导、传承人等几类，共计约 150 人。按照非遗节总体方案，由文化部外联局负责邀请国外的论坛代表，文化部非遗司和中国文保中心负责邀请国内的专家学者，成都方面也可邀请一定数量的代表参会。根据国际论坛部和 2011 中心的口头协议，后者可邀请一些国内外文化遗产方面的专家学者与会，国外 20 名、国内 10 名。然而，随后文化部通知大幅压缩成都方面邀请的人数，经过国际论坛部人员赴北京极力争取，最终减少了压缩的人数，确定 2011 中心可邀请国外专家 10 名，国内专家 15 名。为了统合地方学术力量以便论坛组织工作顺利进行，地方行政力量愿意向国家行政力量提出要求，争取更大的地方权益。

前四届非遗国际论坛都未做过"参会学者简介与论文摘要汇编"手册，第五届非遗节执委会希望论坛尽量同国际学术规格接轨，要求国际论坛部制作中、英、法三语的汇编手册。国际论坛部委托2011中心收集和编校手册信息，并聘请专业的翻译公司负责翻译。2011中心与翻译公司的工作同步进行，并向国际论坛部随时反馈，国际论坛部再向中国文保中心上报进展和提请审核。中国文保中心在不同的时间数次提出要求：调整格式、增加专家出生年月、更换题目或修改摘要、要求提交者签字承担文责等。因为工作烦琐，直到国际论坛召开前两天，汇编手册虽已大体完成，但尚不能完全达到要求，最终放弃印制。

汇编手册中需要更换题目或修改摘要的原因，除了论文主题与论坛主题有出入之外，基本上是牵涉较为敏感的政治话题，比如"人权"讨论、"中华帝国"词组使用、对"非遗"概念的否定或探讨等。有学者再三被要求更换主题，最终决定不参加论坛。学术界普遍奉行的学术原则是，在法律允许的范围内，研究无禁忌，交流无界限，如果是单纯的学术性论坛，则组织者一般不会仅因研究内容与现行政策有批评或抵牾而要求研究者进行更改。

组织各方之间、组织方与一些参会代表之间，因严格的政治规则而产生了分歧，各方有不同程度的妥协和让步，最终仍遵从国家行政力量的要求。

协调平衡

论坛议程方案在2011中心、国际论坛部、中国文保中心之间往来，在修改十余版后才最终确定。修改内容主要集中在发言人和发言内容的选择上。这样一个由国际组织、国家政权主办的学术论坛，发言人的选择需要平衡各界、各方力量，最终在提交了论坛摘要的参会者中选出最具代表性的21位。发言人在身份构成上存在着有趣的"成对"现象，比如联合国—民族国家，中国—外国，学界—政界，艺界—商界，本地传承人—外地传承人，中央高校—地方高校，大陆—台湾……每对关系中，有前者发言，就需要有后者进行平衡。比如，在9月以前的议程中没有安排台湾代表发言，而参会的台湾人士一共有7位，且大多数提交了发言精要，经过反复考量，最终决定由在非遗保护研究和实践领域有突出成绩的台北艺术大学兼任教授江韶莹发言。

图5-7 第五届非遗节非遗国际论坛现场

在主持人的选择上，也考虑了论坛各组织方力量的平衡：议题一的主持人朝戈金研究员是中国社科院学部委员、民族文学研究所所长、本届国际论坛主席，他是各组织方都共同认可的人选；议题二、议题三的主持人具有双重身份，与UNESCO和中国艺术研究院都有关联，他们分别是UNESCO亚太地区非遗国际培训中心咨询委员会委员Rahul GOSWAMI和中心主任许蓉，该培训中心下设于中国艺术研究院；学术总结及闭幕仪式的主持人是2011中心常务副理事长、四川大学文学与新闻学院院长曹顺庆。

由于论坛发言人人数的限制，地方学界力量没有得到充分展示，在最后的学术总结及闭幕仪式上，主持人曹顺庆利用自己的主持权利，表达出地方学界在论坛组织过程中的努力付出和在发言人安排上的谦让风格，并对整个论坛做出了与原总结人不尽相同的学术性总结。这宣示了地方学界的在场，含蓄地表达了对学术与行政工作的认同需求。

在以上事务中，2011中心希望尽可能坚持学术自主原则，让非遗话题与问题在国际论坛上得到充分的呈现和有效的讨论，所以采取的态度和行动是：在发言人中多安排学者，不限制发言的内容，不纠结于各种细节推动汇编手册的制作、在论坛现场积极发言和机智总结。中国文保中心代表国家政治权力，以及中国艺术研究院的学术力量，所以在诸多细节上更多倾向政治考量和自我学术力量展示。国际论坛部代表承办地成都的行政力量，一方面希望借助地方学术力量组织论坛，提高论坛的质量和层次，并且展示出本地的学术实力及实践成果，所以在争取更多的本地参会者和发言人、推出汇编手册方面，与地方学界的态度一致；另一方面，作为国际论坛的执行单位和行政系统的下级单位，国际论坛部必须接受主办单位与上级单位的领导，在政治上确保万无一失，因此在审核手册内容、议程安排方面，与中国文保中心认识一致。政治与学术、地方与国家的力量博弈决定了国际论坛的最后呈现方式。

四 影响：创造"非遗之都"新形象

全球有关非遗的物象、人员、观念、信息、资本与权力围绕非遗节在成都的城市空间内的流动汇聚，对成都的外交、经济、文化诸方面产生了影响。成都在不同层次的空间范围与各种群体产生联系，尤其是与中央、UNESCO进行合作的经验对成都参与国家、国际层面的事务具有基础性意义。成都内部政界与学界的协作，也为开拓地方文化视野、促进地方文化实践带来了机会。非遗节将成都与世界新主流文化接轨，UNESCO 以特殊的角色和方式参与到成都的文化生活中来，使成都非遗节有了真正的世界意义。成都的开放性、国际化的新形象正在形成。2013 成都纪念大会会后 UNESCO 总干事伊琳娜·博科娃表示："中国的非遗保护走在世界前列，这也是国际非遗节会永久选择成都的原因，成都更是当之无愧的世界'非遗之都'。"①

2007 成都特别会议与 2013 成都纪念大会在 UNESCO 的非遗体系中占有重要地位，在全球非遗界影响较大，对扩大成都影响、提升成都形象起到了重要作用。2007 成都特别会议是《保护非物质文化遗产公约》推行过程中的一个重要节点。《2003 公约》于 2006 年正式生效，《公约》如何推行，成为所有问题的重中之重，成都会议就是为解决这个问题而诞生的，最终通过了保护非遗的一系列制度化规则。② 第一届非遗节结束后，执委会负责人转述了 UNESCO 文化助理总干事李薇丽的话："参加非遗节后，联合国教科文组织的大多数成员国大使和代表进一步了解了成都，现在可以毫不夸张地说，要是不知道成都那就是落伍！"③ 成都特别会议成为国际社会保护非遗法规和政策制定的新起点，它会不断地在国际非遗领域被提起，成都自然随之提高了知名度。

2013 年，全球范围内有 17 个国家和地区举办了 60 多场为纪念

---

① 伊琳娜·博科娃的话参见《非遗之都：成都国际化进程中的"文化名片"——第四届中国成都国际非遗节大盘点》，成都文广新局官网（http://www.chengduwenhua.gov.cn/newshow.aspx?mid=18&id=1839）。
② 巴莫曲布嫫：《非物质文化遗产：从概念到实践》，《民族艺术》2008 年第 1 期。
③ 张珏娟、何茜：《成都：世界瞩目的"非遗之都"》，《四川日报》2009 年 6 月 14 日。

第五章 遗产化：当代城市转型与形象再造

《公约》通过 10 周年的活动，成都纪念大会是由 UNESCO 主办的"规格最高、参与国家最多、影响最大的一次主题论坛"①，伊琳娜·博科娃特地赴蓉参加。UNESCO 官方网站新闻板块以"总干事在成都庆祝教科文组织《保护非物质文化遗产公约》十周年"为题进行了及时报道，中文版报道中还链接了总干事开幕式致辞视频。②该网"非物质文化遗产"栏目有详细报道和《成都展望》全文链接，报道将成都视为全球庆祝非遗公约十周年的一个亮点（highlight）。③新浪网"联合国教科文组织官方微博"同步进行了报道。④

在全国范围内，非遗节也形成了一定影响。每届非遗节都广泛邀请各级、各类型媒体进行报道。第五届非遗节不仅邀请了市、省、中央、涉外境外媒体进行报道，还制作了非遗节官方网站、官方微信、新浪及腾讯官方微博、非遗在线销售平台以及非遗节 APP"非遗宝"，在活动现场通过互联网和新媒体开展线上的即时互动。⑤

---

① 《纪念〈公约〉十年 全球聚焦成都：国际非物质文化遗产大会在蓉开幕》，成都文广新局官网（http://www.chengduwenhua.gov.cn/wh.aspx?mid=156&sid=435&id=3309）。

② UNESCO 官网英文版（http://en.unesco.org/news/chengdu-director-general-celebrates-10th-anniversary-unesco-convention-safeguarding-intangibl-0）；UNESCO 官网中文版（http://www.unesco.org/new/zh/media-services/single-view/news/in_chengdu_director_general_celebrates_10th_anniversary_of_the_unesco_convention_for_the_safeguarding_of_the_intangible_cultural_heritage/#.VgKhV31yy4J）。

③ "Taking stock in Chengdu of the Intangible Cultural Heritage Convention's first decade - and its future"（《在成都盘点非物质文化遗产公约的第一个十年及其未来》），UNESCO 官网（http://www.unesco.org/culture/ich/en/news/Taking-stock-in-Chengdu-of-the-Intangible-Cultural-Heritage-Convention%E2%80%99s-first-decade-00017）。

④ 新浪网联合国教科文组织官方微博（http://weibo.com/unesco?is_search=0&visible=0&is_tag=0&profile_ftype=1&page=34#feedtop）。

⑤ 第五届中国成都国际非物质文化遗产节成都市执委会办公室宣传工作部：《第五届中国成都国际非物质文化遗产节记者手册》，2015 年 9 月，第 3、4 页。

· 329 ·

成都形象：表述与变迁

　　参加非遗国际论坛的一位澳大利亚学者对笔者表示，成都非遗节办得很不错，节会邀请的专家来自世界各地，他们会将关于成都的正面信息带回自己的国家，使成都形象在更大的范围、更高的层次扩散出去。参加非遗博览园展销活动的一位中国台湾泰雅族染织技艺传承人也对笔者谈到，成都非遗节为非遗传承人参加非遗节承担路费与食宿，搭建了一个传播非遗文化的好平台，成都人参与热情很高，成都是一个很不错的城市。非遗节宗旨是推动非物质文化遗产的研究、保护、开发、利用事业，带来了公共文化与普通民众良性互动的机会。笔者所访谈的前往非遗节博览园的民众普遍认为非遗节丰富了他们的生活，使自己对非遗有了更深的了解。

　　然而，尽管成都以及非遗节已在世界非遗界获得了一定名气，但目前在 UNESCO 体系和世界文化格局中的影响仍然比较有限。在非遗节活动中和非遗节以外的时间中，成都非遗事业仍然存在诸多问题。

　　非物质文化遗产的话题和项目起步较晚，目前尚未发展成熟，在 UNESCO 主管的教育、科学、文化、传播与信息等业务范围内并不十分突出。就第五届非遗节来考察，UNESCO 官方网站的"News"栏目，每日都会更新数条新闻，但 2015 年 9 月没有一条关于非遗节的报道。在非遗节开幕的 9 月 11 日有三条新闻，其中两条是关于 UNESCO 参与主办的活动，一条是受 UNESCO 资助的会议。[1] 官网中文版和"非物质文化遗产"专栏中也没有非遗节报道。[2] 2009

---

[1] UNESCO 官网（http://en.unesco.org/news? title =&page =5）。
[2] UNESCO 官网（http://www.unesco.org/new/zh/media - services/single - view/news/international_ literacy_ day_ 2015_ literacy_ and_ sustainable_ societies/, http://en.unesco.org/themes/intangible - cultural - heritage）。

年第二届、2011年第三届非遗节都没有被UNESCO报道。第一届与第四届成都非遗节之所以在UNESCO体系中有着重要的地位和影响，是因为其包含了两次UNESCO的重要会议。两个会议的被关注点都在会议本身，而不在非遗节整个节会活动。也就是说，非遗节虽然由UNESCO挂名主办，但并未受到UNESCO的特别关注，其传播力和影响力还是比较有限的。再者，非遗运动主要集中于南方国家和东方世界，成都靠非遗节较难在西方发达国家打开知名度。

另外，非遗节的影响辐射力类似于"差序格局"，如同水面上泛开的涟漪，越是内部的圈层，影响力越强，越往外推开去，影响力越弱。选取2015年9月12日的报道看，本市《成都日报》《成都商报》《成都晚报》用大版面、重要版面板块等形式报道了第五届非遗节。[①] 省级的《四川日报》则在头版用两则篇幅不长的新闻和第4版进行了报道。再往上的央级纸媒不见报道。虽然关于非遗节的网络报道可以在全世界无缝传播，但一般也只在网站的地方板块中推送，在信息爆炸的今天，较难吸引与此无关的外部人关注。

在笔者的问卷调查中，为考察人们对于成都现阶段社会发展状况的了解，笔者设计了"在您知道的选项上打勾"的不定项选择题。调查总体对"非遗节"了解度最低。成都人了解度较高，达到了60.67%，而外部人群的了解度只有26.72%，从未到过成都的人的了解度甚至只有17.65%。这说明成都非遗节的影响力的确还比较有限。

[①] 如《成都日报》头版头条、第5、6版，《商都上报》头版头条、第3、9版，《成都晚报》第7、8版。

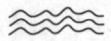

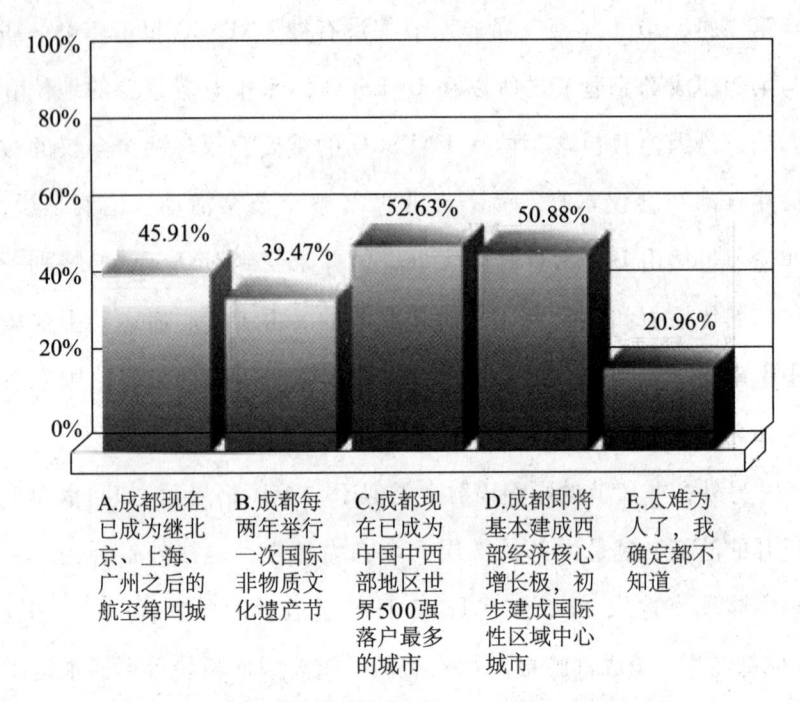

图5-8 调查对象对成都现阶段社会发展状况的知晓度

可见，当前非遗节之所以影响有限，一方面囿于世界非遗体系本身在权力分布上的格局；另一方面则是成都还未能调动更广阔空间范围的资源。这一客观现实为今后非遗节的发展定下了限制，也留下了空间。

非遗节在成都非遗新形象塑造方面也存在一些缺陷。在非遗国际论坛志愿者培训中，成都市文广新局的培训者们并不在意志愿者是否了解非遗、非遗节、国际论坛，而是仅从外事接待、安保、纪律等操作层面培训，要求志愿者"代表成都形象、展现成都形象"。根据笔者访谈，志愿者们通过培训，对非遗、非遗节、非遗国际论坛概念仍然模糊，甚至有个别志愿者连"非遗"是"非物质文化遗产"的简称都不知道。非遗最重要的文化内涵和传承意义，最应该从内部群体宣传，却恰恰是被忽略的。这样，展现的成都形象也是脱离了非遗语境的、空洞的、政治化的成都形象。

笔者的访谈中，有五个访谈对象提到"感觉非遗博览会就是一个产品展销会"，认为非遗博览会对非遗文化的宣传远不如销售商品的热情高。他们说：

> 档次不算高。非洲的店铺和我们旅游景点买的产品差不多，欧洲瑞士的店就是卖二流表的。
>
> 表演、展品年年重复，也没有啥好看的。
>
> 博览园缺乏对游客的指引，完全不知道有哪些展览，要往哪个方向走。
>
> 不能吸引更大范围的观众，来看的基本上都是成都本地人，而且成都本地人好多都不晓得，我们公司的同事就不晓得，我们打车来的那个出租车司机也不晓得。
>
> 非遗博览园并没有真正为民众着想。台湾野桐工坊的活动就搞得很好，设计了贴近观众的活动，泰雅族的织机观众根本用不了，但传承人就会设计简单的小机器，教观众进行简单的纺织，很好地推广了理念。我后来回来在网上查了，野桐工坊是自己先做起来了，邀请龙应台来参观，才进到政府视野。我们这边政府搭一个台子，把任何东西都放进来，就只让他们在这里做生意。这些人也只是想着把东西卖出去，没有想着要为民众展示制作技艺，宣传自己的文化。如果传承人没有这方面的意识，政府就应该做出设计，规定必须在现场展示制作技艺，做就要做好。

在非遗节之外的日常时间中，成都进行的非遗事业比较单薄，还不足以支撑"世界非遗之都"的称号。"国际非物质文化遗产博览园"是中华人民共和国文化部正式确立的"非遗文化节的永久载体,非遗生产性保护的永久平台"①,占地面积1780亩,是"全世界规模最大的非遗主题博览园","立足于全人类非物质遗产文化的传承和保护,以'记忆、传承、欢乐、和谐'为宗旨"②。它面向的是国际非遗事业,应该是最前沿、最先进的国际非遗事业培育、汇聚、展示的平台。

然而,非遗博览园的定位、运营管理与其宗旨、文化重任远远不相匹配。早期博览园的定位是"通过人性化的非遗文化科普教育、互动性的非遗文化体验、多元化的休闲娱乐项目、全年不断的非遗节日庆典活动,向社会公众呈现多姿多彩的非遗文化盛宴,成为面向世界的开放式文化旅游和休闲消费胜地"③;目前博览园的定位是:"以非遗博览、文化会展、主题演艺、科普娱乐、创意商业为一体的一站式文化旅游目的地。"④ 博览园的定位越来越从公益趋向商业,与博览园立足全人类非遗传承和保护的宗旨不一致。

非遗博览园由成都市青羊区国资委下属的成都青羊城乡建设发展有限公司成立的成都绿舟文化旅游投资管理有限公司来运营。该公司的职能是"传播非遗文化、普及非遗知识;传播国际非遗博览园各类节会活动信息、会议展览咨询和其他服务信息"⑤,具体的经营活动包括:管理成都绿舟博物馆、开展非遗公共文化和社会教育

---

① 非遗博览园官方微博(http://weibo.com/gjfybly? is_ all =1&firstfeed =1&stat_date =201105&page =1#feedtop)。
② 国际非物质文化遗产博览园官网(http://www.gjfybly.com/)。
③ 同上。
④ 《成都国际非物质文化遗产博览园(会议材料)》,打印版,2016年7月26日,第1页。
⑤ 国际非遗博览园官方微博简介,新浪微博(http://weibo.com/1951704414/about)。

活动、举办国际非遗节、举办其他大型品牌节会（如国际木偶节、风暴电音节、草莓音乐节、动漫展会等）、园区管理。[①] 该公司隶属层级低，职能多元化，很难真正实现博览园的宗旨。它一方面要承担面向公众的非遗博物馆展示、非遗公益活动的举办，即非营利的社会公益责任；另一方面要承担以非遗展演和产品的招商、开发、销售活动，即经营非遗产业链的商业责任；还要负责引入和管理在博览园举行的与非遗主题无关的节会活动、会议展览等来实现创收。

公司在以上几个方面都难以做好。成都绿舟博物馆位于博览园正中"非遗博览中心"二楼，是向公众展示非遗、进行社会教育的重要场所，然而由于博物馆运行之初有民营资本注入，没有进入国家博物馆系统，因此要向参观者收50元/人的门票，民营资本撤资后，依然如此。对于普通市民和游客来说，票价偏高。博览园位于成都西三环以外，位置偏僻，参观人数极少，难以实现公众教育目的。笔者多次考察非遗博览中心发现，几乎无人购票到二楼参观绿舟博物馆。

据笔者对该公司某副总经理的访谈得知，公司团队中基本没有与非遗相关的专业人才，也难以获得负责成都市非遗研究、保护、传承和展演的"成都市非物质文化遗产保护中心"的资源输送和专业指导，这使得博览园的非遗展览、活动缺乏文化支撑。

绿舟博物馆仅以简单的世界非遗与中国非遗、中国非遗门类为叙事线索，对于展示的非遗事项也仅仅是介绍性的文字说明。比如对非遗两大类型之一的"文化空间"，就仅在墙上展现出世界上已获得非遗称号的五大文化空间及其简介，而对文化空间的概念没有说

[①] 《成都国际非物质文化遗产博览园（会议材料）》，打印版，2016年7月26日，第2页。

明,讲解员在讲解时也只简单地解释说:"文化空间比较难理解,大家知道它就是联合国教科文组织在保护非遗时使用的一个专有名词就可以了。"这样,参观者是不可能理解文化空间的。

再举非遗博览园在2016年3月、4月的"三月三活动"为例,该活动以"春日里的旧时光"为主题,设立了九大怀旧闯关游戏。这些活动没有借鉴三月三上巳节的任何非遗节俗,只是唱年代老歌、在20世纪八九十年代的电视剧照片墙前拍照、穿着古装戏服拍照等。

在非遗产品的招商、开发、销售活动方面,非遗博览园也举步维艰。在非遗博览园开园时,尚有一些与非遗相关的商家入驻,但在随后两年的时间内陆续离开。访谈对象P谈到博览园内一户商家惨淡的经营情况:

> 我有一个朋友,当时看到非遗节那么火,非遗博览园修得那么气派,政府宣传又好,就打算在园区里开一家书店,卖非遗方面、文化方面的书。就联系出版社,选了好多这方面的书。后来才晓得租金有点贵,而且收益里还要提成出来交一定的管理费,算下来利润很薄,而且还必须签两年合同。但是,都走到这一步了,还是相信可以赚钱嘛,就签了合同。结果,两年中生意惨淡得很,人流量太少了。有一天他高兴地给我说:"嗨呀,今天可以,卖了150元的书!"可想而知这两年里亏了好多。当然,满了两年后就赶快走了。

据访谈,绿舟文化旅游投资管理有限公司的管理者对非遗事业和公司困境有明晰的认识,他们认为博览园应该与成都市非物质文化遗产保护中心合并,引入专业智力支持,才能更好地进行非遗文化教育以及产业研发，而产业发展还需要有新的顶层设计和政策支持。

成都市文化广电新闻出版局某负责非遗节活动的官员对笔者表示，成都市乃至四川省都已将非遗节视为成都的一张文化名片，节会活动必将长时间持续地举办下去。然而，如果上述问题不解决，在 UNESCO、中央和地方政府没有实质性支持，民众兴趣日益减退的情况下，非遗节和非遗事业将成为成都市的"鸡肋"，成都"非遗之都"的形象在尚未完全树立之时，就将无声终结。

小　结

在城市形象作为资本的新时期，成都为了追求国际化形象而主动利用西方和本土的自然、文化遗产创造出"东方伊甸园""太阳神鸟""熊猫之乡""非遗之都"等新形象符号。城市分权与城市本位决定了成都市政府是唯一能使"成都"成为著名品牌和优质资本的主体。成都市政府在成都形象表述中的主导控制作用空前强大，成为成都形象资本最大的拥有者和操纵者。本章所提到的当代成都形象塑造活动无一不是由成都市政府发起，也无一不是在政府的操控下进行的。

在经过一定时期的积累之后，形象符号可能渐渐变为一种具有厚重意义的、为大众所接受的象征。"太阳神鸟""熊猫之乡"渐渐成为成都城市新象征，积累起可供再生产的文化资本。而"东方伊甸园"符号因缺乏集体复用而不能成为城市象征，"非遗之都"符号的集体复用仍处于不确定的状态，因此象征化尚未完全形成。

具体来说，成都市政府利用网络营销、话题制造、活动举办、体验营销等方法，使成都形象在压缩了的时空中快速象征化。像"熊猫之乡"的符号形象通过"成都全球招募熊猫守护使""美兰关灯——地球一小时""成都熊猫出租跑奥运"等个人创建手段在全球范围内进行集体复用；"太阳神鸟"符号通过各式各样的承载工具，成为全城、全球、宇宙中流动的景观，为大众广泛接受。

由文化遗产而来的成都形象符号经由成都市政府的主推，精英和民众的助力，借助新科技在压缩了的时空中快速传播，这是成都形象在后工业化时代表述的新特点。

结　　论

第一节　成都本相与形象表述的关系

　　赫拉克利特说："人不能两次踏进同一条河流。"真实的历史事件随着时间的流逝在持续地消失，给人们留下的只是各种各样的表述文本，这些文本构建成一部成都的形象史，即对成都城市的感知和想象的历史。形象产生的历史本相也被多样的表述文本所遮蔽或扰乱，我们只有通过这部形象史去尽量靠近文本产生时的生态环境、历史语境、权力关系以及表述主体的境遇、情感和认识等真实的历史本相。

　　通过考察，本书认为，成都本相与形象表述是在互动中相互成就的。在某一历史时期，现实的成都社会本相一定会产生某些个人或群体相应的成都形象表述，这些形象表述反过来又将强化成都社会本相。比如成都优越的自然环境和发达的农业文化等社会本相构成了内外人群表述"天府"的基础，而"天府"表述使得外部人群向往、内部人群安居，大家共同建设成都，从而又使成都的自然环境得到更好的维护，农业文化更加繁荣发达。又如中原中心主义这一社会心态本相产生了关于成都的边缘表述，边缘表述在长时段中导致外部人群歧视成都，从而更加强了中原中心主义的社会心态……

　　本相决定表述。比如成都有着稳定的环境形貌和自然资源，又有着强韧的经济生业和人群组织形态，这些成都本相的核心要素使得成都形象的表述也具有很强的延续性。以上几点本相要素支持四川和成都的"天府"名号持续了近两千年，也使得成都一直拥有令人批判或艳羡的休闲文化。即使是作为资本的当代成都城市形象，也是以从前的成都形象为基础的。如果当代成都形象的表述背离了传统形象的脉络，就有可能失败，如"东方伊甸园"营销事件。

　　正是成都本相与形象表述之间的互动使成都的价值观、生活方式、心理结构、精神气质逐渐形成，最终构建了成都的地方（城市）文化，也就是人们常说的地方或城市之"神"。本相与表述持续互动，反映、复制、传播、修正着地方文化，"成都"就这样不断地被再生产出来。所以，我们要追寻成都，一定要定位是哪一个具体时间、空间中的成都，而且要进入各种表述文本所构成的成都的整体框架、关系系统、意义系统中，才能去无限逼近当时的成都本相。

　　由于社会本相的作用，形象与事实之间往往横亘着想象和虚构。成都的文化边地形象就是很典型的一例。在蜀地被纳入华夏文明之前和之后很长的时段中，由于表述的权力掌握在中原文化持有者手中，在中原中心主义视角（本相）之下，蜀地以及成都在文化上是一副野蛮的形象（形象），这与高度发达的古蜀文明（事实）全然不相符，也与在汉代时已位列全国五都、高度汉化的成都城市文明（事实）不相符合。再如古代成都美女的形象建立在对卓文君、薛涛等成都女子的形象表述之上，而卓文君、薛涛本来只是文人的妻子、女诗人（事实），其美丽形象（形象）多半来自才貌双全的习惯性虚构思维（本相）。

成都形象形成的前提是成都与外界的交往与交流，由内外部、各种人群或集团的表述交叉影响而形成，表述的权力主要掌握在政府手中。

就地方与中央来讲，在古代起主导作用的是中央政权，如果地方政权表述与中央政权表述相异，就只能在中央政权表述的缝隙中存在或付出长时间的反抗。比如中央官修史志与地方官修地方志对休闲成都的表述就不太一样，前者多用"淫泆""奢侈"等贬义词来形容成都的休闲之风，而后者呈现重农、好文、有礼、尚俭的正面形象。然而对抗性的地方表述对于社会的主流表述并没有产生多大的影响，精英和民众仍受国家意识形态表述的影响。当代城市分权增大，地方政府才起到了主导作用。

就人群或阶层来讲，占据表述主导权的是政府，其次是掌握一定文化权力的知识精英团体，普通民众受前两者的影响，常常在其控制下进行表述，若有相异表述也不被记录和传播。以"天府"为例。本来"天府"包括"地形四塞、易守难攻"和"土地广沃、物丰人富"两层含义。"地形四塞、易守难攻"的四川（成都）对于中央王朝而言存在地方割据叛乱的危险，而"土地广沃、物丰人富"的四川（成都）却直接泽被外地，贡献国家，因而在官方的表述中，四川（成都）天府的前一含义逐渐消失，后一含义越发增强。此外，文人士大夫阶层直接感受和注意到的是四川（成都）的地理、经济状况，像常璩、郦道元、王士性、王世贞等只选择"土地广沃、物丰人富"这一方面的含义进行表述。国家统治者和精英阶层作为四川（成都）天府的重要表述者，广泛而持续地影响了普通民众的理解和表述。

　　成都形象表述在不同的历史时期有不同的特点。成都从有史以来到清末民初，即19、20世纪之交为传统社会，成都形象的表述基本上是顺应社会的发展而自然产生的，靠人与人之间的口耳相传和文字书写传播，因此每一种形象的兴起和发展的周期都很漫长，且容易持久。比如中原中心主义支配下的成都边缘形象，贯穿成都古代历史，其中文化边地形象从古蜀时期一直持续到魏晋南北朝时期，险远的好乱之地形象从汉代一直持续到民初。对成都"淫泆""逸乐""奢侈"之风的表述，也是从汉代延续到清代，其基本内容和国家所持的批判态度几乎未发生改变。

　　19、20世纪之交到20世纪90年代，成都社会从传统向现代过渡，虽然城市现代化的进程相对缓慢，但成都形象表述的特点有了明显变化。城市现代化使城市的管理者、精英阶层系统批判和改造成都"落后""鄙陋"的形象，革新城市的市容面貌、风俗文化和精神气质。这一时期，媒介也变得更加多元化，报纸、杂志、广播、电话成为快速传播成都形象的中介。由此，人们获得的城市想象性也空前增多，自省反思能力也大大增强，成都城市的认同逐渐形成。

　　二十多年来，在后工业社会的时代语境和全球城市竞争的刺激下，成都由尚未发展成熟的现代工业城市又向综合型现代化大中心城市快速转型。后工业社会的经济结构从商品生产转向服务型经济，技术阶层崛起，知识成为社会变革的决定力量，高速全球化、消费主义、知识商品化成为时代特征，城市形象被当作生产资料、消费对象、政治工具，城市形象的资本意义凸显。当代成都的城市指导思想，即城市心性发生了巨大变化，所有的建设都指向城市化、现

结　论

代化、国际化。它比以往任何一个时代都急于抛弃以前陈旧的、落后的城市形象要素，形象表述发生了迅猛的变化。作为生产资料，成都主动利用以前的旧形象来生产新形象，并将新形象投入再生产，源源不断地创造经济价值。如"天府"名号的再使用，"休闲之都""宽窄巷子""成都美女""美食之都"形象的再塑造，"熊猫之乡""太阳神鸟""非遗之都"形象的新创造，都是生产资料的创造积累。这些城市形象又都是可以用来消费的，人们购买"天府新区"的高价房、享受"休闲之都"的休闲生活、享受"最成都"的"慢生活"、观赏"成都美女"的歌唱表演、品尝"美食之都"的美食、逗玩"熊猫之乡"的大熊猫、购买各种标有"太阳神鸟"标识的商品、到"非遗之都"参加非遗节……成都抢占、专有"天府"名号、"熊猫之乡"称号，和外省市、本省市的地区进行政治竞争，又靠"非遗之都"来赢取在世界的、国家的政治地位。所有这些成都形象都转化成可循环增长的价值，成为成都的形象资本。新时期成都市政府对成都城市形象的表述拥有绝对的控制权，成都形象的表述工具、手段也急速增多。

　　从18世纪末19世纪初开始，率先迈入晚期资本主义阶段的伦敦、巴黎等西欧大城市就开始了急剧膨胀和快速变形，威廉斯、本雅明等众多的思想家带着怀旧情感对此进行过讽刺和批判。当下的成都似乎在重蹈覆辙，而且变迁的速度和烈度有过之而无不及。然而，我们无法避免这种卷入和参与，只能在现象上做出恰当的描述和准确的诊断，以期在发展中帮助延续一些城市之"神"。通过本相与形象关系的讨论，我们揭示了成都形象的历史生成过程、表述符号与现实世界的关系、表述各方的权力关系以及表述主体的境遇、情感和认识，将文学人类学的表述理论继续向城市（地方区域）延伸，指向了区域文化的动态历史过程，落实到了本相、形象与表述关系的探讨，使其具有更清晰的描述力和阐释力。

第二节 成都形象表述变迁与城市认同建构

形象表述是一种想象的共同体的建构活动。成都形象虽然有一定的历史事实支撑，但无一例外存在想象和虚构的成分，在一定的历史条件和叙事策略下被表述出来，不断进行成都地方共同体的凝聚和塑造。通过成都形象表述的变迁，可以探知成都作为独立的城市单位，是什么时候、如何明确地被内部人群感知到的，也就是说，成都人对于自己是成都人而具有的自豪感和向心力是什么时候、怎么出现的。城市认同这种集体心理是成都社会本相的重要部分。

本尼迪克特·安德森（Benedict Anderson）把"认同"（identity）看成是建构性的词语，用"想象"一词指涉形成群体认同所不可或缺的认知方式与实现过程，认为"民族"是一种"想象的共同体"，"是一种社会心理学上的社会事实"。[①] "民族"可以在共同的方言俗语中，在小说、报纸等同时性的阅读中，在宗教仪式和官僚系统的朝圣之旅中，在地图、博物馆的表述中，被人们想象出来。据此，内部人群通过各种表述对于一个地域或城市的想象也可以构成关于该地域或城市的共同体。

斯图亚特·霍尔也把文化身份看作是一种未完结的"生产"，"绝不是永恒地固定在某一本质化的过去，而是屈从于历史、文化和

[①] ［美］本尼迪克特·安德森：《想象的共同体——民族主义的起源与散布》，吴叡人译，上海人民出版社2005年版，第8页。

结　论

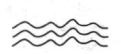

权力的不断'嬉戏'"。[①] 他认为共同体的文化身份是在表述中形成的，各种表述形式不是对客观现实的呈现，而是对表述主体对自身共同体的建构。[②]

以上理论提供给我们对于成都形象表述和成都城市认同关系的认识基础。"城市认同"就是城市群体通过对城市的表述活动而建立对城市的情感和认知的归属，在这一持续的过程中，城市人将自身视作该城市的一分子，并通过城市来构建自身在社会中的角色和位置。透过成都形象的表述变迁，可以看到成都人城市认同的建构，经历了一个不断聚焦、不断丰满的过程。

秦并古蜀后，蜀地就被纳入华夏，作为中央王朝的一个地方而存在，蜀地的各社会领域都与华夏王朝密不可分，成都成为王朝专制统治网络中的一个网点。不管是蜀地还是成都，其形象的形成离不开华夏王朝、外部社会。而在古代国家格局中，是以区域而非城市作为政治、经济、文化各领域的交流单位，首位城市的意义主要是做中央管控地方区域的中心基地。这时，区域表述多于城市表述，相应地，区域认同也就强于城市认同。春秋战国时的诸侯国国界奠定了后世地域分界的传统，比如荆楚、吴越、燕赵、齐鲁这样的区域，既是政治行政区划的单位，又是地方文化的单位。对于蜀地来说，古蜀国疆域与历代华夏王朝的区域治理范围比较一致，大致就是四川盆地的中西部地区。蜀地内部在地理、政治、经济、文化、心理认同方面的差异本就不大，是一个统一的整体，再加上一直以来蜀地各级行政区划的治所都在成都，因此在漫长的历史中，成都

[①] [英]斯图亚特·霍尔：《文化身份与族裔散居》，罗钢、刘象愚《文化研究读本》，中国社会科学出版社 2000 年版，第 211 页。
[②] 同上书，第 211、223 页。

在多数时候是作为蜀、益州、四川被人们感知的，像"天府之国""好乱之地""淫泆奢侈"等形象表述，最开始的时候都是以蜀为单位来进行的。所以，在古代，蜀地、益州、四川等区域认同比成都本身的城市认同要强烈。

当然，在需要特别突出都市繁华的情况下，就以成都城为主要单位了。比如扬雄《蜀都赋》、左思的《蜀都赋》、"成都美酒堪送老""劝君莫作锦城游""锦城虽云乐，不如早还家"等表述就特指作为都市的成都。

清末以后，随着现代化的进行和城市的独立发展，关于成都单独的表述也渐渐多起来，成都的城市认同也较以前增强。通过清末丁宝桢、岑春煊、周善培等人的维新改良、民国时期杨森"建设新四川"、20世纪20年代筹建市政公所和市政府、川政统一后的"新生活运动"等实践，成都进行了工业建设、城乡分治、市政建设，逐渐成为政治行政实体，作为现代城市的特质越来越突出。在这个过程中，成都人关于"我们成都"如何的表述增多，比如在几次风俗改良、风俗批判运动中，成都人对吃茶、看戏、闲逛等"悠闲"风俗的维护，就是对"我们成都"想象的强化。外来人群将成都与重庆对比，成都与北京类比，也构建出落后闭塞、安宁稳定的成都城市形象。成都人强调"我们是什么样的"，"我们"与"他们"之间的差别，强化了自我的城市认同；外部人强调"他们是什么样的""他们"与"我们""他们"与"其他"之间的差别，也强化了成都人的城市认同。

到了全球化高速发展的时代，城市本位的趋势越来越明显，城市获得更大的分权，各自为营，一些城市的政治、经济、文化特色和影响力甚至超越了上一级的区域。在形象成为资本、地方政府权

结　论

力增强后，成都形象的塑造促使了非常强烈的成都城市认同的出现。地方行政力量又恰好借助这种认同趋势来进行城市发展建设。比如，"天府"从指称多地到指代四川一地几乎经历了两千年的时间，而从四川范围缩小到成都范围只用了一二十年的时间。在"天府"名号面临其他地方抢夺的时候，成都的地方政府、精英和民众一起奋起保卫。为了改变闭塞落后的成都形象，在20世纪80年代后期、90年代末和2008年的三次"思想解放"活动中，成都人对自己进行了最无情的自我批判，以前什么样的"我们"导致了"我们"落后于"他们"，现在的"我们"该怎么做，在这种自我的扬弃中，成都人的认同感更加强烈了。而在"东方伊甸园""熊猫之乡""太阳神鸟""非遗之都"等一些新的城市形象实践中，成都与其他城市的差别、成都在国家与世界中的位置等话题被人们强烈地感知和讨论，每一种形象都将强化成都人对成都的情感。而"熊猫之乡""太阳神鸟"符号通过一系列的象征化手段，成了意义厚重、影响巨大的城市新象征或新图腾，进一步加深成都人对成都的认同和对外地的区分，整合了成都新老人群。

可见，成都独立的城市认同是随着具有现代性的城市的发展而逐渐建立的。

成都城市形象的塑造，使各种资源往省府城市集中，造成了一省之中其他地方城市权利的丧失。成都人使用各种手段增强的认同感，却伤害了四川其他地区人们对省会成都的认同感和对地方公平的渴望，成都对"天府"名号的占用导致南充等地民众的不满，成都对"大熊猫栖息地"称号的褫夺造成雅安、阿坝等地的无奈，都清晰地说明了这一情况。同一区域内不同城市的相互竞争是随着全球化、城市现代化的发展而加剧的。在全球化普及和城市现代化之前,区域首位城市的发展与区域中其他城市发展所需的资源相差不大,相互的竞争尚不激烈;但当全球化的触角深入内部,城市走上现代化独立发展的道路,同一区域的城市之间就有了资源的争夺、利益的分配,就如重庆近代开埠之后,由于经济的突飞猛进,在政治、文化上开始与成都争锋,成渝之争一直延续至今。而在全球化高速发展、城市分权为政的当下,各城市为了自身发展都在积极争抢资源,在省级地方管理格局中的首位城市在资源分配方面享有巨大的优势,必然会造成地方城市的不满。而四川地区与长三角、珠三角等发达省份相比,经济后起,资源相对匮乏,尚不能达到全域同步发展、各具亮点,因此在形象资本竞争上失利的地方城市对省府城市产生了认同分裂,这种状况将随区域内城市竞争的激烈化而加强。

另外,全球化的加速发展使得货币、技术、商品和个人轻而易举地跨越民族——国家的边境,国家对这些因素流动所起的控制作用越来越小,新的政治、经济、文化的交往形式和规则出现。① 在这种背景下,"全球城市"出现了,当代成都获得分权和独立发展的现象正是中国城市向"全球城市"变化的表征。成都作为主体,在国家相对松动的管控中,直接和世界进行交往,获得国际的知名度——这就使得成都城市认同不仅在省级、民族——国家的层面上进行内外区分,还直接在世界格局中进行城市间的区分和竞争。"东方伊甸园"品牌营销虽然失败了,却是成都在全球视野下借用西方资源来推销自我的尝试,而"熊猫之乡""非遗之都"都是直接接轨国际、标识自我的方式。

---

① [美] 哈特、[意] 奈格里:《帝国——全球化的政治秩序》,江苏人民出版社2003年版。

结　论

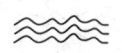

　　成都城市认同对于全球化时代成都城市的发展、在国际中的地位会产生巨大影响。独特的城市形象与强烈的城市认同有利于在全球化浪潮中抵御文化同质化，保持成都本地的文化特色和精神个性。城市认同也将凝聚力量，使成都人团结一致建设成都，增加成都的竞争力。

第三节　成都形象表述变迁的人类意义

　　成都形象的表述变迁史就是一部人类形成对某一地域或城市进行刻板化认知的历史。以地域来划分人群的单位，为之刻画上固定的脸谱，是人类的共同习惯和认识世界的本能，自古至今中外皆然，对于有特色的地域或城市尤其如此。例如中国古代司马迁《史记·货殖列传》对各地地理、物产、风土、性情进行的总结品评；现代人用"蜀犬吠日""粤犬吠雪""黔驴技穷"指涉四川人、广东人、贵州人；2016年里约奥运会前，世界各地人们想象的里约是"寨卡"病毒横行的、海湾被严重污染的、满街劫匪的、经济衰落的、准备不足的举办地；及至里约奥运会开幕，人们的评价纷纷转为对里约的惊叹：埋头苦干的、努力专注的、高科技的、绿色环保的、热情洋溢的、美丽优雅的"新世界"。[①]

　　正面的刻板印象有利于内外人群和睦共处，为该地域或城市带来好的发展机会；但如果是负面的刻板印象，则增加外部人群对该

---

① 《告诉你一个真实的里约（奥运长镜头）》，人民网（http://sports.people.com.cn/n1/2016/0805/c14820-28612452.html）；《里约奥运开幕：繁荣、矛盾、暴力中孕育"新世界"》，21世纪经济报道（http://epaper.21jingji.com/html/2016-08/08/content_44661.htm）。

地域或城市的厌恶和攻击，不利于其发展。当下人们因为对某地域负面的刻板印象而对该地域与地域群体进行言语攻击的行为，称为"地图炮"。"地图炮"一词来自网络游戏《超级机器人大战》，"在战场上只要是与自机的距离在地图炮武器的射程范围内的机体，不论敌我进行通盘轰炸"①。从成都形象的表述变迁中，我们可以获知人类的地图炮现象是如何形成的，当代城市又该如何去应对城市地图炮的威胁。

地图炮行为，符合霍尔称为"刻板化"的"符号暴行"，它把文化和历史建构的身份自然化，其背后隐藏着权力的逻辑。刻板形象使弱势群体感到认同困难和焦虑。摆脱权力话语的压迫，在文化符号中寻找建构一种合理公正的身份，是这些群体进行自我表征的根本目的。② 从成都形象表述变迁历史可以看到，成都客观的自然地理和人文地理状况、"一方水土养一方人"的地理风俗论、中原中心主义的价值观霸权、事实与表述之间的客观差异等的综合因素造成了人们对成都的负面刻板印象：淫泆、奢侈、溺于逸乐、偏远、落后、乡土等。千百年来，经过内外部人群的不断纠偏，这些形象有所改观。

而当代成都利用城市现代化转型的契机，从整体上更换这些形象的意义符码，将残余的负面形象一举转变为正面形象。比如"淫泆、奢侈、溺于逸乐"在成都"休闲之都"的形象打造中，转构为"悠闲、舒适、慢生活"的现代形象，"偏远、落后、乡土"在宽窄

---

① 《读家》，《新民周刊》2013 年 5 月 12 日；"地图炮"词条，百度百科（http://baike.baidu.com/item/%E5%9C%B0%E5%9B%BE%E7%82%AE/19312028#viewPageContent)。

② 参见郝永华《Representation：从再现到表征——论斯图尔特·霍尔的文化表征理论》，《江西师范大学学报》2008 年第 6 期。

结 论

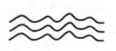

巷子"最成都"的打造中，转构为"乡土的、民俗的、原真的"的现代形象，新的形象构成新的意义之网，成为后工业社会中世界性的稀缺资源。成都不但解除了对自己的"地图炮"，而且获得了形象资本的"第一桶金"，将其投入再生产，源源不断地吸引资本、再创造资本。并且，"地图炮"现象中人群对社会认同的渴求这一重要的社会心理因素，也被很好地利用起来，新形象所带来的优越感激发了成都人对"我们"的认同，从而激发了成都人建设成都的信心和力量。

成都作为一个身居发展中国家内陆，拥有悠久历史传统，又正在经历经济、社会、文化剧烈转型的城市典型，其城市形象实践反映了全球化时代发展中国家内陆城市的应时而变。当下中国都市人类学对城市的历时性考察、形象资本生产的城市文化转型现象有所忽视，我们希望对成都形象表述变迁所做的文学人类学考察能对此有所弥补。

附录1 关于成都形象认知的调查问卷（纸质版）

问卷编号　第_____号

关于成都形象认知的调查问卷

您好！我是××大学××专业××级博士生××。我正在撰写博士学位论文《成都形象：表述与演变》，主要考察成都形象如何在不同时代被不同的人群表述出来，进而产生出文化意义和价值观念，并与成都的城市存在和发展相互影响。本研究需要做关于成都形象认知的社会学调查，您的配合将有助于我对这一问题进行深入研究。谢谢您牺牲宝贵的时间完成该问卷！

为保护您的隐私，本问卷采用匿名填写的方式，并保证您的回答只用于学术研究，所以您不必顾虑，请如实作答。

填写说明：

1. 不管您是否到过成都，是否熟悉成都，都可以填答本问卷。

2. 请独立填答，不要和他人商量。

3. 做题时，请仔细阅读题目前括号里的指导语，以确定该题是单选、多选或限选等。

4. 请在每一题您选中的选项序号上打"√"，需要具体填答的问题，请您写在"_____"上。

5. 若您认为某个问题不便回答或不好回答，可以不作答。（非必答题的题目后没有小星号）

问卷部分

（一）成都形象认知

1. 以下哪一项符合您的情况：*

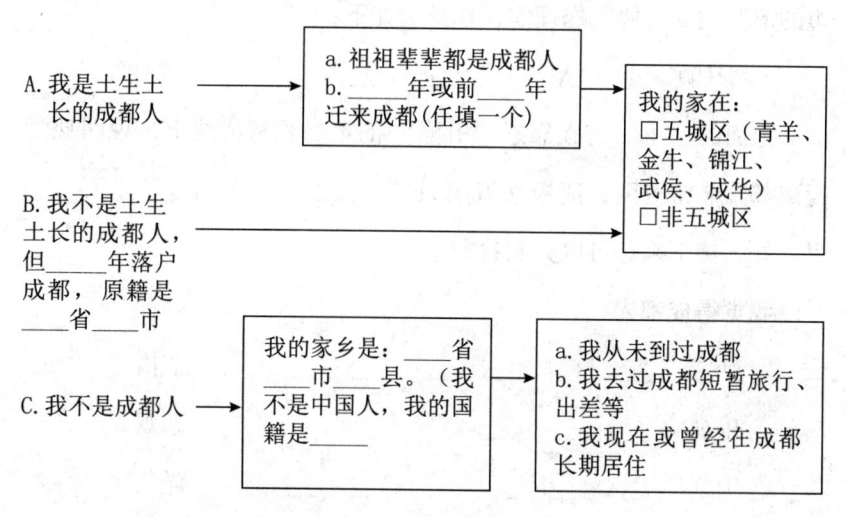

A. 我是土生土长的成都人 → a. 祖祖辈辈都是成都人 / b.____年或前____年迁来成都（任填一个） → 我的家在：□五城区（青羊、金牛、锦江、武侯、成华）□非五城区

B. 我不是土生土长的成都人，但____年落户成都，原籍是___省___市

C. 我不是成都人 → 我的家乡是：___省___市___县。（我不是中国人，我的国籍是____） → a. 我从未到过成都 / b. 我去过成都短暂旅行、出差等 / c. 我现在或曾经在成都长期居住

2. （单选）您认为成都最响亮的名号是：*

　　A. 天府之国　B. 熊猫故乡　C. （芙）蓉城　D. 锦（官）城

　　E. 休闲之都　F. 蜀都　　　G. 第四城

3. （最多选三项）成都最吸引您的元素是：*

　　A. 自然风光　B. 商机　　　C. 美食　　　D. 工艺品

E. 美女　　　F. 文化景点　G. 熊猫　　　H. 气候

I. 麻将　　　J. 交通　　　K. 就业环境　L. 游乐项目

M. 生活氛围　N. 其他（请写明）_____

4. （最多选三项）您认为成都最突出的特征是：

A. 富饶　　　B. 包容　　　C. 偏远　　　D. 休闲

E. 和谐　　　F. 国际化　　G. 闭塞　　　H. 历史文化厚重

I. 世俗　　　J. 舒适　　　K. 开放

L. 其他（请写明）_____

5. 看看下面的形容词，想想"我觉得成都人是怎么样的"，在中间的短横线上打"√"。"√"越靠近左边，就说明您觉得成都人越像左边的形容词；"√"越靠近右边，就说明您觉得成都人越像右边的形容词。为便于您理解，特举例如下：

丑陋 __ √ __ __ __ __ __ 美丽

上面的"√"打在靠近"丑陋"的第二根短横线上，说明您觉得成都人非常丑陋，离极端丑陋只差一点点，离美丽差了十万八千里。好，接下来您可以大胆打勾了。

我觉得成都人

勤劳 __ __ __ __ __ __ __ 懒惰

乐观 __ __ __ __ __ __ __ 悲观

土气 __ __ __ __ __ __ __ 洋气

虚浮 __ __ __ __ __ __ __ 务实

节俭 __ __ __ __ __ __ __ 奢侈

嘴笨 __ __ __ __ __ __ __ 健谈

创新 __ __ __ __ __ __ __ 守旧

自大 __ __ __ __ __ __ __ 谦逊

附录1　关于成都形象认知的调查问卷（纸质版）

悠闲　__ __ __ __ __ __ __　匆忙

强悍　__ __ __ __ __ __ __　柔弱

通达　__ __ __ __ __ __ __　偏狭

严肃　__ __ __ __ __ __ __　幽默

聪明　__ __ __ __ __ __ __　蠢笨

俗气　__ __ __ __ __ __ __　文雅

享乐贪玩　__ __ __ __ __ __ __　绝不享乐贪玩

进取心强　__ __ __ __ __ __ __　进取心弱

6.（可单选，可多选）在您知道的选项上打勾：*

　A. 成都现在已成为继北京、上海、广州之后的航空第四城

　B. 成都每两年举行一次国际非物质文化遗产节

　C. 成都现在已成为中国中西部地区世界500强落户最多的城市

　D. 成都即将基本建成西部经济核心增长极，初步建成国际性区域中心城市

　E. 太难为人了，我确实都不知道

7.（单选）以下图案，哪一个是成都市城市形象标识：

　A.　　　　B.　　　　C.　　　　D.

8.（可单选，可多选）您对成都的了解主要来自：*

　A. 与成都人接触

　B. 关于成都的当代文学（小说、散文等）

　C. 关于成都的古代传说、故事、诗文

D. 关于成都的影视广告、新闻等

E. 以前读书时的教材

F. 哎呀，记不得来自什么了

9. 请您用一句话简单概括对成都的感受：
_____

（二）您的基本信息

1. 性别：*　　□男　　□女

2. 年龄：*　_____岁

3. 文化程度：*　□小学　□中学　□大学（专、本科）□硕士及以上

4. 职业：*
□农业　□制造　□建筑　□公务　□文化　□教育　□医疗
□信息　□金融　□商务　□零售
□其他（请写明）_____

填写日期_____　　　　填写地点_____

　　　　　　　　　　　　　　　　谢谢您的合作，祝您健康愉快！

附录2　关于成都内部人群对成都形象认知的访谈提纲

1. 个人生活史

（a）成都土著：家族何时来蓉？居住在什么地方？前几辈从事什么职业？个人在哪里长大，搬迁过哪些地方？

（b）非成都人：个人生活史；何时来蓉；在蓉经历。

2. 对成都的认知

（1）你认为成都的标志性建筑和事物是什么？

（2）成都哪些地方的哪些吃食给你留下了深刻印象？

（3）你知道的成都好耍的地方有哪些？哪些好耍的地方给你留下了深刻印象？

（4）成都女孩子比起其他地方来特别漂亮么？有什么特点？

（5）你觉得成都的生活悠闲吗？与其他地方比起来怎么样？

（6）除了吃喝玩乐，成都还有什么？

（7）很多外地人都认为成都人悠闲，甚至懒散，不求上进，你认为呢？

（8）你认为现在成都越来越国际化了吗？有没有自己的特色？

(9) 什么原因使得你在成都长住？

3. 在成都的生活

描绘你在成都休息日一天从早到晚的生活。

4. 如果你的一个朋友从来没有来过成都，请你用一段话向他介绍成都。

参考文献

一　史料文献

（汉）班固撰，（唐）颜师古注：《汉书》，中华书局1962年标点本。

（汉）司马迁撰：《史记》，中华书局2000年简体横排本。

（晋）常璩著，任乃强校注：《华阳国志校补图注》，上海古籍出版社1987年版。

（晋）常璩著，汪启明、赵静译注，吴迪等校订：《华阳国志译注》，四川大学出版社2007年版。

（晋）常璩撰，刘琳校注：《华阳国志校注》，成都时代出版社2007年修订版。

（晋）陈寿撰，（宋）裴松之注：《三国志》，中华书局2000年简体横排本。

（南朝宋）范晔撰，（唐）李贤等注：《后汉书》，中华书局2000年简体横排本。

（唐）房玄龄等撰：《晋书》，中华书局2000年简体横排本。

（唐）魏征等撰：《隋书》，中华书局1973年标点本。

（后晋）刘昫等撰：《旧唐书》，中华书局 1975 年标点本。

（宋）郭允蹈：《蜀鉴》，巴蜀书社 1985 年标点本。

（宋）乐史：《宋本太平寰宇记》，中华书局 1999 年影印本。

（宋）司马光编著：《资治通鉴》，中华书局 1956 年标点本。

（宋）袁说友等编，赵晓兰整理：《成都文类》，中华书局 2011 年版。

（宋）张唐英撰，王文才、王炎校笺：《蜀梼杌校笺》，巴蜀书社 1999 年版。

（元）脱脱：《宋史》，中华书局 1977 年标点本。

（明）《嘉靖四川总志》，北京图书馆古籍珍本丛刊史部地理类影印本，书目文献出版社 1997 年版。

（明）曹学佺：《蜀中广记》，清文渊阁四库全书本。

（明）曹学佺：《蜀中名胜记》，重庆出版社 1984 年版。

（明）冯任修等：《（天启）新修成都府志》，钞本。

（明）杨慎编，刘琳、王晓波点校：《全蜀艺文志》，线装书局 2003 年版。

（明）《大明一统志》，三秦出版社 1990 年影印本。

（清）《嘉庆重修大清一统志》，《四部丛刊》影清史馆藏进呈钞本。

（清）常明、杨芳灿等纂修：《四川通志》，巴蜀书社 1984 年影印本。

（清）傅崇矩：《成都通览》8 卷，成都通俗报社印，巴蜀书社 1987 年重印。

（清）傅崇矩：《成都通览》，天地出版社 2014 年版。

（清）李玉宣等纂修：《同治重修成都县志》，清同治十二年刻本，四川省地方志编纂委员会：《四川历代方志集成第二辑》，2015年影印本。

（清）吴乘权：《纲鉴易知录》，红旗出版社1998年版。

《成都民间文学集成》编委会：《成都民间文学集成》，四川人民出版社1991年版。

《当代中国城市发展丛书·成都》课题组编：《当代中国城市发展丛书·成都》，当代中国出版社2007年版。

巴金：《家》，人民文学出版社1981年版。

巴蜀书社编：《巴蜀丛书》（第一辑），巴蜀书社1988年版。

白朗主编：《成都掌故》，成都时代出版社2012年版。

白朗主编：《锦官城掌故》，成都时代出版社2013年版。

曾智中，尤德彦编：《文化人视野中的老成都》，四川文艺出版社1999年版。

曾智中、尤德彦：《李劼人说成都》，四川文艺出版社2007年版。

车辐、熊四智：《川菜龙门阵》（第1辑），四川大学出版社2003年版。

车辐：《车辐叙旧》，四川科学技术出版社2006年版。

车辐：《川菜杂谈》，四川文艺出版社2011年版。

车辐：《锦城旧事》，四川文艺出版社2002年版。

陈世松、李映发：《成都通史·元明时期》，四川人民出版社2011年版。

陈世松：《天下四川人》，四川人民出版社1999年版。

成都年鉴社编：《成都年鉴》，成都年鉴出版社2004—2015年。

成都市地方志编纂委员会编：《成都市志·城市规划志》，四川辞书出版社1998年版。

成都市地方志总编辑室编：《成都志通讯》，《成都志通讯》编辑部，1984—1988年。

成都市群众艺术馆编：《成都风物》，四川人民出版社1981年版。

成都市文联、成都市诗词学会编：《历代诗人咏成都（上下）》，四川文艺出版社1999年版。

成都市文学艺术界联合会、李劼人研究学会编：《李劼人研究：2007》，巴蜀书社2008年版。

成都市政协文史资料研究委员会编：《成都文史资料选辑》，成都出版社20世纪60—90年代。

岱峻：《风过华西坝：战时教会五大学纪》，江苏文艺出版社2013年版。

冯广宏、肖炬编注：《成都诗览》，华夏出版社2008年版。

冯至诚编：《市民记忆中的老成都》，四川文艺出版社1999年版。

国家信息中心：《西部大开发中的城市化道路：成都城市化模式案例研究》，商务印书馆2010年版。

何承朴：《成都夜话》，四川人民出版社1986年版。

何建章：《战国策注释》，中华书局1990年版。

洁尘：《城事：某种与幸福相似的生活》，成都时代出版社2006年版。

李劼人：《李劼人全集·第1卷，死水微澜》，四川文艺出版社2011年版。

李劼人：《李劼人全集·第2卷，暴风雨前》，四川文艺出版社2011年版。

李劼人：《李劼人全集·第3卷，大波》（上、下），四川文艺

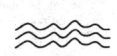

出版社 2011 年版。

林孔翼：《成都竹枝词》，四川人民出版社 1986 年版。

林文询：《成都人》，四川文艺出版社 2001 年版。

流沙河：《老成都·芙蓉秋梦》，重庆大学出版社 2014 年版。

慕容雪村：《成都，今夜请将我遗忘》，百花洲文艺出版社 2003年版。

蒲秀政主编：《走近老成都》，四川人民出版社 2002 年版。

石光华：《我的川菜生活》，陕西师范大学出版社 2003 年版。

四川省建设厅：《四川省城镇规划图集》，中国城市出版社 2005年版。

四川省文史研究馆编：《成都城坊古迹考（修订版）》，成都时代出版社 2006 年版。

苏伟：《宽巷子窄巷子：打望老巷》，成都时代出版社 2008 年版。

苏伟：《新宽窄·老巷子》，中国旅游出版社 2013 年版。

孙前：《大熊猫文化笔记》，五洲传播出版社 2009 年版。

谭继和主编：《竹枝本土文化的经典记忆》，四川人民出版社 2008 年版。

谭其骧主编：《简明中国历史地图集》，中国地图出版社 1991 年版。

汪青玉编：《四川风俗传说选》，四川民族出版社 1992 年版。

王恺主编：《味道成都》，成都时代出版社 2007 年版。

王文才、王炎编著：《蜀志类钞》，巴蜀书社 2010 年版。

王跃、王迪：《成都美女》，四川人民出版社 2005 年版。

王跃、章夫：《成渝口水仗：双城民间论争的另类思考》，当代中国出版社 2005 年版。

王泽华、王鹤：《民国时期的老成都》，四川文艺出版社1999年版。

肖平：《地上成都》，天地出版社2013年版。

阳正太：《天府蜀都（成都卷）》，中国人民大学出版社1993年版。

杨健鹰：《宽思窄想：成都宽窄巷子策划实录》，汕头大学出版社2011年版。

易中天：《读城记》，上海文艺出版社2006年版。

张先德：《近五十年的私人记忆》，四川文艺出版社1999年版。

子德编著：《碰撞：东方伊甸园》，四川文艺出版社2005年版。

二 学术专著

段渝：《成都通史·古蜀时期》，四川人民出版社2011年版。

段渝：《四川通史》第一册，四川大学出版社1993年版。

段渝主编：《巴蜀文化研究集刊·5》，巴蜀书社2009年版。

冯汉骥：《冯汉骥考古学论文集》，文物出版社1985年版。

关四平：《三国演义源流研究》，黑龙江教育出版社2001年版。

何一民：《成都通史·民国时期》，四川人民出版社2011年版。

何一民编：《成都学概论》，巴蜀书社2010年版。

何一民主编：《变革与发展：中国内陆城市成都现代化研究》，四川大学出版社2002年版。

胡大平：《崇高的暧昧——作为现代生活方式的休闲》，江苏人民出版社2002年版。

李绍明、林向、徐南洲主编：《巴蜀历史·民族·考古·文化》，巴蜀书社1991年版。

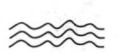

李怡：《现代四川文学的巴蜀文化阐释》，湖南教育出版社 1995 年版。

罗二虎：《秦汉时代的中国西南》，天地出版社 2000 年版。

罗钢、刘象愚：《文化研究读本》，中国社会科学出版社 2000 年版。

罗开玉、谢辉：《成都通史·秦汉三国（蜀汉）时期》，四川人民出版社 2011 年版。

罗开玉：《四川通史》（第二册），四川大学出版社 1993 年版。

孟华：《比较文学形象学》，北京大学出版社 2001 年版。

冉云飞：《从历史的偏旁进入成都》，四川文艺出版社 1999 年版。

阮西湖、任一飞等编：《都市人类学》，华夏出版社 1991 年版。

舒大刚、李冬梅等编撰：《巴蜀文化通史·文献要览卷》，打印版，2010 年版。

四川广汉三星堆博物馆、成都金沙遗址博物馆编著：《三星堆与金沙》，四川人民出版社 2010 年版。

苏状：《"闲"与中国古代文人的审美人生》，复旦大学出版社 2013 年版。

粟品孝等：《成都通史·五代（前后蜀）两宋时期》，四川人民出版社 2011 年版。

童恩正：《古代的巴蜀》，四川人民出版社 1979 年版。

王笛：《茶馆：成都的公共生活和微观世界，1900—1950》，社会科学文献出版社 2015 年版。

王笛：《街头文化：成都公共空间、下层民众与地方政治，1870—1930》，中国人民大学出版社 2006 年版。

王笛：《跨出封闭的世界：长江上游区域社会研究，1644—1911》，中华书局2001年版。

王明珂：《反思史学与史学反思》，上海人民出版社2016年版。

王明珂：《华夏边缘：历史记忆与族群认同》，社会科学文献出版社2006年版。

魏伟：《公开：当代成都"同志"空间的形成和变迁》，上海三联书店2012年版。

肖天进等：《三星堆发现发掘始末》，四川人民出版社2001年版。

谢元鲁：《成都通史·两晋南北朝隋唐时期》，四川人民出版社2011年版。

徐中舒：《论巴蜀文化》，四川人民出版社1981年版。

薛玉楠、陈辉、熊晓霜：《形象学视域下的城市个案研究》，四川大学出版社2012年版。

叶舒宪：《文学人类学教程》，中国社会科学出版社2010年版。

张鸿声：《文学中的上海想象》，人民出版社2011年版。

张鸿雁：《城市形象与城市文化资本论——中外城市形象比较的社会学研究》，东南大学出版社2002年版。

张莉红、张学君：《成都通史·清时期》，四川人民出版社2011年版。

张学君、张莉红：《成都城市史》，成都出版社1993年版。

赵炎秋：《形象诗学》，中国社会科学出版社2004年版。

朱天、王炎龙等：《城市电视媒体与城市品牌塑造：成都城市形象的电视传播研究》，四川大学出版社2012年版。

三 期刊论文

巴莫曲布嫫：《非物质文化遗产：从概念到实践》，《民族艺术》2008 年第 1 期。

陈显丹：《论广汉三星堆遗址的性质》，《四川文物》1988 年第 4 期。

段渝：《略论古蜀与商文明的关系》，《史学月刊》2008 年第 5 期。

房锐：《对司马相如成名与文翁化蜀关系的再认识》，段渝主编：《巴蜀文化研究集刊 5》，巴蜀书社 2009 年版。

费勇、林铁：《文化研究的人类学面向》，《中央民族大学学报》2013 年第 2 期。

郝永华：《Representation：从再现到表征——论斯图尔特·霍尔的文化表征理论》，《江西师范大学学报》2008 年第 6 期。

何一民：《休闲之都：成都游乐文化的历史成因与特点》，《中华文化论坛》2012 年第 2 期。

胡大平：《逐名运动与城市的历史文化书写》，《中国图书评论》2011 年第 7 期。

黄天华：《从辛亥革命到新文化运动——吴虞与民初四川思想界的演变》，《四川大学学报》2011 年第 6 期。

金生杨：《试论地方治理的特殊性——宋人对"蜀乱"的认识与辨析》，《贵州文史丛刊》2014 年第 4 期。

李永东：《论外省作家笔下的成都形象》，《天府新论》2011 年第 1 期。

刘文杰：《关于农耕文化大讨论与思想解放的回顾与思考》，《中共四川省委省级机关党校学报》2012 年第 5 期。

罗开玉：《论都江堰与"天府之国"的关系——古代"天府之国"专题研究之二》，《成都大学学报》2011年第6期。

毛曦：《先秦蜀国王权更替考述》，《史林》2006年第4期。

任乃强：《四川地名考释：成都》，《社会科学研究》1980年第2期。

任一飞、李彬：《试论我国都市人类学研究的意义、范围和方法》，《民族研究》1994年第1期。

阮西湖：《都市人类学学科的建立与中国都市人类学的发展》，《民族研究》1996年第3期。

沈清基、刘波：《都市人类学与城市规划》，《城市规划学刊》2007年第5期。

眭海霞、陈俊江：《城市国际化视域中的成都城市形象定位研究》，《成都行政学院学报》2014年第5期。

唐黎明：《成都，城市定位何其多》，《西部论丛》2010年第7期。

汪坚强：《再论成都"大生活"作家的地方文化意识》，《四川师范大学学报》2011年第2期。

王德华：《左思〈三都赋〉邺都的选择与描写——兼论"洛阳纸贵"的历史与政治背景》，《浙江大学学报》2013年第4期。

王双怀：《"天府之国"的演变》，《中国经济史研究》2009年第1期。

魏华仙：《宋代官府力量与成都节日市场》，《四川师范大学学报》（社会科学版）2013年第1期。

吴甘：《民间顾问与政府官员的双人舞——成都新定位出台的前前后后》，《南风窗》2003年第18期。

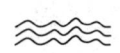

谢桃坊：《花笺茗碗香千载——成都望江楼之薛涛遗迹》，《古典文学知识》2001 年第 4 期。

徐新建：《"本文"与"文本"之关系——人类学的研究范式问题》，《黔东南民族师范高等专科学校学报》1998 年第 4 期。

徐新建：《表述问题：文学人类学的起点和核心》，《西南民族大学学报》2011 年第 1 期。

徐新建：《表述与被表述——多民族文学的视野与目标》，《民族文学研究》2011 年第 2 期。

徐新建：《成都记忆：千年天府形、象、神》，《文化遗产研究》2016 年第 1 期。

杨代欣：《李劼人笔下的川菜与川菜文化的发展》，《文史杂志》2001 年第 2 期。

尤小菊：《略论人类学研究的空间转向》，《西南民族大学学报》2010 年第 8 期。

袁庭栋：《"天府之国"由来的历史考察》，《社会科学研究》1985 年第 1 期。

张子凯：《列斐伏尔〈空间的生产〉述评》，《江苏大学学报》2007 年第 5 期。

四　学位论文

蔡尚伟：《成都、重庆的城市文化与报业》，博士学位论文，四川大学，2003 年。

何永芳：《现代作家的成都书写》，硕士学位论文，西南大学，2011 年。

胡静雪：《中国现当代文学中的成都形象》，硕士学位论文，西南师范大学，2004年。

黄晋：《〈三国演义〉在明清时期的传播与影响研究》，博士学位论文，东北师范大学，2012年。

黄艳青：《民国四川风俗调查与风俗改良运动述论》，硕士学位论文，四川师范大学，2011年。

李刚：《成都城市休闲发展研究》，硕士学位论文，四川师范大学，2009年。

李先宇：《李劼人小说与"城市"书写》，硕士学位论文，重庆师范大学，2011年。

刘霭萍：《唐宋文学中的成都》，硕士学位论文，四川师范大学，2010年。

毛曦：《中国早期城市研究——以古代巴蜀为例》，博士后论文，四川大学，2004年。

牟意：《论网络媒体在城市形象传播中的角色与功能——以成都城市形象传播为例》，硕士学位论文，四川省社会科学院，2013年。

汤诗伟：《"金沙模式"——成都金沙遗址保护与利用研究》，硕士学位论文，西安建筑科技大学，2010年。

吴榕：《影像文本中的成都城市形象的建构与传播策略研究》，硕士学位论文，电子科技大学，2011年。

杨海涛：《论李劼人笔下的成都》，硕士学位论文，四川师范大学，2012年。

姚南：《成都市城市营销战略研究》，硕士学位论文，西南财经大学，2005年。

张婷：《成都宽窄巷子设计研究——一个历史文化街区经典设计案例的个案考察与理论分析》，博士学位论文，四川大学，2015年。

五 报纸

《成都日报》，2001—2016 年。

《成都商报》，1994—2016 年。

《成都晚报》，1987—2016 年。

《华西都市报》，1995—2016 年。

《人民日报》，1957—2016 年。

《四川日报》，1952—2016 年。

《天府早报》，2008 年。

《新周刊》，1998—2016 年。

《中国国家地理》，2007—2008 年。

六 政府文件、资料

《成都市城市总体规划（1981—2001）》。

《成都市城市总体规划（1995—2020）》。

《成都市城市总体规划（2003—2020）》。

《成都市人民政府公报》2005—2016 年。

《成都市哲学社会科学规划项目课题指南》，成都市哲学社会科学规划办公室，2009—2016 年。

《成渝经济区成都城市群发展规划（2014—2020 年）》，四川省人民政府办公厅川办发〔2014〕54 号。

《成渝经济区区域规划》，国家发展和改革委员会文件〔2011〕1124 号。

《第五届中国成都国际非物质文化遗产节记者手册》，第五届中国成都国际非物质文化遗产节成都市执委会办公室宣传工作部，2015 年 9 月。

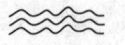

《西南大都会成都》,成都市委对外宣传办公室、成都市人民政府新闻办公室,渝新出报(专)刊(1996)字第51号。

七 外文译著

[德] 瓦尔特·本雅明:《巴黎,19世纪的首都》,刘北成译,商务印书馆2013年版。

[德] 魏司编著:《巴蜀老照片》,四川大学出版社2009年版。

[法] 皮埃尔·布尔迪厄:《区分:判断力的社会批判》,刘晖译,商务印书馆2015年版。

[美] R. E. 帕克等:《城市社会学:芝加哥学派城市研究》,宋俊岭、郑也夫译,商务印书馆2012年版。

[美] 本尼迪克特·安德森:《想象的共同体:民族主义的起源与散布》,吴叡人译,上海人民出版社2011年版。

[美] 杰弗瑞·戈比:《你生命中的休闲》,康筝译,云南人民出版社2000年版。

[美] 凯文·林奇:《城市意象》,华夏出版社2001年版。

[美] 刘易斯·芒福德,宋俊岭等译:《城市发展史——起源、演变和前景》,中国建筑工业出版社1989年版。

[美] 乔尔·科特金:《全球城市史》,王旭等译,社会科学文献出版社2006年版。

[美] 施坚雅:《中国封建社会晚期城市研究》,王旭等译,吉林教育出版社1991年版。

[美] 施坚雅主编:《中华帝国晚期的城市》,叶光庭等译,中华书局2000年版。

[美] 托马斯·古德尔、杰弗瑞·戈比:《人类思想史中的休

闲》，成素梅等译，云南人民出版社 2000 年版。

［美］詹姆斯·克利福德、乔治·E. 马库斯编：《写文化——民族志的诗学与政治学》，高丙中等译，商务印书馆 2008 年版。

［日］山川早水：《巴蜀旧影——一百年前一个日本人眼中的巴蜀风情》，李密等译，四川人民出版社 2005 年版。

［日］斯波义信：《中国都市史》，布和译，北京大学出版社 2013 年版。

［意］贝纳沃罗：《世界城市史》，薛钟灵等译，科学出版社 2000 年版。

［英］安·格雷：《文化研究：民族志方法与生活文化》，许梦芸译，重庆大学出版社 2009 年版。

［英］罗杰克：《休闲理论原理与实践》，张凌云译，中国旅游出版社 2010 年版。

［英］斯图亚特·霍尔编：《表征：文化表象与意指实践》，徐亮、陆兴华译，商务印书馆 2013 年版。

［英］徐维理：《龙骨——一个外国人眼中的"老成都"》，俞子丹绘，萧冰译，四川文艺出版社 2004 年版。

八、英文文献

Low, Setha M. and Lawrence – Zúñiga, Denise. eds., *The Anthropology of Space and Place: Locating culture.* Malden, Oxford, Carlton, Berlin: Blackwell Publishing, 2003.

Low, Setha M. The Anthropology of Cities: Imagining and Theorizing the City, *Annual Review of Anthropology*, Vol. 25, 1996.

Low, Setha M. The Edge and the Center: Gated Communities and the Discourse of Urban Fear, *American Anthropologist*, Vol. 103, No. 1, Mar., 2001.

Lynch, Kevin. *The images of the city*, Milan: Urban History, 1999.

Osburg, John. *Anxious Wealth: Money and Morality Among China's New Rich*, Stanford: Stanford University Press, 2013.

Rotenberg, Robert. Metropolitanism and the Transformation of Urban Space in Nineteenth – Century colonial metropolis, *American Anthropologist*, Vol. 103, No. 1, Mar., 2001.

Stapleton, Kristin. *Civilizing Chengdu: Chinese Urban Reform*, 1895 – 1937, Cambridge (Massachusetts) and London: Harvard University Asia Center, 2000.

Williams, Brett. A river runs through us. *American Anthropologist*, Vol. 103, No. 2, Jun., 2001.

后　　记

本书是由我的博士学位论文修改而成。在写作过程中，我曾无数次地构想后记该如何写，在心中默默记下要感谢的众多师友和亲人。现在，本书出版在即，终于可以将内心的话变成书上的文字。

首先要感谢的是我的博士生导师徐新建教授。本书的选题、布局、理论提升都在老师的指导下进行，每一次的修改都离不开老师的督促和点拨，多次重要的理论学习和田野调查都由老师牵线搭桥。成都，对于老师和我都具有重要的意义，它是一个值得文学人类学研究的城市，是工作与生活的地方，是家——老师把自己喜爱和重视的课题交给我，我在欣喜之余也感到重重压力。现在呈现出的论文远远不能达到老师的要求，唯有在以后的研究中努力补足。老师的课堂教学、发言辩论和研究写作始终激情澎湃，闪烁着智慧的火花，充溢着思考的愉悦，使我深受感染与鼓舞。老师不仅在学习上严格要求、认真指导，而且创造了各种各样的实践机会，既提升我的学术水平，又锻炼我的工作能力。这些都是我铭感于心的。

我还要感谢我的硕士生导师田兆元教授。十年前有幸跟随老师学习民俗学，是老师打下了我在文献、田野、写作等方面的基础。

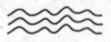

他不仅引我进入学术研究的道路，在我放弃学问研究之时，又将我领回学术道路上。2011 年，我还在做中学教师，老师到成都开会，专门约谈我，鼓励我继续学习；在考博时，为我写推荐信；在录取时，我的档案中缺一份硕士学习期间的材料，我多方联系无果，老师主动到华东师大老校区档案馆对工作人员"晓之以理，动之以情"，拿到了材料快递给我；在我博士学习和论文写作期间，老师也常在微信上鼓励，电话里关心。老师对于社会、学问、学生的关怀会一直鼓励我前行。

在川大读书的三年半间，我在课堂上得到梁昭副教授、银浩博士、周裕锴教授的诸多教益，在田野调查中得到李菲副教授的指教。很高兴能与朱丽晓、完德加、李国太、余红艳、姜约、蒋勤宝、田级会、王明珠、史芸芸、陈晓军、佘振华、张波、段化鞠、汪兰等学友进行相互切磋和促进。

在写作中，重庆大学高研院李娜研究员在城市形象与城市公众历史的关系方面给我以启发，对"东方伊甸园""太阳神鸟"两节的写作给予了重要意见和建议。西南民族大学罗安平副教授无私地分享了她的研究资料，并提供了成都文化的相关信息和线索。澳大利亚悉尼大学卢端芳教授接受了我关于成都形象与城市营销方面的访谈，并从人类学角度对于本研究给予了建议。在论文开题和预答辩中，李菲副教授、李裴教授、梁昭副教授提出了极有建设性、操作性的建议。同门学长罗庆春教授、刘波教授、王立杰副教授等对论文也给予了善意批评和鼓励。在正式答辩中，段玉明教授、李祥林教授、马睿教授、汤晓青研究员、赵毅衡教授给予了诸多中肯的意见。在上述师长的帮助下，我对论文进行了全面修改，方才有了本书的问世。此外，我的诸多亲友以及从中学到博士阶段的同学帮

后　记

忙填写和推广了电子调查问卷，很多朋友和素不相识的调查对象接受了我的访谈，在此一并致谢。

感谢中国社会科学出版社郭晓鸿女士。我在读博期间就担任四川大学2011计划——中国多民族文化凝聚与国家认同协同创新中心秘书助理，负责中国多民族研究文库丛书的外联工作，一直与郭女士对接出版事宜，她细致认真、思虑周全，本丛书和本书的顺利出版全赖郭女士的悉心付出。

最后，我要感谢我的家人。感谢我的父亲邱兴伟先生和母亲贺素珍女士，帮我承担了读博和工作期间大部分的家务劳动和对孩子的照顾工作，支持我成为我想成为的人。感谢我的公公唐世明先生和婆婆李保荣女士一直以来的理解和关爱。我的爱人唐佳昊，不仅承担了家庭的经济重担，还经常充当我的精神纾解师、物品采购员、科技咨询人，我还是那句话："你是我英雄梦想背后的Angel（天使）！谢谢！"

邱　硕

2018年1月26日于家中